공립유치원교사
임용시험 대비

개정판

2025

KB010151

하수혜 거름이

누리과정

① 신체운동·건강

하수혜 편저

박문각

하수혜

거름이

누리과정

① 신체운동·건강

희망

성실하게 뚜벅뚜벅 자신의 길을 가는 사람들에게만
보이는 그 별의 이름은 희망입니다.

지금도 어디선가 자신의 자리에서
묵묵히 책장을 넘기고 있을 선생님들이

자신들의 별을 찾아
그 빛을 나누어 주는 시간이 오기를 간절히 바랍니다.

아무리 어려워도 희망을 다 써버린 때는 없습니다.

우리가 견뎌내야 하는 시간들에
혹 어둠이 오더라도
맘도 몸도 다치지 않고
어울려 다독여 가며
세상의 밤을 밝히고
서로의 마음을 따뜻하게 어루만져 줄 수 있는 우리이기를.

- by 하수혜

차례

SESSION 03 ✿ 유아안전교육

해수용해 거름이
누리과정
① 신체운동·건강

SESSION

01

유아동작
교육

유아동작교육의 이해

I

UNIT 01 유아동작교육의 기초이론

개념 및 정의	• 유아동작교육이란 동작의 기본원리와 구성요소에 대한 이해를 바탕으로 유아가 자신의 느낌, 감정, 생각을 동작으로 움직이고 적용하는 것을 의미한다. 이는 유아가 자신의 신체를 이용하여 탐색해 보면서 동작과 관련한 요소를 이해하고, 운동기술을 증진하며, 자기 생각이나 느낌을 창의적으로 표현하는 것이라고 볼 수 있다.
	• 유아동작교육은 신체운동기술과 관련된 '기능적 움직임'과 자신의 생각을 자유롭고 창의적으로 표현하는 '표현적 움직임'의 의미를 포함하고 있다.
	• Lynch-Fraser(2000)는 신체기능의 획득과 같은 '기능적 신체동작(functional physical)'과 개인의 내적 감정이나 상태를 반영한 '창의적 동작(personal creative movement)'으로 구분하여 동작개념을 정의하였다.
	• Gallahue(1976)는 유아동작교육에 대해 '동작을 위한 교육'과 '동작을 통한 교육'으로 구분하여 제안하였다.
	   − '동작을 위한 교육'은 동작을 가르치는 교육으로서 체육교육의 일부이다. 유아는 성숙해지면서 자연스럽게 운동기술을 획득하지만, 그것을 경험하는 기회를 통해 자신이 가진 잠재적인 운동능력을 실험하고 탐색해 보면서 자신감과 성취감을 갖게 된다. 경험을 통해 정교하고 정확한 운동기술을 숙달함으로써 이를 토대로 예술적 무용이나 고난이도의 체육활동을 위한 기초능력을 갖추게 되는 것이다.
	   − '동작을 통한 교육'은 몸을 움직이며 다양한 동작을 시도하고 경험함으로써 신체적 운동기술뿐만 아니라 언어발달, 인지발달, 내적인 자기표현 등이 이루어지는 것이다.
	• 이처럼 동작교육을 '동작 자체에 강조점을 두고 바라보는가?' 또는 '통합적 발달 측면에서 동작교육을 실시하는가?'에 따라 개념과 접근방식이 달라질 수 있다.

목적	• 유아교육이 전인발달을 추구하는 것과 같이 유아들은 동작교육을 통해 신체, 인지, 사회, 정서 발달 등이 이루어진다. 유아들은 다양한 움직임을 시도하며 자신의 신체능력을 실험하고, 실패하고 도전하는 과정을 통해 신체발달이 이루어진다. 스스로 몸을 움직이며 자신이 생각한 것이나 느낌을 자연스럽게 표출하면서 인지, 창의성, 정서, 사회성이 상호작용하며 발달하게 된다. 유아는 동작교육을 통해 다양한 운동형태와 운동기술을 익히며 자신의 신체능력에 대한 유능감을 갖게 될 뿐만 아니라 자기만족감, 자신감 등 긍정적 태도를 형성하게 된다. − 이처럼 유아동작교육은 유아의 신체 기술과 기능의 발달뿐만 아니라 즐거움과 자연스러운 느낌의 표현을 통해 정서를 순화하고 또래와 협동하여 관계를 맺으며 사회성 발달을 촉진한다. 또한 다양한 움직임을 활용하여 문제해결력이 향상되며, 이를 통해 자기만족감과 효능감, 창의성, 탐구능력 등 전인발달이 이루어진다.

	• 즉 유아동작교육은 자신의 신체에 대한 이해와 움직임을 토대로 그 과정 속에서 심미감, 창의성, 언어, 정서, 인지, 사회성, 신체 발달이 통합적으로 이루어지는 것을 목적으로 한다.
	－ 이를 토대로 구체적인 유아동작교육의 목표를 제시하면 다음과 같다.
	① 신체에 대한 지식과 기술을 터득하고, 신체 조절 및 활용 능력을 증진한다.
	② 감정표현 능력과 상징적 표상능력을 향상시킨다.
	③ 동작교육을 통해 동작어 등 언어발달을 증진한다.
	④ 동작교육을 통해 자신감 향상, 긍정적 자아개념, 협동능력 등 사회성 발달을 증진한다.
	⑤ 동작교육을 통해 실험, 탐색, 발견의 기회를 토대로 인지개념을 발달시킨다.
	⑥ 동작교육을 통해 창의적으로 표현하며 심미감과 창의성을 기른다.
	⑦ 동작활동을 즐기며, 긍정적 태도를 갖는다.
필요성	• 유아동작교육은 유아의 건강과 체력증진, 신체적 성장을 위해 필요하다.
	－ 유아들은 동작으로 표현하면서 자신이 신체를 조절하고 움직일 수 있다는 자신감과 성취감을 느끼며, 환경과의 관계도 인식하게 된다. 특히 유아기는 발달특성상 끊임없이 탐색하며 알아가기 위해 계속 움직이고, 자신의 생각이나 느낌을 자유롭게 표현하고자 한다. 유아의 동작활동은 운동기술 발달에 중요한 영향을 미치며, 대소근육 및 신체 각 부분의 발달을 촉진하고, 운동능력을 향상시킨다.

UNIT 02 운동기능 발달의 원리

개념	신체근육을 조절할 수 있는 운동기능 발달에는 그것이 진행되는 일정한 경향, 즉 일반화되어 공통적으로 적용되는 원리가 있다.	
원리 (발달의 진행 방향)	두미발달 (cephalocaudal development)의 원칙	• 운동 능력은 뇌에서 가장 가까운 부분부터 발달한다. • 발달은 상부에서 하부로 진행된다. 즉 머리 부분이 몸통이나 팔, 다리보다 먼저 발달한다. 예 영아들은 머리를 들게 된 후 가슴을 들고, 다리 근육이 발달하면서 기고, 서고, 걷게 된다.
	근원발달 (proximodistal development)의 원칙	운동 능력은 신체의 중심 부분에서 말초 부분으로 발달한다. 즉 몸의 안쪽에서 바깥쪽으로 발달한다. 예 팔－손목－손－손가락의 순서대로 발달이 이루어진다.

세분화발달 (hierarchical integration development)의 원칙	• 운동 능력은 대근육이 먼저 발달하고 소근육이 나중에 발달한다. • 단순한 것에서 복잡한 것으로 진행된다. 즉 일반적이고 전체적인 것에서 점차 분화하여 특수한 것으로 발달한다. 　－ 영아의 초기 행동은 몸 전체를 사용하는 거칠고 산만하며 분화 　되지 않은 형태이지만, 점차 분화되면서 정밀한 행동으로 대 　체된다. 　⑩ 영아들은 물건을 잡기 위해 손바닥 전체를 사용하지만, 점차 엄지와 　검지로 물건을 잡을 수 있게 된다.
양방에서 일방으로의 발달	• 운동 능력은 양방에서 일방으로 발달한다. 　－ 유아의 신체 구조는 생리적으로 상하, 양방의 관계로 균형을 　이루고 있으나, 점차 어느 한 쪽이 선택되어 발달한다. 　⑩ 유아가 처음에는 양쪽 손을 모두 사용하게 되지만 초등학교 입학 시기 　쯤에는 어느 한 쪽 손을 주로 사용하게 된다.
수평적인 동작에서 수직적인 동작으로의 발달	운동 능력은 수평적인 동작에서 수직적인 동작으로 발달한다. ⑩ 유아는 걷거나 앞으로 뛰는 동작을 학습한 후 수직으로 뛰는 동작을 학습 하게 된다.
독립발달 (independence development)의 원칙	각각 다른 신체 시스템은 다른 속도로 성장한다. ⑩ 신체 크기, 신경계, 성적 성숙에 대한 성장 패턴은 상당히 다르다.
신체발달 패턴	

UNIT 03 운동능력의 발달 단계 - 갤러휴(Gallahue)

KEYWORD # 운동능력의 발달 단계 중 기본적 동작기

- 운동능력은 연령이 증가함에 따라 일정한 방향과 속도로 발달하며, 개인에 따라 발달속도의 차이는 있을 수 있으나 발달단계를 뛰어넘을 수는 없다.
- 영아전기(infant), 걸음마기(toddler), 유아기(preschooler)에 이르기까지 불안정한 움직임에서 점차 숙련되면서 유연하고 완전한 자세로 발전하게 된다.
- Gallahue(1993)는 운동능력의 발달단계를 연령에 따라 4단계로 나누었다.
  ① **1단계** 반사적 동작(reflective movement) : 최초로 나타나는 운동발달로 외부자극에 무의식적으로 반응하여 신체를 움직이는 것이다.
  ② **2단계** 초보적 동작(rudimentary movement) : 반사적 동작이 줄어들면서 의도성을 가진 신체 움직임이 나타나게 된다.
  ③ **3단계** 기본적 동작(fundamental movement) : 초보적 동작이 좀 더 발달되어 성숙된 동작으로 나타나지만, 동작의 정확도는 아직 미흡하다.
  ④ **4단계** 전문화된 동작(specialized movement) : 운동능력이 점차 발달하여 복합적이고 성숙된 동작기술이 나타난다.

1단계 반사적 동작	반사적 동작은 생후 1년 이내의 신생아에게 나타나는 최초 운동발달의 특징으로, 반사는 외적인 자극에 따라 무의식적으로 신체가 움직여지는 것을 말한다. − 반사는 주로 먹는 기능과 생리적 기능을 유지하는 데 유용하며, 신생아를 위험으로부터 보호해 주는 기능을 한다. − 반사적 동작은 점차 통제되면서 의도성을 지니는 초보적 운동능력 발달로 발전하게 된다.	

🏠 반사행동의 유형

구분	유형	반응과 의미
생존반사	눈 깜빡임 반사	눈에 강한 빛이 비치거나 물체가 급히 다가오면, 눈을 감거나 깜빡여 눈을 보호한다.
	호흡 반사	반복적인 들숨과 날숨을 쉼으로써 체내에 산소를 공급하고 이산화탄소를 방출한다.
	젖 찾기 반사	신생아의 입 주변에 가만히 손가락이나 고무젖꼭지 등으로 자극을 주면 자극물을 향해 고개와 입을 돌리는 모습을 관찰할 수 있다.
	빨기 반사 (근원 반사)	입이나 입술을 자극하면 빨기 시작하는 것으로, 생존을 위해 영양을 섭취할 수 있도록 한다.
	삼키기 반사	입 속에 음식물이 들어오면 삼키는 것으로, 생존을 위해 영양을 섭취할 수 있도록 한다.
원시반사	모로반사	모로(Moro)가 발견한 반사로, 아기의 머리 위치를 갑자기 변화시키거나 큰 소리를 내면 팔과 다리를 순간적으로 떨며 움직여 무엇을 껴안으려는 듯한 행동을 보인다.
	바빈스키반사	바빈스키(Babinski)가 발견한 반사로, 아기의 발바닥을 자극하면 발가락을 부챗살처럼 펴는 반사 행동을 보인다.

88888

Table:

	잡기 반사	손바닥을 물체로 자극하면 손을 오므려 물체를 잡는다.
	걸음마 반사	아기의 몸을 세워서 발바닥이 지면에 닿게 하면 마치 걷는 것처럼 다리를 움직이는 반사이다.

2단계 초보적 동작	

- 초보적 동작은 출생 직후 영아에서 약 2세까지 나타나며 처음으로 자발적이고 의도적인 신체 운동이 시작되는 주요한 시점이다. 이 시기에는 안정(비이동) 동작, 이동 동작, 조작적 동작 능력이 상호작용하며 발달되는데, 그 수준은 생존을 위해 필요한 가장 초보적인 단계에 그친다.
- 반사적 행동이 점차 감소되면서 불완전해 보이는 기초 움직임이 나타나며 의도적인 신체 운동이 시작된다.
  - 목, 머리, 몸을 통제하기 시작하며, 앉고 서는 안정(비이동) 동작이 가능하다.
  - 이후 기기, 기어가기, 걷기와 같은 이동 동작이 나타난다.
  - 조작적 동작은 의도성을 갖고 사물에 손을 뻗거나, 물건을 잡을 때 손을 이용하다가 점차 손가락 힘으로 잡게 된다.

3단계 기본적 동작	

- 기본적 동작은 생후 2년에서 약 7세까지 나타나는 동작능력으로, 초보적인 동작 단계에서 나아가 점차 다양한 기본 동작을 능숙하게 수행할 수 있는 단계이다. 이는 연속적 발달 단계를 통해 이루어지며 기본운동 능력과 함께 기초체력이 형성되는 시기이다.
  - 여러 가지 기본적 동작을 성숙하게 수행할 수는 있지만, 세분화되고 정확한 기술적인 움직임까지는 발달되어 있지 않다.
    예 유치원 시기에 이르게 되면 뛰어넘기와 스키핑을 제외하고는 기본적인 동작을 대부분 할 수 있다. 스키핑 동작은 대부분의 유아가 기본동작 단계에서 성공하지만 일부 유아는 7세 이후에도 성공하지 못하는 경우도 있다.
    예 조작적 동작에서 공 던지기의 경우 어떤 유아는 아래로 내려 꽂으면서 던지고, 어떤 유아는 머리 위로 던지기도 한다. 공을 던지는 팔과 교차되는 발을 앞으로 하고 팔과 허리를 뒤로 젖혔다가 던지면서 앞으로 하는 동작은 8세 정도가 되면 가능해진다.

	초기 (입문 단계)	• 2~3세 • 기본적인 운동능력을 형성하는 시기로, 신체 각 기관의 협응력이 갖추어지지 않아 다소 거칠고 협응되지 않은 동작을 말한다. • 이 시기 유아는 던지기, 잡기, 차기, 높이 뛰어오르기 등과 같은 기본적 동작 기술을 시도할 수 있으나, 가끔 동작이 너무 과장되거나 위축될 수 있고, 동작의 율동감도 결여되어 신체의 움직임이 자연스럽거나 능숙하지 않다.
	중기 (초보 단계)	• 4~5세 • 이전 단계에 비하여 신체 협응력이 다소 향상되고 자연스러워진다. • 이 시기 유아는 자신의 신체 움직임을 대체로 조정할 수 있으나 여전히 움직임이 서툴고 경직되어 있으며 유연성이 결여되어 있다.
	성숙기 (성숙 단계)	• 6~7세 • 이 시기 유아는 기본운동 기술이 능숙하게 되고 신체 협응력이 증가한다. • 기술적으로 정확하며, 모든 움직임의 요소들이 통합되어 효율적인 동작으로 나타나게 된다. • 이 시기 이후부터 유아들의 운동 수행능력이 급속히 발달하여, 이전 단계보다 더 멀리 던지고, 더 빨리 달리고, 더 높이 뛰는 것이 가능해진다.

MEMO

MEMO

4단계 전문화된 동작		• 전문화된 동작은 초등학교 저학년인 7세 이후부터 청년기까지 지속적으로 발달한다. 연령이 증가함에 따라 세분화된 동작기술이 발달하면서 정확하고 복합적인 성격을 나타낸다. － 14세부터 청소년기까지는 전문화된 운동기술이 나타나는데, 이 단계에서 습득한 운동능력은 경쟁적이고 오락적인 각종 스포츠나 레크리에이션에 적용하는 것이 가능하다.
	① 과도기 (전환 단계) (7세~10세)	• 일반적 운동능력이 발달한다. • 기본적 동작 단계에서보다 각종 동작을 정확하게 할 수 있다.
	② 응용기 (적용 단계) (11세~13세)	특수하고 세분화된 운동능력이 발달하며 복합된 동작기술이 출현한다.
	③ 이용기 (활용 단계) (14세~청년기)	• 전문화된 운동기술이 발달한다. • 이제까지 습득한 모든 운동능력을 경쟁적이고 오락적인 각종 스포츠나 레크리에이션에 적용할 수 있는 시기이다.

◈ Gallahue와 Ozmun의 운동발달 4단계

Plus **던컨(Duncan)의 동작교육**

• 던컨은 무용의 의미가 곧 '발레'였던 서구 무용사회에서 인간의 자유를 갈망한 현대무용을 탄생시켰다.
  − 전통 발레와 대조적으로 사상과 감정을 자유로운 움직임으로 표현하였다.
  − 자유로운 움직임, 다양한 표현을 위한 신체 움직임, 전인발달을 위한 동작의 통합적 접근, 그리고 주변 관찰을 통한 실용주의적 동작교육 등의 측면에서 유아동작교육에 영향을 주었다.

① 자유로운 움직임으로써의 동작교육	• 평상시 움직이는 사람들의 모습, 즉 걷고 뛰는 것들을 동작교육으로 반영한 것이다. 　− 유아들에게 친숙할 뿐만 아니라 혼란한 사회에 노출되기 전 유아와 주변의 것들이 조화롭게 어울리도록 도와주는 교육으로써 유아기에 적합한 교육방식이다. • 수업 안에서 신체의 움직임을 유도하는 가장 초보적인 매개체로 음악을 설명한다. 　− 음악을 들으며 유아들이 규칙적 리듬에 신체가 반응하도록 하는 즉흥적으로 움직이는 교육을 강조한다.
② 생각을 표현하기 위한 신체표현교육	• 움직임 자체를 강조하는 운동보다는 표현을 강조하는 움직임에 초점을 둔다. 　− 기존 발레에서 배제된 상체 움직임을 강조하면서 지구와 자신의 움직임을 연관시키고자 하였다. 　− 호흡과 우주를 느끼는 방법으로 팔을 들거나 흔드는 동작, 전신을 바닥에 눕혔다 일으키는 동작을 지도한다. 　− 유아들의 신체가 우주와 교감하고 있다는 사실을 교육으로 반영하고자 하였다.
③ 전인발달을 위한 통합교육	• 철학자들의 저서 내용과 자신이 쓴 시를 사용하여 신체적 움직임으로 표현하였다. 　− 신체교육임과 동시에 예술교육, 그리고 인문교육을 아우르는 종합적인 교육임을 보여주는 것으로, 기존의 분화된 교육체계인 역사, 문화, 음악, 미술을 신체표현으로 교차시켜 통합교육을 강조하였다.
④ 자연관찰을 통한 실용주의를 반영한 교육	• 주변의 자연이나 사물을 관찰하여 표현해 내고 각각의 사물과 자연에 동화되는 인간의 움직임을 강조하였다. 　− 이는 자연주의 사상과 함께 실용주의적 사고가 동작교육 안으로 편입된 것을 보여주는 것이다.

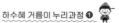

UNIT 04 기초체력(체력)

KEYWORD # 기초체력의 요소

1 기초체력의 개념 및 요소

개념	체력이란 인간이 살아가는 환경에 적극적으로 대처하고 환경의 변화와 스트레스를 이겨낼 수 있는 능력이며 건강한 정도를 확인할 수 있는 준거이다.	
	적응력	인간이 처한 물리적·화학적 스트레스, 생물학적 스트레스, 생리적 스트레스, 정신적 스트레스 등에 대항하여 견뎌낼 수 있는 능력이다.
	활동력	• 힘을 일으키는 운동 발현능력, 힘을 오랫동안 낼 수 있는 운동 지속능력 및 힘을 조절해서 낼 수 있는 운동 조절능력이다. • 일상생활에서 생산성을 높이는 능력으로 피로 없이 작업을 수행할 수 있는 능력이다.
체력의 요소 (갤러휴)	건강 관련 체력	근력, 근지구력, 전신지구력, 유연성
	행위 관련 체력	협응력, 속력, 민첩성, 힘, 평형성

운동적성
• 운동적성이라는 용어는 운동능력이나 신체적성 또는 체력이라는 용어와 혼용되고 있다.
• 운동적성
  − 신체적성이나 운동능력에 포함되는 어느 정도의 운동에 대한 소질로서, 운동능력의 한 측면이다.
  − 행동체력과 동일한 것으로 운동에 대한 적응능력을 말한다.
  − 다면적인 여러 운동요인으로 구성되며, 어느 한 운동요인이 우수하거나 몇몇 요인이 뛰어나다고 해서 우수한 운동적성을 가지고 있다고 평가할 수 없다.
• 일반적으로 운동적성은 근력, 지구력, 조정력, 순발력, 유연성의 다섯 가지 운동요인으로 구성된다.

출처: 전인옥 외 1명, 유아동작교육

2 체력 요소의 개념과 측정

(1) 건강 관련 기초체력

근력	• 근육이 한 번 수축할 때 발휘할 수 있는 최대의 힘을 나타낸다.
	  − 유아에게 근력은 일상생활에서 전반적인 신체활동을 자유롭게 해주고, 각종 질병에 대한 저항력을 높여 건강하고 활기찬 생활을 할 수 있도록 해 주는 중요한 운동요인이다.
	  − 근력이 좋으면 무거운 물건을 잘 들어 올릴 수 있다.	

	근력을 향상시키기 위한 체육활동	• 뛰어넘기　　• 오르기 • 밀기　　　　• 당기기
	측정	윗몸 일으키기

지구력	• 지구력이란 운동을 지속하는 능력으로, 근지구력과 전신지구력(심폐지구력)으로 나뉜다. ① 근지구력 − 오래 매달리기와 같이 정적인 근수축을 장시간 오래 계속할 수 있는 능력이다. − 일정한 힘을 얼마나 오래 반복해서 낼 수 있는가에 대한 능력이다. ② 전신지구력(심폐지구력) − 격렬한 전신운동을 장기간 계속할 수 있는 능력이다. − 전신운동을 장시간 계속할 수 있는 능력이므로 유산소 능력이 특히 중요하다. − 유산소 능력은 호흡・순환계의 산소운반능력과 조직의 산소이용능력에 의해 좌우되므로 전신지구력은 호흡・순환지구력 또는 심폐지구력이라고도 한다.		
	지구력을 향상시키기 위한 체육활동	• 달리기 • 매달리기 • 팔굽혀펴기		
	측정	**지구력** V자 앉기	**근지구력** • 팔굽혀펴기 • 윗몸 일으키기 • 오래 매달리기 • 턱걸이	**전신지구력** • 의자 오르내리기 • 오래 달리기

유연성	• 관절에 뻣뻣함 없이 부드럽고 자연스럽게 움직일 수 있는 능력이다. • 일반적으로 신체의 부상 없이 몸을 꼬고, 비틀고, 구부리고, 돌리는 능력을 말한다. − 연령이 적을수록 크고, 연령이 많아질수록 점차 약화되며, 대체적으로 여아가 남아에 비해 유연성이 크다.	
	유연성을 향상시키기 위한 체육활동	• 손목・발목 수축 이완 운동 • 다리 벌리기 • 어깨와 귀 닿기 • 발 들어올리기 • 몸으로 비행기 만들기 • 발로 신체부위 대기 • 윗몸 앞으로 구부리기 • 윗몸 뒤로 젖히기
	측정	앉아서 윗몸 굽히기

신체 성분 (체구성, = 신체 조성, = 신체 구성, body composition)

• 지방, 조직(tissue), 섬유와 뼈 혹은 체지방(lean body tissue) 대 지방의 비율에 의한 신체의 구성이다.
 − 신체 내 *체지방과 *제지방의 비율을 기준으로 하여 전반적인 체력을 평가할 수 있다.
• 체내를 구성하고 있는 성분인 근육・지방・뼈와 물 등의 상대적인 비율을 지표로 나타낸 것으로, 최근 소아비만의 위기 증가로 신체 성분에 대해 많은 관심이 쏠리고 있다.
 − 체중만이 신체건강의 주요한 지표는 아니다. 왜냐하면 어떤 어린이들은 단지 뼈대가 커서 다른 어린이들보다 체중이 많이 나가기도 하고, 근육은 지방보다 더 무겁기 때문이다. 체중이 같은 두 명의 어린이라도 한 명은 근육과 소량의 지방을 가진 반면 다른 한 명은 지방만 많이 가진 것처럼, 전혀 다른 신체 성분을 가질 수 있다는 것이다.

*체지방
신체에 있는 지방량(kg)을 말하며, 체지방이 체중(kg)에서 차지하는 비율을 체지방율(%)이라고 한다.

*제지방
신체 내 지방을 제외한 모든 조직을 일컫는 말이다.

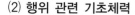

─ MEMO

(2) 행위 관련 기초체력

평형성	• 움직이거나 정지한 상태에서 몸의 균형을 유지시킬 수 있는 능력을 말하며, 안정을 지속하면서 운동을 할 수 있는 능력이다.
	  – 신체의 안전과 사고 및 위험 예방에 중요한 역할을 한다.
	  – 평형성을 발달시킴으로써 바르고 좋은 자세를 유지할 수 있으며 안정된 동작으로 운동을 수행할 수 있게 된다.		

	평형성을 향상시키기 위한 체육활동	• 줄 따라 걷기 • 엉덩이로 서기 • 평균대 걷기	• 한발로 서기 • 허수아비 • 회전하여 중심잡기
	측정	한 발로 중심잡기	
민첩성	• 몸 전체 또는 부분적인 동작을 급속히 변경하거나, 일정한 방향으로 움직이는 몸을 신속하게 다른 방향으로 바꿀 수 있는 능력이다. – 민첩성이 향상됨에 따라 유아는 자신의 몸을 신속하고 효율적으로 통제할 수 있는 능력이 발달하여 신체활동을 할 때 다치거나 부상당할 위험이 줄어든다.		
	민첩성을 향상시키기 위한 체육활동	• 차렷·열중쉬어 • 가위바위보 뛰기 • 왕복 달리기	• 소리 듣고 움직이기 • 얼음놀이 • 방향 바꾸어 달리기
	측정	왕복 달리기	
순발력	신체 전체의 위치를 이동하고 변화시키는 순간적인 능력으로, 힘과 속도를 포함한 동적인 역량을 의미한다.		
	순발력을 향상시키기 위한 체육활동	• 높이뛰기 • 공 던지기 • 멀리뛰기	• 가위 점프 • 개구리 뛰기 • 무릎과 가슴 닿기
	측정	제자리 멀리뛰기	

협응성	• 신체의 움직임을 얼마나 매끄럽고 정확하게 하는가에 대한 신체 각 분절의 조화를 의미하는 것으로, 몸 전체를 신속하고 능률적으로 조정하며 통제할 수 있는 능력을 말한다.
	  – 협응력은 신체동작을 민첩하게 수행할 수 있는 민첩성과 순발력, 평형성 등의 조화를 통해 이루어지는 것이며 최소한의 지적 능력을 수반한다.
	  – 또한 협응력은 발휘할 힘을 그 목적에 맞게 적절히 이용하는 과정으로 운동의 효율성에도 기여할 수 있는 운동능력이다. 유아들의 여러 가지 운동양식이 어색하게 또는 위험하게 보이거나, 웬만한 것에도 넘어지거나, 신체의 균형을 잃거나 하는 것 등은 신체의 모든 기능이 아직 미숙하고 상황의 변화에 따라 적절하게 각 부위를 조정할 수 없기 때문이다.		

  − 협응성은 두 개 이상의 신체 부위의 조화를 목표로 하며 주로 도구를 많이 사용하여 활동하기 때문에 특히 유아의 동기나 흥미 측면에서 자주 이루어지고 있는 활동들이 포함된다. 즉, 협응력은 운동을 보다 잘할 수 있게 하는 능력으로 이 능력의 향상을 통하여 유아는 보다 적극적인 신체활동을 하게 된다. 유아 운동성취의 특징은 '얼마나 안전하게', '얼마나 안정된 상태로', '얼마나 많은' 운동 패턴을 성취할 수 있는가 하는 것이다. 이러한 운동성취에는 '시각 · 청각 등과 같은 감각 및 신체 각 부위를 얼마나 적절하게 협응하여 운동을 성취하게 하는가?'하는 능력이 가장 중요하다고 할 수 있다.

3 신체구조, 운동적성(체력) 및 운동능력의 관계

- 신체구조, 운동적성, 운동능력은 상호작용한다.
  - 신체구조가 튼튼하면 운동적성이 발달하고, 역으로 운동적성이 발달하면 근육과 근육 사이의 협응적 신체활동이 원활해지면서 튼튼한 신체구조를 갖추게 된다.
  - 운동적성이 잘 갖추어지면 운동능력이 발달하고, 역으로 다양한 체육활동을 통해 달리기, 던지기, 뛰기 등의 운동능력이 발달하면서 운동적성을 획득할 수 있게 된다.

4 체력운동의 원리

효과적으로 체력운동을 하기 위한 방법이다.

과부하의 원리	일상의 부하보다 큰 운동의 부하를 준다.
점진성의 원리	운동의 시간, 강도, 빈도를 점진적으로 늘려간다.
지속성의 원리	운동을 꾸준히 실시한다.
반복성의 원리	운동은 지속적으로 반복해서 실시한다.
균형성의 원리	다양한 방법으로 전신에 고르게 실시한다.

UNIT 05 | 체육활동

KEYWORD # 지도 방법

개념		• 유아교육에서 동작교육은 신체활동, 체육교육, 신체표현, 움직임교육, 춤교육 등의 용어로 다양하게 사용된다. 이는 동작표현에 기초한 접근방법과 체육에 기초한 접근방법이 구분 없이 적용되어 왔기 때문으로 보고 있다. 　- 이런 측면에서 유아동작교육은 신체운동기술과 관련된 '기능적 움직임'과 자신의 생각을 자유롭고 창의적으로 표현하는 '표현적 움직임'의 의미를 포함하고 있다. • Gallahue(1976)는 유아동작교육은 '동작을 위한 교육'과 '동작을 통한 교육'으로 구분하여 제안하였다.
	움직임을 위한 학습	• 기능적인 측면의 향상과 움직임 자체를 목적으로 한다. • 유아들이 일상생활이나 운동경기에서 자신의 몸을 효율적으로 움직일 수 있도록 하는 것이다. • 기초체력 요소와 기본동작이 강조된 활동을 말한다.
	움직임을 통한 학습	• 표현적인 측면의 향상이 목적이며, 유아가 주변 세계를 알아가는 데 사용하는 수단으로 움직임을 활용하는 것이다. • 주변의 여러 가지 사물의 모양이나 움직임을 신체나 매개체로 표현하는 경험을 통해 신체에 대한 지식이 증가한다. • 신체인식, 리듬동작, 창의적 동작을 말한다.

```
전인발달을          움직임을 위한      기능적인        기본동작
  위한      ──┬──    학습      ──    측면      ──    기초체력 요소  ──┐
체육활동          움직임을 통한      표현적          신체인식            운동기술
          └──    학습      ──    측면      ──    리듬동작      ──┘  게임 및 체조
                                                창의적 동작          춤 활동
```

지도 방법	• 교사는 체육교육에 필요한 지식을 가지고 장·단기적인 계획을 수립한다. 　- 교사는 체력의 요소, 연령에 따른 신체능력, 안전에 대한 지식 등을 습득해야 한다. 　- 연령과 생활 주제, 체력 요소의 난이도에 따라 계획한다. • 유아의 발달에 적합한 활동과 활동시간을 제공한다. 　- 1회 체육활동은 20~30분간 실시하는 것이 바람직하다. 　- 부적절한 체육활동 　　예 만 3세 대상의 정교한 방법으로 매트를 구르는 활동은 해당 유아의 발달에 부적절하고 두려움을 초래할 수 있다. 　　예 만 5세에게 익숙한 매트를 탐색하게 하는 것은 활동에 대한 흥미를 감소시킬 수 있으므로 부적절하다. • 다양한 체력요소를 포함한 활동을 제공하고, 반복적으로 지도한다. 　- 한 번의 활동으로는 체력 향상을 기대하기 어려우므로 반복 지도가 필요하다.

• 다양한 교수방법을 활용한다.

발견적 방법	• 유아가 주어진 과제에 대해 스스로 실험하고, 관찰하고, 평가함으로써 스스로 해결방법을 찾아가는 등 문제해결을 통한 방법이다. 　- 유아가 스스로 발견하기 때문에 활동에 더욱 적극적으로 참여할 수 있고, 성취감을 증진시킬 수 있다. • 교사의 발문 　⑩ "몸을 흔들 수 있는 방법을 찾아보자", "높이 뛰면서 동시에 할 수 있는 움직임은 무엇이 있을까?"
지시적 방법	특정한 기술을 습득하도록 지도하기 위해서 구체적이고 명확하게 제시하는 직접지도를 통한 방법이다.

• 다른 영역과 통합적으로 운영한다.
　⑩ 유연성 활동 시 신체로 도형 만들기를 하며 도형개념과 통합
　⑩ 장애인 이해를 위해 목적물까지 눈 가리고 돌아오기 활동 진행
• 심리적인 지지와 격려를 통해 자신감을 갖도록 고려한다.
　- 흥미와 재미를 느낄 수 있는 활동을 계획하여 유아의 동기를 유발함으로서, 적극적인 태도와 다양한 시도가 가능하도록 한다.
　- 충분한 시간을 부여하고 좀 더 쉬운 단계를 경험하도록 난이도를 조절한다.
　- 어려움을 느끼거나 두려워하는 유아들에게 격려의 말을 해 주어, 유아가 자신의 능력을 최대한 발휘할 수 있도록 돕는다.
• 유아와 교사가 활동을 평가하는 시간을 갖고 다음 활동에 반영한다.
　- 유아 : 활동에 대한 느낌과 생각을 표현하는 기회를 통해 다음 활동을 성공적으로 이끌 수 있다.
　- 교사 : 유아들의 체력, 운동능력의 발달 수준에 대한 평가를 통해 다음 활동에 반영할 수 있다.

유의사항

• 교사는 체육활동을 진행하기 전에 안전사고를 유발할 수 있는 요소를 매일 점검해야 한다.
　⑩ 평균대 사용
　　• 기구의 견고성과 안정성 : 평균대의 모서리나 튀어나온 못, 거친 부분 등을 점검한다.
　　• 공간 바닥의 안정성 : 평균대를 사용할 때에는 평균대 밑, 착지하는 곳에 매트를 비치한다.
　⑩ 뜀틀 사용
　　• 기구의 견고성과 안정성 : 뜀틀이 움직이지 않도록 설치되었는지, 구름판이 밀리지 않는지와 나사가 잘 조여졌는지 점검한다.
　　• 기구와 유아의 신체발달 적합성 : 뜀틀의 사용법을 정확히 제시하여 유아들의 손목, 엉덩이, 목 등에 무리가 발생하지 않도록 한다.
• 유아의 건강 상태와 신체리듬을 고려한다.
　- 체육활동 참여 여부 결정 : 건강상태, 적합한 옷 확인(간편한 복장으로 만들기)
　- 일과 중 체육활동 시간배정 시 고려사항 : 식후 또는 수면 1시간 이내에 하지 않는다.
　- 본 활동 전 : 체조나 가벼운 움직임으로 몸의 근육의 긴장을 충분히 이완할 수 있는 시간을 가진다.
　- 본 활동 후 : 서서히 동적인 상태에서 정적인 상태로 갈 수 있도록 마무리 운동을 한다.
• 유아가 안전하게 체육활동을 할 수 있도록 유아가 스스로 활동의 안전에 필요한 지식과 태도를 갖도록 돕는다.
　⑩ 유아들의 분쟁으로 인한 사고의 위험성에 대해 토론한다.
　⑩ 기구 사용에 대한 안전 규칙을 제시한다.

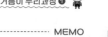

MEMO

	• 교사가 유아들에게 안전하게 체육활동을 할 수 있도록 정확한 시범을 보인다. 　- 교사의 시범을 통해 유아가 자신의 신체에 무리를 주지 않고 안전한 방법으로 활동하도록 돕는다. 　　🔢 손과 시선의 위치에 대한 설명과 시범으로 유아들이 안전하고 정확하게 앞구르기를 할 수 있다.
점검사항	① 체육활동을 하는 공간의 크기 ② 적절한 유아 수 ③ 공간 바닥의 안정성 ④ 채광 ⑤ 환기 ⑥ 체육기구의 유아 신체발달에의 적합성 ⑦ 체육기구 재질의 견고성과 안정성
소도구 활용의 중요성	① 소도구는 일상생활 주변에서 쉽게 구하고 활용할 수 있다는 측면에서 유의미하다. ② 유아의 흥미를 유도하고 운동능력 발달 단계에 알맞게 지도할 수 있다. ③ 소극적이며 내성적인 유아들에게 접근이 용이하다. ④ 유연성, 순발력, 민첩성, 지구력, 평형성 등 기초체력 요소를 발달시킬 수 있다. ⑤ 사회성을 높이고 유아들 간의 협동심과 단결심을 기를 수 있다. ⑥ 소도구를 활용한 다양한 놀이를 통해 창의성을 증진시킬 수 있다.

Ⅱ 유아동작교육의 내용

◈ 동작교육 내용의 개요

◈ 동작교육의 내용

• 유아동작교육을 위한 내용은 '동작 기초영역'과 '동작 응용영역'으로 구분할 수 있다.

　예 동작의 기초영역에서 말뛰기(gallopping)의 이동동작을 익혔다면, 응용영역에서는 자신이 말이 되는 것을 상상
　　 하면서 신체를 이용하여 말이 달리는 움직임에 대해 말뛰기 동작을 활용하여 표현할 수 있게 되는 것이다.

• 이처럼 기초동작과 응용동작은 동작의 위계성을 지니고 있다. 그러나 때로는 기초동작과 응용동작이
　전후 순서에 관계없이 부분적으로 상호 교류하며 이루어지거나 두 가지 영역이 통합될 수도 있다.

　예 교사가 유아와 함께 손과 발을 이용하여 노래에 맞는 율동을 하고, 추후 기초동작으로 비이동 동작인 손과 발의
　　 구부리기 동작, 손과 발을 위로 높이 뻗어 흔드는 동작을 익힐 수도 있다.

MEMO

기초영역	• 추후 복잡하고 창의적으로 표현할 수 있는 응용동작을 표현하기 전에 동작의 기본 토대가 되는 동작을 익히는 것이다. 　— 기초영역은 ① '기본동작'과 ② '동작 구성요소'로 구분할 수 있다.
응용영역	• 기초영역에서 익힌 동작을 활용하여 체조, 게임, 신체표현 활동 등을 통해 표현하는 것으로, 유아가 동작교육의 기초영역에서 기본적으로 필요한 동작 구성요소와 기본동작을 익혔다면, 좀 더 섬세하고 복잡한 기술이 요구되는 동작을 수행하기 위하여 동작교육의 응용영역으로 확장시킬 수 있다. • 동작의 기초영역을 기반으로 하여 응용영역은 ① '리듬동작', ② '창의적 신체표현', ③ '동작 감상' 등으로 나누어 볼 수 있다.

UNIT 06 유아동작교육의 기초영역 – 동작의 구성요소

KEYWORD # 지각운동요소, 동작의 구성요소

라반(Laban)의 동작교육

라반의 움직임 이론		• 루돌프 본 라반(Rudolf von Laban)은 헝가리의 무용이론가이자 표현주의 무용의 아버지로 불리며 일생동안 무용과 인간의 움직임을 연구하였다. 　— 어린이를 위한 움직임 교육을 위해 시간(time), 힘(force), 공간(space), 흐름(flow) 등으로 움직임의 요소를 4가지로 분류(1963)하여 동작 분석체계를 발전시켰다.
	시간	• 시간은 신체나 신체 각 부분이 여러 가지 속도로 움직일 수 있는 능력을 말한다. 　— 빨리 움직이거나 천천히 움직이기, 리듬에 맞춰 움직이기 등이 있다.
	힘	• 힘은 신체의 움직임에서 근육의 수축 정도를 말한다. 　— 움직임이 무거울 수도 있고 가벼울 수도 있는 상태이다.
	공간	• 공간은 신체가 공간을 어떻게 사용하는가를 말한다. 　— 신체나 신체의 각 부분을 여러 방향(앞, 뒤, 옆)과 여러 궤도(똑바로, 돌아서)로 그리고 여러 단계로 움직일 수 있다.
	흐름	• 흐름은 움직임의 계속적인 특징을 말한다. 　— 쉽게 멈출 수 있는 움직임이 있는가 하면 조금 더 계속적인 움직임이 있다.
라반의 움직임 분석 (LMA)		• 라반의 움직임 분석 「LMA(Laban Movement Analysis)」은 라반의 이론을 기반으로 만들어진 동작 이론으로 신체(Body), 내적 의도(Effort), 공간(Space), 형태(Shape)의 네 가지 요소로 나누어 움직임을 분석하고 있다. • 이후 라반은 움직임의 4가지 요소를 유아들에게 적합한 동작교육을 위한 「LMS(Laban Movement Studies)」 핵심 요소로 분석하여 제안하게 되는데 이것이 신체, 에포트, 공간, 관계이다. • Laban의 움직임 체계는 이후 연구자들에 의해 상당한 수정과 확대가 이루어졌으나, 동작 이론가들은 대체로 Laban의 이론에 기초하여 동작의 구성요소를 신체(body), 에포트/노력(effort), 공간(space), 관계(relationships)로 정의하고 있다.

동작 구성요소의 인식이란 여러 연구자의 연구 결과를 토대로 제시된 신체, 공간, 에포트, 관계의 네 가지 구성요소가 어떻게 동작에 반영되는지를 인식하고 움직임으로써 질적으로 우수한 동작을 만들어 내는 것을 의미한다.

학자	동작 구성요소의 분류
Laban	신체(body), 공간(space), 에포트(effort), 형태(shape) • 신체는 신체의 각 부위가 어떻게 연결되어 있는지, 신체의 일부분 또는 전신이 어떻게 움직이는지에 관한 내용이다. • 공간은 신체가 공간 안에서 어디로 움직이고 어떤 형태로 존재하는지, 즉 공간과 움직임의 관계성을 발견하는 것에 대한 내용이다. • 에포트는 흐름(flow), 공간(space), 시간(time), 무게(weight)의 조합으로 일어나는 움직임에 역동적인 변화를 일으키는 내적인 힘에 대한 내용이다. • 형태는 공간 안에서 형성되는 신체의 모양 자체를 가리킨다. ➡ 이후 여러 학자들은 라반이 제시한 동작의 기본 요소를 재구성하거나 발전시켜서 동작의 기본요소들을 제시하였다.
Gallahue(1996)	공간, 노력, 관계
Gilliom(1970)	신체 인식, 공간, 힘, 시간, 흐름
Purcell(1994)	신체 인식, 공간 인식, 노력, 관계
Pica(2004)	공간, 형태(모양), 시간, 힘, 흐름, 리듬
김은심(2015)	신체 인식, 공간 인식, 노력, 관계

출처: Purcell, 1994

◈ 동작 구성요소의 세부내용을 적용한 동작교육과정의 내용

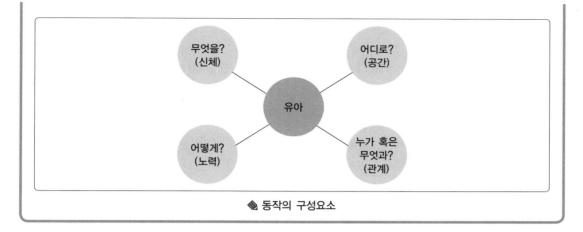

◈ 동작의 구성요소

1 신체인식(body awareness)

- '무엇이 움직이고 있는가(무엇을 움직이는가)'에 대한 것으로 신체는 움직임을 만드는 주체이다.
  - 따라서 유아가 자신의 신체명칭을 이해하고, 신체부분을 어떻게 움직일 수 있는지 탐색하도록 하는 것이 필요하다. 유아들은 신체의 움직임을 통해 새롭게 만들어지는 동작을 발견하면서 자신의 신체를 조절하게 된다.
  - 신체를 활용한 동작활동을 통해 신체 특성과 기능을 이해하고, 신체기관의 역할과 자신의 신체에 긍정적인 태도를 지니게 된다.
- 신체인식의 하위요소는 전신의 움직임, 신체부분의 움직임, 신체모양으로 구성된다.

전신의 움직임	• 전신의 움직임은 신체의 모든 부분들이 움직임에 사용되는 것을 말한다. • 전신의 동작은 이동동작과 비이동동작으로 대별할 수 있다. - 이동 동작의 경우 신체를 한 장소에서 다른 장소로 이동하게 된다. 전신으로 달리기를 하거나 점프, 건너뛰기 등을 통해 움직임을 나타낼 수 있다. - 안정 동작과 결합될 경우 유아가 제자리에 서서 몸을 흔들거나 손가락만 꼬는 것이 아니라 몸 전체를 이용하여 꼬기를 할 수 있다. - 이 외에 이동 동작과 안정 동작이 결합되어 이루어질 수도 있다. 달리기를 하면서 팔을 흔들 수도 있고, 훌라춤을 추면서 손과 발의 꼬기 동작이 나타날 수도 있다. • 몸짓으로 생각, 감정, 태도 표현하기 - 몸짓으로 생각, 감정, 태도를 표현하는 전신 움직임의 경우 표현의 다양성에 대한 제한이 없기 때문에 무수히 많고 다채로운 동작을 만들어낼 수 있다.

MEMO

신체부분의 움직임		• 신체 각 부분을 따로 또는 같이 움직이는 동작이다. 　– 머리, 어깨, 가슴, 팔, 손 등 상반신이나 다리, 발, 발가락, 엉덩이 등 하반신만 각각 움직일 수도 있으며 상반신과 하반신을 동시에 움직일 수도 있다. 　　📝 스프링 인형이나 로봇의 움직임을 보면서 움직인 신체부분을 이야기해 보고, 따라서 움직여 볼 수 있다.
	독립적 동작	• 신체의 한 부분이 움직이는 동안 다른 부분들은 움직임을 멈추고 있는 동작이다. 　– 이를 위해서는 신체 균형과 집중력이 필요하므로 오히려 유아들에게는 어려운 동작일 수도 있다.
	주도적 동작	신체의 한 부분을 주도적으로 움직여서 나머지 신체 부분이 따라오게 하는 동작이다. 📝 왼쪽 팔을 옆으로 들어올린 상태에서 팔을 왼쪽으로 이동시키면 머리, 어깨, 가슴, 다리 등 나머지 신체 부분들이 따라가게 된다. 📝 두 명이 함께 마주 선 상태에서 두 손을 맞잡고 한 사람이 다른 사람의 손을 당겨 봄으로써 주도적 움직임을 경험해 볼 수 있다.
	(몸)무게 지탱하기	손, 발, 머리, 배, 등, 무릎, 어깨 등을 이용하여 신체의 일부분이 몸무게를 지탱하는 것이다. 📝 요가에서의 다리(bridge) 자세를 만들어 두 팔과 다리로 신체의 무게를 지탱하는 방법이 해당된다.
신체 모양 (body shape)		신체 모양이란 신체를 이용하여 직선, 곡선, 구부러진 모양 등을 나타내는 동작으로, 유아가 신체를 이용하여 겉으로 나타내고자 하는 생김새 혹은 모습을 의미한다. 📝 유아들은 나비의 두 날개를 만들기 위해 두 팔을 이용하기도 하며, 화가 난 것을 표현하기 위해 두 주먹을 꽉 움켜쥐기도 한다. 이렇게 계획하여 만들어진 신체모양은 상대방에게 특별한 메시지를 전달하게 된다.
	직선 모양	• 전신을 이용하거나 신체 부분을 사용하여 만들 수 있다. 　– 팔꿈치, 무릎, 손목, 손가락, 등뼈 등을 구부림으로써, 신체를 여러 가지 좀 더 작은 직선 모양들로 구성된 각진 형태로 만들 수 있다.
	곡선 모양	• 곡선 모양은 척추를 구부려서 앞쪽, 뒤쪽, 옆쪽으로 신체를 둥글게 만드는 것이다. 　– 팔과 다리를 몸에 덧붙여서 둥글게 만들 수 있으며, 척추를 구부리지 않고도 둥근 모양을 만들 수 있다. 　– 이 밖에도 구불구불한 모양, 아치 모양, 나선형 모양 등을 만들 수도 있다.
	꼬인 모양 (비틀린 모양, twisted shape)	• 비틀린 모양은 신체가 동시에 각각 반대가 되는 방향으로 회전하는 형태를 말한다. 　– 대부분의 비틀린 모양은 허리를 중심으로 엉덩이와 다리는 같은 쪽 방향으로 향하고, 상체는 그 반대 방향을 향하게 된다. 　– 하나의 신체 부분으로 꼬인 모양을 만들 때는 신체의 나머지 부분과 반대 방향으로 신체를 회전시키면 된다.
	대칭 모양과 비대칭 모양	• '대칭 모양'은 신체의 오른쪽과 왼쪽이 정확하게 같은 모양을 취하는 것을 말한다. • '비대칭 모양'은 신체의 양 측면에 서로 다른 모양을 취하는 것을 말한다.

2 공간인식(space awareness)

- 동작에 있어서 '어디로 움직일 수 있는가'를 이해하는 것을 의미한다.
  - 공간을 인식한다는 것은 유아 자신의 신체가 다양한 공간 속에서 움직일 수 있다는 것을 이해하고 공간에 따라 자연스럽게 움직임을 변화시킬 수 있으며, 다양한 공간의 영향을 받아 다채로운 움직임을 만들어낼 수도 있다는 것을 의미한다.
  - 공간 인식이 발달한 사람은 다른 사람들과 충돌하지 않으면서 공간 속에서 움직일 수 있고, 움직이면서 신속히 높낮이를 변화시킬 수도 있으며, 자기의 파트너와 함께 움직이거나 혹은 더욱 복잡해지는 여러 공간 관계에서 물체를 가지고 잘 움직일 수 있을 뿐만 아니라, 신체부분의 공간 관계를 섬세히 변화시킬 수도 있게 된다.
  - 유아들이 움직일 수 있는 공간은 ① 개인공간 혹은 자기공간과 함께 일반공간, 집단공간 혹은 공유된 공간이라는 두 개의 영역으로 구성된다. 이 외에 ② 공간의 위/아래, 오른쪽/왼쪽, 앞/뒤로 움직일 수 있는 공간 안에서 움직임을 통해 동작을 만들게 되는데, ③ 이는 높낮이(수준), 방향, 경로, 범위(면적)로 구분할 수 있다.

개인 공간
(자기 공간)
	• 개별 유아가 다른 사람의 방해를 받지 않고 혼자서 움직일 수 있는 공간을 말한다.
	  – 일반적으로 자신의 팔과 다리를 옆으로 뻗었을 때 나타나는 공간으로, 양팔을 쭉 뻗어 벌려 움직였을 때 타인의 방해를 받지 않고 자유롭게 움직일 수 있는 공간으로 볼 수 있다.
	• 유아의 신체와 아주 가까이에 있는 영역으로 다른 사람의 공간을 침범하지 않고 자신에 의해서만 차지하게 되는 자신의 공간을 의미한다.
	  예 훌라후프를 바닥에 놓고 그 안에서만 움직여 보자.		

일반 공간	신체가 도달할 수 없는 주변 영역을 의미하며, 이동하면서 집단이 함께 사용하는 공간을 말한다. 예 훌라후프를 두 손으로 잡고 허리 정도 위로 들어 올린 다음, 내가 가고 싶은 곳으로 움직이는 비눗방울이 되어보자. 친구 비눗방울과 부딪히지 않으면서 교실 주위를 걸어보거나 뛰어보자.		
수준 (높낮이, level)	낮은 수준 (낮게, deep)	• 낮은 수준은 지면에 가깝거나 지면 위와 같은 무릎 아래 공간을 의미한다. – 기기, 구르기, 바닥에서 스트레칭하기와 같은 동작을 할 때 사용되는 공간이다.	
	중간 수준 (중간, medium)	• 중간 수준은 낮은 수준과 높은 수준 사이를 의미하는 것으로, 무릎에서 어깨까지의 공간을 말한다. – 일반적으로 무릎을 꿇고 기거나 똑바로 선 자세로 걷거나 달리는 동작을 예로 들 수 있다.	
	높은 수준 (높게, high)	• 높은 수준은 어깨 위쪽의 공간으로, 신체를 위로 도약시켜서 바닥으로부터 떨어지게 하는 동작을 말한다. – 홉핑, 점프 등이나 팔을 위쪽으로 높게 뻗어 올리는 동작은 높은 수준에서 이루어지는 동작에 해당한다.	

방향 (direction)	• 동작이 어느 쪽으로 이동하는 것을 나타내는 것으로, 신체부분 또는 전신을 앞, 뒤, 옆, 오른쪽, 왼쪽, 위, 아래 방향으로 이동하며 나타내는 움직임이다. — 각 방향으로 움직일 수도 있고, '오른쪽 위'처럼 2개의 방향이 조합될 수도 있다. — 유아는 이를 통해 공간 안에서 움직일 수 있는 다양한 방향이 있음을 이해하게 된다. 예 옆(오른쪽/왼쪽)으로 꽃게처럼 걸어보자. 앞으로 나오다가 뒤로 뒷걸음질 쳐 볼까? 손을 쭉 뻗어 앞(뒤/위/아래)에서 반짝반짝 흔들어 보자.		
범위 (넓이, 면적, extension)	• 범위는 동작에 있어서의 넓이, 크기, 길이를 의미하는 것으로, 하나의 동작이 얼마나 큰지/작은지, 긴지/짧은지, 넓은지/좁은지를 나타내는 것이다. — 신체부분을 서로 멀리 떨어뜨리면서 크게 만들거나, 신체부분을 서로 가깝게 하면서 작게 만들어 다양한 범위를 나타낼 수 있다. — 대체로 다음과 같이 세 개의 범주로 나누어 볼 수 있다.		
	작다	신체의 부분들이 서로 가깝게 있는 것이다.	
	크다	신체의 부분들이 서로 멀리 떨어져 있는 것이다.	
	'작다'와 '크다' 사이의 중간 크기		
경로 (pathway)	• 공간에서 신체가 움직이면서 발생하는 길의 모양을 의미한다. — 모든 경로는 직선, 곡선, 혹은 직선과 곡선의 조합으로 이루어지며, 움직임에 의해서 공중에 그려지는 모양은 직선, 각이 있는 선, 곡선 및 꼬인 선 등으로 다양하다. 예 지그재그 모양을 그리며 선을 따라 말뛰기를 해 보자. 교실에서 패턴(동그라미, 곡선 등)을 만들어 움직여 보자. 깃발을 엑스 자 모양으로 흔들며 바닥의 선을 따라 걸어볼까?		
	바닥에서의 경로	이동하면서 움직이는 경우 바닥에 다양한 경로가 만들어진다.	
	공중에서의 경로	팔 등 신체의 일부나 소도구를 흔들며 동작을 하는 경우 공중에 경로가 만들어진다.	

3 에포트(노력, effort)

> • 에포트는 '어떻게 움직이는가'와 관련된 동작의 질적인 요소이다.
> — 인간의 움직임은 인간의 태도나 노력에 따라 다르게 나타나며, 이는 시간, 힘(무게), 흐름, 공간 요소의 적용 정도에 따라 동작이 달라진다.
> — 노력의 네 가지 요소는 모든 동작에 존재하는 것으로, 동작의 의도에 따라 각기 다르게 조합되어 움직이는 사람의 의도를 나타낼 수 있다.
> 예 화가 난 것을 표현하기 위해 느리고 규칙적인 리듬으로 바닥에 발을 구를 수 있다. 낙엽의 움직임을 나타내기 위해 가볍고 유연한 움직임을 사용하면서 손을 구불구불한 경로로 빨리 움직일 수 있다.

공간 (space)	공간이란 신체를 수용하고 움직임이 이루어지도록 시각적으로 마련된 장소이다. 신체나 신체의 각 부분이 여러 방향으로(앞, 뒤, 옆), 여러 궤도로(똑바로, 돌아서) 움직임에 따라 공간에 생기는 길도 다양해진다. 노력의 한 요소로서 공간은 '똑바르게' 혹은 '빙 에둘러서'로 정의된다.	
	똑바로 하는 동작 (똑바르게, direct)	• 시작점에서 끝점까지 변경이나 방해 없이 곧장 앞으로 가는 경로로 이루어진다. 　− 한 가지 생각에 깊숙이 빠져 초점을 맞추거나 집중을 하는 움직임을 말하며, 이는 직접적인 공간을 사용한 움직임이라고도 부른다. 　🔢 시작부터 끝까지 직선으로 움직이는 차기, 물체를 향해 행진하기, 활에서 목표물을 향해 움직이는 화살의 움직임 등을 말한다.
	똑바르지 않게 돌아서 움직이기 (빙 에둘러서 움직이는 동작)	• 시작부터 끝가지 계속 직선적인 경로에서 벗어나면서 빙 에둘러서 움직이는 동작이다. 　− 움직이는 사람의 생각이 다른 곳에 흩어져 있을 때 방황하거나 산만한 것 등과 관련한 움직임을 말하며, 이는 간접적인 공간을 사용한 움직임이라고도 부른다. 　🔢 종이에 연필로 선을 끄적이는 것과 비슷하다. 이때 특정 위치에서 시작과 끝이 이루어지지만 연필은 종이 전체의 위에서 선을 그리며 움직인다.
시간 (time)	• 신체의 움직임이나 이동동작의 길이 및 속도를 의미하는 것으로, 속도, 지속 시간, 가속 및 감속, 리듬 등을 포함한다. 　− 속도 : 빠르게, 보통으로, 느리게, 갑작스럽게, 날카롭게 등으로 표현될 수 있다. 　− 가속과 감속 : 점점 빠른 동작, 점점 느린 동작으로 나타난다. 　− 리듬 : 속도, 박, 박자, 강세, 지속, 리듬패턴의 결합에 따라 규칙적으로 반복되는 움직임이다. • 시간이란 신체의 각 부분이 여러 가지 속도로 움직이게 하는 것으로 지속적인(sustained) 동작과 갑작스러운(sudden) 동작으로 나누어 볼 수 있다. 　− 시간의 요소 속에는 지속성(duration)과 속도(speed)가 포함되며, 악센트와 가속 및 감속 등이 결합됨으로써 더욱 다양한 동작이 만들어질 수 있다. 　🔢 폭풍우를 표현하기 위해 처음에는 느린 속도로 시작했다가 강한 폭풍우를 표현하기 위해 동작을 가속시키고, 폭풍우의 끝을 알리는 마지막 빗방울은 속도를 줄이며 끝낼 수 있다.	
무게 (힘, weight or force)	• 신체가 이동하거나 평형 상태를 유지할 때 필요한 근육의 수축 정도, 즉 동작의 강함이나 약함 또는 무거움이나 가벼움을 표현하는 요소이다. 　− 강한 힘을 긴장하여 사용하면 단단한 근육과 상당한 양의 에너지가 강력한 동작으로 나타난다. 반면 가벼운 힘을 느슨하게 사용하면 이완된 근육이 부드럽고 온화하며 섬세한 동작으로 나타난다. 동작의 의도는 힘의 정도를 결정하게 된다. 　− 발끝에 힘을 약하게 주면서 가볍게 총총 걸어 볼 수 있으며, 발에 힘을 주어 무겁게 쿵쿵 걸을 수도 있다. 　🔢 가벼운 동물의 모습(나비, 잠자리 등)을 몸으로 표현해 보자. 무거운/가벼운 짐을 들고 갈 때 우리의 몸은 어떻게 움직일까? 힘을 많이 주고 걸어 볼까? 제자리에서 살살 걷다가 세게 걸어 보자.	

흐름 (flow)		• 동작에서 힘이 어떻게 조절되는지를 말한다. • 동작이 멈추지 않고 계속적으로 연결되는 동작을 의미하며, 흐름은 연속적 흐름과 비연속적 흐름으로 나눌 수 있다. 　예 즐겁게 춤추다가 '세 명!'하면 원 안으로 함께 모여보자. 음악이 멈추면 준비된 의자에 빠르게 앉아 볼까? (스타카토, 레가토) 배경음악에 맞추어 우리 몸을 자유롭게 움직여 보자.
	구속된 흐름 (탄력적 흐름, 단절된 흐름)	• 비연속적 흐름은 딱딱 끊기는 흐름으로, 동작이 갑자기 또는 쉽게 멈추고 그 상태를 유지할 수 있는 동작이다. 즉 동작의 끝이나 일부가 끊어지는 것을 의미한다. 　- 동작 에너지를 제한함으로써 정지된 동작 또는 조심스럽거나 유연하지 않은 움직임으로 나타내는 것이다. 　　예 탭댄스, 로봇의 움직임
	자유로운 흐름 (유연한 흐름, 지속된 흐름, 연속 흐름)	• 연속적 흐름은 움직임이 부드럽게 연결되면서 계속적으로 나타나 갑자기 멈추기 어려운 움직임이다. 　- 동작 에너지를 제한하지 않음으로써 유연하고, 유창하게, 계속적으로, 자유롭게 움직이는 것이다. 　　예 〈백조의 호수〉 속 발레리나가 되어 백조의 동작을 표현하는 것, 왈츠

4 관계(relationship)

• 유아와 맺을 수 있는 사람 혹은 사물과의 관련성을 말하는 것으로, 유아와 교사와의 관계, 유아와 유아와의 관계, 유아와 집단과의 관계, 유아가 속한 집단과 다른 집단과의 관계, 유아와 물체와의 관계를 의미하는 것이다.
• 동작에 있어서 관계란 신체 어느 한 부분과 다른 부분과의 관계, 사람과 사람과의 관계, 신체 부분과 물체와의 관계를 의미하는 것이다.
　- 여러 유아가 동시에 하나의 공간을 함께 사용하게 되므로 다른 유아들과 동일 공간에서 혼자, 짝과 함께, 그룹으로 움직여 볼 수 있는 기회를 갖게 된다.

신체부분 (신체부분들) 과의 관계	• 신체 각 부분과 신체 주변 공간이 형성되는 관계이다. 　- 각 신체부분은 공간 안에서 다른 신체부분들과 서로 만나고 헤어지며, 위쪽/아래쪽, 앞/뒤, 멀리/가까이에 관계를 형성하면서 다양한 동작을 만들어낸다. 　- 신체 부분과 부분들은 주변의 공간과 다른 신체 부분들을 연합시켜 수많은 다양한 동작을 만들어 낼 수 있다. 　　예 꽃이 피어나는 장면을 손을 모았다가 떨어뜨리면서 표현해 보자. 신체 부분을 가깝게 해서 어떤 모양을 만들어 볼 수 있을까?

짝 혹은 그룹과의 관계 (파트너 및 그룹과의 관계)	• 파트너 또는 그룹과의 관계는 짝과 한 팀이 되거나 세 명 이상의 유아가 소그룹이 되어 함께 동작을 표현하는 것이다.
	• 유아들이 다른 유아들과 짝이 되어 혹은 그룹의 일원으로 움직일 때 유아들은 서로 각기 다른 세 가지 방법으로 관계된다.
	  ① 공간 속에서 서로 연결되어 있는 관계
	    예 서로 마주보기, 등을 마주대기, 앞뒤로 일렬로 서기, 옆으로 나란히 있기 등
	  ② 한 사람의 동작과 다른 사람의 동작의 유사성에 있어서의 관계
	    예 서로 비슷한 동작 만들기, 서로 다른 동작 만들기 등
	  ③ 파트너나 그룹의 구성원 사이에서 동작이 일어나는 시기에 의해 발생되는 관계
	    예 동작이 동시에 일어나는가, 다른 사람에 이어 즉시 일어나는가, 조금 시간을 두고 일어나는가 등을 의미하며, 이들 중 가장 흔한 방법은 리드하는 사람의 뒤 혹은 앞에서 똑같은 동작을 동시에 하는 것이다.

물체와의 관계	• 도구나 기구와의 관계로, 소도구나 기구가 신체와 어떻게 관련되는가를 설명하는 것이다.
	  – 유아교육기관에서 사용할 수 있는 사물은 스카프, 리듬막대, 모자, 리본막대, 훌라후프, 풍선, 한삼, 줄, 공 등으로 다양한 소도구와 대도구를 활용할 수 있다.
	  – 유아들은 물체 주위의 공간을 움직이거나 신체의 주변으로 물체를 움직여서 이를 자신의 몸과 관련시킬 수 있다.
	  – 공간과의 관계에 대한 인식을 탐색하기 위해 사용할 수 있는 단어들은 근처에, 가까이, 멀리, 떨어져서, 위로, 아래로, 통과하여, 돌면서, 넘어서, 앞에, 뒤에, 옆에, 주위에, 사이에, 안에, 밖에 등이다.
	    예 음악에 맞춰 리본막대를 흔들어 볼까? 호루라기 소리가 나면 파라슈트 안으로 숨어 보자. 스카프를 이용해서 춤을 춰 보자. 공을 가지고 반환점을 돌아와 보자.

Plus

지각운동의 구성요소와 기본동작의 구성요소의 관계

동작은 Laban이 제시하였던 신체, 공간, 에포트, 관계의 네 가지 구성요소를 바탕으로 Gilliom(1970)이 제시한 동작 개념에 따라 신체, 공간, 시간, 무게 또는 힘, 흐름이라는 다섯 가지 동작의 기본요소로 개념화할 수 있다(이영, 1992). 이러한 동작의 기본요소는 신체지각, 공간지각, 시간지각, 무게지각, 관계지각 등의 지각운동 요소로도 개념화할 수 있다(이영심, 1997; 전인옥·박선희, 2001).

Plus

지각운동

개념 및 기본 관점	• 지각운동이란, 운동을 위해 감각수용기로 받아들여진 감각자극과 과거의 경험 등을 대뇌피질에 저장된 정보와 통합하여, 보다 정확하고 세련된 운동을 일으키는 일련의 정보처리기가 포함된 운동수행과정을 말한다. • 전공서들에서는 Laban(1964)이 제시했던 신체, 공간, 에포트, 관계의 네 가지 동작의 구성요소, Gallahue(1993)와 Gilliom(1970)이 제시한 동작개념(신체, 공간, 시간, 무게 또는 힘, 흐름)을 바탕으로 아래와 같이 요약하여 지각운동능력의 개념적 요소를 제시하고 있다. 　－ '방향지각'의 경우, 하나의 하위주제로 분류되기도 하지만 공간지각의 일부에 방향을 함께 포함시켜 제시되기도 한다.

🏠 지각운동의 구성요소

신체지각	• 신체이미지와 신체도식을 응용한 개념이며, 유아에게는 자신의 신체 부위를 정확하게 구분할 수 있는 능력이 요구된다. • 신체의 어느 부분이 어떻게 움직일 수 있는가를 지각하는 것을 말한다. 　－ 유아는 신체 각 부분의 모양이 다르다는 것과, 신체를 움직여보고 멈추어보며 다른 신체부분들과의 조화를 이루면서 만드는 신체행동을 통해 신체지각을 하게 된다. 　－ 신체지각은 자신의 신체이미지를 형성하는 활동들과 자신의 신체를 이용한 동작활동들을 통하여 구성된다. 신체이미지는 자신의 신체에 대해 품고 있는 느낌으로, 자신을 인식하는 사고과정의 총체이다. 이러한 신체이미지는 유아 개개인의 생활경험과 신체적 특징, 감각운동기능, 정서상태와 인간관계의 경험 등에 영향을 받기 때문에 유아의 모든 발달과 밀접하게 관련된다. 이와 같이 신체지각에 관한 활동은 동작교육과 유아교육의 모든 활동의 기본이라고 할 수 있다. 　－ 유아의 신체이미지를 발달시켜 주는 동작활동으로는 신체 각 부분의 명칭과 모양 알기, 신체모양의 변화와 각 신체부분의 기능 경험하기, 신체 각 부분의 관계 경험하기, 신체 각 부분의 협응과 이완하기 등이 있다. 　－ 유아는 신체가 만들 수 있는 모양의 변화를 경험하면서 도형의 개념을 학습할 수 있을 뿐만 아니라 직선과 곡선, 대칭과 비대칭 등과 관련된 개념도 발달시킬 수 있다. 이때 유아의 신체지각 발달을 위해 무엇보다 중요한 것은 정서적인 안정감과 성취감을 경험하는 일이므로, 유아에게 자기표현의 기회를 확대시켜 주고 긍정적인 자아개념을 갖도록 해 주어야 한다. • 하위주제 　－ 신체명칭 : 신체 각 부분의 명칭 　－ 신체모양 : 구부러진/곧게 뻗은, 둥근/긴 모양 등 　－ 신체표면 : 앞, 뒤, 옆(오른쪽/왼쪽)
공간지각	• 신체가 움직이는 공간의 구조와 그 안에서 신체가 차지하는 범위 및 방향과 움직임을 지각하여 인식하는 것이다. • 공간지각은 위, 아래, 오른쪽, 왼쪽, 멀리, 가까이 등 대상의 위치, 방향, 거리 등을 정확하게 이해하는 것이다. 　① 공간의 위치지각은 물체와의 관계지각으로 정의할 수 있는데, 유아는 자기신체와 관련시켜 물체의 위치와 방향을 지각한다. 이러한 공간의 위치지각이 발달한 후에 물체와 물체의 관계를 인식하는 공간의 관계지각이 발달한다. 　　만약 공간의 위치지각이 충분히 발달하지 않으면 공간의 관계지각에 심한 어려움을 겪게 되는데, 이러한 유아는 안과 밖, 위와 아래, 오른쪽과 왼쪽 등과 같은 언어가 무엇을 의미하는지 잘 이해하지 못할 뿐만 아니라 움직임이 둔하고 머뭇거리며 느리게 된다. 　② 공간의 관계지각은 둘 또는 그 이상의 물체들 상호간의 위치, 자기 자신과 물체의 위치를 지각하는 능력으로, 유아는 공간에서 몸을 자유롭게 움직이며 공을 던지고 받고, 줄을 뛰어넘고, 줄 달린 공을 때리고, 장애물을 뛰어넘는 활동을 통해 공간지각을 발달시킨다. 이러한 공간지각을 통해 유아는 깊이, 크기, 거리도 함께 지각하게 된다.

	• 하위주제
	  ‒ 장소: 자기 공간, 일반 공간
	  ‒ 높이: 낮게(낮은 공간), 중간 높이(중간 공간), 높게(높은 공간)
	  ‒ 방향: 앞, 뒤, 옆, 위, 아래, 비스듬히
	  ‒ 범위: 크게/작게, 넓게/좁게, 중간으로
	  ‒ 바닥모양: 곡선/직선으로, 지그재그로 등

방향지각	• 신체가 외부 공간에 투영되어 나타나는 방향인식 능력이며, 유아의 방향에 대한 인식은 오른쪽/
	  왼쪽, 위/아래, 앞/뒤 등의 개념으로 신체활동을 통해 발달한다.
	• 공간지각과 함께 생각해 볼 수 있는 지각으로, 방향성과 측면성을 인지하는 능력이다.
	  ‒ 일반적으로 유아기에는 방향지각 운동능력이 가장 늦게 발달한다.
	• 하위주제
	  ‒ 방향성: 사물이 놓인 위치를 지각하는 것으로, 공간 내에서 좌/우, 위/아래, 너머, 사이, 꼭대기/
	    바닥, 안/밖 등에 대한 지식이 포함된다.
	  ‒ 측면성(양측성): 위치와 방향을 고려하면서 신체의 다양한 차원을 느끼거나 내면적인 인식을
	    하는 것으로, 신체의 오른쪽/왼쪽이 다르다는 운동근육상의 지식이 포함된다.

시간지각	• 시간적 구조에 대한 이해를 필요로 하는 인식으로 유아의 내적 시간구조의 발달에 의해 형성되며,
	  시간지각이 발달하면서 눈과 손, 발 및 전신의 시간적 동시성과 리듬, 연속성 등에 의해 효율적인
	  협응동작이 가능해진다.
	• 동작을 얼마나 빠르게, 느리게, 혹은 중간 빠르기로 움직이는가 하는 속도와 관련되며, 리듬 또한
	  시간지각과 관련된다.
	  ‒ 리듬동작은 움직임에 주어지는 소리의 길고 짧음, 빠르고 느림 등의 차이에 반응하여 얼마나
	    변화 있게 움직이는가를 의미한다. 연속되는 리듬형태의 학습은 다양한 기본동작능력의 발달과
	    함께 이루어질 수 있다. 즉 북소리에 맞춰 걷거나 달리기, 노래에 맞추어 율동하기, 손뼉이나
	    리듬막대 등의 소리에 맞춰 리듬동작하기 등의 모든 활동은 시간지각을 발달시켜 준다.
	• 하위주제
	  ‒ 속도: 빠르게/느리게, 점점 빠르게/점점 느리게 등
	  ‒ 리듬: 박자, 리듬패턴, 동시적으로/연속적으로

무게지각	• 무겁고 힘든 동작과 가볍고 쉬운 동작을 대조시키는 움직임과 관련된 지각요소로서, 신체의 움직
	  임에서 자세위치의 변화나 평형상태를 유지할 때 필요한 조정력을 발달시켜 주는 요소이다.
	  ‒ 무게가 주어질 때의 동작과 전혀 주어지지 않았을 때의 동작은 그 질이나 형태에 현저한 차이가
	    있다. 물체를 밀고 끌 때, 공을 힘차게 또는 약하고 부드럽게 차고 굴리고 던질 때 등의 동작에서
	    유아는 무게와 힘을 지각하게 된다.
	• 하위 주제
	  ‒ 무게 전이: 무겁게/가볍게, 점차 사라지게
	  ‒ 힘의 세기: 세게/약하게, 중간 정도로

관계지각	• 신체 어느 한 부분과 다른 부분과의 관계, 사람과 사람의 관계, 신체 어느 부분과 물체와의 관계를
	  인식하는 것이다.
	• 하위 주제
	  ‒ 신체간의 관계: 가까이/멀리, 꼬이게 등의 관계
	  ‒ 사람과의 관계: 짝, 소집단(만나기/헤어지기, 마주보기 등)
	  ‒ 물체와의 관계: 공, 훌라후프, 평균대 등과의 관계(위/아래 등)

UNIT 07 동작교육의 기초영역 - 기본동작 능력

KEYWORD # 기본동작 능력의 유형과 명칭

- 기본동작이란 기본이 되는 신체적 동작을 말한다. 겔라휴(Gallahue)의 운동발달단계의 세 번째에 해당되는 것으로 제2단계인 초보적 동작 단계에 기초를 두고 훈련 없이 나타나는 운동 유형이다.
  - 기본동작은 운동을 할 때 토대가 되는 동작으로 이동 동작, 안정(비이동) 동작, 조작적 동작으로 이루어진다.
  - 기본동작은 영아기부터 초등학교 입학 전까지 이루어지며 연령이 증가함에 따라 점차 고도화되고 세련된 동작으로 발전해 나간다.
  - 과거에는 성숙론적 관점에서 시간이 지나면 자연스럽게 학습되는 것으로 기본동작을 인식되기도 했으나, 최근에는 영유아시기에 교육적 접근을 통해 더욱 정교한 동작으로 확장되도록 하는 것이 필요하다는 관점에서 유아동작교육의 한 요소로 다루고 있다.

이동 동작	안정 동작(비이동 동작)	조작적 동작
• 기기(creeping) • 걷기(walking) • 달리기(running) • 뛰기(jumping) • 한 발 뛰기(hopping) • 말뛰기(galloping) • 뛰어넘기(leaping) • 스키핑(skipping) • 오르기(climbing)	• 뻗기(streching) • 구부리기(bending) • 흔들기(shaking) • 흔들거리기(swing) • 비틀기 또는 꼬기(twisting) • 회전하기(turning) • 앉기(sitting) • 구르기(rolling) • 재빨리 피하기(dodging) • 균형 잡기(balancing)	• 공 굴리기(rolling) • 차기(kicking) • 공 되받아치기(volleying) • 던지기(throwing) • 치기(striking) • 공 잡기(catching)

1 이동 동작(locomotor skill)

- 이동 동작은 신체의 힘과 속도를 활용하여 신체의 위치를 변화시켜 다른 공간으로 이동하는 것이다. 유아들은 이동 동작을 통해 환경 속에서 효과적으로 움직일 수 있는 방법을 습득하게 된다.
  - 이동 동작은 인간이 일정한 시기에 도달하면 자연스럽게 획득하는 것으로 볼 수 있다.
  - 그러나 이동 동작의 자연스러운 발달과 더불어 의도적인 동작교육 경험과 환경이 제공됨에 따라, 신체 조절 및 대처능력을 기르고 운동능력이 더욱 성숙한 발전수준에 이르게 된다. 즉 때가 되면 자동적으로 획득되고 발달되지만 연습과 격려, 지도 없이는 성숙한 단계에 도달하기 어렵다.
- 이동동작은 안정(비이동) 동작과 함께 이루어지는 경우가 많으며, 경험이 많을수록 리듬적 운동능력과 표현능력이 증진되고 균형감이 풍부해져서 창의적인 동작에 활용할 수 있는 기초를 이루게 된다.

🏠 이동 동작의 유형별 내용 및 출현 시기

동작유형	세부내용(출현 시기)
걷기	도움 없이 똑바로 서서 걷는 초보적 걸음(13개월) ➡ 옆으로 걷기(16개월) ➡ 뒤로 걷기(17개월) ➡ 도움 받아 계단 오르기(20개월) ➡ 혼자 계단 오르기(한 계단에 두 다리를 모았다가 다시 또 다음 계단으로 오르기)(24개월) ➡ 혼자 계단 내려가기(25개월) ➡ 두 다리를 교대로 사용하여 계단 오르기(54개월)
달리기	급하게 걷기(두 발 중 한 발이 바닥과 접촉)(18개월) ➡ 진정한 의미의 달리기(두 발이 동시에 공중에 뜬 상태)(2~3세) ➡ 효율적이며 숙련된 달리기(4~5세) ➡ 달리기 속도의 증가(5세)
뛰기	낮은 장애물에서 내려오기(18개월) ➡ 장애물 위에서 두 발 모아 뛰어내리기(2세) ➡ 두 발 모아 뛰어오르기(28개월) ➡ 멀리뛰기, 높이뛰기(5세)
한 발 뛰기	편한 쪽 발로 3번 한 발 뛰기(3세) ➡ 같은 발로 4~6번 한 발 뛰기(4세) ➡ 같은 발로 8~10번 한 발 뛰기(5세) ➡ 리듬 변형에 맞추어 능숙하게 한 발 뛰기(6세)
말뛰기	기본적이고 서툰 말뛰기(4세) ➡ 숙련된 말뛰기(6세)
스키핑	한 발 스킵(4세) ➡ 숙련된 스키핑, 숙련된 지속적 스키핑(6세)

출처: 최지선, 이애정, 박수진, 2020

기기 (crawl)	• 배를 바닥에 댄 채 상체의 무게를 팔꿈치로 받치고 머리와 어깨를 바닥에서 들어올려 기어가는 동작이다. 팔꿈치나 엉덩이로 움직이는 것도 포함된다. – 교차기기(cross-lateral : 왼팔과 오른쪽 다리를 함께 움직이는 기기, 혹은 그 반대로 기기) 뿐만 아니라 동측기기(homolateral : 신체의 같은 편에 있는 팔과 다리를 동시에 움직이며 기기)를 할 수 있다. 예 뱀처럼 기어보자. 물개처럼 기어보자.
기어가기 (creeping)	• 손과 무릎 혹은 손과 발을 사용하여 신체를 이동시키는 것을 말하며, 유아들이 처음으로 획득하게 되는 이동기술이다. – 성숙한 수준의 교차 기어가기(cross-pattern creeping)가 발달하지 못한 유아에게는 4, 5세경에도 기어다닐 수 있는 기회를 많이 제공해 주어야 한다(Sinclair, 1973). 예 개(고양이, 거미, 아기, 거북, 바닷게 등)가 기어가는 모습을 표현해 보자.
걷기 (walking)	• 한쪽 발끝에서 다른 쪽 발뒤꿈치로 체중을 옮기며, 공간을 이동하는 것이다. – 두 발이 번갈아가며 지면에 닿게 되고, 팔과 다리는 교차해서 움직인다. • 발끝과 뒤꿈치에 무게를 옮김으로써 공간 속에서 신체를 옮기는 동작이다. 무게중심을 한 발에서 다른 발로 차례대로 옮기면서 자신의 몸을 앞으로/뒤로, 오른쪽/왼쪽으로 이동하게 된다. – 걷기 동작은 돌 전후에 시작되며, 초기 걷기 동작은 불안정한 형태를 보인다. 영아들은 균형을 잡기 위해 팔과 손을 높이 들고 걸음 폭은 좁으며 걸을 때마다 발바닥 전체가 바닥에 닿으면서 몸의 움직임이 크다. 이후 점차 발달하면서 뒤꿈치가 먼저 바닥에 닿고 팔과 앞발은 자연스럽게 구부리며 걷게 된다. 예 박수 소리에 맞추어 걸어 보자. 빠르게(또는 느리게) 걸어 볼까? 종이 벽돌 블록을 머리 위에 올려 떨어뜨리지 않도록 조심하며 걸어보자. 모래 속에 있다고 상상하며 걸어보자.

MEMO

달리기 **(running)**	• 걷기처럼 두 발이 교대로 움직이면서 몸을 순간적으로 공중에 뜨게 하여 몸의 무게를 한 발에서 다른 발로 옮기는 동작이다. 　- 두 돌 전후로 나타나며, 순간적으로 두 발 모두 공중에 떠 있는 순간이 발생하는데 이것이 걷기와 구별되는 달리기의 특성이다. 　- 앞/뒤, 옆으로, 지그재그로 달리기 등의 형태로 해 볼 수 있다. 　　예 탬버린 소리에 맞추어 달리기를 출발해 보자(멈추어 보자). 최대한 빠르게 달려 볼까? 친구가 달려와서 하이파이브를 하면 릴레이로 달려 보자. 어떻게 하면 빨리 달릴 수 있을까? 바닥의 선(직선, 곡선, 지그재그, 원 모양 등)을 따라서 달려 보자.
뛰기 **(점프,** **jumping)**	• 한 발이나 두 발을 이용하여 공중으로 날아오르듯 몸을 위로 올렸다가 착지하는 동작이다. 　- 수평으로 두 발로 뛰는 '멀리뛰기', 수직으로 두 발로 뛰는 '높이뛰기', 높은 곳에서 '뛰어내리기' 등이 있다. 한 발이나 두 발로 도약해서 두 발로 착지하는 두 발 뛰기도 있다. 　　예 개구리처럼 펄쩍 뛰어 볼까? 트램펄린 위에서 점프해 보자. 두 발로 뛰어 보자. 벽에 매달린 풍선을 뛰어서 쳐 보자.
앙감질 **(홉핑, 호핑** **= 한 발 뛰기,** **= 외발 뛰기,** **hopping)**	• 한 발에 몸의 무게를 주고 바닥에서 밀어올리고 나서 같은 발이 다시 바닥에 닿는 것이다. 이때 한쪽 다리를 들어 올린 채 균형을 유지해야 하며, 발을 바꾸면서 반복적으로 리듬감 있게 움직일 수 있다. 　- 발을 바꾸어 호핑하거나 앞/뒤, 좌/우로 호핑할 수 있다. 　　예 오른쪽 발을 들고 콩콩 뛰어보자. 발을 바꾸어 가면서 호핑해 보자. 바닥에 놓인 줄을 따라 한 발로 호핑해 볼까? 앞(뒤, 오른쪽, 왼쪽)으로 호핑해 보자.
말뛰기 **(갤로핑,** **galloping)**	• 한쪽 발을 다른 쪽 앞에 둔 채로 걷기와 뛰어넘기를 조화시킨 것으로, 한 발을 먼저 앞으로 내밀며 뛰고 뒤의 발을 재빨리 끌어다 붙이는 신체 균형감각이 필요한 동작이며, 검도나 펜싱 등에 활용된다. 　- 말뛰기는 말이 달리는 동작과 비슷한 움직임이다. 　- 유아들이 말뛰기를 할 때 교사가 리듬막대로 박자 소리를 내 주면 쉽게 두 발을 번갈아 말뛰기 동작을 할 수 있다. 　　예 무릎이 높이 올라가도록 말뛰기를 해 보자. 말뛰기 춤을 춰 보자. 동요에 맞추어 말뛰기를 해 볼까? • 한 발로 뛰고 다른 발은 뛰는 발의 뒤를 따라 걷는 동작으로서 한 쪽은 항상 앞서게 된다.
미끄러지기 **(sliding)**	• 미끄러지기는 옆으로 말뛰기를 하는 동작이다. 한 발이 먼저 바닥을 밀면서 옆으로 나가고 다른 발이 따라잡듯이 나가는 동작으로, 말뛰기와 마찬가지로 불규칙한 리듬을 갖는다. • 또는 한 발이 먼저 바닥을 밀면서 앞으로 나가면 다른 발이 따라잡듯이 나가는 동작으로, 두 발이 교대로 한 발씩 앞으로 밀면서 나갈 수도 있다. 　- 보통 한쪽 방향을 바라보면서 다른 쪽 방향으로 움직이는 것은 유아들에게 어렵기 때문에, 어린 유아들은 말뛰기를 배우고 난 후 훨씬 뒤에 미끄러지기 동작을 배우게 된다. 　- 일단 미끄러지기 동작을 익히면, 양쪽 방향을 모두 다 사용하여 미끄러지기를 할 수 있도록 연습해야 한다. 　　예 느린(빠른) 노래에 맞추어 미끄러져 볼까? 얼음 위를 건너간다고 상상하면서 미끄러져 보자. 스케이트 선수가 되어 빨리 스케이트를 타 보자. 친구와 함께 스케이트 경주를 한다고 상상하며 미끄러져 볼까?

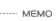

MEMO

뛰어넘기
(건너뛰기,
leaping)
	• 달리기와 비슷한 동작(달리기와 스텝의 연장)으로 한 발에 힘을 주어 공중으로 도약한 후 다른 발을 앞으로 한 걸음 더 내밀어 무게 이동을 하여 착지하며 이동하는 기술이다.
	  – 장애물이 있다고 생각하고 뛰어넘으려고 하거나 목표지점에 먼저 도달하고자 더 멀리, 더 높이 뛰기 위해 달리기와 함께 포물선을 그리듯 날아가면서 뛰어넘기 동작이 나타나기도 한다.
	  – 달리기 스텝의 높이와 거리가 증가함에 따라, 양발이 공중에 떠 있는 시간이 길어진다.
	    🔘 훌라후프를 바닥에 놓고 뛰어넘어 보자. 줄을 뛰어넘어 보자. 사슴처럼 뛰어넘어 볼까? 앞에 물 웅덩이가 있다고 상상하며 뛰어넘어 보자.

스키핑
(skipping)
	• 한 번의 스텝과 한 번의 앙감질이 조합된 동작으로 같은 발로 앙감질하면서 걷기 스텝이 뒤따라온다.
	  – 스텝보다는 앙감질이 더 강조되며, 두 발이 지면에서 순간적으로 떨어지며 가볍게 미끄러지는 듯한 동작이다.
	• 두 발 번갈아 뛰기로 스텝과 앙감질을 다양한 리듬에 맞추어 결합시킨 것이며, 한 발짝 앞으로 걷고 가볍고 빠르게 뛰는 동작이 함께 일어나는 움직임이다.
	  – 처음에는 한 발을 이용하여 스키핑을 하다가 점차 익숙해지면 두 발을 모두 이용하여 번갈아 스키핑을 하게 된다.

오르기 (climbing)	기기와 비슷한 기본적 동작으로 다리만 또는 팔로만 할 수도 있으며, 팔과 다리를 함께 사용할 수도 있다.

② 안정 동작(비이동 동작, nonlocomotor skill)

• 동작의 위치를 이동하지 않고 움직이는 여러 가지 '중축적 동작'이나 '균형 동작'을 의미한다.
• 안정 동작은 비이동 동작, 제자리 동작, 안정운동기술(nontraveling), 축 운동(axial movements)이라고도 한다.
  – 안정 동작은 신체부분 간의 관계가 변화하면 균형의 변화를 인식하고, 움직임의 변화에 따라 신체를 신속하고 정확하게 조정하는 능력을 필요로 한다.
    ① 중축성 동작은 고정자세인 정적 자세를 말하며, 유아기 초기인 2개월 이후부터 발달하기 시작한다.
    ② 균형 동작 중 '정적 균형'은 무게중심을 고정하고 균형을 유지하는 것으로 무게중심이 고정되어 있을 때 평형을 유지하는 능력을 뜻한다. '동적 균형'은 무게 전이에 따라 몸의 평형을 유지하는 것으로 무게중심이 이동할 때 평형을 유지하는 능력을 의미한다.

중축성 동작	균형 동작	
	정적 균형	**동적 균형**
• 뻗기 • 구부리기 • 회전하기 • 흔들기 • 비틀기 혹은 꼬기	• 앉기 • 균형잡기	• 구르기 • 평균대 위를 걷기 • 재빨리 피하기

뻗기
(stretching)
	• 근육을 이완하는 스트레칭 동작으로 신체 일부 또는 신체 여러 부분을 수직, 수평, 사선으로 쭉 뻗어서 늘이는 동작이다.
	• 신체의 한 부분 또는 여러 부분을 수직 또는 수평으로 뻗어 늘리는 것이다.
	   – 체조동작의 일부로 여겨지는 경향이 있으며, 준비운동에서 자주 사용되고 있으나 근육의 경직을 막기 위해 정리운동에서 사용하는 것이 보다 적절하다.
	   📖 우리 신체부분 중에서 쭉 펼 수 있는 곳은 어디일까? 허리(또는 팔, 다리, 손가락 등)를 쭉 펴 볼까? 바닥에 등을 대고 누워 엎드려서 팔과 다리를 길게 쭉 늘려 볼까? 손가락까지 앞으로 쭉 뻗어 보자. 한 팔은 앞으로, 한쪽 다리는 뒤로 뻗어 볼까?

구부리기
(bending)
	• 신체부분이나 전신을 이용하여 근접한 두 신체 부위를 접근시켜 몸의 관절을 중심으로 구부리는 것, 즉 접는 것이다.
	   – 예를 들어 손목, 허리, 목, 손가락, 발가락, 무릎 등의 신체부분은 구부리기를 통해 근육을 수축하며 유연성을 기를 수 있다. 이와 반대인 뻗기 동작이 병행하여 나타나게 되는데 구부렸던 신체 부분이나 전신을 수직, 수평으로 펴는 움직임을 말한다.
	   📖 우리 신체부분 중에서 구부릴 수 있는 곳은 어디가 있을까? 신발 끈이 풀어졌네요. 신발 끈을 묶어 볼까? 아래에 무거운 돌이 있네요. 돌을 위로 들어 볼까? 맛있는 열매가 주렁주렁 열려 있어. 바닥에도 열매가 떨어져 있네. 바닥에 있는 열매를 주워서 바구니에 넣어 보자. 나무에 매달려 있는 열매도 하나씩 따서 바구니에 담아 보자.
	• 신체의 일부 혹은 전체를 수축시켜 가까이 하는 동작이다.
	   – 일반적으로 신체 중심을 향해서 움직임이 이루어지며, 전신 외에도 팔, 손가락, 다리, 목 등 많은 신체부위로 구부리기 동작을 할 수 있다.
	   – 신체의 한 부분이 구부러지고 난 뒤에는 그 부위가 다시 펴져야만 하기 때문에, 구부리기와 뻗기는 잘 어울리는 동작이라고 할 수 있다.

앉기 (sit)	• 체중을 궁둥이나 허벅지에 싣는 자세로, 몸의 수준을 위쪽에서 아래쪽으로 이동시키는 것이다. • 신체의 무게가 엉덩이와 대퇴부에 놓이는 자세를 말한다. – 어린 유아들도 앉는 방법을 잘 알고는 있지만, 앉기 위한 자세들을 다양하게 탐색하는 것은 신체와 공간과의 관계에 대한 인식을 강화시켜 줄 수 있다.
떨기 (shake)	• 긴장과 이완을 포함하여 진동하는 동작(vibratory movement)을 말하며, 신체 부분을 떠는 동작뿐만 아니라 전신을 떠는 동작도 있다. – 어린 유아들에게는 몸을 구불구불하게 움직여 보도록(wiggle) 함으로써 이 동작을 소개할 수 있다.

회전하기
(돌기,
제자리에서
돌기,
turning)
	• 몸을 중심으로 하여 신체부분이나 몸 전체를 수직이나 수평축으로 돌리는 것이다.
	   – 전신을 이용하여 회전할 때는 팔과 머리를 돌리는 방향으로 움직여야 회전하기 동작이 잘 이루어질 수 있다.
	• 몸의 무게중심을 바꾸면서, 축을 중심으로 신체를 부분적으로 회전시키거나 혹은 완전히 회전시키는 동작이다.
	   – 돌기는 신체의 다양한 부위나 수준, 시계 방향이나 시계 반대 방향 등 여러 가지 방법으로 실행할 수 있다.

MEMO

흔들기
(rocking &
swaying)
	• 몸의 중심을 잡은 후에 몸에서 힘을 빼고, 몸 전체 또는 신체부분을 좌/우, 앞/뒤로 흔드는 동작이다.
	  – 몸의 근육을 긴장시켜 좀 더 세차게 흔드는 동작(rock)과 더 유연하고 가볍게 흔드는 동작(sway)으로 나누어 볼 수 있다.
	  – 유아에게 꽃처럼 흔들거리거나 미풍에 나뭇잎이 흔들리는 것처럼 해보게 한 다음, 강하게 흔들기가 될 때까지 흔들리는 힘을 점차 증가시켜 볼 수 있다.
	    예 몸을 세게 또는 약하게 흔들어 보자. 강한 비바람이 몰아치고 있어. 내 몸이 어떻게 될까? 바람이 불어 꽃이 흔들리는 모습을 표현해 보자.

흔들거리기
(swing)
	• 흔들기와 구별해서 인식하는 것이 필요하다.
	• 신체의 한쪽 끝을 고정한 상황에서 시계추나 그네처럼 포물선을 그리며 움직이는 것을 의미한다.
	  – 몸의 중심을 잡은 상태에서 팔이나 다리 등 신체부분이나 몸 전체로 흔들거리기를 할 수 있다.
	• 신체 한 부분 끝을 고정하고 다른 부분은 포물선을 그리면서 앞과 뒤로 자유롭게 움직이는 동작이다.
	    예 우리 몸에서 흔들거릴 수 있는 부분은 어디일까? 오뚝이(자동차의 와이퍼)를 살펴보자. 어떻게 움직이고 있니? 철봉에 매달려서 몸을 흔들거려보자.

비틀기
혹은 꼬기
(twisting)
	• 신체의 한 부분을 몸의 축으로 하여 무게중심을 잡고 다른 신체부분을 다른 방향으로 비틀거나 꼬는 동작이다. 이때 신체의 한 부분은 움직이지 않고 다른 부분을 돌리는 것이다.
	• 신체의 축을 중심으로 신체의 부분들을 돌리며 꼬는 동작이다.
	  – 신체 부분 중 팔, 다리는 꼬기가 쉬운 부분이며, 몸 전체, 발가락, 어깨 등은 꼬거나 비트는 동작을 하기 어렵다.
	    예 우리 몸 중에서 꼬을 수 있는 부분은 어디가 있을까? 팔/다리를 꼬아볼까? 코끼리 코를 만들어 보자. 빨래를 꺼내니 물이 떨어지네. 빨래를 비틀어서 물기를 짜 보자. 하와이에 사는 사람처럼 훌라춤을 함께 춰 볼까? 손/발/허리를 어떻게 움직여야 할까?

재빨리 피하기
(dodge)
	• 전신을 사용하여 자신을 향해 움직이는 물체나 사람을 빠르고 힘 있게 피하는 동작이다.
	• 사물이나 사람을 피하기 위해 몸 전체를 아주 재빨리 힘차게(역동적으로) 움직이는 동작이다.
	• 제자리에 선 상태 또는 달리면서 이루어지기도 하는데, 유아기에는 주로 정지된 상태에서 피하는 동작이 나타나 안정(비이동) 동작에 포함된다.
	  – 서 있거나 고정된 상태에서는 구부리거나 뻗기, 꼬기 같은 안정(비이동) 동작이 포함되며, 달리기와 함께 피하는 동작을 하는 경우는 이동 동작기술이 된다.
	    예 나무에서 떨어지는 나뭇잎을 피해 보자. 탱탱볼이 우리 몸으로 온다고 상상하면서 재빨리 피해볼까?(피구게임) 친구가 던지는 눈송이를 빠르게 피해보자.
	발달적 어려움
	유아들은 재빨리 피하기 동작을 할 때 자세가 경직되어 있고, 방향 전환이 느리며, 피하는 방향으로 무게중심을 재빨리 변환시키기 어려운 특성이 있다.

떨어지기 (fall)	• 높은 자세에서 납작 엎드리거나, 뒤로 눕거나, 혹은 옆으로 눕는 자세로 몸을 움직이는 것이다. – 떨어지기는 보통 급작스러우며 힘 있는 동작이지만 느리고 유연하게 해볼 수도 있다. 어느 경우든 다치지 않도록 몸의 긴장을 풀어야 한다.

MEMO

균형 잡기
(서서 균형
잡기,
balancing)
	• 몸이 한쪽 방향으로 기울거나 치우치지 않고 척추를 중심으로 몸을 지지하여 균형을
	잡은 자세이다.
	• 균형을 잡는다는 것은 신체의 중심인 척추가 몸을 잘 지지하여 주는 것으로, 한 발 또는
	두 발로, 두 손으로, 또는 머리와 두 팔로 균형을 유지할 수 있다.
	  − 유아의 연령을 고려하여 폭이 넓고 높이가 낮은 평균대부터 사용하고, 균형 잡기에
	  어느 정도 익숙해지면 폭이 좁고 높은 평균대를 사용한다. 평균대 위에서 균형을 잡
	  으며 걷는 것을 어려워하는 경우 바닥에 있는 마스킹 테이프나 줄 위를 따라 걸어
	  보도록 한다.
	  − 균형 잡기는 정지된 상태에서든 움직이면서든 모두 가능하다.
	  ① 정적 균형(static balances) : 한 발로 균형을 잡을 때, 중심을 잃지 않고 서 있는
	  동작으로 정지된 상태에서 균형을 잡는 것이다.
	  ② 동적(역동적) 균형(dynaminc balances) : 매트나 평균대 위에서 걸어가기와 같이
	  움직이면서 균형을 잡는 것이다.
	  예 다양한 신체부분을 활용하여 균형을 잡아 볼까? 무릎을 구부리고 균형을 잡아 볼까? 이번에는
	  배/엉덩이를 바닥에 대고 균형을 잡아 볼까? 발끝으로 균형을 잡아 볼까? 한 발로 서서 균형을
	  잡아 볼까? (균형을 잡으며 앞으로 걷는 동작이 익숙해지면) 옆으로, 뒤로 움직이며 균형을
	  잡아 보자.
	
	발달적 어려움
	유아들은 균형을 잡을 때 도와주는 사람에게 지나치게 의존하기, 팔을 옆에 붙이기, 균형을
	잡기 위해 부적절하게 움직이기, 자신의 걸음걸이를 눈으로 확인하기 위해 시선이 바닥을
	향한 채 걷기 등 균형 잡기에 대해 발달적 어려움을 나타내는 특성이 있다.

구르기 (rolling)	• 신체를 앞, 뒤, 옆으로 옮기며 무게를 수평으로 이동하는 동작이다. 구르기 동작을 통해 신체와 공간인식, 균형감이 발달한다. • 신체가 순간적으로 앞, 뒤, 옆의 공간으로 뒤바뀌는 것이다. **발달적 어려움** 유아들은 구르기를 할 때 몸을 동그랗게 구부리지 못하고 정수리가 아닌 이마를 바닥에 대는 경우가 많다. 그리고 두 팔로 몸을 밀어내기 어려워 균형을 유지하지 못하는 등의 어려움이 있다.

3 조작적 동작(manipulative skill)

- 조작적 동작은 물체와의 관계 속에서 이루어지는 것으로, 물체에 힘을 주거나 물체로부터 힘을 받는 동작이다.
  - ① 추진적 동작(추진력이 있는 동작, propulsive movements) : 물체에 힘을 주는 동작으로 던지기, 차기, 치기, 굴리기 등과 같이 물체를 신체에서 멀리 떨어뜨리는 동작이다.
  - ② 흡수적 동작(흡수력이 있는 동작, absorptive movements) : 물체로부터 힘을 받는 동작으로 잡기, 받기 등 신체를 이용하여 물체를 멈추기 위해 움직이는 물체를 방해하는 것이다.
  - 이러한 조작적 동작은 이동 동작이나 안정(비이동) 동작과 결합된 형태로 나타난다. 예를 들면, 제자리에 서서 또는 뛰면서 공을 차거나 잡을 수 있으며, 이동하지 않고 신체를 구부리면서 공을 잡거나 제자리에 멈춰 공을 찰 수도 있다.
  - 조작적 동작은 공간 속에서 물체의 조작을 통해 움직이는 물체와의 관계를 탐색하는 부분에 초점을 맞춰야 한다. 조작적 동작을 위한 물체는 공 외에도 리본막대, 스카프, 훌라후프, 배트 등 다양하게 적용할 수 있다.

추진적 동작	흡수적 동작
• 굴리기 • 던지기 • 차기 • 치기 • 되받아치기	잡기

공굴리기
(ball rolling)/
굴리기
(rolling)
	• 한 손이나 두 손을 사용하여 공을 바닥에 놓고 앞, 뒤, 옆으로 멀리 보내는 동작이다.
	  - 던지기처럼 손을 사용해서 공을 신체로부터 멀리 떨어지도록 하는 것이지만, 던지기는 공중으로 공을 보내는 것이라면 굴리기는 바닥으로 공을 굴려 멀리 보내는 움직임이라는 점이 다르다.
	  - 이 기술은 종종 볼링이나 킥볼(kickball)과 같은 게임과 관련되어 나타나지만, 보치(boccie, 잔디밭이나 모래사장에서 하는 볼링 게임의 일종), 셔플보드(shuffleboard, 긴 막대로 원반을 치는 놀이), 컬링(curling, 얼음판에서 둥근 돌을 미끄러뜨려 과녁에 맞히는 놀이)과 같은 활동에 사용되기도 한다.
	  📄 멀리 앉아 있는(서 있는) 친구를 향해 공을 굴려 보자. 한 손/두 손으로 공을 굴려 보자. 벽에 붙어 있는 스티커를 향해서 공을 굴려 보자. 경사진 면 위에서 공을 아래로 굴려 보자.
	발달적 어려움
	유아들은 허리 위에서 공을 놓거나 손을 완전히 들어 올리지 못해 공이 조금밖에 굴러가지 않는 등의 어려움이 있을 수 있다.

MEMO

던지기 (throwing)	• 손을 이용하여 물체를 신체로부터 멀리 떨어져 있는 공중으로 보내는 것이다. − 영아나 걸음마 시기에는 대부분 물체를 아래쪽을 향해 던진다. 점점 나이가 들면서 처음에 두 손으로 밑에서 던져 올리다가(underhand throw), 다음에는 한 손으로 밑에서 던져 올리고, 마침내 어깨 위로 던지게(overhand) 된다. − 던지기의 자세는 공 등 사물의 크기와 무게, 거리에 따라 달라지기도 한다. 나이가 어린 유아들에게 던지기를 지도하고자 할 때에는 정확성에 초점을 두기보다는 유아가 던지는 동작에 익숙해지는 것에 초점을 맞추어야 한다. 예 콩 주머니를 던져서 매달려 있는 물체를 맞춰 보자. 멀리/머리 위로 던져 보자. 가까이에 있는 바구니에 공을 던져 넣어보자.
차기 (kicking)	• 발을 사용하여 순간적으로 힘을 물체(공)에 가하는 동작이다. • 다리와 발(대부분 발의 안쪽 면이나 발끝)로 물체(대개 공)에 힘을 전달하는 것이다. − 바닥 위에 정지되어 있는 공을 차는 동작과, 공중에 떠있던 공이 바닥에 닿기 전에 차는 동작이 있다. − 이 기술은 눈과 발의 협응, 신체 조절(신체 균형), 힘과 방향의 정확성이 요구된다. 그러나 정확한 동작을 능숙하게 하기 위해서는 한 발로 서서 몸의 균형을 유지해야 한다. − 차는 동작은 거리를 조절함으로써 능숙한 기술이 발달하도록 도와야 하며, 능숙한 동작이 발달되기 전부터 차는 동작의 정확한 자세를 취하게 하는 것에 먼저 관심을 두어 지도해서는 안 된다. − 초기에는 발의 안쪽 면이나 발끝으로 차게 되는데 발등으로 차는 방법을 알 수 있도록 부드러운 공을 제공해 줄 수 있다. 예 바닥에 있는 공을 차 볼까? 친구에게 발로 차서 공을 보내 보자. 풍선을 차 보자. 공을 차서 세워 둔 깡통을 쓰러뜨려 볼까? **발달적 어려움** 유아기에는 정면으로 공을 차지 못하거나 눈과 발의 협응이 잘 안 되어 공을 차는 것을 놓치는 경우도 있다. 힘의 조절을 통한 차기 동작에서 거리 조절 및 균형 잡기의 어려움 등이 있을 수 있다.
치기 (때리기, Strike)	• 라켓이나 막대 등과 같은 도구를 활용하여 사물에 힘을 주어 멀리 보내는 동작으로, 야구, 테니스, 배드민턴, 골프 등에 필요한 기술이다. − 이 동작을 위해서는 눈과 손의 협응능력이 필요하고 움직이는 물체를 치기 위해서 날아오는 사물을 시각적으로 추적해야 하므로 유아기에는 어려울 수 있다. − 치기 기술이 미숙한 유아를 위해 방망이의 길이, 닿는 표면적 등을 고려한 방망이를 제공하여 치기 동작이 성공할 수 있도록 지원할 수 있다. 예 날아오는 풍선을 야구 방망이를 이용해서 쳐 보자. 배드민턴 채를 활용하여 셔틀콕을 쳐 볼까? 멈추어 있는 물건을 방망이나 채로 쳐 보자.
되받아치기 [공(손으로) 되받아치기, volleying]	• 손을 어깨 위로 올려서 치는 쳐내기(striking)의 한 형태로 농구나 배구에서 많이 사용되는 기술이다. − 이 기술은 시각적으로 공을 계속해서 추적하는 기술이 필요하다. − 이 동작을 연습하기 위해서 실제 농구공이나 배구공 같은 것을 사용하기 전에 풍선이나 비치볼 등(색깔이 있고 가벼운 공)을 사용해 보도록 한다. 예 날아오는 풍선을 손바닥으로 쳐 보자. 날아오는 공의 방향으로 몸을 기울여 손바닥으로 쳐 볼까? 풍선을 손으로 쳐서 위로 올려 보자. 친구가 올려 준 공을 다시 쳐서 친구에게 넘겨 보자.

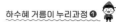

MEMO

튀기기 (공 튀기기, bouncing)	• 드리블링(dribbling)이라고 표현되기도 한다. • 한 손이나 두 손을 이용해 물건을 아래쪽 방향으로 치는 동작이다. 　– 손으로 공을 바닥을 향해 반복적으로 미는 동작이다. 　– 눈과 손의 협응을 발달시키기 좋은 활동이다.
받기 (잡기, catching)	• 던져진 물체를 멈추게 하기 위해서 손을 사용하는 것이다. 　– ① 밑에서 받기(underhand)와 위에서 받기(overhand)의 두 가지로 나눌 수 있으나 　　이 둘은 기본적으로는 같은 기술이다. 주된 차이점은 물체와 부딪치게 되는 손의 　　자세이다. 　① '밑에서 받기'는 물체를 허리 아래에서 잡게 될 때 사용된다. 손바닥과 손목은 위 　　쪽으로 향하게 된다. 　② '위에서 받기'는 물체가 허리 위쪽에 있을 때(물체가 가슴 위쪽으로 올 때) 사용된다. 　　손바닥은 몸에서 멀리 떨어져 날아오는 물체를 향하게 된다. 　– 자신에게 날아오는 공에 두려움을 느끼는 유아는 받기를 시도하지 않을 수 있다. 따 　라서 물체를 잘 추적하기 위해 부드럽고 가볍고 색깔이 있는 물체(스카프, 팥주머니, 　풍선, 헝겊공)나 크더라도 부드러운 공(비치볼)을 사용해서 날아오는 물건을 두려워 　하는 것을 경감시키거나, 날아오는 물체를 더 쉽게 시각적으로 추적하도록 한다. 　– 또한 유아들이 받기 동작을 쉽게 할 수 있도록 공을 정확히 던져 주거나 공을 바닥에 　튀겨 주어 이 공을 잡는 동작을 활용할 수도 있다. 　예 바닥에서 튀어 오르는 공을 두 손으로 잡아 볼까? 날아오는 공이 어디로 오는지 잘 보면서 　　잡아 보자. 풍선이나 스카프처럼 날아오는 물건을 잡아 볼까?
튀긴 공 받기 (trapping)	공을 다룰 때 공이 멀리 튀어나가지 않게 유지하는 기술로, 마치 특정한 영역에 잡혀 있듯이 공의 움직임을 멈추게 하는 동작이다. 즉 패스된 공을 발, 허벅지, 이마, 가슴 따위로 멈추게 하는 것이다.
밀기 (pushing)	• 자신의 신체로부터 사람이나 사물을 멀리 보내도록 밀어내는 동작이다. • 저항에 반하여 무엇인가를 몸통으로부터 멀리 떨어지도록 한 곳에서 다른 곳으로 밀어 내는 것이다. 　– 팔을 팽팽하게 하고 시작해서 계속 팔을 뻗는 것이다. 　– 이동 동작과 결합되어 확장되며, 밀기는 당기기보다 쉽다.
당기기 (pulling)	• 자신의 신체 안쪽 방향으로 힘을 주어 사람이나 사물을 끌어당기는 동작이다. • 저항을 일으키며, 무엇인가를 한 곳에서 몸통을 향해서 끌어 움직이는 것이다. 　– 처음에는 팔을 쭉 뻗었다가 그 다음에는 대부분 구부린다. 　– 당기기는 대부분 걷기와 같은 이동 동작과의 결합으로 확장된다.
들어올리기 (lift)	• 사물을 낮은 수준에서 더 높은 수준으로, 한 장소에서 다른 장소로 옮기는 것이다. 　– 들어올리기는 물체의 운반을 요구할 수도 있기 때문에 이러한 경우에는 이동 동작이 　될 수 있다.

MEMO

UNIT 08 유아동작교육의 응용영역 – 리듬동작

- 리듬동작 활동은 노랫말이나 리듬에 맞추어 하는 리듬놀이(손유희), 노랫말이나 리듬에 따라 몸 전체를 움직이는 리듬운동(율동), 음악 리듬에 맞춰 손이나 도구를 활용하여 움직이는 리듬체조로 구분할 수 있다.
- 그러나 학자에 따라 리듬동작 영역을 구분하는 기준이 상이하기 때문에 리듬놀이, 리듬운동, 리듬체조 모두 리듬동작 활동의 구조화 정도에 따라 접근한다면 구조적 리듬동작, 반구조적 리듬동작, 비구조적 리듬동작으로 살펴볼 수 있다.

구조적 리듬동작

- 교사가 사전에 계획하고 구성하여 시범을 보이고 유아들이 따라하도록 하는 동작의 활동 형태이다.
  - 대표적인 예로는 손유희가 있다. 손유희는 신체부분 중 손이나 손가락을 가지고 움직이는 모든 동작에 리듬을 살려 표현하는 동작을 말한다.
  - 단순하고 반복되는 손동작을 만들어 교사가 시범을 보이면 유아들이 따라하는 형태로, 주로 좁은 공간에서 유아들의 주의집중을 위해 활용된다.

손유희를 통한 구체적인 교육적 효과
- 손가락을 통해 자신의 생각을 표현해 봄으로써 표현능력을 길러준다.
- 표현 동작을 통해 자신감을 길러 준다.
- 동작을 통해 새로운 감각과 상상력을 높여 준다.
- 생각과 사고를 통해 지적인 발달을 높여 준다.
- 새로운 동작을 개발하여 표현해 봄으로써 창의성을 높여 준다.
- 여럿이 활동할 수 있으므로 사회성을 발달시킨다.
- 어려운 낱말을 쉽고 빠르게 익힐 수 있으므로 언어능력을 발달시킨다.
- 창조의 세계를 간접적으로 체험할 수 있다.
- 유아의 다양한 정서를 개발하고 심미감을 발달시킨다.

장점
- 유아교육에서 손동작이나 손유희는 일반적으로 전이활동이나 유아들의 교육활동 중에 분위기가 산만해지거나 지루해할 때, 전체 유아의 주의를 집중시키고 분위기를 조성하는 데 효과적으로 활용될 수 있다.
- 유아들은 손유희를 하면서 즐거움을 느끼며 자연스럽게 주의가 집중된다.
- 손동작은 유아들에게 흥미로우면서도 여러 가지 개념 형성을 도와 인지기능의 기초를 다져줄 수 있다.
- 모방을 즐기는 유아에게 동작에 대한 흥미와 관심을 이끌어낼 수 있고, 의미를 쉽게 이해하도록 도울 수 있다.

단점
손유희는 교사가 주도적으로 하는 교사중심의 구조적 리듬동작으로 유아들이 수동적으로 따라하게 되므로 유아들의 창의성을 저해할 수 있다는 부정적인 의견도 있다.

유의점
- 손유희가 포괄적인 교육적 가치를 지니려면 손동작의 내용이 유아의 생활 주변과 밀접한 관계를 갖는 것이어야 한다.
- 모든 사물, 사람, 동식물, 기계, 자연현상 등의 특징에 말리듬을 넣은 노래나 간단한 챈트에 맞추어 얼굴놀이, 손짓, 발짓놀이 등을 통하여 쉽게 익혀 나갈 수 있는 내용이 담겨 있어야 한다.
- 과도한 사용이 아닌 유아의 연령 및 발달 수준, 흥미에 따라 융통성 있게 사용하는 것이 필요하다.

반구조적 리듬동작	• 정해진 지시나 교사의 시범에 따라 표현되는 부분과 유아들의 창의적이고 자유롭게 표현하는 움직임들이 함께 있는 활동 형태이다. • 노래 제목이나 가사, 음악에 어울리는 동작을 만들어 표현할 때 교사가 사전에 동작을 구성하여 제시함과 동시에, 유아들이 제안하는 동작에 대한 의견을 받아들여 교사와 유아가 함께 동작을 만들어 가는 것이다. 즉 음악이나 노랫말에 내재된 제한적인 지시에 따라 창의적으로 움직여 보는 활동이다. • 대표적인 예로는 노랫말에 맞춘 리듬동작 활동이 있다. 노랫말에 맞춰 율동을 할 경우 교사가 일정 부분까지 동작을 만들고 나머지 부분은 유아가 노래 가사에 어울리는 동작을 만든다. 유아들은 노래를 부르며 가사에 어울리는 동작을 신체 움직임으로 표현할 수 있다. – 노랫말에 맞추어 반구조적 리듬동작을 만들 때 노래 가사에 동작요소가 직접적으로 드러나거나(예 머리 어깨 무릎 발, 둘이 살짝 손잡고, 옆에 옆에, 그대로 멈춰라, 쥐와 고양이 등), 가사 내용이 동작요소를 포함하고 있는 경우 노랫말에 맞춰 동작으로 표현하기가 쉬우므로 어린 영아나 유아에게 적합하다. **유의점** 만약 유아들이 노랫말에 맞춰 전체 동작을 만드는 경우에는 노랫말에 맞춘 리듬동작이라도 비구조적 리듬동작 활동에 포함된다.

비구조적 리듬동작	• 음악적 요소에 맞춰 유아들이 창의적이고 자유롭게 동작을 표현하는 것이다.
	• 대표적으로 음악적 요소에 맞춘 동작은 노랫말이 없는 음악의 박자, 음조, 리듬 등에 따라 동작으로 표현하는 경우가 많다.
	    – 음악적 요소에는 음의 고저, 셈여림, 악구, 템포, 분위기, 리듬 등이 있다.
	    – 활동에 필요한 음악은 교사나 유아가 직접 악기를 사용하여 만들거나 녹음하여 들려줄 수 있다. 이때 음악적 요소의 뚜렷한 차이를 구별할 수 있도록 음악적 요소가 대비되어 녹음한 것을 들려주는 것이 좋다.
	    – 박자나 리듬을 쉽게 인식할 수 있도록 음악소리가 선명한 곡을 선정하고, 동작으로 표현하기 전에 음악을 듣고 느낀 점 및 생각에 대해 충분한 언어적 자극을 주는 것이 좋다.
	      예 유아는 음악을 듣고 자신이 느낀 음악적 요소에 맞춰 동작으로 표현한다. 큰 음악 소리를 들으면 발을 무겁게 구르고 작은 음악 소리에서는 발끝을 들고 가볍게 걸을 수 있다.
	활동 시 유의점
	• 음악적 요소들은 하나의 음악 안에서 다양하게 나타나기도 하고, 특정 요소가 강조되어 나타나기도 한다. 따라서 교사는 유아들이 음악을 듣고 나서 어떤 느낌이 드는지 이야기를 나눈 후, 이를 동작으로 자유롭게 표현해 보도록 할 수 있다.
	• 그러나 아직 다양한 기본동작을 경험하지 못한 유아들은 음악을 듣고 난 느낌을 동작으로 표현하는 것이 어려울 수 있다. 따라서 교사는 다양한 동작을 표현할 수 있도록 기본동작과 관련된 경험을 제공하고, 음악의 어느 부분이 달라졌는지, 그래서 어떤 느낌이 드는지, 어떻게 달라졌는지 등에 관해 이야기를 나눈 후 움직여 보도록 하면 유아들은 좀 더 구체적으로 자신의 느낌을 표현하게 될 것이다.

UNIT 09 유아동작교육의 응용영역 – 창의적 신체표현(표현동작)

개념	창의적 신체표현은 교사가 제시한 동작의 모방이나 지시에 따르는 신체 움직임이 아닌 정해진 형식 없이 유아가 자신이 생각한 것, 상상한 것, 경험에 대한 회상, 느끼고 있는 감정을 즉흥적으로 신체로 표현해 내는 것이다. **창의적 신체표현의 특징 및 효과** • 창의적 신체표현 활동은 유아들이 자신의 신체를 의사소통의 도구로 사용하여 생각이나 느낌을 자유롭게 표현해 보는 것으로 유아의 이전 경험과 개인이 가진 특성, 활동에 대한 이해와 상상을 바탕으로 전개된다. 　– 이를 통해 유아들은 자유로운 움직임에 대한 욕구를 충족시키고 편안하며 자유롭게 내면의 느낌과 생각을 신체로 표현해 보면서 자아를 인식하고 발견할 수 있다. 또한 창의성, 자아효능감, 자기표현 등에 대한 자신감과 효능감을 갖게 된다. • 창의적 신체표현 활동의 내용요소는 사물, 동식물, 사건 등이 있는데 먼저 이를 관찰하고 탐색한 뒤 신체를 사용하여 창의적으로 표현한다. 표현할 대상의 모습을 자세히 관찰하고 탐색한 후에 유아가 신체로 표현한다면 보다 정교한 표현이 나올 수 있다. • 유아는 '~인 척(as if)하기'를 좋아하기 때문에 표현 주제에 대한 경험이나 생각, 느낌 등을 움직임으로 표현하는 과정에서 표현 대상이 되어 보거나 특정 장소에 있는 것처럼 표현하는 가작화, 상상을 즐기며, 이를 통해 신체활동에 더욱 몰입하게 된다. **창의적 신체표현 활동의 지도 방법** • 표현할 대상을 탐색하는 방법으로는 실물, 사진자료, 영상자료, 실험 등을 통해서 이루어질 수 있다. 유아들이 발견한 움직임이나 장면을 각자 앉은 자리에서 먼저 표현해 보고 이에 대한 생각과 의견을 나눈 후, 유아들의 다양한 표현을 수용해 주면서 자유롭고 정교한 표현에 대해 격려할 수 있다. • 창의적이고 독특한 표현이 있었다면 다른 유아들에게 소개하거나 함께 따라 해 보도록 할 수 있으며, 다른 유아의 창의적인 신체표현을 감상하고 평가해 보는 시간을 갖는 것도 좋은 방법 중 하나이다. 다른 유아들이 즐겁게 반응하고 관심 있게 지켜보는 분위기를 형성함으로써 자연스러운 움직임과 창의적 표현에 적극적으로 참여할 수 있도록 격려하는 것이다. • 신체표현 시 도구 및 소품을 활용할 경우에는 사전에 탐색하거나 안내하도록 한다. 신체 표현에서 도구, 소품을 활용하는 것은 동작의 범위를 확장시키고, 유아의 창의적 표현이 흥미 있게 전개되도록 하는 매체가 된다. 창의적 신체표현을 하는 과정에 방해가 되지 않도록 여러 가지 도구를 잘 활용하여 유아의 독창적인 움직임을 촉진하고, 동작의 내용을 더욱 풍부하게 표현하도록 한다.

창의적 신체표현 활동의 유형	모방적 동작 활동 (imitative movement activities)	• 모방적 동작활동이란 여러 가지 생물이나 무생물을 모방해서 표현해 보는 활동을 의미하며, 대상물의 모양과 움직임을 관찰하고 이를 사실적으로 나타내어 관찰력과 표현력을 기르는 것이다. 　– 이러한 활동을 위해서는 특정 대상물의 모양이나 움직임을 나타내기 위해 자신의 몸을 어떻게 조정할 것인지를 알아야 한다. 즉 표현할 대상에 대해 충분히 탐색하는 것이 선행되어야 하므로 교사는 가능한 실물자료 또는 실물과 유사한 모의자료를 많이 제공해야 한다.

— 모방적 활동을 통해서 유아들은 자기 자신을 '어떤 것(be something)' 으로 표현하고자 한다. 그러나 교사는 모방적 동작활동의 일부인 심상 (이미지, imagery)을 도입하기 전에 유아들의 신체가 만들어 낼 수 있는 동작 잠재력(movement potential)을 깨닫도록 유의하여야 한다. 유아 들은 자신들이 상상하는 것과 자신을 동일시하며, 이러한 동일시는 표현적인 동작으로 나타난다. 유아들은 다양하며 독창적인 동작으로 자신을 탐색하고 표현할 수 있도록 격려 받아야 한다.

— 모방적인 동작활동을 위해 음악을 사용할 수 있으며, 이는 다음과 같은 방법으로 진행할 수 있다.

① 교사가 음악을 들려주고 유아에게 음악의 특징을 근거로 해서 모방할 것을 결정하는 방법이다.

🄮 음악을 들려준 후 "이 음악을 들으니까 어떤 생각이 나니?"라고 물어보는 것이다.

② 교사가 음악을 선택하고, 그에 따라 모방할 것도 선택하는 방법 이다. 이때 모든 유아들은 같은 것을 모방하게 된다. 각각의 유아는 교사가 선택한 개념 중 자기 나름의 개념을 선택해서 동작을 창 출한다. 교사가 거인을 선택했다 하더라도 각각의 유아는 거인에 대한 자신의 독특한 개념을 연출하는 것이다.

③ 모방할 것을 선택한 후, 동작에 적합한 음악을 선택하는 것이다. 이러한 과정에서 유아가 음악의 특성을 '느껴야' 하기 때문에 음 악을 잘 들어보는 기회를 갖는 것이 중요하다. 음악(박수치기 혹은 북치기에서부터 피아노 음악이나 레코드 음악에 이르기까지)은 동일시하는 데 적절한 것이어야 한다. 유아들의 움직임은 음악의 리듬과 잘 맞아야 하며, 리듬의 요소에 대한 기본적인 이해를 반 영하는 것이어야 한다.

• 모방적 동작활동의 범주는 '생물 모방하기(🄮 동물, 사람, 상상적인 사람이나 동물 등)', '자연물 모방하기(🄮 날씨, 기후 등)', '사물 모방하기(🄮 놀잇감, 운송 기구, 기계 등)', '사건 모방하기(🄮 서커스, 스포츠 등)'를 예로 들 수 있다.

창의적 동작표현 활동 (interpretative movement activities)

• 창의적 동작표현 활동이란 대상물에 대한 느낌, 자신의 생각, 경험했거나 제시된 사건을 동작으로 나타내보는 것을 말한다.

— 이는 모방적 표현활동을 한층 더 발전시킨 형태로 특정 대상물의 모 양이나 움직임을 표현하는 것에서 그치지 않고, 그에 대한 느낌이나 사건의 전개 상황에 대한 자기 자신의 생각을 표현하는 활동이다.

• 창의적 동작표현 활동은 유아들의 생각, 친숙한 사건, 그리고 일상적인 절차 등을 동작으로 나타내는 것이다. 또한 감정, 느낌, 분위기 등을 동 작을 통해서 표현할 수 있다.

— 창의적 동작표현 활동에서 교사는 유아들이 자기 자신을 표현할 수 있는 분위기를 제공해야 한다.

① 교사는 하나의 아이디어나 이야기로 활동을 시작한다.

— 이야기가 진행됨에 따라 적절한 배경음악을 사용하기도 하고 활동을 더욱 흥미있게 진행하기 위해서 언어적 효과음이나 지 시를 제공하기도 하지만, 이러한 것이 반드시 필요한 것은 아 니다.

② 음악을 사용하여 음악에 적합한 아이디어를 전개해 나간다.
  − 선정된 음악은 여러 가지 다른 특성을 제시해 주기 위해서 속
    도나 형식이 충분히 변화되는 것이어야 한다.
③ 유아들의 분위기나 느낌을 표현한다.
  − 한 곡의 음악을 들려주고 어떤 느낌이 드는지 동작으로 표현해
    보도록 하거나, 특별한 분위기를 나타내는 핵심단어(예 슬프다, 행
    복하다 등)를 주고 유아들로 하여금 이러한 단어들을 동작으로
    표현하도록 한다.

• 창의적 동작표현 활동의 예시로는 '동작어 표현하기, 감정이나 분위기
  표현하기, 미술에 관련된 요소들 표현하기(예 직선/곡선(선), 원/삼각형(형태),
  하양/검정(색) 등), 순서가 있는 동작 표현하기(예 꽃이 피기까지, 집 짓는 과정
  등), 흔들리는 물건의 움직임을 표현하기(예 시계, 그네 등), 특별한 날들
  표현하기(예 크리스마스, 눈 오는 날 등)' 등을 들 수 있다.

🏠 창의적 동작표현 활동을 구성할 수 있는 동작활동 내용

음악에 초점을 두고 창의적 표현을 하는 동작활동	• 이 내용은 다시 '음악의 요소에 초점을 맞추어 움직여 보는 방법'과 '음악의 제목이나 분위기 및 줄거리에 초점을 맞추어 움직여 보는 방법'으로 나눌 수 있다. • 처음에는 간단한 리듬에 맞추어 유아 자신의 느낌을 단순하게 표현하는 활동을 경험하도록 하고, 차츰 음악의 요소들이 조화된 한층 긴 음악을 들려주고 그에 따라 다양한 상상을 신체로 표현해 보도록 한다.
짧은 이야기나 동시 등을 듣고 상상하여 동작으로 표현하는 활동	• 문학작품이나 이야기를 중심으로 하는 창의적 동작활동의 경우에 활동의 소재는 사람, 동물, 자연 현상 등으로 매우 다양하다. − 동작활동에 사용되는 문학작품이나 이야기는 유아가 이해할 수 있는 내용이어야 한다. − 초기에는 단순한 행동이나 상황을 표현하는 활동들을 경험하도록 하고, 익숙해지면 더 긴 내용의 이야기를 중심으로 창의적 표현을 하도록 이끈다. − 이야기를 동작교육 교수방법에 활용하기 위해서는 다양한 동작 동사, 혹은 표현이 포함되어 있는 책을 선정하거나, 이야기에 특별한 이동 동작 또는 안정(비이동) 동작을 포함시키거나 줄거리를 확장시킴으로써 이야기를 재구성하여 제시할 수 있다.

MEMO

UNIT 10 유아동작교육의 응용 영역 – 동작감상

개념 및 정의

- 유아 예술교육의 맥락에서 감상은 단순히 보는 것이 아니라 유아들이 예술활동이나 예술작품을 보고 듣고 즐기며 생각과 느낌을 서로 나누는 활동이다.
  - 즉 감상을 통해 주변세계와 자연 속의 아름다움을 발견하거나 예술 감상을 하고 서로 느낌을 나누며 동시에 이를 통한 창의적 표현이 함께 이루어지면서 심미감이 발달하게 된다.
  - 국가수준 교육과정의 예술경험 영역에서도 유아들이 자연과 일상생활 속에서 아름다움을 느끼고, 예술적 표현을 존중하며, 우리나라의 전통 예술을 감상하는 내용을 포함하고 있다. 이는 감상을 통한 서로 다른 사람의 생각과 의견, 감정을 존중하는 능력을 강조함으로써 나와 다른 사람의 다름을 이해하고, 다른 사람의 작품을 소중히 여기는 마음과 태도를 자연스럽게 형성하도록 하는 것이다.
  - 이러한 감상의 중요성에 따라 많은 유아동작교육 프로그램에 대한 연구에서도 공통적으로 동작교육의 내용에 동작감상 영역이 포함되어야 함을 제시하고 있다.
- 유아기는 인간이 살아가는 데 기본이 되는 습관이나 가치, 태도를 형성하고, 미적 감각과 창의적 표현의 기초를 형성할 수 있는 가장 적합한 시기이다. 다양한 예술작품을 접하는 기회가 많아지면 예술에 대한 이해와 감상 능력이 높아지고, 작품 속에 내재된 다양한 재료의 특성, 분위기, 아름다움을 느끼는 미적 안목과 표현의 다양성을 이해하게 된다. 따라서 유아기부터 예술 감상을 통해 감성과 심미감을 느낄 수 있는 기회를 제공하는 것이 중요하다.
- 동작교육에서 '감상'과 '표현' 활동의 균형을 이루기 위해서는 유아들에게 질 높은 예술작품(동작, 음악, 미술, 문학, 자연 등)의 감상과 함께 자신의 흥미와 능력에 맞는 다양한 신체표현 활동을 통합적으로 제공해야 한다. 더불어 유아들이 동작활동을 즐기기 위해서는 이러한 활동을 통해 무엇을 배웠다고 생각하기보다는 즐거움을 만끽하는 놀이로서 접근되어야 한다. 이를 위해 유아들이 다양한 예술작품을 감상하고 또래들과 동작활동을 하는 동안 생각을 나누고, 유아 개개인이 창조한 움직임을 사용하며 즐길 수 있도록 하는 것이다.

🖱 **예술에서의 '감상'과 '표현'의 영역**

- 예술은 크게 '감상'과 '표현'의 영역으로 나눌 수 있다. 예술활동으로서의 동작활동은 '감상'과 '표현'을 균형적으로 경험해야 한다.
  ① '감상'은 유아들이 예술활동(동작, 음악, 미술, 문학 활동 등)이나 작품을 보고, 듣고, 즐기며 생각과 느낌을 서로 나누는 활동이다.
    - 유아들이 좋은 예술작품이나 예술활동을 접하는 것은 유아들의 심미감 발달에 많은 도움을 주며, 그 심미적 요소를 알기 위해 교사나 또래와 적극적인 상호작용을 하는 것은 예술에 대한 이해와 감상력을 높여 준다.
  ② '표현'은 다양한 예술활동을 통해 생각과 느낌을 자발적으로 자유롭게 표현하게 함으로써 창의적 표현능력을 기르고 정서적 안정감을 갖게 하는 활동이다. 특히 언어적 표현력이 부족한 유아들에게 동작활동은 신체를 이용하여 자신의 생각과 느낌을 보다 효과적으로 자연스럽게 표현하는 영역이다.

MEMO

유아를 위한 동작감상의 목적	• 움직임을 즐길 수 있는 유아로 성장할 수 있도록 돕는 것이다. 　- 유아들이 감상한 춤이나 움직임에 대해 생각과 느낌을 언어로 표현하는 것은 자신의 　　생각을 구체화하면서 타인과 자신의 생각이나 느낌을 공유하는 기회, 타인의 표현을 　　관심 있게 보고 존중하는 태도를 기르도록 한다. 　- 동작감상 후 '춤에서 본 것이 무엇이니?', '춤의 어느 부분이 가장 재미있었고 그 이유는 　　무엇이니?', '어떤 동작을 가장 해 보고 싶니?', '내가 춤추는 사람이라면 어떻게 움직일 　　수 있을까?', '음악과 춤이 잘 어울린다고 생각하니?', '춤을 보면서 어떤 느낌이 들었니?', 　　'새로 알게 된 점은 무엇이니?', 동작의 구성요소와 관련하여 특징적인 부분(동작의 　　크기, 동작에 힘이 들어간 정도, 동작의 부드러움과 끊어짐, 다양한 동작-신체모양, 　　동작의 속도, 사용한 소도구, 주로 사용하는 신체부분, 공간사용 등), 기본동작과 관 　　련하여 특징적인 부분(주로 나타난 동작 등) 등에 대해 이야기를 나누면서 유아들이 　　자신의 생각과 느낌을 언어적으로 구체화하는 것은 유아의 비판적 사고를 자극한다.
동작 감상하기 활동의 교수방법	• 유아에게 양질의 동작작품을 제공한다. 　- 감상할 동작작품은 유아의 운동능력이나 표현능력보다 수준이 높은 것도 좋으며, 이는 　　예술적 가치를 지닌 작품이어야 한다. 즉 아름다움을 느낄 수 있는 작품을 사용해야 　　한다. • 교사는 감상할 동작작품을 충분히 이해하고 있어야 한다. 　- 작품의 안무가, 공연자, 춤이나 체조에 활용된 음악, 작품에 내포된 이야기 등에 대해 　　충분히 파악한 후 활동을 이끌어야 한다. • 활동시간을 적절히 고려한다. 　- 감상한 동작작품의 길이는 5분 내외가 적합하다. 또한 유아의 발달단계에 따라 가능한 　　주의집중 시간을 고려하여 감상활동의 시간을 정한다. • 감상할 동작작품은 친숙한 것에서 생소한 것, 단순한 것에서 복잡한 것의 원리에 따라 　선택한다. 　- 유아에게 친숙한 음악을 포함한 작품을 먼저 경험하게 하는 것은 동작감상 활동에 　　대한 흥미를 도모하고 적극적인 참여 동기를 부여한다. • 여러 문화권과 장르의 춤, 체조, 움직임 등 다양한 작품을 소개하고 감상하도록 한다. • 감상할 동작작품과 연관된 그림, 사진, 음악 등의 자료를 활용한다. 　- 감상할 동작작품에 대한 이해를 도울 수 있는 다양한 그림자료, 음악 등의 교수자료를 　　함께 제공하는 것이 좋다. • 감상 후의 느낌과 생각을 다양한 방법으로 표현해 보게 한다. 　- 가령 민속춤을 감상한 후 그 느낌을 말이나 그림, 동작으로 표현해 보게 한다. 이는 　　자신의 생각과 느낌을 비교하고 공유해 볼 수 있는 기회를 제공하는 것이다. • 감상 후 유아가 자유롭게 직접 움직여 볼 수 있는 기회를 제공한다. 　- 유아의 감상활동은 감상만으로 이루어지기보다 참여의 기회를 제공하는 것이 효과 　　적이다. 전문가나 전문 단체를 초청하는 경우 동작 체험을 함께 해보는 것은 매우 　　흥미롭고 새로운 경험이 될 것이며, 전문가들과 함께 감상한 느낌 등에 대해 이야기를 　　나누는 것 역시 효과적이다.

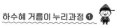

감상을 위해 적합한 자료의 선정	• 유아들의 감상을 통한 동작교육이 효과적으로 이루어지기 위해서는 감상을 위해 적합한 자료를 선정해야 한다.
	  − 춤 자체의 아름다움을 느낄 수 있는 예술적 가치를 지닌 춤
	  − 유아가 이해하기 쉬운 음악을 사용한 춤
	  − 유아는 색상과 이미지에 매우 감각적으로 반응하므로 상상력을 불러일으키는 무대 장치와 의상을 사용한 춤
	  − 즐거움을 주기 위해 다소 코믹하고 유머러스한 춤
	  − 지루함을 느끼지 않도록 5~10분 정도의 짧은 에피소드 형식의 춤
	  − 교훈적이거나 주입식 춤보다는 유아 스스로 생각하고 상상할 수 있는 여지가 있는 춤과 움직임 감상자료

III 유아동작교육의 교수학습방법

- 갤러휴(Gallahue, 1993)는 교육자들의 관심이 교수방법에서부터 학습자에게로 전환되고 있음을 지적하였다. 즉 교수방법의 양 측면에 있던 전문가들은 직접적인 교수방법과 간접적인 교수방법이 모두 학습자에게 영향을 줄 수 있으므로, '어떤 것이 최상의 교수방법인가?'하는 문제보다 '어떠한 방법이 그 주제를 가르치기에 더 적합한가?'가 중요함을 인식하게 되었다는 것이다.
  - 이는 직접적 교수방법과 간접적 교수방법 모두가 학습자에게 가치가 있으므로, 활동을 전개함에 있어서 교사는 지나치게 교사 주도적인 활동이나 지나친 유아 주도적 방법에 치우치지 말고 활동내용에 적합한 교수방법을 찾는 것이 중요함을 의미한다.
- 교수방법은 직접적-교사주도적 방법(시범을 통한 교수방법), 교사 안내적 교수방법(안내된 발견을 통한 교수방법), 그리고 간접적-유아 주도적 방법(탐색을 통한 교수방법)의 세 가지로 나눌 수 있다 (Pica, 2004).

🏠 직접적 교수방법과 간접적 교수방법의 문제해결 과정

직접적 교수방법(교사 중심)	간접적 교수방법(유아 중심)	
	안내 – 발견적 교수법	탐색적 교수법
선택된 과제	개방적 과제	개방적 과제
동작 수행 / 지시 시범	동작 수행 / 관찰 관찰	동작 수행
결정된 해결	선택적 해결	개방적 해결

- 유아동작교육의 교수방법은 교사와 유아의 동작활동 주도성 여부를 기준으로 어떠한 과정과 방법으로 동작활동을 경험하도록 하는가에 따라 직접적 교수방법, 간접적 교수방법(안내-발견적 교수법, 탐색적 교수법)으로 구분된다.

🗡 유아 동작교육 스펙트럼

UNIT 11 유아동작교육의 교수방법 – 직접적 교수방법

개념 및 정의	• 직접적 – 교사주도적 방법 / 시범을 통한 교수방법 / 지시적 교수방법 / 과제중심 접근 방법 • 교육목표 및 내용, 교수방법을 교사가 사전에 계획하고 유아에게 동작에 대해 시범과 함께 간략한 설명을 하면, 유아는 그대로 모방하는 교사주도적인 동작교육 방법이다. • 유아가 학습해야 할 교육주제와 교수방법을 교사가 정하는 것으로서, 시범과 모방을 통한 학습방법이 주를 이룬다. • 교사가 동작 주제나 교수방법을 사전에 계획한 후 유아를 언제, 어떻게 움직이도록 할지 주도적으로 결정한다.
목표	• 모스톤과 애쉬워스(Mosston & Ashworth, 1990)는 지시적 교수방법의 목표에 대해 한 가지 형태의 동작을 동시에 함으로써 일치(conformity)와 획일성(uniformity)을 획득하는 것이라고 하였다. 　– 일치와 획일성이 창의성과 자기표현력을 이끌어내지는 못하지만, 집단활동을 수행하는 데 반드시 필요한 것들이다. 　– 이러한 활동들을 통해 유아들은 즐겁게 함께 움직이면서 소속감을 갖게 되므로 동작 프로그램의 한 부분이 되어야 할 것이라고 보았다.
특징	• 직접적이면서 교사주도적인 방법을 사용할 때, 교사는 교육목표와 내용 및 방법을 미리 계획하고 이를 가장 빠르고 효과적으로 수행할 수 있는 교수전략을 고안해 내어 대체로 대집단 위주의 활동을 진행하므로 교사는 정보제공자, 평가자, 학급운영자의 역할을 하게 된다. • 대집단 위주의 활동으로 진행되며, 교사가 유아들에게 동작에 대한 설명과 간단한 시범을 보이면 유아들은 교사의 시범과 설명, 지시에 따라 모방을 하며 활동하게 된다. • 특정한 기술을 학습하는 것에 초점을 둔다. 　– 발레나 구조적 리듬활동과 같은 특정한 기술의 학습에는 시범과 모방이 가장 효율적인 방법이라고 본다. 이러한 유형의 활동은 정확한 동작이나 스텝을 수행하도록 하므로 학습자들이 탐색을 통해서 동작이나 스텝을 발견하도록 하는 것은 비효율적이다. • 그대로 따라해 보는 것이 유아에게 발달적으로 적합한 것인가에 대한 이견이 있을 수 있으나, 모방에 의한 학습도 필요하다. 　– 모델링은 걸음마기 유아나 성취감을 맛보아야 하는 장애아를 도와줄 수 있다. 　– 또한 유아들이 성숙해감에 따라, 유아들은 지시에 따르는 것을 학습해야만 하며 자신들이 본 것을 신체적으로 모방하기도 해야 한다. • 직접적 교수방법은 창의적인 표현을 만드는 기초가 될 수 있는 구조적인 표현 동작이나 기본운동 동작 등 학습에 효과적일 수 있다. 　– 이 교수방법은 연령이 낮을수록, 유아의 인원수가 많을수록, 전통적인 체육활동이나 발레, 정해진 방법과 규칙이 있는 민속춤(예 호키포키)의 경우에 효과적이다. 어린 연령일수록 추상적 사고와 언어적 설명에 의한 이해가 어렵기 때문에 모델링과 모방은 유아의 발달에 적절하며, 유아가 과제를 성공적으로 이끄는 방법이 되기도 한다.

장점	• 교사가 모든 결정권을 가지고 행동의 주체가 되므로 통제가 용이하여 대그룹활동에 쉽게 적용할 수 있다.
	• 활동 중 지시에 따르는 유아들의 반응을 파악할 수 있기 때문에 교사가 유아의 동작수행 결과를 즉각적으로 확인할 수 있다.
	   – 즉각적으로 교수 결과가 나타나기 때문에 교사는 유아가 지시를 따르고 요구된 반응을 산출해 내는 데 어려움이 있는지에 대해 바로 알 수 있다.
	• 유아교육기관에서 많은 유아를 대상으로 짧은 시간 내에 정확한 동작표현과 동작기술을 익히는 데 효과적이다.
	   – 유아들에게 움직이는 방법을 보여주는 것은 유아들로 하여금 어떻게 움직일 것인가를 발견하도록 하는 것보다 훨씬 시간이 적게 들기 때문에 시간을 효율적으로 사용할 수 있다.
	• 지시에 따르는 경험을 제공한다.
	• 정확한 동작으로 실행해 내야 하는 활동인 '구조적 리듬동작', '기본운동능력'의 학습 및 활동에 효과적이다.

단점	• 유아기는 창의성을 발달시킬 수 있는 최적기임에도 불구하고, 유아의 창의성과 자기표현력을 이끌어내지 못한다. • 다양하게 표현할 수 있는 자율성을 유아들에게 허용하지 않는다. • 유아의 발달과 능력에 대한 개인차를 전혀 고려하지 않는다. • 학습의 과정 그 자체가 아니라 어떤 기술을 익히는 것에 초점을 둔다. • 학습과정보다는 동작기술을 익히는 결과에 초점을 두기 때문에 기술을 완전히 체득하기 위해 반복과 연습을 요구한다. • 직접적인 접근법의 획일성은 유아의 다양한 표현과 사고를 제한한다. – 따라서 직접적 교수방법만 사용하기보다는 집단활동 수행 시 필요한 순간에 동작 교수방법의 한 부분으로 활용하는 것이 더욱 효과적이다.

UNIT 12 유아동작교육의 교수방법 : 안내－발견적(guided-discovery) 교수법

개념 및 특징	• 교사 안내적 교수방법, 안내된 발견을 통한 교수방법을 말한다. • 수렴적 문제해결방법을 사용하는 교수방법으로, 유아가 움직임을 실험해 보고 스스로 발견하도록 허용하지만 '옳은 답(정답)'으로 초점이 모아지도록 안내하는 방법이다. • 교사가 마음속에 구체적인 과제를 가지고 수업을 진행할 때, 유아에게 일련의 질문을 하며 과제를 발견해 보도록 안내하면서 궁극적으로 '정답'으로 초점이 모아지도록 안내하는 방법이다. • 교사는 유아들에게 일련의 질문을 하면서 교사가 생각하고 있는 과제를 유아들이 발견하도록 안내한다. 이 과정에서 교사는 유아들이 자유롭게 동작을 만들고 실험하도록 허용하면서도, 궁극적으로 '정답'으로 초점이 모아지도록 안내한다. 　－ 유아들로 하여금 '정답'으로 초점을 모을 수 있도록 안내하는 과정에서 중요한 것은 일련의 질문들이다. • 교사가 사전에 결정된 학습목표에 맞추어 적절한 질문을 던짐으로써 유아들이 창의적으로 표현하고 실험할 수 있도록 기회를 주고, 이를 통해 학습목표에 접근하도록 하는 방법이다. 　－ 교사가 동작교육 계획 후 수업을 진행하는 과정에서 유아들에게 질문을 던지고, 유아들이 답을 발견하도록 안내하는 것이다. 즉 교사는 유아가 자유롭게 동작을 만들고 실험하도록 하면서 궁극적으로 정답으로 초점이 모아지도록 안내하는 역할을 한다. 　－ 교사가 마음속에 생각하고 있는 구체적인 동작교육에 대한 답을 유아에게서 이끌어 내는 것이다.
지도 방법 (교사 역할)	• 가장 중요한 것은 교사가 결코 답을 제공하지 않는 것이다. 　－ 시작할 때 이미 답이 주어지면 발견의 과정은 더 이상 일어나지 않게 된다. 만약 유아들이 기대되는 해결책을 발견하지 못하는 수렴적 문제해결의 과정이 계속되어 교사가 결국 답을 준다면, 유아들은 다음에도 교사가 답을 줄 것이라는 것을 예상하고 스스로 문제를 해결하는 것에 대해 흥미를 잃게 된다. 　－ 혹시 유아들이 계속 답을 하도록 기다리다가 해결책을 발견하지 못하고 수업을 끝내게 된다고 하더라도 아무런 해가 되지 않는다. • 교사가 원하던 방식이 아닌 부정확한 반응이라 할지라도 유아의 모든 반응과 방법을 인정하고 수용해야 한다. 즉 정답으로 안내하되 유아의 창의성과 실험을 허용해야 한다. • 유아들에게는 '여러 가지 다른 방법'을 발견할 수 있는 충분한 시간이 제공되어야 한다. • 교사는 유아의 사고를 자극하고 격려하는 구체적인 질문을 계속해서 함으로써, 문제해결을 위한 발견이 일어나도록 유도해야 한다. • 문제해결을 촉진하기 위해 시범이 사용될 수 있다. 　－ 몇몇 유아들을 선택하여 시범을 보이게 하거나 혹은 학급 유아의 반은 동작을 해보고 나머지 반은 관찰하도록 함으로써, 유아들에게 신체적으로 그 동작을 경험하게 하는 것뿐만 아니라 동작을 볼 수 있는 기회를 제공하여 문제해결을 촉진할 수 있다. • 문제해결을 촉진하기 위해 언어화(verbalization)가 사용될 수 있다. 　－ 동작의 이름과 요소를 가르치기 위해 교사는 유아들의 동작을 언어화해 줄 수 있다. 또한 유아들에게 자신이 지금 막 수행한 동작이나 자세를 설명하게 함으로써 자신들이 한 행동을 정신적으로 그려보는 기회(심상, imagery)를 갖게 해줄 수 있다.

장점	• 학습하는 방법을 배우게 된다.
	  – 단순히 동작기술을 습득하는 것이 아니라 스스로 참여하고 경험하면서 자신이 문제를 제기해 찾아가는 과정에서 유아가 스스로 선택·결정하는 경험을 하게 된다. 이러한 과정에서 유아들은 문제해결력과 비판적 사고 기술을 기르게 된다.
	• 책임감 및 자신감을 증진시킨다.
	  – 유아가 동작을 스스로 탐색하고 발견하며 선택하는 과정을 통해 책임감을 기르고 자신이 찾은 답에 대한 성취감을 느끼게 되는데, 이는 자신의 능력에 대한 자신감을 갖게 한다.
	• 유아들의 동작어휘를 확장시킬 수 있도록 도와준다.
	  – 동작활동을 통해 관련 어휘를 듣고 내면화시키면서 동작어휘력을 확장할 수 있다.
	• 문제를 스스로 해결한 경험을 통해 실패에 대한 두려움을 감소시키고, '할 수 있다'는 심리적 안정감을 가지게 된다.
	  – 유아들이 계속해서 새로운 도전에 대해 실험하고 발견하도록 동기화한다.
	• 유아들로 하여금 주어진 과제를 단계적으로 상호 연결하는 방법을 찾을 수 있도록 한다.

단점	• 교사의 인내와 숙련을 요구하고, 직접적인 방법보다 많은 시간을 필요로 한다. • 유아들이 교사가 계획한 정답에 초점을 맞추지 못할 경우, 활동이 다른 방향으로 진행될 가능성이 있다.

UNIT 13 　유아동작교육의 교수방법 – 탐색적(exploratory) 교수법(= 탐색법)

개념 및 정의	• 간접적–유아 주도적 방법, 탐색을 통한 교수방법을 말한다.
	• 교사가 의미 있는 과제를 제시하면 유아들이 자신의 신체동작 가능성을 탐색하여 창의적인 방법으로 표현해 보는 것이다.
	  – 교사의 개입과 참여, 지시는 최소화하고, 유아가 동작표현 상황에서 다양한 방법으로 문제해결을 위한 시도를 함으로써 이루어질 수 있다.
	• 유아 스스로의 실험과 문제해결, 자기발견을 통해 학습이 일어나는 과정을 강조하는 방법으로, 교사가 유아들에게 과제를 소개하고 유아들은 동작으로 자신들만의 해답을 제시하는 것이다.
	  – 이 방법을 사용할 때 교사는 시범을 보이거나 안내하지 않으므로 유아들은 자신들만의 방식과 속도로 활동에 참여한다.
	  – 탐색은 유아기의 발달에 적합한 동작 프로그램에서 가장 많이 사용되는 방법이다.
	• 3無 : 시범 보이기, 모방 격려, 최선(최상)의 해답에 대한 요구가 없다.
	  – 교사는 시범을 보이지도, 모방을 격려하지도 않을 뿐만 아니라, 어떤 한 가지 최상의 해답을 요구하지도 않는다.
	• 교사는 유아가 자신의 방식으로 자신의 속도에 맞추어 발전해 나가도록 허용함으로써 다르다는 것에 대해 두려움을 느끼지 않도록 해 주며, 자유롭게 상상할 수 있는 학급 분위기를 형성하여 적극적이고 다양한 활동을 할 수 있도록 지원한다.
	  – 유아들은 각자에게 적절한 해답을 찾게 되기 때문에 유아마다 동작도 각각 다르게 된다. 즉 해답이 유아의 수만큼 다양해진다.

MEMO

탐색적 교수법은 네 가지 기본적인 절차에 따라 유아들이 자신의 생각대로 자유롭게 신체를 움직이도록 하는 것이다(Pica, 2004).

기본 절차 (할시와 포터, Halsey & Porter, 1970)	① 문제 설정 (과제 설정하기)	예 교사는 유아들에게 '고양이처럼 움직여 보기'라는 과제를 제시한다.
	② 유아 스스로 실험하기 (유아에 의한 실험, 스스로 실행하기)	예 유아들은 고양이가 몸을 쭈-욱 뻗는 모습, 조용히 걸어가는 모습, 고양이처럼 세수하는 모습 등의 동작으로 움직여 본다.
	③ 관찰과 평가 (관찰하고 평가하기)	예 교사는 유아들의 움직임을 관찰하고 유아들 역시 다른 유아들의 움직임을 관찰함으로써, 어떻게 움직이는 것이 가장 '고양이'다운 모습일지를 평가해 보게 된다.
	④ 평가에서 얻은 포인트를 사용한 추가 연습 (평가를 통해 획득된 내용의 재적용, 평가에서 알게 된 내용을 적용하여 다시 시도하기)	예 이러한 평가 과정에서 유아들 스스로 자신의 움직임 중 수정해야 할 부분이 있다면 그 부분을 수정하여 다시 '고양이처럼 움직이는 모습을 표현'한다. • 교사는 탐색법을 지속하거나 다양하게 하기 위해서(활동 확장) 추가적인 과제를 제시하기도 하고, 교사가 관찰한 것을 개선 혹은 수정하기 위해 추후 질문을 할 수도 있다. • 교사는 유아의 흥미와 관심, 발달 정도를 고려하여 유아의 현재 수준에서 더 확장된 동작활동을 이끌 수 있도록 도와야 한다. 이러한 과정에서 동작표현을 확장시킬 수 있도록 추후 질문이나 과제를 제시할 수 있다. • 활동을 확장하기 위해서는 다음과 같은 세 가지 방법을 사용할 수 있다. ① 동작기술(skill)을 다양하게 변화시킬 수 있는 동작의 요소를 사용한다(동작기술을 다양하게 변화시킬 수 있는 동작의 구성요소를 사용하여 다양한 동작기술이 발휘될 수 있도록 돕는다). ② 유아들이 나타낸 반응에 대해 교사가 다시 반응을 해준다(유아의 동작에 교사가 긍정적인 반응을 해 준다. 격려를 통한 추후 질문으로 유아가 새로운 생각을 찾을 수 있도록 제안한다). - 교사는 유아들이 평균대 위를 걷는 것을 보고 그것에 기초하여, 다른 이동 형태를 취하도록 하기 위한 질문을 선택할 수도 있다. - Mosston & Ashworth(1990)는 대부분 처음 나타나는 반응이 과거의 경험을 회상한 결과물인 '안전한' 또는 '보편적인' 반응이라고 한다. - 격려를 통한 추후질문으로 유아가 새로운 생각을 찾을 수 있도록 제안해야 한다. 예 유아에게 몸을 작게 만들어 보기 활동을 제안한 후, "○○는 앉아서 몸을 아주 작게 만들었구나(안전한 또는 보편적인 반응)", "앉지 않고 작게 만들 수 있는 방법은 어떤 것이 있을까?(새로운 생각을 찾도록 격려하는 질문)" 등의 제안을 할 수 있다.

③ 활동의 실시에 한계(한정요소)를 둔다(활동을 실시할 때 난이도를 조정하면서 지속적인 참여와 성취감을 느낄 수 있도록 한다).
- 예를 들어 평균대를 걸어갈 때, 처음에는 넓은 평균대를 이동하고 성공할 경우, 좁은 평균대를 이동할 수 있도록 기회 제공하기, 신체의 두 부분 이상을 평균대에 닿게 하면서 이동해 보기 등으로 제한을 두되, 점점 수준을 높여 다양한 해결책을 경험하도록 기회를 주면서 신체운동기술을 발전시켜 나간다.
- 교사들은 평균적으로 할 수 있는 활동만을 선택하는 경향이 있다. 이러한 방법이 보통의 유아들에게는 적절한 것이었다고 할지라도 기술이 부족한 유아들은 계속해서 뒤처지게 되며, 이들의 자신감은 손상되고 이것은 더 많은 실패를 야기하는 악순환을 야기하게 될 것이다. 또한 평균보다 좀 더 기술이 높은 유아들은 과제가 이들에게 충분하게 도전할 만한 것이지 않기 때문에 점점 더 지루하게 된다. 따라서 유아교사는 탐색의 방법을 통해 모든 유아가 참여할 수 있도록 하고, 유아가 자신의 발달 수준과 능력에 따라 성공할 수 있도록 도와주어야 한다.

지도 방법	과제의 계획	교사는 반드시 과제를 계획해야 하며, 주제나 유아들의 생활에 적절하고 발달적으로 적합한 확장활동을 제시해야 한다.
	동작의 기본요소	동작기술을 다양하게 변화시킬 수 있는 동작의 요소를 사용하고, 동작의 기본요소를 언어적으로 표현해야 한다.
	추후 질문	• 비록 교사들이 모든 반응을 수용한다고 할지라도, 간혹 유아들이 좀 더 발전되고 세련된 반응을 생각해 내기를 바랄 때가 있을 것이다. 이 때 교사는 유아가 사물을 바라보는 다른 방법을 생각해 보도록 하기 위해서 추후질문을 할 수 있다. - 추후질문을 사용함으로써 교사는 유아들의 반응이 향상되도록 도와주면서도 다양한 해결책이 만들어질 수 있는 가능성을 열어둠은 물론, 유아 개개인의 개성도 무시하지 않게 되는 것이다. 즉 유아들의 개별성을 억제하지 않고 다양한 해결방법을 제시해 보도록 하는 방법이다.
	중립적 피드백	교사는 유아들이 계속해서 다양한 반응을 하도록 격려하여야 하는데 이때 사용하는 격려는 중립적 피드백(neutral feedback)으로 이루어져야 한다. ⑩ "너는 배를 이용해서 평균대를 가로질러 가고 있구나. 너는 두 손과 한 발을 이용해서 균형을 잡고 있구나"와 같이 유아의 움직임을 기술해 주는 것이 좋다.
	예상 가능한 반응에 한계를 두는 것	활동의 실시에 한계를 두고 예상 가능한 반응을 제한하여 익숙한 방법 외의 대안을 모색하도록 한다.
	개인차 인정	개별 유아의 개인차를 인정해 주고, 유아가 표현한 모든 반응을 수용하며 격려해주어야 한다.

	자기표현의 기초 마련	기본동작을 알려줌으로써 창의적인 방법으로 자기표현을 할 수 있는 기초를 마련해 준다.
장점		• 유아의 개성과 개인차를 인정하기 때문에 유아 스스로 다른 사람과 다른 것에 대해 두려움을 갖지 않게 된다. • 자신만의 방식과 속도로 자유롭게 활동에 참여하게 되어 상상이 자유로운 학급 분위기가 만들어진다. – 더욱 적극적으로 동작활동에 참여하게 함으로써 발명이 활발해지고 다양한 창작이 나타나게 된다. • 모든 유아들이 자신의 발달수준과 능력수준에 따라 참여하고 성공할 수 있게 한다. 이러한 방법을 사용함으로써 유아들은 자신감과 안정감을 갖게 되고, 계속해서 과제를 성공적으로 수행하게 된다. 이러한 과정을 통해 유아는 독립심을 증진시키고, 자신과 또래들과의 관계에서 인내심을 기르며, 다른 사람의 생각을 수용할 수 있게 된다.
단점		탐색을 확장하는 것은 교사에게 시간, 인내심 및 연습을 요구한다.

Plus

• 간접적 교수방법은 유아 스스로 탐색, 문제해결, 자기발견을 통해 학습이 이루어지는 교수학습 방법으로, 유아중심적 접근에 근거하며 결과보다 과정에 중심을 둔다.
• 간접적 교수방법은 교사 역할의 차이에 따라 안내–발견적 교수법과 탐색적 교수법으로 구분할 수 있다.

✎ **안내–발견적 방법과 탐색적 방법의 차이(김은심, 1995)**

🏠 **창의적 신체표현 활동의 교수방법 – 나무(나뭇잎) 표현하기의 교수방법 예시**

직접적 교수방법	간접적 교수방법	
	안내적–발견적 교수법	탐색적 교수법
동요 〈나무의 노래〉를 들으며 교사의 동작에 맞춰 율동하기	• 나뭇잎의 움직임을 스카프로 표현해 보자. • 바람이 왼쪽에서 오른쪽으로 분다면 나뭇잎은 어떻게 움직일까? • 회오리바람이 분다면 나뭇잎들이 어떻게 움직일까? • 바람이 약하게(강하게) 분다면 나뭇잎이 어떻게 떨어질까? • ○○의 나뭇가지의 나뭇잎은 빙글빙글 회오리바람과 하나가 된 것 같다.	• 움직이는 나무(나뭇잎)를 우리가 몸으로 표현한다면 어떻게 표현할 수 있을까? • 나 혼자(또는 친구와 함께) 나무(나뭇잎)를 어떻게 표현할 수 있을까? • 너희들은 얼마나 큰 나무(나뭇잎)를 표현하고 싶니? • 음악의 분위기와 리듬에 맞게 나무(나뭇잎)의 움직임을 표현해 보자.

MEMO

UNIT 14 유아동작교육의 교수학습 원리

놀이학습의
원리
(융통성의
원리)
	• 유아의 흥미를 고려해 놀이 중심으로 접근하여 즐거움을 느끼고 그 감정이 확대되며 지속될 수 있도록 하는 것이다.
	  − 동작활동에 대해 유아들이 재미와 즐거움을 느끼면 신체활동에 적극적으로 참여하게 되고, 활동에 참여하면서 긍정적인 정서는 확대되어 동작활동이 지속·확장된다.
	  − 이를 위해서 교사는 융통적으로 동작활동을 운영해야 하므로 융통성의 원리라고도 한다.

개별화의
원리
(다양성의
원리)
	• 개별 유아는 동작경험이나 신체발달 수준, 운동능력에 차이가 있고, 발달속도가 각자 다를 수 있다. 따라서 동작활동 시 다른 연령의 유아뿐만 아니라 동일 연령 유아도 개별 유아의 차이를 반영하여 활동을 진행해야 한다.
	  예 투호놀이를 할 때 개인에 따라 목표물까지의 거리를 가깝거나 멀게 해 주는 등 개별적 수준을 반영해 줄 수 있다.
	  − 개별 유아의 다양성을 인정하며 동작활동을 운영하므로 다양성의 원리라고도 한다.

탐구학습의
원리
(경험 중심의
원리)
	• 유아가 성인의 지시 없이 스스로 신체, 공간, 방향, 무게, 힘과 같은 동작요소를 탐색하고 시도하는 과정에서 자신의 운동기술과 운동능력을 탐구하고 발견해 나가는 것이다.
	  − 이를 통해 개별 유아들은 각자가 할 수 있는 잠재된 운동능력의 가능성과 한계를 스스로 발견하면서 학습하게 된다.
	  − 유아 자신의 경험에 중점을 두게 되므로 경험 중심의 원리라고도 한다.

다감각적
표현활동의
원리
	• 동작교육과 유아의 전인발달적 상호 관계를 고려한 것으로서, 유아의 오감각 발달과 지각 운동감각, 언어와 인지적 개념을 다감각적으로 통합하여 동작활동을 표현하는 것이다.
	  − 이 원리에 따르면 유아의 각 발달 특성의 통합적인 측면을 분리하지 않고 교수방법에 적용시킨다. 따라서 유아의 인지, 정서, 신체, 창의성 발달의 연계를 강조하면서 예술 영역의 표현활동을 다감각적으로 통합하여 동작활동을 진행한다.
	  − 시각과 청각 등 다양한 감각을 통합적으로 이용하여 유아의 신체표현 활동을 유도할 수 있다. 유아들은 자신의 감각기관을 통해 형성된 이미지나 느낌, 감정을 신체로 표현하거나 언어, 그림 등 다양한 방식으로 나타낼 수 있다.

통합의 원리	• 유아교육과정 및 보육과정에서는 유아교육의 의미를 통합교육에서 찾고 있으며, 발달 수준별 학습과 생활경험, 활동영역 간의 연계성, 주제와 교육 내용 간의 통합을 통해 교육하도록 권하고 있다. − 주제를 중심으로 동작활동을 구성하거나, 동작교과와 타 교과를 통합하여 동작활동이 이루어질 수 있다.

IV 유아동작교육의 접근방법

UNIT 15 주제 중심 접근법 – 신체적 접근방법

- 신체적 접근방법은 동작의 기본요소를 중심으로 기본동작을 탐색하고 실험해 보는 방법이다. 공간, 시간, 힘, 흐름 등 동작의 기본요소를 활용하여 신체능력과 신체기술을 익히거나 발견하도록 하는 것이다.
  - 신체적 접근에서 사용하게 되는 주제를 세분하면 개념 주제(concept theme)와 기술 주제(skill theme)로 나눌 수 있다.
    ① 개념 주제는 Laban의 동작의 기본요소(공간, 시간, 무게, 흐름)를 중심으로 이루어지는 것을 의미한다.
    ② 기술 주제는 기본 동작(이동 동작, 안정(비이동) 동작, 조작적 동작)의 내용을 의미한다.
- 신체적 접근방법으로는 대표적 학자인 Gallahue와 Gilliom의 교수모델을 참고할 수 있다.
  - Gallahue는 Laban의 영향을 받아 동작의 기본요소를 중심으로 하여 상상력 없이 기본동작, 신체능력을 탐색하고 실험해 보도록 하였다. 기본동작인 이동 동작, 안정(비이동) 동작, 조작적 동작을 학습하기 위해 게임, 스포츠, 체조, 리듬활동 등을 활용하였다. 이때 동작의 구성요소를 반영하여 다양한 기본동작을 표현해 내면서 운동기술을 발달시킬 수 있다.
  - Gilliom은 활동목표를 정한 후, 목표 달성을 위한 동작 주제를 선정해 활동을 실행하도록 하였다. Gilliom이 제시한 동작 주제는 공간(공간 종류, 공간 방향, 공간 높이, 공간 범위, 바닥 모양), 신체인식(신체부분, 신체모양, 신체관계, 신체－사물관계), 힘·무게(힘의 세기, 힘의 질, 힘의 무게), 시간·흐름(빠르기, 리듬, 흐름)이다.
    예 힘·무게라는 주제를 반영한 목표를 설정하고 신체에 힘과 무게를 활용하는 수준, 무거운 짐을 들거나 끌기 등의 동작경험을 통해 다양한 힘의 개념을 이해할 수 있게 된다.

신체적 접근방법에서의 고려점	• 활동을 계획할 때 동작의 구성요소를 기초로 하여 문제상황이나 동작활동의 주제를 선정한다. • 유아의 새로운 아이디어를 받아들이며 적절한 시기에 질문을 하고, 동작개념을 언어화하여 초점을 맞춘다. – 즉 움직임을 말로 표현해 주고, 몸의 각 부분에 관해 분명한 동작 어휘를 사용하여 언어화한다. 교사가 시범을 보이기보다는 유아가 스스로 탐색하고 실험하며 발견할 수 있도록 한다.

1 개념적 동작교수법(체육교육에 대한 개념적 모델) - Gallahue

배경	• 현대교육에서 책무성이 강조되기 시작하던 1960년대와 1970년대에 Gallahue(1975)는 동작과 학습을 위한 개념적 모델을 개발하여 균형 있는 운동발달과 동작교육이 왜 중요한지, 그리고 체육교육에서는 어떻게 동작하는 것을 가르칠 것인지에 대해 분명한 대안을 제공하였다. Gallahue의 개념적 모델에는 크게 동작을 위한 학습과 동작을 통한 학습이 모두 포함되어 있다.
	    − 먼저 동작을 위한 학습에서는 유아의 동작능력을 발달시키기 위한 방법으로 종래의 기능 중심 체육교육에서 벗어나, 유치원 및 초등학교 저학년에게 세 가지 기본동작과 일반동작 기능을 중심으로 교육하는 개별적 체육교육과정의 개념적 모델을 제시하였다.
	    − Gallahue의 개념적 접근은 세 가지 기본유형을 체육교육의 주요 교육 내용을 통하여 더욱 세련된 동작수준으로 발달시키기 위한 교육방법이다.
	
	       출처 : Gallahue et al., 1975
	◈ Gallahue의 개념적 동작교수법의 모델

개념	유아의 동작 능력은 '동작의 기본유형'을 통해 보다 세련된 움직임 수준으로 발달해 가며, 이는 '일정한 단계'를 거쳐 발달한다는 전제하에 적절한 '학습경험을 계열화'해서 동작능력의 적절한 발달을 이룬다고 본다.

기본 전제	• 유아의 동작능력은 일정한 단계를 거쳐 발달한다.
	    − 동작능력은 '인간동작의 기본유형'(안정동작, 이동동작, 조작동작)에서 일정한 단계(반사적 ➡ 초보적 ➡ 기본적 ➡ 전문적 동작능력)를 거치며 발달한다.
	• 유아의 동작능력은 다양한 체육교육(체조, 게임과 스포츠, 리듬활동, 수중운동 등)에 참여하여 성취할 수 있다.
	• 유아의 동작능력은 다양한 교수방법을 통해 발달한다.
	    − 다양한 교수방법(지시적 방법, 비지시적 방법)으로 적절한 '학습경험을 계열화'(탐색 ➡ 발견 ➡ 조합 ➡ 선택 ➡ 경쟁적 수행)하여 동작능력의 적절한 발달을 이룰 수 있다.

교육 내용	• Gallahue의 모델에서는 체육의 주요 교육 내용을 네 가지로 보고, 이러한 네 가지 활동 (게임과 스포츠, 리듬활동, 체조 또는 수중운동 등)을 각 유아의 발달수준에 적합한 안정성, 운동성, 조작적 능력 발달의 매개체로 본다. • 유아의 발달수준에 적절한 동작능력을 증진시키기 위한 수단으로서 체육내용을 좀 더 구체적으로 살펴보면 다음과 같다. 각 내용은 단순한 것에서 복잡한 것으로 옮겨 가도록 되어 있다. 🖱 **구체적인 체육내용** • 게임 ① 덜 조직화된 게임이나 릴레이 ② 스포츠 형태의 게임 ③ 공식적 스포츠 • 리듬운동 ① 기본적 리듬활동 ② 창의적 리듬활동 ③ 포크댄스 ④ 사교댄스 • 체조활동 ① 기본동작 유형과 기능중심 활동 ② 맨손체조 활동 ③ 스턴트 ④ 텀블링 ⑤ 작은 기구를 이용한 체조 ⑥ 큰 기구를 이용한 체조 • 수중활동 : 물을 매개체로 인간의 신체를 조절하는 능력을 기르는 활동 ― 이상과 같은 체육교육의 내용은 다양한 방법으로 실시할 수 있으나, 유아는 자신의 발달수준에 맞추어 순서적으로 계열화하여 경험한다는 것을 교사는 명심해야 한다. 즉 능력의 습득은 단순한 것에서 복잡한 것으로, 그리고 발달의 원칙은 일반적인 것에서 특수한 것으로 진행된다는 원리에 기초하여 Gallahue는 동작의 학습을 여섯 단계로 계열화할 수 있다고 보았다.
학습경험의 계열화 (6단계 경험의 순서화)	• 새로운 안정, 이동적·조작적 기능을 학습하는 데 게임, 리듬활동, 체조 또는 수중활동 등과 같은 학습경험을 이용한다면 다음과 같은 순서로 학습이 이루어진다고 보았다. ― 6단계 경험의 순서화는 유아와 청소년, 성인 모두에게 적용되지만, 유아나 저학년 유아의 동작 발달수준에 맞춰 탐색, 발견, 조합의 경험을 주로 이용하고, 가능한 한 선택과 경쟁적 수행을 지양한다. ― 특히 이 모델을 유아기나 초등학교 저학년 유아기에 적용해 보면, 발달단계는 기본 동작유형에서의 세 가지 유형(안정, 이동, 조작)에 속하는 여러 가지 기본적인 동작 기능을 발달시키고 정교화시키기 위한 것이다. 이를 통해 지시적·비지시적 교수방법에 따라 게임, 리듬활동, 체조활동 등을 이용하여 탐색하고 발견하며 조합하는 수준의 학습활동을 제시할 수 있다.

① 탐색	각 활동에 포함된 동작을 각각 분리시켜서 탐색한다. 예 앉았다 일어서기, 깡충깡충 위로 뛰기, 손 흔들며 돌기 동작을 탐색한다.
② 발견	다른 사람의 수행이나 그림, 영화, 책 등을 간접적으로 보면서 이 동작들을 더 잘 수행할 수 있는 방법과 수단을 발견한다. 예 ①의 동작을 잘 수행할 수 있도록 서로의 동작을 해 보거나 그림, 영화, 책 등을 보면서 방법을 발견한다.
③ 조합	분리된 동작들을 조합시키고 이들을 다양한 방법으로 실험한다. 예 ①의 동작들을 다양한 방법으로 조합하여 표현해 본다.
④ 선택	이 조합된 방법들 가운데 게임이나 비형식적인 경쟁을 통하여 가장 좋은 방법을 선택한다. 예 ③의 조합된 방법 중 게임이나 비형식적 경쟁을 통해 가장 좋은 방법을 선택한다.
⑤ 경쟁적 수행	선택된 동작들을 더욱 고도의 세련된 기술로 다듬어 형식적인 경쟁, 발표 또는 오락시간을 통해서 수행한다.
⑥ 개별화	동작이 완전히 숙달되도록 집중적인 반복연습을 통해 개별화가 이루어지게 한다.

2 문제해결식 동작교수법(문제해결식 접근법) – Gilliom

개념	• Gilliom(1970)은 학습에서 가장 기본적인 과정을 발견으로 보고 가장 효과적인 방법으로서 다양한 문제해결 기술을 제시하였다. 문제해결식 접근방법에서는 해결해야 할 문제나 문제상황을 제시하고, 그것을 해결하는 기술을 유도할 때 그 문제가 곧 학습활동이 된다고 보았다. • 유아가 스스로 문제를 접하고 여러 대안적 해결방법을 찾아 도전해 보도록 하는 접근방법이다. – 문제 중에서 가장 자극적인 것은 표준해결책이 없는 문제나 한 가지의 옳은 해결책만을 요구하지 않는 문제라고 할 수 있다. – 비지시적인 언어화를 통한 지도가 필수요건이다. – 유아에게 특정한 방법으로 움직이게 하기보다는 문제에 스스로 반응하도록 해야 한다.
교육 내용	• 활동의 주제를 정할 때에는 Laban의 동작분석모델에 기초를 둔 주제를 선정한다. – Laban은 사람의 움직임이란 미리 형성된 상상을 토대로 이루어지는 것이 아니라고 하였다. 상상 없이도 움직일 수 있으며, 자기 몸이 할 수 있는 모든 기본적인 동작을 습득한 뒤에 상상이 필요하다고 보았다. 스스로 자기 몸의 능력과 한계를 발견하게 하고, 다양한 해결책을 탐색해 볼 수 있게 한다. 예 '공간'이라는 요소를 이해시키려 한다고 가정해 보자. 이 경우에 신체적 접근방법을 이용한다면 상상력보다는 대조법을 이용하여 공간의 개념을 탐색할 수 있는 기회를 줄 것이다. 즉 "그 자리에 선 채로(자기공간), 손을 이용하여(신체의 한 부분), 주어지는 박자에 맞추어(시간), 위치를 변화시켜 보자(공간). 높게, 낮게, 더 높게, 더 낮게, …."와 같이 상상력보다는 탐색에 더욱 중점을 두어 교육하는 방법이다.

Gilliom이 기본동작교육 주제로 선정한 단원

• Gilliom이 제시한 문제해결을 통한 자기발견적 동작교육 프로그램에서는 네 가지 동작의 기본요소를 주제로 선정하여 4단원을 구성하였다. 이 단원은 Laban의 연구들(1947, 1948)에 기초를 두었으며, 이 요소를 구체적인 교육 내용으로 적용하는 데는 무용분야의 Russell(1965)과 체조분야의 Pallet(1965) 및 Scott(1963), Broer(1966) 등의 연구를 참고하였다.
  - 제1단원 : (공간) 어디로 움직일 수 있는가?
  - 제2단원 : (신체 인식) 무엇을 움직일 수 있는가?
  - 제3단원 : (힘·무게) 어떻게 움직일 수 있는가?
  - 제4단원 : (시간·흐름) 어떻게 하면 더 잘 움직일 수 있는가?

과정 중심에 입각한 지도 방법을 강조하였으며, 5가지 기준에 입각한 수업과정모형을 제시하였다.

수업과정 모형과 동작문제 (학습활동) 제시 시 고려점		
① 주제		문제를 해결하기 위한 유일한 방법 또는 해답을 학습자에게 제시하지 않고 스스로 해결해야 할 중요한 문제를 제시한다. **고려점** 주제(기본문제)는 표준해답이 없는 것이어야 한다.
② 부제		주제에 이어지는 것으로 문제 해결을 위한 방법이나 해답을 제공하지는 않지만 결정적인 구실이나 문제들을 제시한다. **고려점** 부제(보조문제)는 유아가 스스로 발견하지 못할 때만 제시해야 한다.
③ 풍부한 사고		문제 해결을 위해 추리력과 상상력 등 풍부한 사고에 이르도록 지도하는 과정이다. **고려점** 생산적 사고를 요구하는 문제여야 하며, 문제해결과정으로서 추리와 상상을 고무시키는 것이어야 한다.
④ 창의력		창의력 개발을 위한 노력의 일환으로 움직임에서 크게 중시되고 있는 학습의 한 과정이다. 움직임 교육 내용의 궁극적인 중요 목표는 창의적인 사고력과 문제해결력 배양에 있다. **고려점** 상상력을 풍부하게 하기 위하여 점차적으로 다양하고 복잡적인 해결이 나올 수 있도록 문제를 진술해야 한다. 그렇게 함으로써 모든 유아가 성공감을 느끼며 더욱 차원 높은 상상력을 기르고자 하는 내적 동기를 갖게 된다.
⑤ 포괄목표		동작의 기본 요소를 주제로 '지식, 기술, 태도'에서의 학습목표를 성취할 수 있도록 학습활동을 선정하고 이를 적절히 적용해야 한다. **고려점** 모든 문제는 교육목표에 부합하는 것으로 선택하여야 한다.
	지식	동작의 속도에서 가장 빠르고 느린 것, 동작의 무게, 신체와 공간과의 관계 등을 이해하는 목표 영역이다.

		기술	유아가 실제 움직여 보는 것으로서, 자신의 동작을 통제할 수 있는 것과 관계된 목표 영역이다.
		태도	문제가 무엇인지 관심을 기울이거나, 문제에 대해 기꺼이 생각하려고 하거나, 보다 기술적인 방법을 증가시키기 위해 탐색하고 사고하는 등 동작을 통해 태도와 관계된 목표 영역이다.
교사 역할	• 문제해결식 교수법에서 교사의 역할에 대해 Gilliom(1977)은 다음과 같이 제시하였다. 　─ 목적을 분명히 하되 상황에 따라 조정할 수 있도록 융통성이 있어야 하며, 질문과 관찰, 그리고 토의의 형식으로 지도한다. 　─ 문제를 해결하거나 발견할 때는 그 개념을 용어로 기억할 수 있도록 설명하고 언어화시킨다. 　─ 쉬운 단계부터 어렵고 복잡한 단계로 점차적으로 탐색하도록 한다. 　─ 공간을 최대한 이용한다. 　─ 교사도 유아와 함께 움직여야 한다. 　─ 유아의 활동을 고루 관찰할 수 있도록 가능하면 원형을 취한다. 　─ 가끔 정지시킴으로써 서로를 관찰할 수 있게 한다.		

🏛 **Gallahue와 Gilliom 동작교수법의 강조점**

• 신체를 이용하여 스스로 자기 신체와 동작을 탐색하게 하는 방법으로서, Laban의 이론에 기초를 둔 동작교육의 신체적 접근방법이라고 할 수 있다.
　─ 신체적 접근방법을 이용한 교수방법의 공통점은 활동을 계획할 때 동작의 기본요소를 기초로 하여 문제상황이나 활동의 주제를 삼는다는 것이다.
• 이 두 가지 교육방법에서 공통적으로 강조하는 것은, 동작교육에서 교사가 유아에게 스스로 탐색하고 실험할 수 있는 기회를 제공한다는 것이다.
　─ 교사는 융통성과 인내심을 가지고 유아에게 충분한 기회와 시간적 여유를 부여하여 스스로 생각하고 느끼도록 해 주어야 한다.
　─ 제시하고 질문하는 형식을 통해서 문제를 해결할 수 있는 상황을 만들어줌으로써 발견 및 탐색할 수 있는 기회를 주자는 것이다.
• 물론 목적 없이 제시된 문제와 상관없는 행동을 해도 그대로 내버려 두어 하고 싶은 대로 하라는 것은 아니다. 분명한 목표를 가지고 관찰·제시하며 지적해 주는 한편, 유아의 새로운 아이디어를 받아들이면서 적절한 때에 질문을 하고 개념을 언어화해 봄으로써 초점을 맞추어 가야 한다.
　─ 어느 한 가지 동작을 끝냈을 때 그 움직임을 말로 표현해 주고 몸의 각 부분에 관해서 분명한 어휘로 언어화시켜 주어야 한다. 이렇게 함으로써 유아가 실제 행동을 추상화하는 데 도움을 줄 수 있기 때문이다.

UNIT 16 | 주제 중심 접근법 – 극적 접근방법

- 상상력을 중심으로 다양한 동작을 유도하고 창의적 동작표현을 자극하는 것을 강조하는 접근법이다.
- 기본동작보다는 창의적인 동작표현을 중심으로 동작을 경험해 보는 방법으로, 상상이나 이미지를 떠올리며 적절한 동작으로 표현해 보면서 동작 가능성을 탐색해 보는 것이다.
  - 창의적으로 표현하는 과정에서 신체 동작기술을 습득하고 발달이 이루어진다. 즉 유아의 탐색과 발견을 통해 창의적인 사고와 표현을 촉진할 수 있다는 측면에서 극적 접근방법이 강조되고 있다.
  - 교사들이 유아들에게 시범을 보이거나 지시를 하고 유아들이 획일적으로 따르게 하기보다는 유아 스스로 가상의 상황이나 행동을 상상하며 '~하는 척 하기(pretending)'나 '어떤 것이 되어보기' 등의 방법을 통해 새로운 시도를 적극적으로 하게 되는 것이다.
  - 극적 접근방법은 상상이 가능한 주제를 중심으로 극화하여 표현하는 창의적 신체표현이나 음악적 요소인 박자나 템포 등의 리듬동작으로 표현될 수 있다.
    - ⓓ "우리 몸이 촛불이 되어서 타 내려가 보자"와 같이 구체적인 제시를 하기도 하지만, "너희가 바람 부는 날에 풍선을 들고 서 있다고 생각해 보자" 또는 "바닥이 뜨겁다고 생각해 보자" 등으로 덜 구체적이며 유아의 상상력과 창의성을 자극하는 제시를 하기도 한다.
- Laban(1943)에 의하면 유아는 완전히 자기신체를 통제할 수 있을 때까지는 상상을 사용하도록 해서는 안 된다고 하였다. 특히 동극은 많은 기본동작능력을 미리 갖추고 있어야 하므로 기본동작활동보다 늦게 시작되어야 한다. 또한 유아가 다양한 동작의 배경을 갖추고 있다면 덜 모방적일 수도 있다고 보았다.
- 극적 접근방법을 이용하여 체계적인 동작교육방법을 구성하고자 노력한 학자들 중에는 크게 극적인 접근만을 이용하여 상상과 환상을 위주로 교육하고자 하는 경우와, Laban식 신체적 동작교수법 혹은 동작의 기본요소를 이용하여 그것을 주제로 삼는 등 신체적 동작교수법과 극적 동작교수법을 통합하여 체계를 세우려는 경우가 있다.
  - 극적 접근방법에는 Ritson의 창작무용교수법과, 창의적 신체표현을 유도하는 Emerson과 Leigh의 상상·환상 중심 교수법이 포함된다.
  - Ritson은 무용을 창의적으로 하기 위한 체계적인 접근법을 제안하고 동작주제와 문화적 주제를 내용의 기본틀로 설정하였다. Emerson과 Leigh는 상상력을 증진시키기 위한 무용교육 프로그램을 제안하였다.

1 창작무용 체계적 교수법 – Ritson

개념 및 정의	• Ritson(1986)은 무용을 창의적으로 하기 위한 체계적인 교수법을 제안하였다. 이 체계적 교수법은 교수과정에서의 학습위계와 인지기능수준을 토대로 하여 창의적 동작교육을 위한 구체적 형식을 설계하는 방법이다.
	  – Ritson은 동작주제와 문화적 주제, 이 두 측면을 모두 포함해야 한다고 보았다. 다양한 경험과 표현의 측면을 모두 포함하기 위하여 동작주제(movement themes)와 문화적 주제(cultural themes)라는 두 가지 주제를 내용의 기본틀로 삼을 것을 제안하였다.
	  – 동작의 주제는 Barrett(1977)의 교육무용의 개념화에서 선정하였고, 문화적 주제는 주로 유아에게서 유발된 흥미를 중심으로 사회적 환경을 통해 이미지와 사건들을 수집하여 선정하였다. Barrett이 개념화한 교육무용의 동작내용은 일곱가지 동작주제로 되어 있다. 이 일곱 가지 동작주제는 융통성 있게 체계화되어 있으며, 주제의 순서에서 유아의 운동능력에 자극제가 될 수 있도록 점점 더 복잡해지고 있다.
	
	🖱 **바렛(Batterr)의 7가지 주제**
	• 제1주제(신체 부분에 대한 인식)　　• 제5주제(짝과 소집단에 대한 인식)
	• 제2주제(무게와 시간에 대한 인식)　• 제6주제(신체에 대한 인식)
	• 제3주제(공간에 대한 인식)　　　　• 제7주제(노력 행위들에 대한 인식)
	• 제4주제(동작의 흐름에 대한 인식)

창작무용의 주제	• 창의적 무용을 지도하는 내용으로 동작주제만을 다룰 경우 지나치게 동작의 요소나 기본형태 등에 국한된다는 비판이 있기 때문에, 체계적인 접근법에서는 동작주제 이외에 표현적인 측면을 포함하기 위하여 사회환경에서 일어나는 상상과 사건을 하나의 자극제로 포함시켰다.
	  – 동작주제는 세계적으로 거의 공통된 내용으로 정해져 있지만, 문화적 주제는 각 세대와 사회, 그리고 환경적 조건에 따라 매우 독특하다.
	  – 따라서 특정 유아가 속한 각 지역사회, 시대, 환경적 조건에 부합하는 주제여야 하며, 그러기 위해서는 교육하고자 하는 대상에게 맞는 적절한 주제를 선정하는 일이 무엇보다도 중요하다.
	• 동작주제와 문화적 주제 중 어느 것을 주 활동으로 하느냐에 따라 신체적 접근 방법과 극적인 접근 방법으로 나누어 볼 수 있다.
	  – 즉 동작주제가 내용이 될 때는 유아가 동작의 질이나 동작능력을 증진하려는 노력을 하게 된다.
	  – 문화적 주제가 내용이 될 때는 주로 유아의 반응을 모방하고 사물이나 사건을 극화하며 감정을 표현하는 동작이 포함된다.
	  – 따라서 체육교육 프로그램에서 창의적 무용을 실시할 경우에는 동작주제가 핵심내용이 되어야 하지만, 문화적 주제는 무용의 다양성과 풍부한 자원을 제공할 수 있다.

동작주제	문화주제	
• 신체부분과 신체모양 • 무게와 시간 • 공간 • 동작의 흐름 • 노력행위	• 동물 • 서커스 만화 주인공 • 교통기관 • 장난감 • 악기	• 기계도구 • 스포츠 • 자연환경 • 역사적 사건

- 유아에게 창조적인 무용을 구성할 것을 요구하려면, 유아는 사전에 아이디어, 이미지, 자기훈련의 배경을 갖추어야 하고, 그런 배경을 갖추기 위해 다섯 가지 수준을 거쳐야 한다.
  - 이러한 과정을 거쳤을 때 유아는 지식을 반응으로 유도해 내고 그 유도된 동작기술에 만족하게 된다.
- 가능하면 제시된 각 수준을 차례대로 진행하는 것이 효과적이지만, 경우에 따라서는 반복과 연습이 필요하므로 엄격히 순서를 지키는 것보다 적어도 한 수준에서 하나 이상의 활동을 실시하고 그 다음 수준으로 이동하는 것이 좋다.
- 또한 Ritson의 입장에서는 극적 접근법 또는 신체적 접근법만을 이용하기보다는 두 가지 접근법을 병행하는 것이 가장 바람직한 동작교육이 될 것이라고 보았다.

Ritson의 동작주제를 내용으로 한 교수·학습 방법	① 지시 따르기 (taking directions)	• 강조점: 동작 • 유아가 지시를 듣고 따르는 능력은 성공적인 참여의 전제조건이다. • 교사는 북이나 종과 같은 도구를 활용한 신호 및 그와 연결된 지시어를 정한 후 간결하고 명료하게 신호(지시)를 제공하고, 유아는 그 지시들을 재빨리, 그리고 조용하게 따르는 데 숙달되어야 한다.
	② 모방하기 (imitating)	• 시범설명을 통해 제시된 동작을 그대로 모방하는 수준이다. 　- 교사가 유아와 함께 참여한다는 것, 특히 동작활동에서 교사가 유아들과 함께 움직인다는 것은 긍정적인 학습 분위기를 형성하는 방법 중의 하나이다. 　- 정의를 소개하거나 이전에 배운 기술을 재검토해 볼 때 효과적인 방법이 될 수 있으며, 서로에게 시각적인 모델이 될 수 있는 기회를 제공한다. 따라서 유아는 다른 사람의 행동을 모방함으로써 학습해가며, 자신의 동작에 대한 인식을 기초로 나름대로 동작의 연속들을 점차 발견해 나가기 시작한다. 　예 내가 낮은 수준에서 모퉁이 길을 따라 움직일 때 그 움직임을 따라해 보세요.
	③ 상황 구성하기 (situating)	• 교사가 언어적 모델이나 설명을 해주면 그에 따라서 움직여보는 활동을 통해 유아의 사고와 움직이는 방식을 서로 연결해 주는 것이 목적인 수준이다. 　- 교사는 유아가 따라할 어떤 동작을 제시하는 것이 아니라, 유아의 머릿속에 상상을 불러일으켜 유아가 그것을 나름대로 해석하여 움직이도록 조장해 준다. 이러한 과정들을 계속 거치면서 아이디어와 움직임 간의 연계성이 점차 증진된다. 　- 상상을 불러일으키는 방법으로 흔히 '상황'을 제시하는데, 교사는 유아를 그 상황이 전개되는 대로 움직이게 한다. 　예 "여러분이 똑바른 길을 따라서 어떻게 느리게 움직일 수 있는지 보여주세요", "이제는 곡선으로 된 길을 따라서 빠르게 움직여 보세요" 등이다. 　- 이 수준에서 선택된 동작주제를 통해 탐색해야 할 아이디어들은 대단히 많고 복잡하므로 충분한 시간의 연습과정이 요구된다. 　- 상황 구성하기는 움직임에 관한 단어들, 개념들, 그리고 아이디어들을 포함한 유아의 지식을 더욱 친숙하게 해 주고 이를 확장시켜 주는 계기가 된다.

	④ 연합시키기 (associating)	• 교사는 주제와 일치되는 상황이나 문제를 제시하고, 유아는 상황에서 제시하는 요구를 충족시키거나 문제를 해결하기 위하여 스스로 생각해 낸 동작들을 연속적으로 수행해 나가는 수준이다. 例 "방향을 바꾸어 움직이면서 걷기와 달리기를 하려면 어떻게 움직여야 하겠니?" – (상황 구성하기 수준과 달리) 교사가 유아에게 어떻게 움직여야 할지 혹은 구체적 이야기를 제시하지 않고 대체적인 질문만 한다. 따라서 유아는 스스로 자신의 이미지를 형상화해서 어떻게 움직여야 할지를 결정해야 한다. – 그러나 전 단계의 수준들, 특히 상황 구성하기의 수준을 다루는 데 유아가 충분히 숙달되어 있지 않다면, 유아에게 흥미롭고 다양한 해석을 유도하기가 어렵다. • 여기서 교사는 유아나 집단에게 제시된 각 문제에 대해 다양한 해결책을 산출하도록 격려하는 것이 중요하며, 그렇게 함으로써 유아의 반응 유창성을 증진시킬 수 있다. – 격려 방법으로는 유아가 특히 흥미로운 해결책을 산출해 냈을 때 교사가 다른 유아들에게 그 해결책을 관찰하게 하면서 "이 동작에서 어떤 점이 흥미롭니?", "너라면 이 동작을 어디에 이용할 수 있겠니?"와 같이 질문하는 것이 있다.
	⑤ 창조하기 (creating)	• 유아가 동작들을 시작부분, 중간부분, 종결부분으로 구성된 하나의 연속적인 동작으로 조직했을 때 무용을 창조했다고 할 수 있다. – 이때 교사는 유아에게 항상 광범위한 매개체만을 제시하는 촉매자로서의 역할을 한다. – 그 매개체란 "두 명이 참여하는 무용을 만들어 보자", "네가 속도와 신체 모양에서 얼마나 많은 변화를 이용하고 있는지 보자", "후프와 막대기를 이용하여 혼자서 무용을 만들어 보자" 등의 촉진적인 진술을 말한다. 例 짝과 함께 무용을 하면서 가능한 한 모든 관계를 탐색해 보자. 시작, 중간, 끝 부분을 구분하여 보여줄 수 있겠니?
Ritson의 문화주제를 내용으로 한 교수·학습 방법	① 지시 따르기 (taking directions)	• 강조점: 가상적 요소, 상상과 표현에 초점을 둔 지시 따르기 • 지시에 따르는 것은 교실을 제대로 운영하고 자기통제를 하는 데 필요하다.
	② 흉내내기 (mimicry)	• 특정 대상물의 모양이나 움직임을 관찰하고 표현하는 모방적 동작활동이다. – 시범·설명을 통해 제시된 동작을 있는 그대로 모방하는 활동이 아니라, 유아가 스스로 탐색하는 과정을 통해 유아 나름대로의 독특한 동작을 표현하는 것이다. 例 "내가 뱀처럼 움직일 테니 따라해 보세요."
	③ 극화하기 (dramatizing)	• 창의적 동작 표현활동으로 교사는 하나의 아이디어나 이야기를 통해 활동을 시작할 수 있다. – 배경음악이나 언어적 효과음 또는 지시를 제공할 수 있다.

| | ④
즉흥적
극화하기
(improvisation) | • 특별한 분위기를 나타내는 핵심단어를 주고, 유아들로 하여금 동작을 통해서 이러한 단어들을 공개적으로 표현해 보도록 한다.
　－ 오감을 활용한 즉흥적 자극(시각적, 청각적, 촉각적, 상상력에 의한 자극)을 주고 임의적, 주관적 반응을 몸으로 표현하도록 한다.
　　　📖 부드러운 이불 ➡ 엄마 품 ➡ 행복감 |
| | ⑤
구성하기
(composing) | 유아들에게 일어난 친숙한 사건이나 선행경험, 좀 더 긴 내용의 이야기(들은 이야기)들을 동작으로 나타내는 것이다. |

2 상상·환상 중심 동작교수법 - Emerson & Leigh

개념	• Emerson과 Leigh(1979)는 환상과 상상이 매우 중요하다고 하는 Langer와 Bettelheim의 주장과 함께, 무용과 신체동작이 환상과 상상의 원초적인 표현이므로 이를 확장시키는 중요한 매개체가 될 수 있다는 견해를 근거로 하여 상상력을 증진시키기 위한 무용교육 프로그램을 제안하였다. 　－ 그들은 인간의 내적 욕구 충족과 정서 순화를 강조하기 위해 동작교육 프로그램이 '춤'을 매개체로 환상과 상상력 개발을 주목적으로 해야 한다고 주장하였다. • Emerson과 Leigh는 무용교육에서 다루어야 할 중요한 요소를 표현(expression), 확장(expansion), 상상(imagination), 그리고 창작(creation)의 네 가지로 보고, 무용교육의 단계를 다음과 같이 제언하였다.	
무용교육의 단계	① 동작을 표현의 도구로 경험하는 단계 (표현 단계)	• 동작을 표현의 도구로써 경험하는 단계로, 다양한 공간 탐색이 주로 이루어진다. 　－ 유아는 동작을 이용하여 자신을 표현하지만, 유아 초기에는 아직 통제가 잘 되지 않으므로 자기의 주변환경 속에 있는 공간들을 탐색하며, 그 과정에서의 동작은 주로 개별적인 활동이다. 　－ 이때 교사는 유아에게 가능한 한 다양한 공간을 제공하여 안전하게 탐색하도록 해 주고, 그들이 신체적·지적 능력에 도전할 수 있게 한다. 　－ 넘어갈 수 있는 공간, 기어다닐 수 있는 공간, 부드럽고 딱딱한 공간, 넓고 좁은 공간 등 유아가 도전할 수 있는 다양한 형태의 공간을 유아에게 제시한다.
	② 동작을 확장의 도구로 사용하는 단계 (확장 단계)	• 동작을 확장의 도구로 사용하는 단계로, 다양한 동작을 통해 자아개념 및 자신의 능력을 확장해 가는 단계이다. 　－ 교사는 유아 자신의 신체가 다른 사람과 어떻게 다르고 무엇을 어떻게 움직이는지에 초점을 두며, 새로운 가능성과 함께 개념발달에 도움이 되는 다양한 어휘들을 소개함으로써 여러 가지 개념과 자신의 능력에 대한 개념 확장을 도와주어야 한다. 　　　📖 "창수가 선반에 손이 닿게 하려고 팔을 뻗치고 있어", "아무도 움직이지 않고 있으니까 우리는 모두 정한거야"

③ 동작을 상상의 도구로 사용하는 단계 (상상 단계)	• 동작을 상상의 도구로 사용하는 단계로, 여러 가지 감정이나 상상을 자극하여 움직이는 단계이다. − 유아가 단순한 문제해결을 수행할 수 있을 때가 되면 '나는 무엇이 될 수 있을까?'에 대한 상상을 하게 된다. − 공포감과 같은 여러 가지 감정을 자신이 적응할 수 있는 형태로 변화시키면서 감정들을 추상해 나간다. − 교사는 탐색해야 할 가능성들을 끊임없이 창조해 줌으로써 교사 역시 상상력을 발휘해야 한다. 예 "내가 닿을 수 있는 만큼 더 높이 움직여 보아라", "의자 밑으로 지나갈 수 있는 또 다른 방법이 없을까?", "헝겊인형이 어떻게 움직이는지 보여 주렴"
④ 동작을 이용한 창작의 단계 (창작 단계)	• 동작을 이용한 창작의 단계로, 유아는 성숙해 가면서 외부세계에 대해 끊임없이 탐색하지만, 더욱 성숙해지면 자기 주위의 공간에는 자신만 존재하는 것이 아니므로 자기가 뜻하는 대로 항상 공간을 탐색할 수만은 없다는 사실을 깨닫게 된다. 따라서 이 단계에서는 자신의 신체와 공간, 그 밖에 여러 가지 환경요소들을 이용하여 동작을 창조해낸다. − 교사는 새로운 상상적 상황을 제공하고 확장하기 위한 여러 가지 다양한 가능성들을 소개한다. − 특히 음악을 이용하여 창의적 표현을 자극할 수도 있고, 시각적 효과를 내는 다양한 자료를 이용할 수도 있다. 그리고 동화의 이야기들도 동작으로 꾸며내는 좋은 이야기 자료가 되며, 이야기에서 들었던 개념을 실제 동작으로 표현해 봄으로써 그 개념을 더욱 확실하게 이해할 수도 있다.

UNIT 17 통합적 접근법 – 예술영역 내 통합적 동작교육

 참고

통합적 접근법의 기초이론

• 통합적 접근이란 유아의 전인적 발달을 위해 여러 학문 간 혹은 발달 영역 간, 그리고 활동 간의 내용을 통합하여 교육적 경험을 갖게 하는 것으로, 이는 교과 과제의 경계에 얽매이지 않고 학습한 내용들을 내부에서 의미 있게 관련시키며 통합하는 방법이다.
  − 성인들은 분절되어 소개되는 개념이나 원리들을 이해할 수 있지만, 유아들은 의미 있는 상황 속에서 개념들을 제시하지 않고 분절된 내용으로 가르칠 경우 그 개념을 이해하기가 어렵다. 즉 유아들은 발달특성상 분절된 경험보다는 통합된 전체 경험을 통하여 주변 세계에 대해 더욱 효율적으로 학습할 수 있다.
  − 따라서 동작활동도 그 자체에만 목적을 두는 것이 아니라 전체 유아교육과정과 통합적으로 이루어질 때 그 효과를 거둘 수 있다.
• 통합이란 발달영역별 교육 내용, 교육활동영역 그리고 학교와 지역사회가 각각 서로 분리되지 않고 연결되어 다루어지는 것을 말한다.
  ① 발달영역 간 통합은 유아의 전인적 발달을 위하여 신체, 언어, 인지, 정서, 사회성 발달영역의 교육 내용들이 하나의 활동에 서로 통합되는 것이다.

② 교육활동영역 간의 통합은 이야기 나누기, 미술활동, 음악활동 등 여러 영역들이 서로 연결되어 통합되는 것을 의미한다.
③ 학교와 지역사회의 통합은 견학을 실시하거나 자원 인사를 초청하여 유아교육기관 안팎의 경험이 통합되는 것을 의미한다.
• 페인(Payne)과 링크(Rink)는 주제 또는 교과영역을 중심으로 유아동작활동이 통합적으로 운영되어야 함을 강조하였다.
① 주제 중심의 통합은 기술주제 간의 통합과 단원 중심의 통합으로 나누어 볼 수 있다.
  - 기술주제 간 통합 : 동작기술을 다양하게 수행하도록 하기 위한 것으로, 같은 이동기술(예 걷기)을 다양하게 변화를 주며(예 몸을 높게 하고 빠르게 걷기, 몸을 크게 만들며 느리게 걷기) 움직이도록 하는 것이다. 이를 위해 동작의 기본요소와 기본동작 중 선정된 내용을 유아가 변형하여 실행할 수 있도록 다양한 통합방법을 제시해 주거나 스스로 발견하도록 한다.
  - 단원 중심 통합 : 유아교육기관에서 진행 중인 단원 혹은 주제 중 표현이 용이한 내용을 선정하여 동작활동과 통합하는 것이다.
    예 우리 동네라는 단원에서 소방관이라는 주제를 선정한 후 이를 동작활동과 통합하는 경우, 불이 어떻게 움직이는지, 불이 움직이는 것처럼 하려면 어떻게 움직이면 되는지, 소방관이 불에 물을 끼얹으면 어떻게 되는지 등에 대해 이야기를 나눈 후 이를 표현하기 위하여 속도, 바닥의 형태 및 방향에 변화를 주며 표현해 보는 것이다.
② 교과영역의 통합은 동작을 통한 교육의 개념으로 이해할 수 있다.
  - 즉 다른 영역에서 어려운 기본적인 개념을 가르칠 때 신체를 활용하도록 하는 것이다.
  - 이런 기회를 통해 유아는 자신의 생각을 창의적으로 표현할 수 있을 뿐만 아니라 교과에서 가르치고자 하는 교육 내용을 쉽게 이해할 수 있다.
    예 숫자를 알려주기 위해 신체를 이용해서 숫자의 모양을 표현해 보도록 한다.

1 개념 및 정의

개념 및 정의	• 유아동작교육의 개념은 동작의 기본원리와 구성요소를 배우도록 하는 지각운동과 기본 동작의 이해와 학습을 위해 몸을 움직이는 리듬동작, 표현동작을 통한 모든 동작경험의 합을 의미한다. • 유아를 위한 동작교육에서는 유아교육의 특성을 고려하여 두 가지 이상의 접근방법을 절충한 예술영역 내 통합적 접근방법이 강조되고 있다. • 예술영역 내에서 유아동작교육의 통합적 접근방법은 기초영역과 응용영역을 통합하는 것과 예술영역의 감상과 표현을 통합하는 방법으로 제시할 수 있다. 출처 : Gabbard, 1988 ◈ 동작교육의 내용

2 기초영역과 응용영역의 통합 - Slater의 통합적 교수법

기본 관점		• 예술영역 내에서 기초영역과 응용영역을 통합하는 대표적 교수법인 Slater의 통합적 교수법은 동작의 기초영역(기본동작, 구성요소)과 응용영역(신체표현활동·운동게임 활동·체조활동)을 통합하여 내용을 구성한다. - 따라서 이 교수법에서는 교사와 유아가 상호 주도적으로 활동을 전개해 나감으로써 유아들이 기본동작 및 동작의 구성요소를 경험하게 되며, 이를 토대로 하여 창의적 표현동작을 탐색할 수 있다.
실행 절차	① 도입 단계	기본동작을 중심으로 활동에 대한 흥미와 준비운동을 겸할 수 있는 활동을 하되, 유아들의 상태를 고려하여 활동을 전개한다. 주제와 관계없이 활동을 하며, 동작활동을 위한 분위기를 조성한다. **교수 방법** 유아로 하여금 적극적이고 능동적으로 활동에 참여하게 하고, 유아의 반응을 가능한 한 적극적으로 수용해 주고 격려한다.
	② 움직임 익히기 단계	• 다양한 동작의 가능성을 탐색하고 실행하기 위해 동작의 기본동작과 구성요소를 중심으로 전개하되, 소요시간은 10~15분 내외로 한다. 주제에 따른 다양한 동작의 가능성을 탐색하고 실행하며, 경우에 따라서는 교사의 시범도 가능하다. ⑩ 각 나라의 문화에 적합한 리듬동작, 표현동작을 알려 주고 몸으로 움직여 보게 한다. 그리고 유아가 다양한 동작을 이해하고 적극적·능동적으로 활동에 참여하도록 격려한다. - 제시된 동작을 잘 습득하도록 유아와 적극적으로 상호작용한다. **교수 방법** 유아의 발견적 태도를 강조하여 유아 스스로 동작 문제를 탐색하고 해결해 볼 수 있는 기회를 단계적으로 갖도록 교사는 안내자와 촉진자 역할을 한다.
	③ 창의적 표현 단계	적절한 교재·교구(동시·동화, 다양한 소품)를 활용하여 탐색하고 경험한 다양한 동작을 표현에 적극 활용하는 단계로서, 동작 속에 감정이나 전달 내용을 포함시키되 소요 시간은 8~10분 내외로 한다. **교수 방법** • 경험한 활동을 적극적으로 표현하도록 하고, 주제와 관련된 풍부한 언어적 발문을 통해 다양한 창작 반응을 유도한다. • 교사는 유아 스스로 탐색과 창의적 표현을 하도록 기다려 주는 안내자, 촉진자의 역할을 한다. • 유아가 동작표현 활동을 적극적으로 일반화하고 표현된 동작을 언어화하도록 적절한 자극을 제공한다.
	④ 평가 단계	창의적 표현을 중심으로 동작 주제의 표현과 적용에 대하여 3~5분 동안 평가를 내리는 단계로서, 교사는 유아들이 자신의 창의적 신체표현에 대해 회상할 수 있도록 언어적으로 상호작용한다. **교수 방법** 교사와 유아가 동작의 구성요소를 균형 있게 동작활동에 적용했는지, 동작 활동에 능동적으로 참여했는지를 언어적 상호작용을 통하여 평가한다.

🏠 Slater(1993)의 통합적 신체활동 프로그램 절차 및 내용

실행절차	소요시간	활동내용
제1단계 도입	3~5분	• 주제와의 관련 여부에 상관없이 활동을 한다. • 신체활동을 위한 분위기를 조성한다.
제2단계 움직임 익히기	10~15분	• 주제에 따른 동작의 구성요소를 중심으로 활동한다. • 다양한 동작의 가능성을 탐색하고 실행해 본다. • 경우에 따라서 교사의 시범도 가능하다.
제3단계 창의적 신체표현	8~10분	•움직임 익히기 단계에서 경험한 활동을 통해 적극적으로 표현한다. • 시, 이야기, 음악, 그림, 사물, 환경의 형태 등을 이용한다.
제4단계 평가	3~5분	창의적 표현을 중심으로 기본동작, 구성요소, 창의적 신체표현 활동의 내용을 평가한다.

3 동작감상과 동작표현의 통합

기본 관점

• 동작활동에서 동작감상과 동작표현은 대개 분리되어 이루어지는 경향이 있다. 그러나 감상과 표현은 모두 동작교육에서 균형 있게 경험해야 할 중요한 요소이다.
  - 누리과정의 예술경험 영역에서도 아름다움의 탐색, 표현, 감상 활동을 각각 개별적 활동으로 분리하여 제시하지 않고 통합적으로 심화되어 이루어지도록 권장하고 있다.
• Kostelnik, Soderman, Whiren(2006)은 심미적 발달을 위해서는 감상과 표현, 평가(판단과 선호도)가 모두 포함된 활동이 이루어져야 한다고 제안하였다.
  - 유아가 자연과 예술에 반응하는 방식으로 자연의 아름다움을 인식하고, 감상을 통해 예술에 대한 이해를 증진하며, 예술과 자연을 평가하면서 유아 자신이 어떤 것을 좋아하는지 생각해 볼 수 있다.
  - 즉 감상을 통해 자연 속의 아름다움을 발견하거나, 예술 감상 체험과 평가를 하면서 창의적 표현이 함께 이루어짐에 따라 심미감이 발달할 수 있다.

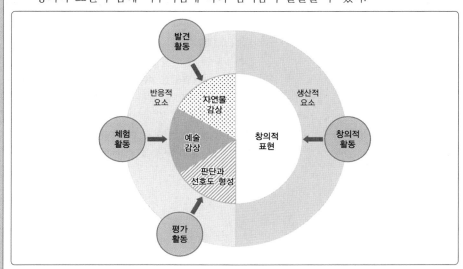

◈ 심미적 발달단계 모델

MEMO

심미적 발달단계의 구성 요소	발견활동	목표	자연미의 인식
		개념	• 자연의 아름다움에 반응하도록 격려하기 • 오감각을 사용해서 자연물을 세밀하게 탐색하기 • 실외환경을 통해 보고, 듣고, 냄새 맡고, 만져보도록 격려하며 자연물을 존중하고 감상할 수 있는 기회 제공하기
	체험활동	목표	예술작품 감상
		개념	• 학습자의 경험을 예술(작품)로 확장시키기 • 춤을 추며 청중으로서 감상하고 무대 경험하기
	평가활동	목표	판단과 선호도를 결정
		개념	• 다양한 춤에 대해 토의하고 평가하도록 격려하기 • 평가기준을 선정하고, 선정된 기준에 준거하여 선호도를 표현하기
	창의적 활동	목표	창의적 표현
		개념	• 활동자료, 소도구, 악기, 기타 도구를 사용하여 춤 활동에 참여하기 • 창의적 사고를 자극하고 예술을 통해 자기표현의 기회를 제공하기

UNIT 18 통합적 접근법 – 예술영역 간 통합적 동작교육

개념 및 정의	• 상징적 체계를 이용하여 유아가 자기표현을 하는 예술영역에는 동작뿐만 아니라 음악, 미술, 극 등이 포함된다. 유아들은 자신의 생각과 느낌을 언어가 아닌 비언어적인 방법으로 더욱 잘 표현할 수 있으므로 음악, 미술, 동작, 문학 등의 예술영역은 유아들의 창의적 사고와 표현을 자극하고, 정서적인 안정감을 제공해 줄 수 있는 것으로 평가되고 있다. ─ 특히 유아기의 음악·미술·동작발달은 각각 분리되어 진행되기보다는 서로 연관되어 다른 영역의 발달에 영향을 끼치거나, 다른 영역의 발달로 인해 영향을 받으며 점진적으로 세련된 표현이 이루어질 수 있다. ─ 음악·미술·동작·문학활동은 통합적으로 이루어질 수 있으며, 두 가지 혹은 세 가지 활동이 함께 이루어질 때 더 효과적인 경우가 있다.

예시	
신체표현 [사자 동작 조각상 만들기 및 감상] • 이동 동작−걷기, 앞구르기 • 비이동 동작−균형 잡기, 털기, 물구나무 • 공간−자기공간, 모두 함께 • 관계−친구의 옆에서	**음악 감상 및 표현** • 생상스의 〈동물의 사육제〉 감상 • 리듬에 따라 움직여 보기 • 음악의 느낌에 맞는 사자 스토리를 구성 하여 노랫말 창작하기
극놀이 감상 및 표현 • 사자 스토리 공연 기획 및 표현 • 친구들의 공연 감상	**미술 표현 및 감상** • 사자 갈기와 의상 꾸미기 • 〈라이언 킹〉의 한 장면 재구성하기

UNIT 19 통합적 접근법 − 교과영역 간 통합적 동작교육

개념 및 정의	• 유아교육과정은 유아의 일상에서 나타나는 관심사와 흥미에 따라 놀이의 주제가 유아 교육과정의 전 영역(신체운동 · 건강, 의사소통, 사회관계, 예술경험, 자연탐구)과 통합 · 연계되어 이루어질 수 있다. 따라서 유아교육과정과 동작활동을 통합시킴으로써 유아의 발달에 적합한 교수활동이 실행될 수 있다. − '사자'를 주제로 하여 타 영역과 통합된 활동의 예를 제시하면 다음과 같다.
예시	

위 그림에 포함된 텍스트:

신체운동 · 건강
• 사자의 다양한 움직임
(그림책 읽기 후속활동)
• 사자와 쥐의 움직임
• 정글체조

의사소통
• 그림책−〈사자 자격증 따기〉
• 사자의 모습 흉내 내는 말로
동시 짓기

사회관계
• 행복한 동물마을을
만들려면?

예술경험
• 〈라이언 킹〉 주제가 감상
• 사자 갈기 꾸미기
• 우리가 상상하는 동물 꾸미기
• 우리가 만드는 동물나라 동극

자연탐구
• 사자의 키 순서 서열화하기
• 사자의 암컷, 수컷 비교하기
• 동물 몸의 부분과 전체

V 리듬적 접근법

UNIT 20 **리듬적 동작교수법** – 와이카트(Weikart)

- 리듬적 접근법이란 연계적이거나 패턴화된 신체동작인 리듬동작을 강조하는 교수·학습 방법으로 리듬이라는 시간적 요소와 동작이라는 공간적 요소를 결합시킨 교수법을 의미한다.
  - 리듬동작은 공간적인 기술도 필요하지만 리듬능력이 기본적으로 갖추어져야 한다.
  - 리듬능력은 유아들이 기본적인 시간흐름 능력을 갖고 박을 느끼고 표현하는 것과, 박 조정기술인 공동박에 맞추어 동작을 할 수 있는 기술로 이루어진다.

1 개념

개념	• 와이카트는 달크로즈와 오르프의 이론을 바탕으로 리듬동작이론을 연구하였다.
	• 많은 유아가 규칙적인 박에 맞추어 기본동작조차 잘 하지 못한다는 것을 알게 되어 동작과 춤을 통한 '박 표현 능력'의 발달을 강조하고, 언어(찬트)와 동작을 관련시켜 지도하는 연계적 민속무용학습을 고안하였다.
	• 리듬적 움직임의 요소인 '박 인식(박을 느끼고 나타낼 수 있는 능력)'과 그 박에 맞추어 움직일 수 있는 '박 표현능력'이 기본적인 '박 시간감각(리듬의 흐름을 인식하는 능력)'의 발달을 돕는다고 주장하였고, 기본적인 '박 시간감각'으로 박을 실행하는 조정기술이 결합되어 리듬능력을 나타낸다고 하였다.
	  - 그리하여 와이카트는 신체기본동작을 통하여 기본적인 리듬 능력을 발달시키고, 구조화된 민속 무용단계로 나아가 민속음악의 흐름을 인식하게 하였다.
	  - 또 와이카트는 유아들에게 구조화된 전통무용과 민속음악과의 결합으로 다양한 문화에 대한 친밀감을 심어주는 동시에, 그 문화권의 음악에 대한 이해도 증진시켰다.

2 교육 내용 - 아홉 가지 신체동작

와이카트는 신체동작을 아홉 가지로 분류하고 기본동작 네 가지를 포함하여 아래 그림과 같이 도표화하였다.

출처: 전인옥 외 1명, 유아동작교육

(1) 동작 제시

여러 가지 결합된 동작을 할 때 신체동작에 대한 지도는 막연히 어렵게 생각되지만, 이때 신체동작을 분리하고 단순화하며 용이하게 각색하여 지도하면 훨씬 효과적이다.

① 동작방향 모방하기 (모방동작)	• 지도 방법 : 분리성(시각, 청각, 촉각) • 동작과 설명을 따로 분리하여 3단계의 과정을 거쳐 한 번에 한 가지 방법만을 제시하는 것이다. 　- 예시(시각적 설명) : 특정 동작을 잘 보도록 주의를 주며, 신체동작만 하되 설명은하지 않는다. 　- 설명(청각적 설명) : 언어로 설명하는 동안에는 예시하지 않으며, 일련의 방향을설명하고 나서 활동을 하기 전에 유아들에게 첫 번째, 두 번째 활동을 물어본다. 　- 손으로 안내(촉각적 설명) : 유아들에게 팔을 펴고 구부리겠다고 양해를 구한 후,직접 교사의 손으로 유아의 팔을 움직이되 설명 없이 한다.
② 동작 묘사하기 (묘사동작)	• 지도 방법 : 용이성(묘사, 계획, 회상의 촉진화) • 동작을 하기 전에 유아들에게 그들이 할 동작을 회상하게 하는 질문을 함으로써 동작을 쉽게 이해하도록 돕는 것이다. 　- '예/아니오'나 정확한 답을 갖는 질문 : "우리의 손이 어디에 있었어요?", "그것들은동시에 그곳으로 움직였나요?" 　- 다양한 신체 동작의 개념 중에서 유아들이 선택하도록 하여 생각이 나오게 하는 질문 :"여러분은 곧바로, 구부려져, 또는 지그재그의 길로 갔나요?" 　- 주어진 해결책 중에서의 선택을 필요로 한다든지 정확한 답이 없는 질문 : "여러분은어떻게 몸을 움직였나요?"

(2) 동작 유형

개념		• 지도 방법 : 단순성(단순화)
		   - 동작을 많은 부분으로 단순하게 나누어 유아들이 각각의 동작을 익숙하게 할 수 있도록 연습할 시간을 주며, 악기나 물건과 함께 하는 동작에서는 먼저 악기나 물건 없이 신체동작에 익숙해지도록 한다.
		   - 음악이 있는 신체동작의 경우, 신체동작이 익숙해진 후에 음악과 함께 움직인다.

동작 유형	③ 안정동작	신체의 무게이동이 없는 어느 한 장소에서 하는 동작이다.
	④ 이동동작	신체의 무게중심이 한 장소에서 다른 장소로 이동하는 동작이다.
	⑤ 결합동작	• 신체의 상부는 '안정 동작'으로, 신체의 하부는 '이동 동작'으로 결합하는 동작이다. - 이러한 동작을 사용하는 활동으로는 리듬체조, 에어로빅, 춤 등이 있다.
	⑥ 조작동작	위에서 익힌 세 가지 동작과 동작매체가 함께 하는 동작이다.

(3) 동작 확장

리듬 동작	⑦
	리듬지각 동작
	(기본리듬 동작)
			• 기본적인 시간감각으로 박을 인식(박 인식 능력)하고 표현(박 표현 능력)하는 것이 목적이다.
			   - 먼저 박에 대한 인식이 성립된 후 연습을 통해 박 표현 능력이 얻어진다.
			   - 청취 ➡ 반응 ➡ 찬트와 손으로 두드리기 ➡ 찬트와 스텝 ➡ 스텝과 내면화 단계를 거친다.

		청취	• 무용의 음악적 양식을 소개할 때, 교사는 제일 먼저 유아가 주의 깊게 음악을 듣도록 지도한다. • 반복적이고 집중적인 청취는 좀 더 편안하게 무용의 경험을 창조하고, 음악은 점점 이해되어 감상으로 넘어가게 된다.

		반응	• 교사는 유아가 음악을 들으면서 그 음악의 저음부 흐름이나 화성적 반주, 리듬악기의 바탕이 되는 리듬에 반응하도록 지도한다.
			   - 유아는 강박마다 무릎을 손바닥으로 두드리면서 무용음악에 반응할 수 있다.
			   - 녹음된 음악뿐만 아니라 노래에 맞추어 무용을 배울 때도 교사는 손뼉으로 오스티나토 리듬을 한 다음 발동작을 지도할 수 있다.

		찬트와 손으로 두드리기	• 유아에게 무용동작을 나타내는 묘사적인 단어를 찬트하도록 지도한다. – '걷기', '뛰기', '쉬기', '왼쪽', '오른쪽' 등과 같은 말을 읊조리면서 유아는 쉽게 리듬적인 손동작을 할 수 있다.
		찬트와 스텝	• 손에서 발로 넘어가는 동작이다. 반복되는 리듬찬트는 유아가 묘사적인 단어에 스텝을 맞출 수 있도록 계속한다. – 이러한 언어찬트는 음악의 음색과 선율에 혼동을 일으키는 유아를 지도할 때 아주 효과적이다.
		스텝과 내면화	• 마지막 단계에서 음악은 동작과 함께 지도되며, 이때 유아는 스텝을 생각하고 행하면서 리듬찬트가 내면화되기 시작한다. – 이러한 연계적인 단계를 거치면서 유아는 리듬에 대한 내청(inner hearing)과 동작을 할 수 있는 근육운동신경이 발달한다.
⑧ 리듬조정 동작 (공동리듬 동작)			• '공동 박에 맞추어 모두 함께 움직이기'가 목적이다. – 공동 박에 맞추어 함께 동작을 할 때 박 조정기술(박과 신체동작이 일치되도록 하는 능력), 즉 박에 따른 근육운동감각의 정확한 실행이 필요하다. – 이 때에 네 가지 언어과정을 통하여 복합적인 연계동작을 익힐 수 있다.

🔆 **4단계 언어과정의 출현 배경**

일반적으로 동작을 지도할 때 교사들이 실수하기 쉬운 것은 동작에 치중한 나머지 동작의 순서나 단계에서 음악의 내재화 과정을 무시한다는 것으로, 이러한 점을 개선하기 위해 와이카트는 신체동작과 찬트를 이용하여 박의 내재화를 단계적으로 지도함으로써 리듬능력의 향상을 꾀하였다.

🏠 **4가지 언어과정**

1단계 말하기 (say, 청각적 경험)	교사가 신체부분, 동작지시, 이동 동작 등으로 구별되는 간단하면서 묘사적인 단어를 사용하여 공동 박에 맞추어 찬트하면, 유아들은 이 찬트의 단어를 주의 깊게 듣는다.
2단계 말하고 행하기 (say and do, 외재화된 박과 동작의 조절)	교사가 찬트를 하면 유아들은 그 찬트에 맞추어 동작을 하는 것으로, 박과 템포를 만드는 찬트 동작을 덧붙인다.
3단계 속삭이고 행하기 (whisper and do, 내재화된 박과 동작의 조절)	교사는 2단계의 찬트를 다시 하는데, 이 때 유아들은 음악을 들으면서 교사의 속삭이는 찬트와 유아들이 지금까지 경험했던 찬트의 박을 머릿속으로 조절하면서 움직인다.

4단계
생각하고 행하기
(think and do, 내재화된 박)

교사는 유아들에게 동작을 계속적으로 생각하게 하면서 그들 자신의 내재화된 박으로 음악에 맞추어 움직이게 한다.

⑨ 창의적 동작

- 창의적인 동작은 근육운동감각을 지닌 정서적이고 발명적인 유아에게서 나온다.
- 교사의 제안에 따른 언어적·시각적·음악적 상상을 통한 개념화와 함께, 창의적인 동작에 자극이 되는 준비동작경험이 유아들을 창의적으로 만든다.
  - 창의적인 동작은 노래의 리듬패턴이나 선율패턴, 이야기·시·그림·단어로 고무될 수 있으며, 유아의 생각이 공간·시간·역동성에서 자유롭도록 놀이 식으로 표현하고 탐색하게 해 준다.
- 한 가지 특정동작 경험, 두 가지 이상의 해결을 위한 안내된 탐색, 상상 등의 단계적 지도를 통하여 유아의 창의성 발달을 도울 수 있다.

1단계 한 가지 특정동작 경험

- 유아 자신의 창의적인 사고를 발달시킬 수 있는 가장 쉬운 방법으로, 특정동작 경험을 할 때 교사는 예를 들거나 언어로 설명을 하여 시작 방향만 설정해 준다.
- 예 "몸 앞으로 팔을 흔들어 보자. 이제는 다른 방향으로 흔들어 볼까요?", "빠르게 혹은 느리게 흔들어 봅시다" 등의 질문으로 특정 동작을 해결하도록 한다.
  - 특정 동작은 한 가지 경험만 하는 것으로 신체 부위, 동작, 방향은 주어지고, 시간이나 크기 강도 등과 같은 동작의 방법은 유아가 선택하게 한다.

2단계 두 가지 이상의 해결을 위한 안내된 탐색

- 안내된 탐색에서 교사는 약간의 특정 지도만 하고 나머지는 유아들 스스로 해결하는 동작이다.
- 예 "신체의 어느 부분을 어떻게 구부릴 수 있는지 새로운 방법을 찾아보세요."
  - 유아들은 신체의 부분과 변화, 즉 신체의 어느 부위를 사용하고, 어디서 또는 어떤 방법으로 할 것인지와 같은 두 가지 이상의 결정을 내린다.

3단계 상상

- 특정한 지시가 필요없으며, 유아 자신의 상상을 이용하여 나름대로 자신의 것을 표현할 때 질문으로 상상력을 고무시킬 수 있다.
- 예 "자동차가 굴러가는 모습을 신체로 표현할 때 어느 쪽 발을 사용할까요?", "자동차가 달리다가 급정거를 하게 될 때, 여러분은 어떻게 표현해 보겠어요?"
  - 창의성은 유아들이 스스로 선택하도록 격려받음으로써 발현되며, 동작경험을 할 때마다 유아 자신만의 고유한 것이 된다.

MEMO

3 민속무용단계 - 전통무용을 통한 학습

기본 관점		• 유아에게 전통무용은 음악, 문화와 동작을 한 번에 경험할 수 있는 좋은 매개체가 되며, 이러한 무용을 익히면서 동작과 함께 음악을 해석하게 된다. 　- 즉 유아들은 무용을 통해서 음악의 요소를 익히는데, 이 중에서 음악의 기본적인 박의 흐름과 무용에서의 동작의 흐름이 일치되어 이해된다.
전통무용 지도 시 음악적 이해를 발달시키기 위한 학습과정	청취	• 무용의 음악적 양식을 소개할 때, 교사는 제일 먼저 유아가 주의 깊게 음악을 듣도록 지도한다. 📙 "무슨 악기로 연주하고 있나요?", "반복적인 리듬(패턴)을 알 수 있나요?", "중요한 선율을 허밍으로 노래할 수 있나요?" 　- 반복적이고 집중적인 청취는 좀 더 편안하게 무용의 경험을 창조하고, 음악은 점점 이해되어 감상으로 넘어가게 된다.
	반응	• 교사는 유아에게 음악을 들으면서 그 음악의 저음부 흐름이나 화성적 반주, 리듬악기의 바탕이 되는 리듬에 반응하도록 지도한다. 　- 유아는 강박마다 무릎을 손바닥으로 두드리면서 무용음악에 반응할 수 있다. 　- 녹음된 음악뿐만 아니라 노래에 맞추어 무용을 배울 때도 교사는 손뼉으로 오스티나토 리듬을 한 다음 발동작을 할 수 있다.
	찬트와 손으로 두드리기	• 유아에게 무용동작을 나타내는 묘사적인 단어를 찬트하도록 지도한다. 　- '걷기', '뛰기', '쉬기', '왼쪽', '오른쪽' 등과 같은 말을 읊조리면서 유아는 쉽게 리듬적인 동작을 할 수 있게 된다.
	찬트와 스텝	• 손에서 발로 넘어가는 동작이며, 반복되는 리듬찬트는 유아가 묘사적인 단어에 스텝을 맞출 수 있도록 계속한다. 　- 이러한 언어찬트는 음악의 음색과 선율에 혼동을 일으키는 유아를 지도할 때 아주 효과적이다.
	스텝과 내면화	• 음악은 동작과 함께 지도되며, 이때 유아는 스텝을 생각하고 행하면서 리듬찬트가 내면화되기 시작한다. 　- 이러한 연계적인 단계를 거치면서 유아는 리듬에 대한 동작을 할 수 있는 근육운동신경이 발달한다.

UNIT 21 리듬 중심 동작교수법 – 브라운(Brown)

개념	• 브라운은 많은 체육교육 또는 동작교육 프로그램들이 라반의 기본원리를 중심으로 신체적 접근법에 의한 동작교육에 치중되어 있음을 지적하고, 체육교육 프로그램을 위하여 동작에서 중요한 요소인 리듬과 무용의 경험을 포함할 것을 강조하였다. 　－ 리듬 중에서도 특히 창의적 리듬을 중심으로 프로그램을 연구하여, 소리와 인간의 동작에 영향을 주는 리듬의 요소를 일곱 가지로 규명하고 그 요소들을 동작교육의 내용에 포함할 것을 제안하였다. **교육 목적** 리듬 중심 동작교육은 무용가를 훈련하는 데 목적을 두고 있지 않으며, 유아로 하여금 다양한 운율적 동작을 경험하고 창조해 낼 수 있는 기회를 제공하는 것이 그 목적이다. • 유아는 자기 나름대로의 속도로 발달하지만 대체적인 주제를 체계적으로 정리할 것을 제안하였다. 　－ 유아가 자신의 상상력을 이용하여 동작을 창조해 낼 수 있으려면 자신의 신체를 이용하여 기본적 이동 동작 유형을 포함한 신체중심 활동과 공간적 요소, 에포트 요소, 그리고 무게 요소를 소개할 수 있어야 하고, 이때 다양한 소리·색·그림·시·이야기·소도구 등을 이용하여 상상력을 자극할 수 있다고 본다. 　－ 그리고 여기에 다양한 형태의 리듬요소를 포함하되, 연령에 따라 처음에는 창작율동 및 무용의 형태에서 시작해 점차 포크댄스나 무용극으로 경험을 넓혀 갈 수 있다.

일곱 가지 기본적 리듬요소	리듬요소	설명
	박(beat) / 맥박(pulse)	항상 규칙적이고 일정한 느낌의 음향
	악센트(accent)	음향 속에서 전형적으로 규칙적이고 뚜렷하게 나타나는 강함 또는 약함의 요인
	마디(measure)	규칙적인 기저 위에서 박자가 강세에 의해 분할된 결과
	속도(tempo)	음향에서 진동, 박자, 강세에 의해 분할된 결과
	지속기(duration)	음향 또는 정적이 일어난 시간의 길이
	리듬유형(pattern)	강세에 의해 분할되는 지속시간의 연속
	악구(phrase)	조화를 이루는 음향들의 자연스러운 집단화

UNIT 22 음률 중심 동작교수법 – 몬슈어, 코헨, 린델(Monsour, Cohen, Lindel)

기본 관점	• 브라운의 리듬 중심 동작교수법과 유사한 방법으로 몬슈어, 코헨과 린델은 동작교육 중에서 음률적 동작을 강조하면서 창의적인 음률교육 방법을 4단계로 제시하였다. 　– 몬슈어, 코헨, 린델은 4단계를 거치면서 창의적인 동작을 훈련할 수 있다고 보았다. 　– 창의적인 동작을 자극하기 위하여 적절한 음악을 이용하는 것이 매우 중요하며, 수줍어하는 유아를 격려하는 방안으로 가면을 이용하면 효과적이라고 하였다. 　– 그 밖에 여러 가지 도구를 이용하여 독창적인 표현의 동기가 되도록 돕거나 그 표현의 효과를 확장시켜 주는 것도 효과적이라고 보았다.
창의적 음률동작 교수법 4단계	**제1단계 즉흥적인 반응을 유도한다.** • 동요를 읽어 주고 그 동요에 맞춰 움직이게 하거나, 노래를 들려주고 리듬이나 노랫말에 따라 몸을 움직이게 한다. • 모양이나 크기가 반대되는 것을 보여주고 유아에게 그 사물의 형태를 몸의 움직임으로 묘사하게 한다. 디자인이나 그림을 보면서도 해 보게 한다. • 느낌이나 질이 다른 음악을 들려주고 유아에게 즉흥적으로 움직여 보게 한다. • 일정한 박자로 북을 치고 연주할 때 그 박자에 맞추어 손뼉으로 리듬형태를 바꾸어 보게 한다. • 문장이나 이야기를 들려주고 그것에 맞추어 보거나 악기로 장면을 묘사하게 해 본다. **제2단계 이미 알려진 지식을 스스로 발견할 수 있도록 장려한다.** • 스타카토 음악을 들려주고 즉흥적으로 몸으로 표현해 보며 반대의 동작을 해 보도록 함으로써 스타카토의 성격을 분명히 알게 한다. • 걷게 하고 규칙적인 박자와 불규칙적인 박자를 들려준다. • "해변가 벤치에 앉아 있는데 얼굴에 파리가 날아든다. 이를 쫓았더니 이번에는 벤치로 날아든다"와 같은 이야기를 들려주고 묘사하게 한 후, 이것으로 ABA 형태의 동작에 대해 토론한다. ABA 형태의 동작이란 한 가지 주제의 동작(A) 후에 다른 주제의 동작(B), 그리고 다시 처음의 동작(A)을 반복하는 것이다. • 행진곡을 들려주고 박자를 알아내도록 하며, 박자가 달라지면 어떤 효과가 나는지를 알게 한다. **제3단계 주어진 기본요소를 수행하거나 변화시켜 보게 한다.** • 먼저 안정(비이동) 동작을 가르쳐 주고 몇 번 반복시킨 다음, 그것을 매번 다른 방식으로 바꾸게 한다. • 친숙한 노래를 부르고 박자를 바꾸어 보거나 박절(meter, beats), 속도, 악센트 등을 바꾸게 한다. **제4단계 창의적인 해결 방안을 요구할 수 있는 문제를 제시한다.** • 동작의 질에 대해 서로 토론하고 보여주며, 여러 가지 소리나 리듬에 맞추어 서로 다른 동작을 하게 한다. • 간단한 주제음을 들려주고 유아에게 이 주제음의 박자에 맞는 음악을 작곡하게 한다. • 몇 가지 설명적 단어를 주고 그 단어에 맞는 동작을 참조하게 한 다음 소리를 붙여보게 한다. • 어떤 간단한 주제동작(A)과 전혀 다른 두 개의 주제동작(B, C)을 만들어 A–B–C–A 순의 연속적인 형태를 만들어 본다.

VI 유아동작교육을 위한 교사 역할

> **UNIT 23** 유아동작교육에서 교사의 역할

- 유아동작교육에서 유아의 신체운동발달과 창의적인 신체표현을 위해서 교사의 역할은 무엇보다 중요하다. 유아는 기본적으로 온몸을 자유롭게 움직이면서 놀이하는 것을 좋아하므로 이를 통해 환경과 상호작용하며 자신의 움직임을 조절하고 발달시킬 수 있다. 따뜻하고 편안한 수용적인 분위기에서 즐거움이 있는 교육적 환경이 형성되며, 이러한 분위기에서 유아들은 자신의 생각과 느낌을 적극적으로 표현하면서 움직임이 활발해질 수 있다. 따라서 교사의 역할과 상호작용은 동작활동에서 교육의 내용과 방향, 질을 결정하는 아주 중요한 요인이다.
- 유아동작교육에서 교사의 역할은 다음과 같다.
  - 첫째, 유아의 흥미와 관심사를 잘 관찰하고 이해하여 활동목표를 계획하고, 적절한 매체, 내용, 교육방식을 선택하여 동작교육을 준비하는 역할을 수행해야 한다.
  - 둘째, 유아들에게 계획한 동작활동을 실행하고, 그 과정을 평가하여 추후 활동에 현재 동작활동의 평가 결과가 반영될 수 있도록 한다.
  - 셋째, 교사는 유아의 신체 움직임 발달의 잠재 가능성을 파악하고 적절한 시기에 개입하여 상호작용함으로써 움직임과 아이디어가 더 확장될 수 있도록 한다.
  - 넷째, 유아들이 자유롭게 움직일 수 있는 물리적인 공간 외에도 동작활동을 심화·확장할 수 있는 도구와 교수매체, 유아의 생각과 느낌을 자유롭게 표현할 수 있는 개방적이고 수용적인 환경을 제공해야 한다.
  - 다섯째, 교사는 동작교육 전문가로서 동작의 구성요소와 이를 수행할 수 있는 유아의 능력 범위에 대한 지식이 있어야 하고, 창의적 표현을 이끌기 위해 수업에 대한 아이디어와 전문성이 요구된다. 교사는 항상 자신의 교수능력을 반성적으로 되돌아보며 유아의 동작교육에 지속적으로 호기심과 관심을 가지고 적극적으로 개발할 수 있도록 노력해야 한다.

MEMO

1 동작교육 계획자로서의 역할

**동작교육
계획자**
	• 교사는 동작교육 활동을 계획하는 역할을 수행해야 한다.
	    – 어떤 교수방법의 동작교육이더라도 유아들의 관심과 흥미를 토대로 교육목표와 활동에 적합한 방식을 제공하는 것이 중요하다.
	    – 그러므로 교사는 유아의 세상을 새롭게 바라보려는 노력과 주의 깊은 관찰을 토대로 바람직한 동작활동의 맥락을 잘 파악하여 계획할 필요가 있다.

**구체적인
고려점**
	① 동작교육 활동목표를 신중하게 고려해야 한다.
	    – 교육계획은 국가수준의 교육과정, 기본동작 및 구성요소를 토대로 한 목표에서 출발하도록 한다.
	    – 동일한 내용과 도구, 매체를 활용한 활동이더라도 교사가 어떤 부분에 초점을 두고 지원할 것인지에 따라 활동방법이 달라지므로 교사는 교육목표를 구체적이고 세부적으로 서술해야 한다.
	 ② 동작교육 활동목표는 연령과 발달에 따른 개별 차이를 고려하여 선정해야 한다.
	    – 유아의 신체운동발달 특징과 체력 정도, 이와 관련된 기본적인 지식을 바탕으로 발달에 적합한 실제를 제공해야 한다.
	    – 활동시간도 유아의 체력 정도, 흥미와 몰입 정도에 따라 달라질 수 있으므로 융통성 있고 적절하게 계획한다. 대체로 영아는 10분 이내가 바람직하며, 3세는 20분 내외, 4~5세는 25~30분 내외가 바람직하다.
	    – 유아의 신체발달과 움직임 정도, 건강상태에 대한 정보를 미리 수집하고 관찰을 통해 유아의 컨디션을 잘 파악하여 신체활동에 즐겁게 참여할 수 있도록 도와야 한다.
	 ③ 동작교육 활동에 적절한 집단 구성의 방법을 결정한다.
	    – 집단 구성은 활동유형, 교사 수와 공간의 크기에 따라 달라진다.
	    – 소집단으로 구성하면 개별 유아의 반응을 적극적으로 수용하고 지원하기가 용이하나, 유아교육기관의 상황을 고려하여 다양한 집단을 구성해야 한다.
	    – 활동내용을 고려하여 교실, 실내유희실, 실외 공간 등에서 진행할 수 있다. 이때 교사에게는 구조적인 물리적 공간의 한계 속에서 활동을 통해 유아의 잠재력이 최대한 발휘될 공간을 지원할 수 있는 안목이 중요하며, 공간 크기에 맞도록 신체 활동의 접근방법을 변화시킬 수 있다.
	    예 대집단활동의 경우, 유아의 수를 나누어 첫 번째 팀 유아가 동작활동을 할 때 다른 팀 유아는 기다리면서 동작활동을 하는 팀의 유아들을 관찰할 수 있다.

2 동작교육 실행자로서의 역할

동작교육 실행자	교사는 유아의 동작과 춤에 대한 태도, 흥미와 사전 경험 등을 이해하여 동작활동을 계획했다면, 이를 토대로 실행하고 평가하는 역할을 수행하게 된다.

동작활동의
실행 · 평가 시
고려점
	① 동작교육 활동의 도입과정에서 교사는 흥미와 동기 유발을 위해 유아의 이름을 부르거나 손유희 또는 노래를 활용할 수 있으며, 활동의 도입과정은 3~5분 정도가 적당하다.
	② 동작교육 활동의 전개과정은 계획에 기초하여 실제 활동에 참여하는 과정으로, 유아가 즐겁고 자유로운 분위기에서 동작활동을 충분히 경험할 수 있도록 안내한다.
	  － 교사는 유아에게 다양하고 적절한 수준의 질문과 언어적 지원을 해 주어야 하며, 활동에 적합한 교수자료를 활용한다.
	  － 또한 유아의 자유로운 질문과 표현을 격려하고, 실행과정에서 비형식적 · 형식적 방법으로 유아를 관찰 및 기록하는 역할을 수행해야 한다.
	  － 유아가 무엇을 하고 무엇을 배우는지에 대한 의미 있는 기록은 유아의 동작능력을 평가하는 데 아주 중요한 측면이기 때문에, 유아의 성취와 진보에 대해 끊임없이 관찰하고 기록하여 평가하고 그 결과를 적용해야 한다.
	③ 동작활동의 평가 및 마무리는 동작교육 활동에 참여하고 느낀 것을 회상하며, 활동의 수행과정에 대해 평가해 보고, 전이활동을 하는 것으로 이루어진다.
	  － 교사는 유아도 활동에 대해 평가해 볼 수 있도록 적절한 질문과 정보를 제공하고, 다음 활동으로 자연스럽게 전이하면서 활동을 마무리한다. 그리고 평가한 내용은 다음 활동 계획 시 참고 자료로 활용할 수 있다.

3 동작교육 상호작용자로서의 역할

동작교육
상호작용자
	• 유아들은 동작활동을 할 때 교사의 상호작용이나 지원을 통해 더욱 풍부한 동작이 나타날 수 있다.
	  － 동작활동에서 유아들의 신체 움직임이 변화되거나 발전되지 않고 동일 움직임만 반복되는 경우, 교사는 유아들의 움직임이 확장될 수 있도록 도와야 한다.
	  － 따라서 교사는 유아들의 활동 모습을 잘 관찰하여 어떤 자극이나 개입의 상호작용을 통해 신체 움직임과 발달을 도울 수 있을지 생각해야 한다.

교사 역할	① 유아들이 이전에 경험하지 못한 교수매체나 자극, 새로운 환경 등은 유아의 신체놀이에 대한 호기심과 즐거움을 가져와 동작활동에 변화를 일으킬 수 있다.
	  🅔 동작활동을 증진하기 위한 차원에서 평균대 위에서 균형을 잡으며 걸어가는 것을 어려워하는 유아에게 평균대의 높이를 낮춰 주고, 폭이 넓은 평균대를 제공하거나 바닥에서 먼저 걸어 볼 수 있도록 할 수 있다.
	② 교사의 적절한 개입을 통하여 유아의 사고를 안내해야 한다.
	  － 이때 관찰이 선행되지 않은 부적절한 시기의 개입은 유아들의 신체 움직임에 대한 욕구를 좌절시키는 역효과를 초래할 수 있으므로 신중하게 이루어져야 한다.
	  － 적절한 비계설정을 통해 상호작용을 하면 유아의 움직임이 자연스럽게 발달될 것이다.

MEMO

③ 유아가 동작표현 과정에서 즐겁고 자유롭게 동작활동을 충분히 경험할 수 있도록 한다. 이를 위해 교사는 유아에게 적절하고 다양한 질문과 언어적 지원을 해 주는 것이 필요하다.
  − 동작활동의 진행과정에서 자료 탐색, 동작의 구성요소 탐색이 요구되며, 창의적 움직임 표현단계에서 교사의 적절한 상호작용이 이루어지는 것이 필요하다.
  − 음악의 선율이나 리듬에 맞춘 창의적인 동작표현과 아름다움에 대해 교사의 상호작용이 이루어질 수 있으며 이를 통해 유아의 감수성이 증진된다.

4 동작교육 환경구성자로서의 역할

동작교육 환경구성자	• 교사는 바람직한 동작교육 환경을 구성하는 역할을 해야 한다. 유아의 신체발달 및 동작능력의 발달을 고려하여 물리적 환경을 구성해 주는 역할을 수행해야 하는데, 환경구성 시 유아의 발달수준과 흥미, 관심 주제 등을 고려할 필요가 있다. 　− 교사가 어떠한 환경을 구성하여 지원하는가는 유아 동작의 질 변화에 영향을 주는 주요 요인이 될 수 있다.
교사 역할	① 교사는 기본동작, 창의적 동작, 동작 감상하기 등과 같은 내용 영역을 균형 있게 고려하여 환경을 구성해 주고, 유아가 지속적으로 활동에 참여하도록 격려한다. 　− 특히 유아가 개별적으로도 음률놀이 영역에서 동작활동이나 동작 경험을 할 수 있도록 가능한 한 넓고 개방된 공간을 확보한다. 　　예 유아가 음악을 틀어 놓고 자유롭게 춤을 출 수 있는 개인공간과 여러 유아가 서로 충돌하지 않고 자유롭게 움직일 수 있는 일반공간이 필요하다. ② 동작교육 활동에 필요한 자료를 준비하여 활동에 지속적으로 관심을 가지고 소도구와 자료를 효율적으로 사용하도록 돕는다. 　− 동작교육 활동을 계획하는 과정에서 자료가 유아교육기관에 있는지, 망가지거나 부족하지는 않은지 수량과 상태를 점검하고, 필요한 자료가 없을 경우에는 교사가 미리 구입하거나 유아들과 토의를 통해 계획을 세워 제작·준비할 수도 있다. ③ 동작교육을 위한 환경은 물리적 환경 외에 심리적 환경도 중요하다. 유아들의 적극적이고 창의적인 움직임 표현이 충분히 발현되도록 하기 위해서 교사는 심리적으로 편안한 분위기를 지원하는 것이 필요하다. 　− 동작교육은 개인의 자유로운 감성과 표현이 존중되는 영역인 만큼 집단활동으로 이루어지는 경우에도 각 유아가 느낌과 생각을 편안한 마음으로 자유롭게 표현할 수 있도록 허용적인 분위기 조성이 중요하다. 　− 신체활동 과정 중 참여하기를 두려워하는 유아가 있을 경우 강요하지 말고 인내심을 가지고 기다려 준다. 이때 교사는 유아에게 자신을 심리적으로 믿고 의지할 수 있도록 애정적인 태도를 보임으로써 유아의 참여 동기를 이끌 수 있다. 　− 유아의 생각을 존중하고 격려하는 교사의 태도는 동작교육에서 매우 중요한 심리적인 환경이 될 수 있고, 유아의 실험과 탐색, 창의적 표현으로 연계될 수 있다.

5 동작교육 전문가로서의 역할

동작교육 전문가	• 교사에 따라 동작교육에 대한 교수효능감의 차이가 있으므로 교사는 전문가로서 자신의 동작 교수 능력에 대해 반성적으로 되돌아볼 필요가 있다. ─ 유아교사들이 진정한 전문가로 인식되지 못하는 이유는 교수행동에 대한 반성적 사고를 하거나 자신의 행동을 내면화할 기회가 없기 때문이다. ─ 특히 신체운동적 지능이 약하거나, 몸을 움직이는 것을 싫어하거나, 춤에 대한 두려움이 있는 교사라면 자신의 능력과 자질을 위해 더 끊임없이 노력할 필요가 있다.
교사 역할	① 유아들은 지시적이고 동작 움직임을 언어로만 설명하는 교사보다 함께 뒹굴고 뛰면서 즐기는 교사와의 신체활동에 더 적극적이다. ─ 교사는 적극적인 움직임을 통해 모델링이 되어 주거나 즐겁게 움직이고 놀이하는 동반자가 될 수 있다. 교사가 유아의 신체놀이를 몸과 마음으로 이해하고 느낀다면 유아뿐만 아니라 교사에게도 즐거움이 된다. ② 유아들의 창의적인 신체표현을 유아의 시선으로 충분히 관찰하고, 다양한 동작과 춤에 대한 정보나 자료를 찾아 동료교사들과 함께 나누며 서로 조언을 주고받는 등 전문가로서 유아들의 동작이 지니는 의미를 찾아 적절하게 지원해야 한다. ─ 유아동작교육의 연구자적 관점에서 유아들의 동작 실행과 평가를 하고, 동료교사와 정보를 공유하며 협의를 통해 전문지식을 확장한다. ③ 반성적 사고와 교사의 교수행동은 밀접한 관련이 있으므로, 교사에게는 동작교육 실행에 대한 반성적 사고가 필요하다. ─ 반성적 사고가 실제 교사의 발문 형식이나 피드백, 행동 변화 등 교수행동에 변화를 주고 있으며, 교사들은 수업반성과정을 거치면서 수업 계획 및 운영, 관련 지식의 검토와 확충, 유아와의 상호작용에 긍정적 영향을 받게 된다. ─ 따라서 수업 실행에서 끝나는 것이 아닌 반성적 사고를 통한 전문성 향상이 필요하며, 이를 위해서는 반성적 저널 쓰기 등의 방법을 활용할 수 있다. ④ 교사가 지속적인 동작교육에 대한 호기심과 관심을 가지고 동작교육 방법이나 유아의 신체놀이를 창의적인 시각으로 이해하려는 역량은 스스로를 보다 전문적인 교사로 발전시키는 데 있어 매우 중요하다. ─ 자신의 삶 속에서 항상 창의적인 사고를 개발하고 적용하기 위해 노력하고, 동작교육과 관련된 현직 교사 연수, 세미나, 워크숍에 꾸준히 참여해야 한다. ─ 이러한 과정을 통해 교사는 새로운 정보를 얻을 수 있을 뿐만 아니라 성장하려고 노력하는 다른 교사들과 소통하면서 새로운 동작활동 아이디어와 자기성찰의 기회를 가질 수 있다.

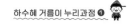
UNIT 24 유아동작교육과 교사의 상호작용

기본 관점	• 유아들은 성인을 포함한 다른 사람들과의 관계를 통해 학습하므로 유아를 위한 동작교육의 교수·학습에서 상호작용 기술은 중요하다. 유아를 위한 교수방법은 오랫동안 유아중심과 교사 중심으로 양분되어 왔다. 그러나 이는 상황과 맥락을 고려하여 적절한 상호작용을 통해 교사가 개입하는 것으로 접근하는 것이 바람직하다. • 교수방법은 교사의 개입 정도에 따라 3개 범주에서 8개 유형으로 나누어 볼 수 있다(Bredekamp & Rosegrant, 1995).

🏠 교사의 교수행동 연속체

비지시적		중재적				지시적	
인정 하기	모범 보이기	촉진 하기	지원 하기	비계 설정하기	함께 구성하기	시범 보이기	지도 하기

교사의 교수행동 연속체	인정하기	• 유아의 동작활동 참여가 지속되도록 유아에게 세심한 관심을 기울여 유아의 시도와 동작표현을 긍정적으로 반응하며 격려하는 것이다. 　－ 교사의 인정하기는 유아들이 자신감을 가지고 동작활동에 능동적이고 적극적으로 참여할 수 있게 해 준다. **칭찬의 방법** '멋지다', '잘했구나' 등의 추상적인 칭찬이 아니라, '~ 표현하는 모습이 정말 (무엇) 같구나!'라고 유아의 표현을 인정해 주는 것과 같이 유아가 노력하는 과정을 구체적으로 격려해 주는 것이 좋다.
	모범 보이기	• 교사가 유아들의 적극적인 동작활동 참여를 위해 수동적으로 앉아서 언어적으로만 제시하는 것이 아니라, 유아들과 적극적으로 함께 움직이며 동작활동에 모범이 되는 것이다. 　－ 교사가 적극적으로 표현하면서 즐기는 움직임이 필요하고, 동작표현을 위한 부가적인 소품이나 의상을 준비하며 직접 참여하는 모습을 보여 주면서 유아의 표현을 지원할 수 있다. 　－ 교사의 모범 보이기는 ① 지시적 성격을 띠지 않는 '암시적 측면'과 ② 지시적 성격을 띠는 '명시적인 측면'으로 나누어 볼 수 있다. **장점** 교사가 유아들에게 모범을 보이는 것은 잠재적 교육 효과를 준다.
	촉진하기	• 유아가 동작활동을 실행하는 과정에서 다음 수준의 과제를 해결해 나갈 수 있도록 교사가 일시적으로 개입하여 도움을 제공하는 것이다. 　－ 교사의 촉진하기는 유아의 동작활동을 격려하며 능동적인 동작활동으로 연계하는 역할을 한다. 　－ 표현의 주도적인 역할은 유아이고, 교사는 유아의 표현에 잠깐 개입하여 촉진하는 것이다. 이때 직접적으로 답을 제시하면 돕는 것이 아니므로 유아 스스로 해결할 수 있도록 적절한 질문을 하거나, 약간의 힌트 또는 도움을 주는 것이 필요하다. 　**예** 자전거를 타는 유아를 교사가 잠깐 뒤에서 잡아 줄 수 있고, 두 팔을 벌려 몸의 균형을 잡고 평균대를 건너는 유아가 균형을 잃지 않고 넘어지지 않게 손이나 몸을 잡아 주며 약간의 도움을 제공할 수 있다.

	예 또한 유아의 주도적인 움직임에 관심을 가질 수 있도록 "몸을 숙여 천천히 살금살금 움직이니 공룡에게 들키지 않겠다"와 같은 표현으로 유아의 동작을 언어적으로 기술해 줄 수 있다.
	예 그리고 살금살금이라는 표현이 어려운 유아들을 위해 함께 살금살금 걸어 주면서 "살금살금 걸으려면 어떻게 해야 할까?" 등으로 이야기해 주어 다양한 표현을 할 수 있도록 도울 수 있다.
지원하기	• 교사가 능동적으로 관여하여 유아에게 필요한 약간의 피드백을 제공하는 방법이다. – 촉진하기와 비슷하지만 교사의 적극적이고 능동적인 개입 정도가 더 높다. **예** 유아가 자전거를 능숙하게 타도록 하기 위해 보조 바퀴를 달았다가 능숙해지면 보조 바퀴를 떼어 줄 수 있다. **예** 장애물 건너기 활동 시 어떤 특정 높이에서 계속 걸려 넘어진다면, 높이를 조절하여 유아에게 맞추었다가 익숙해지면 다시 높이는 방법으로 지원할 수 있다.
비계설정하기 (지지하기)	• 유아가 계획한 활동을 달성하도록 돕기 위해 교사가 적절한 도움을 주어 능동적으로 해 볼 수 있는 기회를 마련해 주는 방법이다. – 유아는 현재 할 수 있는 수준보다 조금 더 높은 활동을 할 때 가장 학습을 잘한다. – 새로운 수준의 과제일 경우에는 교사가 많은 도움을 주고 유아의 발달수준이 높아짐에 따라 도움을 줄여나가는 것이다. – 교사는 유아가 동작활동을 하는 과정에서 어려워하는 점들을 알아내어 이를 해낼 수 있도록 도움을 주어야 하는데, 유아가 스스로 해 보도록 동기유발을 시켜 현재 수준에서 조금 더 높은 수준으로 올라갈 수 있게 도움의 양을 조절하는 것이다. **장점** 자신의 현재 수준보다 더 높은 전문적인 동작을 참고하면서 다양한 동작 기술을 익히고 신체와 사고력을 발달시킬 수 있다.
함께 구성하기	• 교사와 유아가 함께 배우고 해결하는 방식으로, 비계설정하기보다는 조금 더 지시적인 교수방법이다. – 교사가 유아와 함께 직접 활동에 참여하면서 계획했던 교육 목표에 부합하는 방식으로 이끌어갈 수 있다.
시범 보이기	• 교사가 유아에게 시연하면 유아들이 그 모습을 관찰하는 방법이다. – 교사의 의도적인 시범 보이기는 교사가 주도적으로 능동적인 역할을 담당하여 유아가 동작활동을 쉽게 학습할 수 있도록 도와준다. – 유아들은 교사의 움직임을 관찰하여 이해하지 못한 부분에 대해 도움을 받을 수 있다. – 교사의 시범은 유아가 실행한 동작이 잘못되었을 때 유아가 수정할 수 있는 방안이 된다.

MEMO

지도하기	• 교사가 유아들이 어떠한 활동을 일정한 방법으로 할 수 있도록 직접적으로 도와주는 방법이다. – 빠르고 정확한 학습이 이루어지도록 지시하므로 활동방법에서 획일성이 요구될 수 있다. – 교사가 정확한 동작활동과 순서를 미리 정해 놓고 유아들에게 직접 설명하며 따라해 보게 할 수 있다. – 율동, 발레, 부채춤, 탈춤 등과 관련한 동작 시 음악이나 소리에 따른 교사의 지시에 맞추어 같은 동작을 익히게 된다.

인정하기
• 거미처럼 팔과 다리를 쭉 뻗어 기어가는 모습이 정말 거미 같구나!
• 거미줄에 걸린 파리에게 살금살금 다가가는 거미의 모습을 몸으로 표현해 보자.

모범 보이기
• 거미줄을 본 경험에 대한 이야기 나누기
• 교사 의상: 검정 망토와 거미 머리띠, 거미 가면, 스파이더걸 복장

촉진하기
• 거미줄의 세로줄 위에서 거미가 오르락내리락 하고 있구나!
• 가로줄과 세로줄의 색을 다르게 구성한다.
• 찍찍이를 이용해 가로줄과 세로줄의 특성을 표현하도록 촉진한다.

비계설정하기
• 거미가 거미줄을 어떻게 만들고 있니?(탐색할 수 있는 동영상, 그림책 등 제공)
• 거미와 거미줄에 걸린 곤충들의 움직임을 어떻게 표현할 수 있을지 질문하여 거미줄에서의 거미와 곤충들의 움직임을 더 구체적으로 발견할 수 있도록 한다.

함께 구성하기
• 거미줄에 걸린 곤충친구(파리)들을 표현해 보자.
• 교사와 몇 명의 유아는 거미를 표현하고, 나머지 유아들은 거미줄에 걸린 곤충들을 표현해 본다.

거미와 곤충 친구들

지원하기
• 거미줄 통과 시 걸려 넘어지는 유아에게 거미줄 높이를 조절해 주었다가 익숙해지면 다시 높여 지원해 준다.
• 거미나 파리의 모습 표현에 소극적인 유아들과 엄마 거미(파리), 아기 거미(파리)가 되어 손잡고 움직인다.

지도하기
• 교사가 앞에 서고 유아들이 거미기차를 만들어 색깔 털실을 길게 늘어뜨려 노래에 맞추어 거미줄을 만든다.
• 가로줄의 끈적끈적한 줄 위를 지날 때 움직임, 세로줄을 지날 때 슬라이딩하는 움직임 등을 지도한다.

시범 보이기
• 거미가 줄을 타고 올라갑니다 → 손유희

✎ '거미와 곤충 친구들'의 창의적 신체표현에서 교사 개입 사례

MEMO

Plus 스캐폴딩 책략

- 카즈덴(Cazden)은 교사 중심의 방법에서 점차 유아 중심의 방법들이 활용되도록 수업을 진행하는 과정 그 자체를 스캐폴딩이라고 정의하고 있다.
- 김혜선(2001)은 로흘러와 칸틀론(Roehler & Cantlon, 1997), 스톤(Stone, 1998), 그리고 우드(Wood, 1978) 등이 제시한 스캐폴딩 이론들을 종합하여 교사가 사용하는 스캐폴딩 책략을 제시하였다.

🏠 **교사의 스캐폴딩 책략 유형과 내용**

스캐폴딩의 책략	내용
유아의 흥미 유발하기	유아들에게 과제에 대한 흥미를 갖도록 하기 위하여 단서를 제공하거나 교사의 의도적인 행동(몸짓, 목소리, 표정 등)이 포함된다.
참여시키기	유아를 과제수행에 참여시키기 위해 권유하기, 경험 나누는 시간을 제공하기, 서로 묻고 대답하기, 단서 제공한 유아를 참여시키기 등이 포함된다.
모델 제시하기	주어진 상황에서 생각하거나 일을 수행하는 모습, 질문이나 코멘트 하는 모습, 행동이나 몸짓으로 모델 보이기 등이 포함된다.
정서적으로 지원하기	유아들의 좌절감 조절, 일의 수행에서 얻은 결과나 노력, 심사숙고하는 모습 등을 격려하고 경청하는 것이 포함된다.
목표 인식시키기	과제 수행의 목표를 인식시키는 것으로, 수행 중인 일의 목표를 재확인시키거나 공동의 새로운 목표나 문제를 제언하는 것이 포함된다.
이해를 확인시키고 설명하기	개념의 이해를 확인시키기 위해 표상활동을 권유하거나, 주장에 대한 이유, 다시 생각해 볼 수 있도록 질문하기, 그에 따른 설명하기 등이 포함된다.

UNIT 25 효율적인 동작교육 활동을 위한 교사 역할

규칙 세우기	• 긍정적인 학습을 창조하고 유지하기 위해서 규칙을 세우는 것이 중요하다.
	• 유아들은 규칙과 안내(지침)가 필요하며, 일단 규칙이 정해지면 유아들에게 지속적으로 규칙을 따르도록 해야 한다.
	   – 유아를 위한 대부분의 규칙은 안전과 관련이 있으므로, 교사는 처음부터 어떠한 지침이 유아들의 안전을 유지하는 데 필요할 것인가를 결정해야 한다.
	   – 또한 유아들과 함께 동작활동 시간에 필요한 규칙을 정할 수도 있다.
	
	동작교육 활동 시 필요한 규칙
	• 규칙 1: 다른 사람의 개인 공간 존중하기
	   – 유아들은 서로 부딪치며 놀이하는 것을 즐기는 경향이 있다. 따라서 유아들이 서로 충돌하거나 훼방을 놓는 행동이 일어나지 않도록 하는 것이 중요하다.
	   – 개인 공간을 이해시키기 위한 활동을 실시함으로써 충돌하거나 훼방을 놓는 행동을 하는 것을 사전에 방지할 수 있다.
	• 규칙 2: 규칙 준수하기
	   – 동작활동 시간에 유아들이 소란한 소리를 내면서 활동에 참여하지 않도록 규칙을 만들 필요가 있다. 이것은 동작활동이 침묵 속에 이루어져야 한다는 것을 의미하는 것은 아니다.

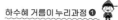

	− 그러나 교사는 가급적 언성을 높이지 말아야 하며, 과제, 지시나 추후 질문을 듣게 하기 위해 목소리를 크게 내지 말아야 한다. 유아들이 소란할수록 교사는 목소리를 더욱 작게 하거나 낮춤으로써 유아들이 주의를 집중하도록 한다. − 동작활동 첫 시간에 유아가 멈추고, 보고, 듣도록 하기 위한 신호를 정할 수 있으며, 신호를 사용할 때에는 가능하면 한 번만 쓰도록 한다.
공간의 한계 설정하기	• 유아들이 다른 유아를 방해하거나 혹은 다치지 않게 하려면, 동작활동 공간은 개방적이고 정돈되어 있어야 한다. • 만약 교실에서 동작활동을 한다면 그 공간은 미리 준비가 되어야 하며, 움직일 수 있는 공간의 한계를 확실하게 제시해 주어야 한다. 　− 움직일 수 있는 최대한의 공간에 대한 표시를 할 때 유아들이 직접 할 수 있도록 한다. • 너무 공간이 클 경우에는 마스킹테이프, 로프, 플라스틱 원뿔, 훌라후프, 카펫 등을 사용해 경계선을 제시하여 유아들이 교사로부터 멀리 떨어져 활동하는 것을 예방하도록 한다.
문제해결적인 과제 사용하기	교사가 어떤 동작을 표현하고 그대로 따라해 보도록 하기보다는 유아들 스스로 동작을 표현해 보도록 한다. 예 "토끼처럼 점프하는 방법을 4가지 찾아보자"
유아의 표현을 인정하며 수정해 주기	• 부정확하게 반응하는 유아들(예 과제는 스키핑을 하는 것이었으나 흡핑을 했을 때)을 지적하는 것은 당혹감을 불러일으킬 수 있으나, 교사가 유아들의 부정확한 반응을 무시해 버린다면 유아들의 발달을 도울 수 없다. 　− 따라서 ① 정확하게 반응한 유아의 시범을 보여주거나, ② 스키핑과 흡핑의 차이를 설명해 주거나, ③ 다른 기회에 과제를 다시 제시해 주어야 한다. • 유아의 잘못된 반응을 수정해 주고자 할 때 교사는 유아의 창의성과 자기표현력을 방해 하지 않도록 주의한다. 　− 유아들이 표현한 동작을 수정하고 조절하는 것은 유아들의 제안을 무효로 만드는 것이 될 수 있으며, 성인의 중재하에서만 성공할 수 있다는 생각을 심어주게 될 수도 있다. 　　예 유아에게 토끼처럼 움직여 보도록 할 때 두 손으로 토끼의 귀를 표현하거나, 두 팔로 토끼의 귀를 표현하거나, 혹은 토끼의 귀는 표현하지 않고 토끼의 꼬리를 표현하기도 하는 유아들의 움직임을 모두 격려하고 받아들여야 한다. 또한 토끼의 귀를 표현하는 것이 중요하다면, 다음 에는 "두 팔로 토끼의 기다란 귀를 만들어 보자"라고 제안하는 것이 좋다.
솔직한 칭찬과 긍정적인 강화 사용하기	• 유아들을 자유롭게 칭찬하되 그럴 만할 때만 칭찬한다. 　− 밀러(Miller)는 거짓칭찬이나 평가 대신 '인정과 격려'를 사용할 것을 제안하고 있다. 유아들이 보이는 반응을 존중하고 진심으로 묘사해 줌으로써 유아들을 인정하고 독 창적인 해결법을 격려할 수 있다. 　− 유아들이 교사의 지시에 대해 좋은 의견을 냈을 때, 교사는 다른 유아들이 보는 앞에서 유아의 행동을 구체적으로 말하면서 칭찬을 해줄 수 있다. **칭찬의 방법** • 칭찬 방법은 언어적 칭찬, 비언어적 칭찬, 포상 등의 세 가지 방법으로 이루어질 수 있다. 　− 언어적 칭찬은 유아의 좋은 특성이나 잘한 행동이 무엇인지 가능한 한 구체적인 말과 글로 표현하되, 짧고 간결하게 표현하는 것을 말한다. 　− 칭찬의 말에는 애정이 담겨 있어야 하며, 공개된 자리에서 칭찬하는 것이 효과가 크다. 　− 비언어적 칭찬은 신체적 접촉과 몸짓 같은 것을 말한다. 　− 포상 칭찬이란 칭찬의 의미로 상을 주는 것을 말한다.

목소리를
도구로
사용하기
	• 유아들이 천천히 움직이기를 원한다면 천천히 말하고, 조용히 움직이기를 원한다면 조용히 말한다. 반대로 빨리 움직이기를 원한다면 빠르게 말하는 것이 효과적이다.
	  – 높은 목소리보다 낮은 목소리가, 커다란 소리보다 속삭임이 유아들을 집중시키는 데 더 효과적이다. 유아들의 주의가 분산될 때 교사는 오히려 더 차분한 목소리로 나지막하게 과제를 제시하는 것이 효과적이다.
	• 또한 활동 과정에서 교사는 유아들의 이름을 자주 불러주는 것이 좋다.
	  – 긍정적인 상황에서 교사가 유아들의 이름을 자주 불러준다면 유아는 인정받고 있음을 느끼며 자신감을 가지게 된다. 반대로 유아들을 지적하거나 꾸짖어야 할 때는 이름을 부르기보다 눈을 마주치면서 이야기하는 것이 좋다.

친숙한 이미지 사용하기	유아들과 개인적으로 친숙하지 않은 이미지를 사용하여 동작활동을 하려면 먼저 제시하고자 하는 대상에 친숙해지도록 해야 한다. 예 유아들에게 분노한 것처럼 혹은 환멸을 느낀 것처럼 걸어보라고 한다면 유아는 반응하기 어려워할 것이다. 그러나 몹시 화난 것처럼 혹은 슬픈 것처럼 걸어보라고 한다면 쉽게 반응할 것이다.

유아들의
에너지 수준
모니터하기
	• 동적인 활동과 정적인 활동을 번갈아 함으로써 유아들이 너무 들뜨거나 지치는 것을 막아야 한다.
	  – 설리반(Sullivan)은 어려운 동작과 쉬운 동작, 근육을 긴장시키는 동작과 긴장을 이완시키는 동작, 큰 동작과 작은 동작 등 모든 유아들을 참여시킬 수 있는 여러 가지 대비되는 동작들을 제안하고 있다.
	  – 이처럼 서로 대조되는 활동하기, 과도한 에너지를 대근육 운동으로 바꾸기, 기본동작 기술을 사용하기, 유아들이 피곤해 보이면 즉시 멈추기 등을 미리 계획하여 유아들이 지쳤을 때 활동을 효율적으로 마무리하도록 한다.

유연성 발휘하기	• 교사는 수업이 사전에 계획한 그대로 진행되는 것만은 아니라는 것을 인식하고 있어야 한다. – 유아들은 교사가 도저히 생각해 낼 수 없는 자신만의 멋진 인생을 가진 경우도 있다. 때때로 유아들이 제안하는 그러한 가능성들을 탐색하는 융통성을 발휘한다면, 그 수업은 유아에게 개인적으로 의미가 있는 것이 됨은 물론 자신의 창의적인 능력에 대해 더 큰 자신감을 갖게 될 것이다.
개방적인 분위기 만들기	동작활동을 진행할 때 교사는 가능한 한 유아들에게 자신의 생각이나 느낌을 표현하기에 편안하고 개방적인 분위기를 제공한다. 폐쇄적이며 긴장되어 있는 상태에서는 상상적 표현이 어렵기 때문에 유아들은 자신의 잠재적인 능력을 발휘할 수 없다. 🖱 교사의 태도 • 유아들이 만드는 소음과 어지러운 교실에 대해 수용적인 태도를 가져야 한다. • 인내심과 융통성을 갖고 유아 스스로 생각하고 느끼고 탐색할 수 있는 충분한 기회와 시간적 여유를 주어야 한다. • 유아들이 창의적인 표현을 할 수 있도록 적극 장려해야 하며, 조금이라도 다른 표현을 했을 경우 격려해 준다. 유아와 상호작용 시, 풍부하고 적절한 어휘를 사용하도록 한다. • 신체의 어떤 한 부분으로 혹은 신체의 모든 부분이 사용되어 적절히 표현할 수 있도록 한다. • 유아의 활동을 주의 깊게 관찰하고 적절한 자극을 주어 재반응하게 한다. • 다른 영역과의 논리적인 연결을 갖고 통합적으로 운영한다. • 모든 유아가 각기 다른 특성과 능력을 가진 존재라는 것을 항상 인식한다. • 소극적이거나 참여하지 않는 유아에게는 세심한 배려를 해 주어야 하며, 유아들이 모두 골고루 참여하여 성취감을 느낄 수 있는 활동을 다양하게 준비한다. 활동에 참여할 준비가 되어 있지 않은 유아를 억지로 참여시키기보다는 그룹에 참여할 준비가 될 때까지 잠시 구경하도록 한다. • 유아들로 하여금 다른 유아들의 표현을 잘 관찰하도록 한다. 자신과 다르게 표현하는 유아들의 모습을 관찰하도록 함으로써 다양한 표현기법을 알 수 있고 감상의 태도도 기를 수 있다.

❶ 신체와 동작에 대한 이해

유아를 교육하려면 교사가 먼저 자신의 신체동작에 대해 이해하고 인식해야 한다. 교사가 인간의 신체에 대해 얼마나 이해하고 있느냐는 유아의 신체동작의 중요성을 인식하고 유아에게 의미 있는 동작경험을 할 수 있게 해 주는 것과 직접적인 관계가 있으므로 신체동작에 대한 깊은 이해가 무엇보다도 중요하다.

교사가 신체와 동작에 대해 필수적으로 이해해야 하는 내용 (Seefeldt, 1976)	• 우리의 신체가 무엇을 할 수 있는지를 알아야 한다. • 우리의 신체가 어떻게 움직이는지, 특히 무게와 시간·공간·흐름 등 동작의 질을 결정하는 요인들과 관련되어 신체가 어떻게 움직이는지를 이해해야 한다. • 신체가 어디로, 그리고 어떤 모양으로 움직이는지를 알아야 한다. • 신체의 각 부분들의 관계 또는 한 개인의 신체가 다른 개인이나 집단과는 어떤 관계를 맺는지를 알아야 한다. • 공 다루기나 균형 잡기와 같은 실제적인 목적을 가진 기능적 동작을 알아야 한다. • 신체 동작을 관찰하고 해석할 수 있는 기술을 갖추기 위해 교사는 유아의 운동능력 발달 단계와 환경의 관계에 익숙해져야 한다. • 공간과 교구 및 시설을 동작학습에 어떻게 이용할 수 있는지를 연구해야 한다.

❷ 교사의 태도와 언어

• 교사의 역할에는 가르치는 내용에 대한 이해도 중요하지만 교사의 태도도 중요하다. 즉 가르칠 내용을 깊이 이해하고 있다 할지라도 교사가 실제 동작교육을 실행할 때 나타내는 태도에 따라 유아동작지도의 방법과 교육의 질이 결정되기 때문이다.
• 유아의 동작이나 행동을 추상적인 사고로 상상하게 하거나 창의성을 발휘하게 하려면 언어화가 필요하다.

교사의 융통성 있는 태도	• 교사는 융통성 있는 태도로 유아에게 탐색과 실험을 할 수 있는 기회를 허용해야 한다. • 융통성 있는 태도란 유아를 제멋대로 하도록 내버려 두는 것이 아니라, 관찰하고 제시하여 지적해 주면서, 유아가 다양한 아이디어를 수용하고 적절히 질문함으로써 분명한 목표를 향할 수 있도록 인도하고 자극하는 태도를 의미한다. 　- 즉 실제 교육과정에서는 조금 덜 구체적인 내용과 질문형태를 갖춘 문제해결상황을 제시 하기도 함으로써 유아에게 기회를 주고, 유아 스스로 해결 방안을 관찰하고 모색해보게 하는 등 융통성 있고 수용적인 태도를 가져야 한다는 것을 의미한다.
유아수준에 맞춘 언어화	신체 부분의 명칭이나 동작의 이름뿐만 아니라 그 행동을 구체적으로 표현하게 하려면 의성 어와 의태어를 유아의 수준에 맞게 언어화하여 유아의 동작이나 행동을 의식적 수준으로 인도해야 한다.

❸ 유아의 동작능력 탐색

점진적인 탐색	• 동작을 탐색할 때는 점진적으로 시작할 필요가 있다. 　- 유아가 동작을 하기 전에 각 신체부분의 명칭을 알아야 하고, 어떻게 움직일 수 있으며, 어떻게 움직여야 하는지를 먼저 이해하고 있어야 한다. 　- 즉 신체명칭과 신체동작의 가능성 및 한계를 이해하는 신체탐색활동을 먼저 한 다음, 표현하고자 하는 동작활동을 사전에 해 보게 하여 그 사물의 특성을 잘 이해하도록 동작 경험을 다양화하고, 그 후에 동작표현 활동을 통해 활용해 보도록 동작활동을 점진적으로 구성하는 것이 좋다.
대조법	• 만약 라반(Laban)이 제시한 동작의 기본요소를 동작주제로 선정한다면, 각 주제의 변형을 통해 동작활동을 구성할 때 높고-낮은 행동, 빠르고-느린 행동 등의 대조법을 이용하여 각각의 동작요소를 강조하는 것이 매우 유용하다. • 길리옴(Gilliom)은 대조법을 편리하게 이용하기 위하여 각 동작주제에 대해 탐색해야 할 개념을 정리하여 제시하였다.

참고

길리옴(Gilliom)이 제시한 기본 동작주제와 내용

	공간	자기 공간, 일반 공간
	방향	앞으로, 뒤로, 한쪽 옆으로, 위로, 아래로
공간	높이	높게, 보통으로, 낮게
	범위	크게, 보통으로, 작게
	바닥 모양	똑바로, 곡선으로, 지그재그로
	신체부분	머리, 목, 어깨, 가슴, 허리, 배, 엉덩이, 다리, 팔, 등, 척추, 팔꿈치, 손목, 손가락, 엄지, 손, 발, 발가락, 발꿈치, 발목, 무릎, 넓적다리
	신체표면	앞, 뒤, 옆
신체	신체형태	둥근 곳, 좁고 곧은 곳, 꼬인 곳
	몸과 몸의 관계	가까이, 멀리, 꼬이게
	몸과 사물의 관계	벽-바닥-상자, 위-아래-너머, 멀리-가까이
	사람과 사람의 관계	가까이, 멀리, 만나기, 헤어지기, 얼굴 마주 대기, 옆에 서기, 그림자가 되기, 거울 되기, 따라하기, 지도하기
	세기	세게, 보통으로, 약하게
힘	힘의 질	갑자기 딱딱하게, 천천히 부드럽게, 계속적으로
	무게	점차적으로 사라지게, 무겁게, 가볍게
시간	빠르기	느리게, 보통으로, 빠르게, 점점 빠르게, 점점 느리게
	리듬	박자에 맞추기, 리듬패턴 알기
흐름	흐름	유연하게, 끊기게

UNIT 26 **창의성 신장을 위한 교사 역할**

① 동작활동의 다양한 경험 제공		• 교사는 유아가 실제적 경험과 활동의 폭을 넓힐 수 있도록 도와주어야 한다. • 다양한 동작을 경험할 수 있도록 제시하면서 유아에게 자신의 능력을 탐색해 보고 성공적인 느낌이나 성취감을 맛보게 해주는 것도 매우 중요하다.
② 유아의 창의적 표현 장려		유아에게 자기표현의 기회를 많이 주어 창의적으로 표현할 수 있게 장려해야 한다.
③ 동작의 창의성 구성요소	유창성	• 유창성은 특정 문제 상황에서 가능한 한 많은 아이디어의 반응을 산출하는 능력이다. 다른 조건이 동일한 상황에서 정해진 시간 내에 더 많은 아이디어를 생성하는 사람이 더 좋은 아이디어를 산출할 기회를 많이 갖게 된다. - 유창성은 아이디어의 질보다 양을 더 중요시 한다.

		• 동작의 유창성은 매 시간당 산출되는 분절된 동작 반응의 전체 수를 의미한다. 즉 정해진 시간 내 이루어지는 동작 활동에 포함된 동작의 수가 곧 유창성이 된다.
	융통성	• 융통성은 정해진 시간 동안에 다양한 범주 안에서 여러 가지 종류의 아이디어를 생성할 수 있는 능력을 말한다. 주어진 어떤 문제를 해결하기 위해서는 한 가지 방법에 집착하지 않고 여러 가지 접근을 통해 해결할 수 있도록 해야 한다. • 동작의 융통성은 매 시간 단위당 산출되는 동작 종류의 수로, 동작 반응의 다양성을 의미한다. 📝 체조 선수가 일정한 시간 내 다양한 표현을 할 때 융통성이 잘 나타난다고 볼 수 있다.
	독창성	• 독창성은 기존의 사고에서 탈피하여 참신하고 새로운 아이디어나 해결책을 산출하는 능력을 말한다. ─ 즉 독창성은 일반적으로 기존의 사고를 부정하거나 새로운 방식으로 산출할 때 나타나게 된다. • 동작의 독창성은 새롭고 독창적인 어떤 특정 종류의 동작 반응으로 개인 또는 집단에서 발견할 수 있다. 📝 김연아 선수가 피겨 경기에서 해밀 카멜 스핀을 변형시켜 시그니처 스핀을 만들어낸 시도가 개인에게서 발견된 독창성의 예이다.
	상상력	• 상상력은 과거의 경험을 기초로 앞으로의 행동을 계획할 수 있는 새로운 표상을 만드는 능력으로 창의적인 사고의 원동력이다. ─ 상상력은 현실을 토대로 생각을 창조적으로 반영한 것이며, 어떤 대상을 머리로 그리기 위해서는 이전의 경험이 축적되어야 한다. ─ 또한 여러 다른 심상을 새로운 상황 속에서 통합할 수 있는 능력이 있어야 하고, 현실에서 일어날 수 있는 가능한 변화를 깨닫는 능력의 발달도 필요하다. • 동작의 상상력은 어떤 대상을 직접 보고 느낀 그대로를 모방하여 새롭게 산출해 내는 것으로, 자극에 대한 반응을 자신의 순간적인 생각이나 느낌으로 즉각적이고 자유롭게 표현하는 것이다. 📝 무용가 카롤린 칼송(Carolyn Calson)이 화가 마크 로스코(Mark Rothko)의 그림을 보고 느낌을 춤으로 표현한다.
	정교성	• 정교성은 기존의 아이디어에 흥미롭고 유용한 것을 세부적으로 검토하여 보다 가치로운 것으로 발전시키는 능력이다. ─ 즉 유창하고 다양하게 내놓은 아이디어를 수렴적 사고를 활용하여 최종적인 산출물의 형태로 평가하는 역할을 한다. • 동작의 정교성은 한 가지 동작 반응에 있어 다양성을 나타내는 것으로, 산출된 결과(product)와 과정(process)의 측면으로 나누어 볼 수 있다. 📝 앞으로 구른 후에 계속해서 뒤로 구르거나 다른 유형의 구르기를 하는 것은 동작의 결과 측면에서의 정교화이며, 구르기를 할 때 힘, 높이, 속도 등 다양한 면에서 변화를 주는 것은 동작의 과정에서의 정교화라고 할 수 있다.

길포드(Guilford, 1967)

창의적 사고의 4가지 주요 요인을 제안하였다.

동작의 유창성	분절된 총 동작반응의 수
동작의 융통성	동작반응 종류의 다양성의 수
동작의 독창성	새롭고 독창적인 특정 종류의 동작반응의 수
동작의 정교성	한 가지 동작반응에서 다양성의 수

도즈(Dodds, 1978)

길포드의 창의성 분석모델과 동작요소를 행동적으로 서술한 동작모델 사이의 관계를 연결하여 동작의 창의성을 심리·운동적 측면에서 분석하였으며 각 동작의 창의성에 적용시켰다.

동작의 유창성	매 시간단위당 산출되는 동작의 전체 수
동작의 융통성	매 시간단위당 산출되는 동작 종류의 수
동작의 독창성	• 전적으로 새로운 반응을 산출한 경우 　－ 한 개인이나 전체집단에서 발견할 수 있다.
동작의 정교성	• 주로 한 가지 동작반응의 주제에 변화를 주어 산출한 경우 　－ 산출된 결과와 과정 측면으로 나누어 볼 수 있다.

VII 유아동작교육을 위한 환경

UNIT 27 공간 구성

동작활동을 위한 공간 계획 시 고려점 (Pica, 1995)	• 가능한 한 넓고 개방된 공간을 확보해야 한다. 　─ 자유롭게 동작할 수 있는 개인적인 공간은 물론, 여러 유아가 서로 충돌하지 않고 자유롭게 움직일 수 있는 일반적 공간, 즉 공유할 수 있는 공간이 필요하기 때문이다. • 좁은 공간에서는 이 공간에 맞도록 동작활동 접근법을 다양한 방법으로 변화시켜야 한다. 　─ 대집단 활동의 경우 반 정도의 유아가 활동을 하고 나머지 유아들은 동작하는 유아들을 기다리며 보게 할 수 있다. 　─ 실내에서는 안정 동작(비이동 동작)을 위한 활동을 계획하여 실시하고, 이동 동작이나 조작 동작과 같이 넓은 공간이 필요한 활동은 실외에서 하도록 계획할 수 있다. • 실내의 바닥은 부드럽고 탄력성 있는 재질을 사용하여 안전사고를 예방할 수 있는 공간이 되도록 해야 한다. • 유아들의 주의집중을 위해 주위가 산만한 공간은 가능한 한 피해야 한다. 　─ 유의할 장소: 사람들의 출입이 잦거나 소음이 지나치게 많은 곳, 교육활동을 위한 공간 주위에 호기심을 자극하는 시설물들이 놓인 경우, 새로운 놀이 시설이 설치되어 있거나 놀이자료들이 비치된 경우 　─ 진행하는 동작활동을 위해 필요한 설비 외에 다른 시설물들은 다른 곳에 옮겨 놓도록 한다.
동작활동영역의 효과적인 공간구성을 위한 고려점	• 동작활동영역의 위치를 선정하는 것이 중요하며, 소집단 유아들이 충분히 움직일 수 있는 공간이어야 한다. 　─ 동작활동영역은 소리가 많이 나는 활동적인 영역이므로 정적인 활동을 방해하지 않는 위치를 선정해야 한다. 　─ 위치선정과 아울러 이 영역에 참여한 유아들이 자유롭게 동작할 수 있는 공간의 확보를 고려해야 한다. • 매력적인 동작활동영역이 되도록 구성하여 유아들이 이 영역에 들어오고 싶은 욕구를 느끼도록 한다. 　예 아름다운 색깔의 작은 카펫, 폭신한 의자나 작은 방석, 벽면에는 음악이나 동작활동과 관련된 사진 및 그림 부착 등 • 유아들이 쉽게 접근할 수 있는 교구와 소도구를 제공한다. 　─ 동작활동의 종류를 다양하게 배치하고, 눈에 잘 띄는 곳에 유아들이 손쉽게 꺼내 사용할 수 있도록 선반 위에 놓아둔다. • 활동자료와 소도구들은 자주 바꾸어준다. 　─ 장시간 변화 없이 제공하는 경우 유아들의 흥미 유지가 어려우므로 몇 종류만이라도 부분적으로 바꾸어 제공함으로써 변화 있는 영역이 되도록 한다.

	• 공간을 구성하고 교재교구를 배치할 때 유아의 창의적 사고와 활동을 자극할 수 있도록 한다. − 공간의 일정 부분은 질서와 조화를 무시한 환경과 비구조적인 교구를 제공함으로써 유아 스스로 질서와 조화를 찾도록 하는 것이 필요하다.

바람직한
동작활동을
위한 공간
(교육부, 1996)
	• 동작활동은 자유선택활동 시간을 제외한 나머지 일과에서 교사가 계획하여 수행하는 활동으로, 대체로 큰 집단의 유아들을 대상으로 하여 유아의 활발한 움직임이 일어나고 또 그런 움직임을 요구하므로 넓고 안전한 공간이 필요하다.
	  − 유아들이 부딪힐 염려 없이 자유롭게 움직일 수 있는 크기의 장소가 필요하다.
	  − 바닥이 부드럽고 탄력성이 있는 나무로 되어 있으며 방음시설을 갖춘 넓은 유희실이나 체육실이 적합하다.
	  − 교실 내에서 교구장이나 책상과 의자들을 벽 쪽으로 밀어놓아 동작을 할 수 있는 넓은 공간을 만들어서 대체공간으로 활용한다.
	  − 실외 잔디밭이나 넓은 마당은 안전을 위협하는 요소가 많고, 교사의 지시가 전달되기 어려우며 유아들의 주의가 산만해질 수 있으므로 가능한 사용하지 않도록 한다.

실내 동작
환경구성을
위한 운영원리
[유아동작교육
(2023),
방송통신대,
김정숙 외]
	• 유아의 자유로운 탐색과 다양한 활동 전개를 위한 충분한 공간을 갖추어야 한다.
	  − 유아들이 몸을 움직여 표현할 때 서로 부딪치지 않도록 안전하고 개방된 공간이 필요하다.
	• 신체 움직임이 불안정한 유아들을 위해 바닥 재료의 선별과 교구장 및 가구의 모서리 처리를 안전하게 지원한다.
	  − 신체놀이 및 음률영역의 바닥은 탄성이 있는 부드러운 재질로 구성하거나, 미끄럼방지와 소음을 줄일 수 있도록 카펫을 깔아준다.
	• 유아동작교육을 위한 공간은 밝고 환기가 잘 되는 곳에 배치되도록 하며, 음률놀이 영역은 밝고 쾌적한 환경이어야 한다.
	  − 자유로운 움직임을 위하여 사람의 출입이 적고 창문이 있는 공간에 자리를 잡아 환기를 해 주고 적당한 실내온도를 유지할 수 있도록 한다.
	  − 만약 창문 옆에 배치하는 것이 어렵다면 교실 내에 공기청정기를 두는 것을 고려해 볼 수 있다.
	• 동작활동을 위한 공간은 다른 흥미(놀이)영역과 연관성을 살려 구성하도록 한다.
	  − 즉 음률놀이 영역의 경우 쌓기놀이나 역할놀이 공간과 인접하여 구성한다.
	  − 이러한 영역은 창의적인 음악과 동작활동에 많은 자극을 줄 수 있고, 두 영역의 교구가 음악과 동작활동의 소품으로도 활용될 수 있다.
	  − 또한 유아가 악기를 조작하며 신체를 자유롭게 움직일 수 있는 공간이 되어야 하므로 충분히 넓은 공간에 배치한다.
	• 자유로운 동작활동을 유발하고 흥미를 북돋을 수 있도록 즐거운 분위기를 연출한다.
	  − 동작과 관련하여 벽면에 움직임이 나타나는 그림 작품, 다양한 세계의 민속춤이나 우리나라의 전통춤, 무용수의 모습이 담긴 포스터, 작품을 감상할 수 있는 공간을 만들어 준다.
	  − 이는 유아가 동작표현 활동에 관심을 가지게 하여 참여하고 싶은 동기를 제공하며, 흥미를 유지시키고 활동을 확장하는 데 효과적이다.

- 음률놀이 영역에는 기본적으로 다양한 악기 외에도 동작활동을 전개할 수 있는 교수자료와 기자재를 배치하여 동작활동에 참여하고 싶은 욕구가 생기도록 한다.
  - 그리고 가능하다면 매체 및 도구를 활용하는 자신의 움직이는 모습을 볼 수 있도록 벽면에 큰 안전거울을 준비해 주어 성취감과 만족감을 느낄 수 있도록 지원한다.
  - 교수자료는 유아들의 흥미나 관심 주제에 맞춰 변화를 주도록 한다.
- 동작활동을 하고 난 후 휴식을 할 수 있는 공간을 마련하고, 휴식하면서 조용히 감상할 수 있는 음악감상 자료를 준비한다.

해수혜 거름이
누리과정
① 신체운동·건강

SESSION

02

유아건강
교육

Ⅰ 유아건강교육

UNIT 28 유아건강교육의 이해

KEYWORD # 상황에 근거한 건강교육

건강의 개념	• 세계보건기구(World Health Organization : WHO)에 따르면, 건강이란 신체적·정신적·사회적 측면에서 완전히 안녕한(well-being) 상태를 말한다. – 즉 건강하다는 것은 신체적 건강, 정신적 건강, 사회적 건강이 서로 조화를 이룬 상태로, 유아교육에서 추구하고 있는 전인발달과 같은 맥락이라고 이해할 수 있다.

🏠 건강의 개념에 대한 5가지 차원의 내용 - Miller, Telljohann & Symons

차원	내용
신체적 차원	신체적 질병이 없으며 정상적인 신체기능, 양호한 영양상태, 체력을 지닌 상태로, 안색, 외양, 체격, 건강과 관련된 행동을 보고 사람의 건강상태를 파악하는 것
정신적 차원	가치관, 도덕, 종교 등과 관련된 것으로, 누구에게나 인정되는 긍정적인 도덕과 가치관을 가지고 있는 것
사회적 차원	사회적 기술과 관련된 것으로, 다른 사람과 함께 있는 것에 편안함을 느끼고 타인의 입장을 배려하며 자신을 사회에 공헌하는 구성원으로 여겨 적절한 대인관계 기술을 지니고 있는 것
정서적 차원	자신을 어떻게 생각하고 자신의 감정을 어떻게 표현하는지와 관련된 것으로, 자아존중감이 높으며 스스로의 정서를 긍정적이고 사회적으로 받아들일 수 있는 방식으로 표현하는 것
직업적 차원	직업, 지역사회, 사회관계 등에서 어떻게 타인과 협력하는지와 관련된 것으로, 자신의 역할에 최선을 다하며 자신이 맡은 일을 책임감 있게 수행하는 것

유아 건강교육의 개념	• 유아건강교육이란 영유아에게 건강을 유지하고 관리할 수 있는 지식, 기술, 태도를 가르침으로써 건강에 대한 올바른 인식을 할 수 있도록 지속적으로 교육하는 것이다. – 이는 유아가 건강한 몸과 마음을 가지고 생활하도록 습관화하고, 이를 기초로 하여 미래의 건강한 사회를 위한 초석이 되도록 교육 내용을 구성하고 환경을 정비하는 의미를 내포한다. **유아건강교육 계획 시 고려점** • 유아건강교육을 계획할 때는 영유아의 발달 수준에 적합한 내용으로 구성해야 하며, 발달단계에 따라 체계적으로 접근하고 연속성을 고려하여 계획해야 한다. • 구체적이고 감각적인 다양한 자료를 마련하여 유아가 직접 경험하고 활동할 수 있도록 계획해야 한다. • 유아교육기관에서는 유아건강교육을 위해 포괄적 건강교육 내용 제시와 함께 동화 듣기, 간식 및 점심시간, 극놀이, 화장실 가기, 요리하기, 현장학습 등 다양한 영역별 단위 활동을 통합하는 것이 효과적이다. • 유아가 흥미를 가지고 있는 주제 및 놀이와 연계·확장할 수 있도록 하는 것이 좋다.

MEMO

필요성 (김영심, 2012)	• 기초성: 일생의 기초가 형성되는 시기이다. • 적기성: 신체적, 정서적, 사회적 건강발달의 결정적 시기이다. • 누적성: 유아기의 결핍된 환경 경험은 성장과정 동안 누적적으로 영향을 미치게 된다. • 불가역성: 유아건강발달의 최적기를 놓치면 보완이나 교정이 힘든 불가역성을 가진다.
유아 건강교육의 중요성	• 건강은 유아가 활기차게 생활하고 전인적 성장과 발달을 하기 위한 필수 조건이라고 할 수 있다. 특히 최근 들어 유아의 신체적·정신적·사회적 건강 문제가 각종 대중매체를 통해 쏟아짐에 따라 이에 대한 관심이 증가하고 있다. • 유아건강교육의 중요성은 두 가지 차원에서 생각해볼 수 있는데, 첫째는 유전적 측면과 환경적 측면이고, 둘째는 예방적 측면과 치료적 측면이다. ◈ 영유아건강교육의 중요성에 대한 두 가지 차원

 내용:

과제	측면	내용
유전적 측면과 환경적 측면	유전적 측면	영유아가 가지고 태어난 기본적인 성향, 발달 특징에 초점을 둔 건강교육의 중요성
	환경적 측면	변화하는 시대적 특성과 사회적 환경에 초점을 둔 건강교육의 중요성
예방적 측면과 치료적 측면	예방적 측면	영유아의 발달 및 성장이 아직 미성숙한 단계에 있으므로 향후 일어날 수 있는 여러 가지 사고나 질병을 미리 예방하기 위해 건강교육이 중요
	치료적 측면	영유아가 건강을 위협하는 상황이나 질병에 걸린 경우, 적절하게 대처하는 방법을 알고 해결할 수 있도록 하기 위해서 건강교육이 중요

유전적 측면과
환경적 측면
	① 유전적 측면에서 본 영유아건강교육의 중요성은 유아가 가지고 태어난 기본적인 발달 특징에 초점을 둔 건강교육의 중요성을 의미한다.
	   – 유아는 유전적으로 타고난 개인차가 있을 수 있으므로, 교사는 유아 개개인의 발달 특성을 고려하여 개별적으로 적합한 건강교육을 실천함으로써, 유아의 건강한 생활을 보장하며 유아 스스로 건강을 유지할 수 있도록 해야 한다.
	② 환경적 측면에서는 변화하는 시대적 특성과 사회적 환경에 초점을 둔 건강교육의 중요성을 의미한다.
	   – 과거에는 아토피나 신종플루, 수족구와 같은 병이 큰 문제가 되지 않았으나, 최근에는 환경 파괴와 기후변화 등으로 인하여 점점 새로운 병[⑩ 코로나바이러스감염증-19(COVID-19)]이 나타나고 있는 실정이다.
	   – 그러므로 변화하는 시대적 특성과 사회적 환경에 맞추어 유아가 건강한 삶을 살아갈 수 있도록 교육하는 것은 매우 중요하다.

예방적 측면과 치료적 측면	① 예방적 측면 — 예방적 측면에서 본 유아건강교육의 중요성은 유아의 발달과 성장이 아직 미성숙한 단계에 있으므로 향후 일어날 수 있는 여러 가지 사고나 질병을 미리 예방하기 위해 건강교육이 중요하다는 입장이다. ② 치료적 측면 — 치료적 측면에서는 유아가 건강을 위협하는 상황이나 질병에 걸린 경우, 적절하게 대처하는 방법을 알고 해결할 수 있도록 하기 위해서 건강교육이 중요하다는 입장이다.

UNIT 29 유아건강교육의 운영 및 교수·학습 방법

1 유아건강교육의 목적 및 목표

유아 건강교육의 목적 및 목표	• 유아건강교육의 목표는 유아가 자신의 건강을 유지·보호·증진시키기 위해 필요한 사항을 이해하고, 바람직한 생활습관, 규칙적인 운동, 건전한 몸가짐 등과 같이 한 인간의 일생에 영향을 미치는 생활습관의 기초를 형성하는 데 있다. • 그뿐만 아니라 유아가 스스로 청결, 영양, 질병 예방, 휴식 등을 통해 신체건강 유지, 정신건강 도모, 발생할 수 있는 위험의 예방 및 대처에 필요한 지식, 기술, 태도 등을 기르는 데 중점을 둔다. • 결국 유아를 위한 건강교육은 유아의 일상생활에서 자신의 신체적, 심리·사회적 건강에 필요한 지식, 기능, 태도 등을 이해시키고 길러 주어 자신과 타인이 건강한 생활을 영위할 수 있는 생활습관을 높이는 방향으로 실시되어야 한다. — 구체적으로 건강한 생활에 필요한 습관이나 태도를 몸에 익히고, 여러 가지 운동에 흥미를 가지고 경험하도록 하며, 안전에 필요한 습관이나 태도를 익히도록 하는 것이 유아건강교육의 목적이라고 할 수 있다.
신체적 측면	• 자신의 몸과 주변환경을 깨끗이 하는 태도를 기른다. • 몸에 좋은 음식에 관심을 가지고 바른 태도로 즐겁게 먹는 습관을 기른다. • 하루 일과에서 적당한 휴식과 운동을 취한다. • (영아) 건강한 배변습관을 형성한다. (유아) 질병을 예방하는 방법을 알고 실천한다.
심리·사회적 측면	• 유아가 자신에 대해 인식하고 긍정적인 자아개념을 형성한다. • 자신과 타인의 정서를 인식하고 표현하며, 조절하는 능력을 기른다. • 유아가 타인과의 관계 맺기를 통해 더불어 살아가는 능력과 태도를 기른다.

2 유아건강교육의 내용

우리나라 유아건강교육에 포함되어야 할 내용은 다음과 같다.

개인의 건강	유아가 자신의 신체를 인식하고, 긍정적인 생활습관을 형성하도록 한다.

정신건강 (정신건강교육)	• 긍정적 자아개념을 가지고 자신의 감정을 자유롭게 표현하고 조절하는 방법을 가르치는 것이 중요하다.
	  – 정신건강은 신체 건강과 달리 유아 개인의 건강관리로 성취될 수 있는 것이 아니며 유아의 가족, 또래 집단, 사회구조 등 모두가 유아의 정신건강에 영향을 미친다.
	  – 현대사회에서 유아의 정신건강을 위협하는 요소인 스트레스를 감소시켜 주고, 자신의 스트레스를 바람직한 방법으로 해소할 수 있게 도와주어야 한다.
	  – 보육자나 교사는 지속적으로 유아에게 관심을 갖고 관찰하여 문제행동을 조기에 발견할 수 있어야 한다.

영양 (영양교육)	• 성장에 필요한 충분한 영양의 섭취, 올바른 식습관 형성과 관련된 내용으로, 점심이나 간식 시간 등 일상생활 경험을 통한 영양교육은 중요한 건강교육에 해당한다. – 유아기에 형성된 식습관은 일생동안 지속될 수 있으므로, 건강과 영양섭취를 위해 적절한 식품을 선택하는 데 필요한 기초적 영양 지식이나 태도를 배워야 한다.
질병 예방 (질병 예방교육)	건강한 생활습관이 질병을 예방함을 알고 이를 실천할 수 있도록 한다. 손 씻기를 철저히 하고 청결하고 건강한 물리적 환경을 구성해야 한다.
안전교육	• 유아에게 일어나는 사고의 대부분은 우발적으로 일어나는 경우가 많으므로 사전에 사고가 나지 않도록 대책을 마련하여 예방하는 것이 중요하다. 이를 위해서는 안전한 환경구성과 사고를 유발할 수 있는 유아의 행동변화를 위해 교육해야 한다. – 안전한 생활을 실천하는 데 필요한 지식과 위험요소를 미리 예측하고 이를 예방하거나 신중하게 행동하는 태도, 안전하게 행동할 수 있는 기술 교육을 포함한다.

학대 (학대 예방 및 대처교육)	• 유아의 신체적·정서적·성적 학대와 방임을 예방하고 조기에 발견·대처하기 위한 것으로, 학대와 관련된 교육 내용으로는 '나와 다른 사람의 몸의 소중함을 알고 보호하며, 다른 사람이 함부로 나의 몸을 만지지 않도록 한다' 등의 내용이 포함된다.
	  – 학대 당하는 시기가 어릴수록 그 피해 정도는 매우 심각하므로, 이에 대한 관심을 가져야 한다.
	  – 교사는 유아가 학대를 당하는 원인에 대해 인식하고, 학대하는 부모와 학대 당하는 유아의 특성을 미리 파악한다.
	  – 효율적인 양육방법, 유아의 행동특성, 영유아 발달에 관한 부모교육을 실시함으로써 학대의 발생을 사전에 예방한다.

지역사회와 관련된 건강	건강교육의 장기적 목표 중 하나로 지역사회의 건강정보센터나 건강증진을 위한 기구가 어떤 것이 있는지 인식하고 건강증진 활동이나 식품을 알게 하는 것에 초점을 맞춘다.
환경과 관련된 건강	• 개인의 행동이 우리가 살고 있는 환경에 직접적인 영향을 미친다는 것을 인식하고, 환경의 중요성을 이해하는 것을 의미한다. – 이를 위해 환경보호 활동, 재활용품 모으기, 동물 보호하기, 식물 기르기 등의 내용이 유아건강교육에 포함된다.

3 유아건강교육의 방법

유아 건강교육의 원리		• 다양한 직접 경험이나 활동을 통해 건강관련 내용을 통합적으로 실시한다.
		   – 일상생활에서 건강을 유지하고 건강한 생활습관을 형성하는 데 필요한 지식, 기술, 태도를 통합적으로 학습하고 자연스럽게 인식을 형성해야 한다.
		• 대상 유아의 연령이나 개인적 특성을 고려하여 각 상황에 따라 적절하고 융통성 있게 전개한다.
		• 건강과 관련되는 특별한 상황이나 사건을 이용하여 건강교육을 실시한다.
		  📖 정기 건강검진, 식중독 사고, 사회의 유해식품 관련 사건, 유괴 사건 등에 대해 이야기 나누기와 관련 자료를 제시하며 건강교육을 실시한다.
		• 매일의 일과와 놀이 속에서 지속적으로 실시하여 반복된 경험을 통해 자연스럽게 건강 생활 습관을 형성할 수 있도록 돕는다.

유아 건강교육의 방법 (접근법)	**주제 통합적 건강교육 (주제에 따른 통합적 접근법, 주제 선정에 따른 통합적 접근법에 의한 건강교육)**	• 건강교육에 관한 주제로 일정한 기간 동안 일상생활의 구체적인 상황 및 놀이, 활동 등을 통해 필요한 지식, 기술, 태도를 통합적으로 학습하는 것을 의미한다.
		• 유아들에게 건강에 관련된 지식, 기술, 태도를 가르칠 때 분리된 교과로 가르치는 것이 아니라 일상생활의 다양한 상황을 학습 경험으로 활용하는 것이다.
		  – 이때 모든 영역을 필수적으로 경험해야 하는 것은 아니고, 유아의 관심과 흥미에 따라 활동을 연계하여 실제 상황에서 건강한 생활을 유지하는 데 필요한 지식이나 기술을 익히고 적용하며 태도를 기를 수 있게 돕는다.
		    📖 '우리 몸'을 주제로 할 때, 이에 관해 이야기 나누기와 흥미영역에서의 실내 자유선택활동, 조형 활동, 화장실 가기, 동화 듣기, 게임, 실험하기, 견학 등의 활동을 통해 건강교육의 내용을 통합적으로 학습하는 것이다.

	역할놀이를 통한 건강교육	• 역할놀이는 유아가 관심이나 흥미 있는 주제를 중심으로 가상적 상황에서 역할을 맡아 놀이하는 것이다.
		  – 역할놀이를 통해 가르치고자 하는 정보나 기술, 태도를 반복적으로 학습시킬 수 있으며, 적절한 매체를 활용한다면 가상적 상황에서 보다 극적이고 현실감 있는 경험을 할 수 있다.
		• 실생활에서 직접적으로 경험하기 어려운 일들을 역할놀이를 통해 간접적으로 체험해 볼 수 있다.
		  📖 케이크를 만드는 빵가게 놀이는 케이크에 들어가는 재료, 방법을 상상하고 체험함으로써 유아들이 다양한 재료에 대해 관심을 가질 수 있다.
		  📖 병원놀이, 소방서놀이, 구급대놀이, 교통놀이 등을 통해 유아들은 건강의 중요성과 건강을 유지하기 위해 필요한 일을 이해하고 실천할 수 있다.

	상황에 근거한 건강교육 (상황 중심 건강교육)	• 유아교육기관에서 일어나는 여러 가지 실제 상황을 건강교육에 활용하는 방법이다. – 실생활에서 직접적으로 경험하거나 간접적으로 들을 수 있는 상황이므로 동기유발이 용이하고 실제와 직접 연결된다는 장점이 있다.

	− 그러나 영유아에게 필요한 건강교육의 내용을 모두 포함시킬 수 없다는 단점이 있다. ⑩ 건강검진하는 날을 통해 검진을 하는 이유와 방법에 대해 토의하거나 이야기 나누기를 할 수 있다. ⑩ 간식, 점심시간을 통해서도 자연스럽게 건강교육이 이루어질 수 있다. ⑩ 주변 사회에서 유해식품 관련 보도나 식중독 사고, 유치원에서 사고가 발생했을 때의 상황을 이용하여 건강교육을 할 수 있다.
현장학습을 통한 건강교육 (현장학습에 근거한 접근법)	• 유아교육기관 밖의 장소를 방문하여 실제 경험을 할 수 있게 함으로써 이루어지는 건강교육으로, 현장학습은 사전준비와 사후연계에 따라 효과의 차이가 발생한다. − 사전에 현장학습을 나갈 장소와 일정, 내용에 대해 유아들이 충분히 인지할 수 있도록 설명하고 동기유발을 시킬 수 있어야 한다. 또한 견학에 대해 치밀한 계획이 선행되어야 순조롭게 진행될 수 있다. − 현장학습 후에는 현장경험과 연계하여 다양한 활동을 전개함으로써 경험이 내면화될 수 있도록 돕는다. ⑩ 질병과 관련하여 가까운 동네에 있는 병원의 종류를 알아보고, 병원에서 일하는 사람들과 하는 일 등에 대해 조사한 후 가능하면 견학을 할 수도 있다.
부모를 통한 건강교육	• 유아는 부모를 통해 건강, 안전에 대한 습관이나 신념을 형성하므로, 학부모 워크숍, 가정통신문 등의 기회를 통해 부모에게 건강에 관한 정보를 제공한다. − 부모가 건강생활에 무관심하거나 정보가 없어서 인식하지 못하는 경우가 있으므로 유아교육기관에서 가정통신문이나 부모교육, 관찰 등의 기회를 통해 부모에게 건강에 대한 정보를 제공하고, 부모가 직접 유아의 활동에 참여할 수도 있으며, 현장체험학습이나 정기 신체검사 등을 실시할 때 부모가 보조 역할을 수행할 수 있다. • 가정연계의 필요성 − 건강생활습관은 건강한 행동이 지속적으로 반복되어야 형성될 수 있으므로 가정과의 연계가 중요하고, 특히 부모의 생활습관이 영유아에게 모델링이 되어 영유아의 건강교육에 영향을 미치는 경우가 많다. ⑩ 건강에 관한 프로젝트에 부모들이 직접 참여
모델링을 활용한 건강교육	• 부모나 교사가 유아에게 설명하기보다 지속적이고 일관성 있게 생활 속에서 건강한 생활습관을 보여주고 이를 유아가 모델링할 수 있게 함으로써 유아의 건강한 생활습관이 자연스럽게 형성하도록 하는 방법이다. − 유아기는 건강생활의 습관이 형성되는 중요한 시기이므로 바람직한 건강과 안전에 관한 행동을 반복적으로 수행하는 것이 중요하다. ⑩ 식사 전에 손 씻기, 식사 후 이 닦기, 규칙적으로 잠자고 일어나기 등을 생활 속에서 보여준다.
매체를 활용한 건강교육 (매체를 활용한 설명 및 시연)	유아가 처음으로 경험하게 되는 건강 관련 행동으로, 교사가 매체를 활용하여 설명과 시범을 보이는 것이다. ⑩ 올바른 손 씻기, 올바른 이 닦기 방법(이 모형, 칫솔), 계절에 맞는 옷차림에 대해 교사의 설명과 시범(시연)

	지역사회
	연계를 통한
	건강교육
		• 전문가를 유아교육기관으로 초빙하여 건강과 관련된 직업에 대하여 설명을 듣거나 건강관리 방법에 대한 시범을 보면서 배우는 기회를 제공하도록 한다.
		    − 소방대원, 동물원 사육사, 치과의사, 간호사, 영양사 등을 초대하여 건강교육을 하거나 해당 기관에 방문하여 현장체험학습을 할 수도 있다.
		    📖 지역사회 보건소나 유관기관에서 유아를 대상으로 하는 건강 및 안전교육 프로그램을 신청하여, 찾아오거나 찾아가는 건강교실을 실시할 수 있다.

	생태학적
	접근을 통한
	건강교육
		• 보다 비구조적인 환경에서 스스로 건강에 대해 자각할 수 있는 활동을 전개하는 교육이다.
		    − 주변을 산책함으로써 몸이 자연스럽게 건강해짐을 느끼게 하고, 텃밭 활동을 바른 먹을거리 교육과 연계하여 몸에 좋은 음식과 몸에 해로운 음식의 선별능력을 자연스럽게 기르기도 한다.
		• 영유아의 주변 환경과 상호작용을 통해 건강교육을 실시하는 것이다.
		    − 산책, 바깥놀이, 동물 기르기, 텃밭 가꾸기 등은 유아가 주체가 되어 실제 경험을 통해 바깥에서 신체활동을 함으로써 자신과 주변의 건강을 인식함과 함께 건강한 생활을 영위할 수 있게 된다.

유아
건강교육
교수 · 학습
방법
	설명하기 및
	시연하기
		• 직접 설명하고 시범을 보여주는 방법은 유아가 지식을 획득하는 데 효과적인 방법이다.
		    − 특히 설명하기는 말이나 자료 제시를 통해 이루어지는 것보다 실제 상황에서 이루어지는 경우 영유아의 행동방식을 교정하는 데 더욱 효과적일 수 있다.
		    − 시연하기의 경우 구체적인 행동의 방법을 영유아에게 제시해주므로 유아가 일상생활에서 쉽게 접하지 못했거나 잘 알지 못했던 방법을 알려주는 데 효과적이다.

	토의	• 토의는 자신의 생각을 다른 사람 앞에서 표현하고 의견을 나누는 과정을 통해 다른 사람과 의견이 다를 수 있음을 알려주는 방법이다. − 이러한 과정을 통해 유아가 자신의 생각을 잘 정리하게 되고 다른 사람의 생각이 자신과 다를 수 있음을 알게 된다.
	역할놀이	역할놀이를 통해 일상생활에서 일어날 수 있는 다양한 상황을 미리 경험해 봄으로써 실제 상황에 처했을 때 대처할 수 있는 기술 및 능력 등을 기를 수 있다. 📖 인형 목욕시키기 놀이를 통해 자신이 몸을 씻는 방법을 익히고, 더 나아가 청결하고 건강한 습관을 가질 수 있다.
	모델링	• 유아는 관찰을 통해 일상생활에서 자연스럽게 학습이 가능하다. 일과 시간 중에서 활동 후 전이 시간에 손을 씻고 점심 후에 이를 닦는 것은 매일 영유아교육기관에서 반복되는 시간이므로 자연스럽게 청결과 위생 습관을 가르치는 기회가 된다. 이시간 동안 교사가 실제로 손을 씻고 이를 닦는 모습을 보여주어야 한다. − 실제 손 씻기와 이 닦기 활동이 필요한 시기에 교사가 어떻게 하는지를 눈앞에서 보여주고 바로 스스로 해보도록 하는 것이 효과적이다.

건강교육 계획 시 고려사항
- 유아의 흥미를 유발하여 학습 참여동기를 높이기 위해 쉽고 재미있는 방법으로 계획해야 한다.
- 실제 경험을 통한 체험교육으로 계획해야 한다.
- 유아교육기관과 가정에서의 교육이 일관되도록 계획해야 한다.

건강교육 실행 시 유의점
- 교사는 건강교육을 연중 지속적으로 실시하여 반복된 경험을 통해 건강한 생활습관을 형성하도록 한다.
- 교사의 일과 운영에 있어서도 일관성이 있어야 한다.
- 교사는 일상생활에서 구체적인 모델링을 보이도록 한다.
- 교사는 일상생활 중에서 건강과 관련된 특별한 상황이나 사건을 이용하여 교육한다.

UNIT 30 유아의 건강에 영향을 미치는 요인

유아의 건강에 영향을 미치는 요인은 매우 다양하지만 주로 언급되는 요인으로는 유전적 요인과 환경적 요인이 있다. 두 요인은 서로 역동적이고 복합적인 관계로 상호 간에 영향을 주기 때문에 건강에 영향을 미치는 요인을 어느 한 가지 측면에서만 설명하기에는 어려움이 있다.

1 유전적 요인

유전적 요인	• 부모로부터 받게 되는 여러 가지 유전인자들이 영유아의 신체적 · 정신적 발달과 건강의 기초를 형성하는 데 매우 중요한 역할을 한다. − 한 인간의 염색체는 남자의 정자로부터 받은 23개의 염색체와 여자의 난자로부터 받은 23개의 염색체가 결합하여 46개로 이루어진다. 이러한 염색체 결합과정에서 46개가 넘거나 부족하게 되면 태아는 건강한 신체를 가지지 못하게 되며 터너증후군, 다운증후군과 같은 병이 발생한다. − 또한 심장질환, 암, 당뇨병, 알레르기 또는 특정 정신질환 등도 유전적 요인과 깊은 관련이 있다. 그렇기 때문에 가족력 조사를 통해 유전적 조건을 찾아냄으로써 건강에 영향을 미칠 수 있는 요인들을 예견하여 사전에 예방하거나 조기 치료를 하는 것이 필요하다.

2 환경적 요인

영양		• 영양은 인간의 생활과 건강을 유지하는 데 절대적으로 필요한 요인이다. 유아기에 필요한 영양소 및 에너지는 성인에 비해 월등히 높다. − 특히 신체의 성장과 발육이 왕성하게 일어나고 활동량이 가장 많은 영유아기에 필요한 영양이 충분히 공급되지 않으면 영양장애 또는 영양결핍으로 뇌발달이 저해되어 인지적 결함을 가져올 수 있고, 면역력도 저하되어 여러 가지 질병에 노출되기 쉽다. − 또한, 영유아에게 과체중이나 비만 혹은 영양실조와 같은 불균형 현상이 나타나지 않도록 평상시 음식 섭취에 대해 지도해야 하며, 어린 시절의 체격 발달은 성인이 된 후에도 많은 영향을 미치므로 적당한 체격을 유지하도록 지도해야 한다. − 더불어 영유아가 충분한 영양을 섭취하여 건강을 유지하고 정상적 성장과 발달을 이루도록 지원하여야 한다. • 부모와 교사는 영유아의 인체에 필요한 영양소가 충분히 들어 있는 음식을 골고루 공급하여 일생 동안 건강을 유지하고 정상적으로 성장·발달하도록 도와주어야 한다.
생활습관	위생관리 휴식과 활동	• 깨끗하고 위생적인 실내·외 환경은 영유아의 건강에 중요한 영향을 미친다. 쾌적한 환경을 위해서는 온도와 습도, 통풍과 환기, 적절한 공간 확보, 청결한 시설과 설비 등 여러 가지 조건이 필요하다. − 영유아교육기관에서는 영유아의 건강한 하루 일과를 위하여 매일 아침 창문을 열어 환기를 시켜야 하며, 날씨가 건조할 경우 청결하게 관리된 가습기를 틀어 습도를 알맞게 조절해야 한다. − 또한 실내의 청결 유지를 위해 책상, 교구장, 교구, 놀잇감 등을 살균·소독하여 관리해주어야 한다. • 위생적인 환경과 더불어 자신의 몸을 깨끗이 하는 습관을 기르는 것은 건강을 유지하기 위해 중요한 요인이다. 건강한 생활습관을 형성하기 위해서는 영유아기 때부터 스스로 손을 깨끗이 씻고 몸을 청결하게 유지하며 날씨에 맞는 옷을 입도록 지도해야 한다. − 손 씻기는 질병 감염을 예방할 수 있는 효과적인 방법이므로 식사시간 전, 화장실에 다녀온 후, 바깥놀이 후 등 수시로 손을 씻을 수 있도록 바른 손 씻기 방법을 알려주며 지도해야 한다. − 또한 점심 식사 및 간식 시간 후에는 반드시 이를 닦을 수 있도록 지도해야 한다. 이 닦기의 중요성 및 올바른 이 닦기 방법에 대해 인식할 수 있도록 지도한다면 영유아가 이 닦기 습관을 형성하는 데 도움을 줄 수 있다.
질병 관리		• 건강을 유지하기 위해서는 질병이 생기지 않게 예방하는 것이 가장 중요하지만, 건강한 몸을 유지하기 위하여 정기적으로 건강검진을 받는 것도 중요하다. − 정기적인 건강검진은 개별 영유아의 성장과 발육이 정상적으로 이루어지고 있는지 파악하는 데 도움이 되며, 외적으로 드러나지 않는 선천적 기형이나 질병 등을 조기에 발견하여 치료할 기회를 제공한다. − 정기적인 건강검진에는 일반적으로 몸무게, 키, 머리둘레 등을 측정하는 체력검사와 시력검사, 청력검사, 피검사, 전문의(소아과, 이비인후과, 안과, 치과 등)에 의한 진단 등을 실시하는 체질검사도 포함되어야 한다.

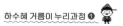

	• 정기적인 건강검진 외에도 질병의 감염 여부를 조기에 발견하여 치료해야 하므로, 영유아가 발열, 발진, 활동성 저하 등의 이상징후를 보이면 질병 유무를 신속히 파악해야 할 것이다.
	• 또한 치아는 음식물을 통하여 영양을 섭취할 수 있도록 음식물을 잘게 부수어주는 중요한 역할을 하는 기관으로서, 건강을 유지하기 위해서는 건강한 치아를 가지고 있어야 한다.
	   – 건강한 치아 유지를 위해서는 이를 깨끗이 닦는 습관을 기르도록 해야 하며, 충치가 생기지 않도록 미리 예방하는 것이 중요하다.
	   – 치아에 특별한 이상이 없는 경우에도 정기적인 검진을 받아 건강한 치아를 유지할 수 있도록 관리해주는 것이 필요하다.

정신건강	• 정신건강은 신체적 건강과 밀접한 관련이 있다. 영유아가 정서적으로 편안한 환경에서 지내게 될 때 신체적 건강도 증진될 수 있기 때문이다.
	   – 정서적으로 불안정한 환경에서는 영유아가 불안감과 스트레스를 받게 되어 심할 경우 신체적 질병과 정신적 문제로 이어질 수 있다.
	   – 영유아가 정서적으로 안정되어야 긍정적인 사고를 하고, 타인과의 관계를 원만히 형성할 수 있다. 그러므로 영유아가 정서적인 욕구에 적절한 보살핌을 받고 자신의 가치를 인정받으며, 긍정적인 자아개념을 형성할 수 있도록 해야 한다.
	   – 또한, 영유아의 정서적 안정을 위해 세심한 부분까지 고려해야 하며, 일상생활 가운데 정서적 안정을 위협할 수 있는 여러 가지 요소들을 제거해야 한다.

보건안전
(응급처치,
약물오남용)
	• 유치원 및 어린이집의 하루 일과 중에 예기치 못한 응급상황이 발생할 수 있다.
	   – 응급상황 발생 시 교사는 영유아가 전문적인 치료를 받을 때까지 손상이나 통증이 악화되지 않도록 응급처치법을 알아두어야 한다. 하지만 경우에 따라서는 119에 즉시 신고하거나 병원으로 가는 것이 최선의 응급처치 방안이 되기도 한다. 응급상황이 발생하면 교사는 영유아가 불안을 느끼지 않도록 해야 하며, 차분하게 응급상황에서의 기본 지침에 따라 대처해 나가야 한다.
	   – 또한 교사는 영유아가 약물안전 습관을 형성할 수 있도록 약물의 올바른 쓰임과 복용법에 대해 알고 이를 습관화하도록 지도해야 한다. 약물안전 습관 형성을 통해 약물의 오남용을 방지할 수 있으므로, 교사는 약물안전 습관의 중요성을 인식하여 이에 적합한 교육을 실시해야 할 것이다.

MEMO

UNIT 31 유아의 건강관리

1 유아건강의 기초자료

개인 구비서류 체크리스트	• 예방접종기록 • 부모, 직원, 건강관리자 간의 건강에 관한 의사소통기록 • 부상기록 • 보호와 교육시간 동안 일어난 모든 질병의 기록 • 평가와 선발 결과 • 성장그래프 • 투약기록과 허가서류 • 건강력
건강력 체크리스트 (Robertson, 1998)	• 이름, 주소, 전화번호 • 투약이 필요한 알레르기와 그 밖의 상태 • 소아과 의사이름, 주소, 전화번호 • 특별한 보호가 필요한 상태 • 응급 시 전화번호 • 특별한 문제나 두려움 • 유아의 건강상태 • 매년 투베르쿨린 검진 실시 • 면역에 대한 기록 • 이전에 앓았던 큰 병이나 부상 • 음식의 제한 • 응급 시 부모의 권한 양도 각서

2 유아건강 평가

관찰과 기록	• 정확하고 기술적인 용어로 기록할 것 　예 콧물을 흘렸다 ➡ 누렇고 푸르스름한 콧물을 계속 흘렸다 • 기록 방법 : 시간표집, 사건표집, 일화기록, 연속기록, 체크리스트 등 • 기록의 보관 : 건강기록 파일카드 등
평상 시 평가	• 표정 : 밝은 얼굴인지 어두운 얼굴인지 관찰 • 머리 : 반복되는 두통, 머리를 한 쪽으로 기울이는 것 • 눈 : 다래끼나 딱딱한 껍질이 벗겨지는 눈꺼풀, 충혈된 눈, 눈물 어린 눈, 눈을 문지르는 것, 심하게 눈을 깜빡거리는 것, 눈꺼풀의 경련 • 귀 : 못 듣는 것, 귀의 통증, 귀 분비물, 들으려고 머리 돌리는 것 • 코, 목 : 코 분비물, 코피, 편도선염, 인후염, 입으로 계속 숨 쉬는 것 • 안색 : 광택, 평상시와 달리 생기가 없고 표정이 부족할 때, 부기가 평상시와 다를 때 • 피부, 두피 : 발진, 뾰루지, 습관적으로 긁는 것, 지나치게 붉은 살갗 • 이와 입 : 청결 상태, 충치, 얼룩진 이, 호흡시의 악취, 잇몸 궤양

	• 심장 : 지나친 숨 가쁨, 쉽게 피로감 느낌, 지나치게 창백한 얼굴과 입술
	• 자세와 근육조직 : 걸음걸이의 이상, 어떠한 형태의 기형
	• 전체 상태 : 쉽게 피로감 느낌, 안색 나쁜 것, 피곤, 열, 구토, 어지러움증
	• 식사 상태 : 섭취량, 식사 시 분위기
	• 활동 수준 : 위축, 반항적, 지배적인 것, 통제력 상실, 지속적인 울음
	• 심한 재채기 또는 기침
신체 계측	• 주기적인 계측 : 키, 체중, 머리둘레, 가슴둘레 등 연속적 자료 수집 • 취학 전 유아 : 1년에 2회 이상 기록
선별 검사	• 목적 : 성장과 발달의 정상 패턴 여부, 잠재된 문제나 손상의 발견 • 시력검사, 청력검사, 언어능력평가, 영양섭취와 부족평가, 구강검사, 투베르쿨린 검사 등 ᅳ 투베르쿨린 검사 : 결핵균의 감염 여부를 알기 위해 2~3년에 한 번씩 실시한다.
건강력과 진찰	• 건강력을 통해 유아의 과거 건강상태, 유전성 질환 등의 가능성을 예측하고 대책을 강구한다. • 자세하고 지속적인 진찰 기록을 보관하여 변화를 점검하고 선천 기형이나 이상 유무를 진단한다.

UNIT 32 정신건강교육

KEYWORD # 정신건강 증진 방안, 분리불안, 주의력 결핍장애(ADHD)

> 유아기 정신건강은 유아의 성장과 발달에 영향을 미치며, 유아기에 경험한 스트레스는 다양한 정신건강의 문제를 유발할 수 있다.
> 유아는 청소년이나 성인에 비해 스트레스 상황을 인식하고 대처하는 능력이 미숙하기 때문에 이로 인한 정신건강의 문제가 더욱 심각할 수 있다.

1 정신건강

정신 (mind)	마음이나 의식, 혼(魂) 등과 같은 것으로, 인식하고 가치를 느끼고 판단하며 어떤 일을 하고자 하는 의욕 등과 같은 심적 능력과 정서적·감정적 측면을 포함한다.
정신건강	• 정신건강이란 정신적 능력에 문제가 없는 튼튼한 상태이다. 즉 정신적으로 질병이 없고 정서적인 장애가 없으며 이로 인해 정신기능을 발휘하는 데 문제가 없는 모습이다. • 정신건강은 정신적으로 건강하지 못한 상태의 예방과 치료라는 측면과 정신적으로 건강한 상태의 유지 및 향상이라는 측면을 포함하고 있다. ᅳ 구체적으로 정신건강이란 건강한 신체, 조절된 정서, 사회적 목표의 추구와 달성, 이를 통한 행복과 만족을 얻을 수 있는 상태로서, 행복과 만족을 추구할 수 있는 안녕의 상태(well-being), 내적 상태 및 외적 상태의 균형, 그리고 조화되고 통일된 모습을 가진 정신적 상태를 말한다.

• 이러한 정신건강은 소극적인 개념과 적극적인 개념으로 구분되며, 오늘날의 정신건강은 소극적인 개념보다 적극적인 개념을 강조하고 있다.
  - 소극적 개념: 정신적 질병의 예방과 치료를 의미한다.
  - 적극적 개념: 정신적으로나 사회적으로 개인의 기능이 최상의 상태로 발휘되는 것을 의미한다.

2 정신건강의 조건

자신에 대한 올바른 이해와 지각	• 자신에 대한 올바른 이해와 지각은 자신을 있는 그대로 판단하고 수용하며, 자신의 한계를 인정하고 받아들이는 것을 말한다. - 자신에 대한 올바른 이해 없이 자신을 과대 또는 과소평가할 때, 열등감이나 좌절감 또는 지나친 우월감을 갖게 된다. 또한 자신의 기대와 능력이 일치하지 않을 때 실망감을 갖게 될 것이며, 그 결과 자신의 잠재가능성을 충분히 발휘할 수 없게 된다. - 그러므로 자신이 할 수 있는 것과 할 수 없는 것, 자신의 감정과 행동 등에 대한 올바르고 객관적인 인식은 정신건강의 필수적인 요소이다.
자아조절	• 자아조절은 행동과 감정을 적절히 통제하고 조절하는 것이다. - 상황에 따라 적절한 것이 무엇인지 인지하고 그 상황에 맞게 행동하면서 감정을 표현하는 자아조절을 통해 주위 환경에 적응하게 되며, 나아가서 자신에 대한 존중감과 타인에 대한 이해가 이루어지게 된다. - 결국 자아조절을 통해 자아존중감, 사회집단에의 소속감, 집단 구성원들과의 유대관계를 형성할 수 있게 된다.
타인에 대한 이해와 존중	사회를 살아가는 사회인으로서 중요한 부분에 해당하며, 타인의 생각이나 관점, 입장을 존중하고 이해하는 것은 사회적 관계를 효과적으로 유지시켜 주는 요인이자 훌륭한 정신건강을 유지하는 요인이 된다.
사회적 승인과 유지	• Maslow에 의하면 집단에 속하여 이로부터 승인을 받고 싶어하는 것은 인간의 기본적인 욕구이다. - 이러한 욕구는 이차적이지만 인간이 사회를 살아가는 데 필요한 것이다. - 유아의 경우 사회적 승인은 부모나 교사로부터 출발하므로, 부모나 교사의 격려와 인정 및 칭찬은 중요한 추동력이 된다.
현실에 대한 올바른 지각	• 정신건강을 효과적으로 유지하기 위해서는 현실에 대한 지각능력이 필요하다. 자신이 할 수 있는 일과 타인과의 관계를 제대로 파악하고 상황에 따라 자신이 할 수 있는 것을 분별할 수 있다면 현실을 무조건적으로 비판하거나 불평하지 않게 된다. - 그러므로 주변의 현실이나 사람을 있는 그대로 인정하고 수용하는 것이 중요하고, 주어진 상황에서 자신의 능력으로 할 수 있는 것을 알아내어 대처하는 능력이 필요하다. • 또한 모든 행동에는 원인과 결과가 있음을 지각하고 그에 맞게 행동하는 것이 필요하다. - 현실을 올바로 지각하는 사람은 사회적 현실을 인정하면서 그 속에서 자신의 요구를 실현시키기 위해 노력할 수 있다.

통일성과 일관성	• 행동에 일관성이 있는 사람은 자신의 일을 추진력 있게 해 나갈 수 있고, 타인과의 관계도 원만하게 이루어지며, 스스로의 감정이나 행동을 잘 조절할 수 있다. — 일관성을 지닌 사람은 정신적으로 통일되고 균형 잡힌 성격을 소유하고 있다. 환경의 여건이나 변화를 인식하고 잘 적응하며, 일시적인 갈등이나 불안, 공포 등을 원만하게 극복하여 정서적인 안정을 취할 수 있다. — 통일성 있는 사람은 내적인 상태와 외부의 조건을 잘 조화시켜 평안한 상태를 유지할 수 있으며, 자신의 문제나 갈등을 적절히 해결하는 긍정적인 성격의 소유자이다.

3 유아의 정신건강을 위한 교사의 역할과 교수전략

교사의 특성	유아에게 미치는 효과
일관성	• 유아들에게 행동의 일관성을 보여주어야 한다. — 교사의 일관성으로 인해 유아는 자신이 무엇을 해야 할지를 사전에 예측할 수 있다. — 유아를 지도할 때 교사가 보이는 일관성은 유아로 하여금 규칙이나 원칙을 이해하게 하고 공정의 개념을 알게 한다. — 유아에게 정서적으로 안정을 주기 때문에 유아의 정신건강을 높여 주는 효과적인 교수전략이다.
합리성	• 합리적인 교사는 유아에게 과도한 활동이나 규칙을 강요하지 않는다. — 유아의 발달수준에 적합한 활동을 요구하며, 그에 알맞은 기대를 한다. — 합리적인 교사는 유아의 능력을 관찰하고 함께 상호작용하므로, 유아의 정신건강을 향상시킨다.
신뢰감	• 유아는 잠재능력이 많은 존재이므로, 교사는 유아가 스스로 성장하고 발달하고자 하는 욕구를 가지고 있고 실제 그렇게 할 수 있다는 신념을 갖는 것이 중요하다. • 신뢰감을 가진 교사와 상호작용을 하는 유아는 자신의 일에 대한 만족감과 자신감을 가지므로 긍정적인 자아개념을 가질 수 있을 뿐만 아니라 좋은 정신건강을 형성할 수 있다.
감정이입	• 교사가 유아의 감정을 수용하고 유아의 감정처럼 느낀다면, 유아는 자신이 수용되고 있다고 느끼게 된다. 이러한 감정을 경험하는 유아는 자신에 대해 긍정적으로 생각하게 되며, 또래에게도 이러한 감정을 표현할 수 있게 된다. — 그러므로 유아교사는 감정이입을 통해 유아의 입장에서 이해하려고 노력함과 동시에 유아가 어떻게 느끼는지 인식할 수 있도록 도와주는 것이 중요하다.
따뜻함	• 수용적이고 따뜻한 교사는 유아에게 정서적 안정을 제공한다. 그렇게 할 때 유아는 자신이 수용되고 있다는 것을 느끼고 긍정적인 자아개념을 형성하게 된다. — 유아교사가 온정적일 때 유아들의 정신건강교육은 효율적이게 된다.

4 유아 스트레스

스트레스	• 스트레스라는 말은 원래 19세기 물리학 영역에서 '팽팽히 조인다'는 뜻의 라틴어 'stringer'에서 기원하였다. • 의학 영역에서는 20세기에 이르러 Selye(1975)가 '정신적 · 육체적 균형과 안정을 깨뜨리려고 하는 자극에 대하여 자신이 있던 안정 상태를 유지하기 위해 변화에 저항하는 반응'으로 발전시켜 정의하였다(질병관리청 국가건강정보포털). • 스트레스는 긍정적 스트레스(eustress)와 부정적 스트레스(distress)로 나눌 수 있다. 　－ 당장에는 부담스럽더라도 적절히 대응하여 자신의 향후 삶이 더 나아질 수 있는 스트레스는 긍정적 스트레스이고, 자신의 대처나 적응에도 불구하고 지속되는 스트레스로 불안이나 우울 등의 증상을 일으킬 수 있는 경우는 부정적 스트레스라고 할 수 있다. 　－ 적절한 스트레스는 우리의 생활에 활력을 주고 생산성과 창의력을 높일 수 있다. 즉 스트레스에는 긍정적 혹은 부정적 생활 사건 모두가 포함될 수 있으나, 주로 부정적 생활 사건과 관련된 스트레스만을 가리킬 때를 일반적인 스트레스 상황으로 인식하고 있는 것이다.

유아 스트레스		• 유아의 스트레스는 크게 자극의 강도에 따라서 '중요한 생애 사건에 의한 스트레스'와 '일상적 스트레스'로 나눌 수 있다(Band & Weize, 1988). • 유아가 느끼는 일상적 스트레스는 중요한 생애 사건 스트레스보다 자극의 강도는 약할 수 있지만 더 빈번하게 발생하기 때문에 영유아가 겪는 다양한 스트레스 요인들 중 가장 복합적인 결과를 발생시킨다고 할 수 있다. 　－ 이처럼 영유아기의 반복되는 일상적 스트레스의 경험은 영유아의 신체적 · 심리적 · 정서적 발달에 누적되어 해로운 영향을 미치는 동시에 영유아의 잠재력을 위협한다는 점에서 심각한 문제라고 할 수 있다.
	중요한 생애 사건 스트레스	유아 개인에게 지대한 생활의 변화를 가져오는 상황으로 인한 스트레스이다. ◎ 부모의 이혼 혹은 죽음, 가족원의 죽음, 유아의 장기간 입원, 부모의 실직, 이사, 전학, 부모의 학대 등
	일상적 스트레스	• 유아가 일상생활 속에서 흔하게 경험하는 기분 나쁜 일, 속상한 일, 슬펐던 일, 놀랐던 일 등 사소하지만 부담스러운 일들로, 유아에게 흔히 있을 수 있는 일을 말한다. 　－ Parfenoff와 Jose(1989)는 어린이의 일상적 스트레스를 가족관계, 또래관계, 책임감, 심리적 안정감, 건강, 학교, 자아통제, 자아감의 8개 범주로 나누었다.

유아의 감염병 스트레스	• 코로나바이러스감염증-19는 2019년 12월 중국에서 처음 발생한 뒤 전 세계로 확산된 사람과 사람 사이에 전파되는 감염병으로, 이로 인해 환경과 일상이 달라진 것만으로도 스트레스를 받을 수 있다. 특히 코로나-19와 같은 신종 감염병은 위험 정도에 관계없이 불안과 혼란을 초래할 수 있다. • 유아의 감염병 스트레스의 사회 · 정서적 반응은 마스크를 쓰는 등 달라진 환경에 대한 불안과 두려움, 규칙적 생활의 변화로 인한 짜증과 무기력, 집에서 지내는 시간의 증가로 인한 짜증과 답답함, 부모의 부정적 양육과 갈등 증가로 인한 슬픔과 죄책감, 감염된 부모나 가족과의 격리로 인한 불안, 슬픔, 죄책감, 오랜 격리 후 등원 시 불안하고 낯설음 등을 경험할 수 있다는 것이다(육아정책연구소, 2020).

5 유아 스트레스 대처방안

유아의 스트레스 증상 파악	• 스트레스를 받은 영유아는 다양한 신체적·정서적 반응을 보이는데, 칭얼거림이 심해지거나 두통·복통 등 신체적 증상이 나타날 수 있고 심한 경우 자폐를 앓기도 한다. • 영유아기 스트레스 증상은 정신건강에 부정적인 영향을 미치고, 이후 부적응 행동으로 이어질 수 있으므로 영유아의 행동과 심리 상태를 주의 깊게 관찰하여 스트레스 정도를 파악해야 한다.

유아의
스트레스
대처를 위한
성인의 역할
	• 유아가 자신의 기분을 이해할 수 있도록 도와준다.
	  - 스트레스에 강해지려면 자신의 생각을 잘 파악하고 표현할 줄 알아야 하므로, 유아에게 여러 가지 느낌과 그에 맞는 단어를 말로 표현할 수 있게 알려준다.
	  - 긍정적인 감정은 쉽게 익힐 수 있으므로 유아에게 오히려 부정적인 단어를 많이 알려주는 것이 좋다. 유아가 느끼는 감정이 어떤 것인지 자세한 설명을 통해 이해할 수 있도록 도와준다.
	  - 기분과 감정에 대해 충분히 이해하게 되었을 때 "지금 마음이 어떠니?"하고 물으면 쉽게 영유아의 상황에 접근하고 해결할 수 있다.
	• 유아의 감정을 읽어주고, 좌절에 대하여 이야기할 수 있는 기회를 주어야 한다.
	  - 유아가 어떤 것으로 마음에 상처를 입었는지 빨리 알아채려면 무엇보다 대화를 많이 하는 것이 중요하다.
	  - 유아와 대화를 할 때는 표정으로 그 이야기에 흥미를 보이고 있다는 것을 알려주어야 한다. 대화 중간에 옳고 그름을 따지지 말고, 유아를 쓰다듬어줄 정도로 가까이 앉아서 이야기를 들어준다. 이야기를 다 듣고 나면 유아에게 질책과 충고를 하는 대신, "그때 어떤 기분이었니?", "이제 어떻게 하면 좋을까?"하고 이야기를 더 잘할 수 있도록 유도한다.
	  - 인내심을 갖고 영유아의 이야기를 듣다 보면, 자연스럽게 무엇 때문에 힘들어하는지 알 수 있게 된다.
	• 유아에게 사랑을 표현하여 자기존중감을 높여 준다.
	  - 자신에 대해 건강한 자존감을 가진 영유아는 자기 신뢰가 높고 도전심이 강하기 때문에 자존감이 낮은 영유아보다 스트레스를 잘 이겨낸다. 따라서 교사는 평소에 영유아에 대한 사랑과 칭찬에 인색하지 않아야 한다.
	• 전문가의 지원을 받을 수 있도록 돕는다.
	  - 영유아가 지속적으로 정신건강에 문제를 보이면 놀이치료, 모래상자 놀이치료, 미술치료 등 심리치료와 상담 전문가에게 도움을 받도록 돕는다.

6 유아기의 정신건강 문제

유아기의 정신건강 문제는 성인기와 달리 유아발달에 대한 이해를 토대로 접근해야 하며, 유아가 일부 특정 증상을 보인다고 해서 정신장애가 있다고 단정하기는 어렵다.

또한 유아가 성장해감에 따라 정신건강과 관련된 문제들은 상호 관련성을 지니고 누적되어 일어난다.

분리불안	• 분리불안은 영유아가 집 또는 애착대상과 이별할 때 경험하는 것으로, 발달적으로 볼 때 부적절할 정도로 지나친 불안을 보이는 것이 특징이다.
	   − 영유아는 애착관계가 형성된 대상 인물이나 환경으로부터 격리될 때 복통, 두통, 구토 등의 신체적 이상이나 불편을 호소한다.
	   − 이러한 분리불안은 자기와 대상의 분리를 감지할 수 있는 생후 6~12개월 사이에 나타나 18개월 이후에 절정기에 이르고, 36개월 이후부터는 주 양육자에 대한 심리적·정신적 표상이 생기기 때문에 서서히 사라진다.
	 불안감 해소 방안
	 • 유아가 느끼는 감정을 충분히 이야기하도록 허용하고 그들의 감정을 수용해준다.
	 • 유아가 불안감으로 일상생활에 지장을 초래하는 영역을 탐색하고 과도한 걱정이 비합리적이라는 것을 인식시켜 준다.
	 • 유아가 비합리적 사고를 떠올리면 중지시키고, 걱정에 대한 대안적 사고를 학습시켜 긍정적인 자기표현을 통하여 자신감을 갖도록 도와 준다.

반응성 애착장애	• 반응성 애착장애는 애착이 형성되지 않거나 무분별한 애착을 나타내는 것을 말한다. 고통스러운 상황에 노출되어도 이 장애를 가진 유아는 주양육자에게서 위안이나 지지, 양육, 보호를 얻으려고 하지 않는다.
	   − 반응성 애착장애는 가족 등 주변의 다른 사람과 관계를 맺는 것에 대해 지속적인 두려움을 보이며, 사회적인 상황 전반에 걸쳐 발생한다.
	 원인
	 반응성 애착장애는 안락함, 자극, 애정 등 영유아의 기본적인 감정적 욕구를 지속적으로 방치하거나 유아의 기본적인 신체적 욕구를 지속적으로 방치하는 경우, 양육자가 반복적으로 바뀜으로써 안정된 애착을 형성하지 못하는 경우에 나타난다.
	 진단 및 치료
	 • 출생 시 정상이었으나 모성결핍으로 인해 후천적으로 자폐증과 유사한 상태를 나타낸다. 애착이 형성되기 시작하는 9개월 이상부터 5세 이하 유아에게 발생하며, 9개월 이상 된 아이가 1년 이상 증상이 나타날 때 진단을 내린다. 5세가 넘은 유아에게는 주의 깊게 진단해야 한다.
	   − 조기에 발견하여 안정된 환경이 주어지고 어머니와 유아가 함께 치료받으면 정상적인 회복이 가능하지만, 그렇지 못할 경우 지속적인 경과를 보인다.
	   − 반응성 애착장애아는 치료자와 상호작용을 할 수 있어 자폐아에 비해 사회적 상호작용이 좋으나, 언어장애 유아보다는 공격성, 충동성, 반항성 등의 문제행동이 두드러진다.

주의력 결핍 과잉행동장애	• 부주의하고 과잉행동과 충동성 성향을 주요한 특징으로 하는 행동을 말한다. – 주의력 결핍 과잉행동장애 유아는 자신과 비슷한 발달 수준에 있는 다른 유아들보다 당면한 과제에 더 심하게 주의를 기울이거나 주의를 지속함에 있어서 제한된 능력을 보이며(부주의, inattention), 어떤 일을 심사숙고하여 처리하지 못하거나 목적 없이 행동하며(충동성, impulsivity), 활동의 양이 같은 연령의 또래나 주어진 과제에 비해 과도함(과잉행동, hyperactivity)을 나타낸다. **발병 시기** 발병 시기는 보통 3~6세로 7세 이전에 발병한다. **증상** • 주의력 결핍 과잉행동을 보이는 유아는 유아기부터 자극에 지나치게 민감하며 소음, 빛, 온도 등의 환경 변화에 과민반응을 보이고, 잠들기가 어려우며 자주 운다. • 걸음마기 이후에는 활동이 부산하고 위험한 행동을 서슴없이 한다. • 유치원이나 학교에 가서는 가만히 앉아 있지 못하고, 자리에 앉아도 지나치게 많이 움직이며 손발을 꼼지락거린다. 수업 중에 교사의 지시를 따르지 않으며, 주의가 산만하여 자주 지적을 받는다. 사소한 자극에도 폭발하며, 정서가 불안정하고, 충동성 때문에 참을성이 없거나 실수가 잦아서 자주 사고를 낸다. 학습 장애나 언어장애가 동반되는 경우가 많으며, 이차적으로 정서장애와 행동장애가 흔하게 동반된다. • 주의력 결핍 과잉행동을 보이는 유아는 문제행동을 일으키는 경우가 많으며, 주변으로부터 지속적인 부정적 평가를 받음으로써 자존감의 저하, 심리적 위축, 대인관계의 장애 등을 경험하기도 한다. 특히 이들의 산만하고 부주의한 행동은 학업 수행에 부정적인 영향을 끼쳐 학업상의 문제가 두드러지게 나타난다(Stephen, Joseph, Kate, & Ming, 1991). • 주의력 결핍 과잉행동 유아는 성장한 후에도 대인관계 이상이나 사회 부적응 행동을 수반하므로 조기에 발견하여 치료하는 것이 중요하다. **치료** • 주의력 결핍 과잉행동장애의 치료 방법은 약물치료가 가장 효과적인 것으로 알려져 있으나 약물치료만으로는 만족스러운 결과를 기대할 수 없다. • 심리치료와 부모교육에 의해 호전될 수 있으므로 유아의 증상 개선과 함께 그 가족의 삶을 변화시키며 심리적 문제도 함께 해결하는 것이 효과적이다.
선택적 함구증	• 선택적 함구증은 발화 능력에 문제가 없음에도 불구하고 특정한 사회적 상황에서 말을 하지 못하는 장애로, 불안장애의 일종이다. – 정서적 어려움과 언어 및 사회성 미발달과 연관되어 있으며 빠른 시간 내에 해결되도록 도와야 한다. **발병 시기** 대개 5세 이전에 발병하며 몇 달 정도 지속되지만 더 오래 지속되기도 하고 몇 년 동안 지속될 수도 있다. **증상** • 선택적 함구증의 핵심적인 증상은 언어 기술 능력에 문제가 없음에도 말을 하는 것이 기대되는 특정한 사회적 상황(발표 상황 또는 가족을 제외한 친척 및 교류 관계 등)에서 말을 하지 못하거나 반응이 없는 상태이다. – 말을 하지 않는 행동이 1개월 이상 지속되고 학습이나 의사소통을 방해한다면 선택적 함구증이라 볼 수 있다.

	• 선택적 함구증과 동반되는 특징으로는 심한 부끄러움과 사회적으로 어려운 상황에 대한 두려움, 위축, 매달림, 강박적 특성, 거절, 분노 발작, 반항 등이 있으며 사회성과 학업 기능에 심한 장해가 초래되기도 한다. • 또래에게 놀림을 당하거나 따돌림을 당하는 경우도 있으며 불안장애, 정신지체, 입원, 극심한 스트레스와 관련되기도 한다.	
우울장애	우울장애는 의욕 저하와 우울감을 주요 증상으로 하여 다양한 인지 및 정신·신체적 증상을 일으켜 일상 기능의 저하를 가져오는 질환을 말한다. **발병 시기** 우울장애는 발달 시기에 따라 그 발생 빈도가 달라진다. 평균 20대 중반에 발병하는 경향이 크지만, 12세 미만 아동에게서도 2% 이하로 나타난다. 또한, 유아기에는 남아가 여아보다 높은 유병률을 나타내지만, 청소년기에는 여자가 남자보다 2배 정도의 높은 유병률을 나타낸다. **발병 원인** 영유아기 우울장애에 대한 근본 원인은 아직 밝혀지지 않고 있지만 유전적·생물신경학적·심리사회적 요인에 대한 연구가 이루어지고 있다. 유전적 요인으로는 가족 내 우울증 환자가 많다는 것, 생물신경학적 요인으로는 신경내분비계의 이상, 신경전달물질의 이상 등을 들며, 심리사회적 요인으로는 부모갈등, 이혼, 아동학대, 성폭행 등에서 우울장애가 높게 발생한다고 본다. **증상** • 우울장애를 가진 영유아는 자주 슬퍼하고 울거나 어떤 일에 대해 희망이 없다고 자주 말하며, 놀이 및 활동에 대한 흥미가 감소하는 증상을 보인다. • 유아는 자신의 상태를 언어로 표현하기 어렵기 때문에 두통, 복통, 야뇨, 식욕부진과 같은 신체증상을 주로 호소하고 문제행동이나 등교 거부 등 행동장애 증상을 나타낸다. **치료** • 일반적으로 우울장애를 '마음이 약해서 생긴 것이다. 마음을 강하게 먹으면 이겨낼 수 있다'고 잘못된 고정관념으로 보는 사람이 의외로 많다. 우울장애는 여러 요인에 의해 뇌 기능의 장애가 나타나는 질환이기 때문에 뇌 기능을 정상적으로 회복시켜주는 치료가 반드시 필요하다. 신속하고 적절한 치료가 이루어질 때 회복율도 현저하게 높아지고 우울증에 따른 장애도 낮출 수 있다. • 유아기 우울증의 치료는 유아의 생물학적 기질, 유전적 취약성, 인지−정서발달수준, 가정환경 등의 다양한 요소를 고려한 다각적 접근이 필요하다. 우울장애는 약물치료, 정신치료, 인지치료, 놀이치료 등을 통해서 문제해결에 도움을 줄 수 있다.	
파괴적 행동장애	파괴적 행동장애는 품행장애와 반항성 장애로 나뉜다.	

	품행장애	• 비행, 폭력, 공격성 및 일탈 행동과 같이 유아가 다른 사람의 기본권리를 침해하거나, 나이에 적합한 사회적 규범이나 규칙을 위반하는 행동을 지속적이고 반복적으로 보여주는 장애를 말한다.
		• 품행장애는 비사회화된 공격성과 사회화된 공격성으로 구분된다.
		  − 비사회화된 공격성은 불순종, 비협조성, 무분별함, 무례함, 파괴적 행동, 분노폭발 등의 행동을 보인다.
		  − 사회화된 공격성은 나쁜 친구 사귀기, 비행을 일삼는 친구들에 대한 충성, 무단결석, 도벽, 방화 등의 행동을 보인다.

		• 다른 사람들의 감정에 전혀 관심과 공감대가 없으며 자신의 행동에 대한 죄책감이나 자책감이 결여되어 있고 냉담하다. 그리고 평균 이하의 지능을 가지고 있어 좌절에 대한 인내력이 낮고, 자극받기 쉬운 과민한 상태이며, 폭발적인 기질을 동반하는 경우가 많다.
	반항성 장애	• 부모나 선생님 등에게 반항을 일삼는 장애로 거부, 도전, 불복종, 적대 행동 등을 나타낸다. • 품행장애와 달리 타인의 권리를 침해하거나 사회적 규범을 어기지 않으며 주의력결핍 과잉행동장애, 학습장애가 동반되는 경우가 많다. 자존심이 낮고 기분의 변동이 심하며 서로 알고 있는 어른이나 친구관계에서 잘 나타난다.
고립		• 또래들과의 관계형성을 원하지 않거나 관계를 형성하지 못하는 경우를 말한다. • 지도 방안 : 고립아를 주의깊게 관찰하여 놀이상황, 상호작용 특성 분석 후 지도한다. ⓔ 또래와 즐겁게 할 수 있는 놀이를 제공하여 또래와의 관계에서 재미를 느끼게 한다. ⓔ 친구들과 놀 때 필요한 사회적 기술을 가르친다. ⓔ 배척당하는 영유아가 자신감을 가질 수 있도록 도와주고, 다른 영유아에게 장점을 부각시킨다. ⓔ 또래와 잘 어울려 노는 경우, 칭찬과 격려를 제공한다.
틱 장애		• 틱(tic)이란 갑작스럽고 빠르며 반복적 · 비율동적 · 상동적인 움직임이나 소리를 말한다. 틱은 나타나는 근육군과 양상에 따라서 단순 틱, 복합 틱과 음성 틱으로 구분된다.

단순 틱	순간적인 눈 깜빡임, 목 경련, 얼굴 찡그림이나 어깨 으쓱임 등으로 나타난다.
복합 틱	단순 운동 틱과 달리 한 군데 이상의 안면근육 수축, 만지기, 냄새를 맡거나 뛰기, 발 구르기 혹은 욕설행동증과 같은 좀 더 통합적이고 마치 목적을 가지고 하는 행동과 같은 양상을 나타낸다.
음성 틱	코와 목구멍을 통하여 흐르는 공기에 의해 생기며 헛기침, 꿀꿀하는 소리, 코로 킁킁거리기, 코웃음 치기와 동물이 짖는 소리 같은 단순 음성 틱이나, 단어, 구 혹은 문맥을 벗어나는 문장, 외설증(사회적으로 용납되지 않는 단어들, 주로 외설스런 욕을 사용), 동어 반복증, 반향 언어증 등 복합성 음성 틱으로 나타날 수 있다.

－ 틱 장애는 뚜렛장애, 만성 운동 또는 만성 음성 틱 장애, 일과성 틱 장애, 달리 분류되지 않는 틱 장애 등 네 가지로 분류된다.

성인에게 요구되는 태도

• 유아의 틱 증상을 일부러 만들어 내는 것으로 오해하는 경우가 많으나, 뇌의 이상 또는 사회 · 심리적 요인에 원인이 있으므로 부모와 주변에서 이를 이해하고 지지적인 태도로 격려해야 한다.

• 유아의 틱 증상에 대한 자세한 관찰이 필요하긴 하지만, 틱 자체에 대해서는 무시하는 태도를 보이는 것이 좋다.
－ 부모가 유아의 틱 행동에 대해서 극심한 불안감을 표현한다면 유아에게 문제가 될 수 있으니 스스로 조절해야 한다.
－ 틱 자체에 신경을 쓰기보다는 유아가 틱 증상으로 생활에 영향을 받지 않고 자신감 있게 생활을 할 수 있는 것에 훨씬 더 신경을 써야 한다.

• 틱으로 인한 스트레스를 줄여 주기 위해서 유아가 마땅히 해야 할 일들을 줄여 주는 것은 바람직하지 않으며, 아이가 스스로의 스트레스 조절법을 익히도록 도와주어야 한다.

배설 장애	유뇨증	• 밤이나 낮에 침구나 옷에 반복적으로 소변을 보는 것이다. • 3개월 동안 주 2회의 빈도로 연속적으로 일어나며, 생활 연령이 5세 이상으로 약 복용이나 의학적 질환에 의한 것이 아닌 것을 말한다. • 야간형, 주간형, 주야간이 있으며, 유발 원인은 지연되었거나 느슨한 대소변 훈련, 심리사회적 스트레스, 낮은 방광용적 및 요농축 능력의 장애가 있다.
	유분증	• 적절치 않은 곳(옷, 방)에 반복적으로 대변을 보는 것을 말한다. • 만 4세가 지났음에도 대변을 가리지 못한다면 발달지연이나 발달지체를 의심해야 한다.
인터넷 중독		인터넷 중독이란 컴퓨터 및 인터넷 사용에 있어서 자율적 통제가 불가능할 뿐만 아니라, 과도한 집착이나 충동적인 행동을 보이고 이로 인해 사회적 기능에 장애를 일으키며, 경우에 따라서 우울증, 등원 거부, 충동조절 장애 등의 문제를 일으키는 상태를 말한다. **예방** • 유아가 컴퓨터를 처음 시작할 때부터 사용 시간 등 규칙을 정한다. • 방문한 사이트의 경로를 파악하거나 유해 사이트를 차단할 수 있는 프로그램 등의 도움을 받는 것이 좋다. • 방임적이거나 반대로 권위적·독재적인 부모의 영유아가 인터넷 중독에 더 노출되기 쉬우므로 부모는 자녀와 대화를 자주 하고 일관된 양육 태도를 보이는 것이 중요하다. **인터넷 중독의 예방을 위한 생활 속 지침** • 특별한 목적 없이 컴퓨터를 켜지 않는다. • 컴퓨터 사용 시간을 가족들과 협의하여 결정한다. • 컴퓨터 사용 시간과 내용을 사용일지에 기록하는 습관을 들인다. • 컴퓨터 옆에 알람시계를 두어 사용 시간을 수시로 확인한다. • 인터넷 사용 이외에 운동이나 취미활동 시간을 늘린다. • 인터넷 때문에 식사나 취침 시간을 어기지 않는다. • 스스로 인터넷 사용 조절이 힘들 경우, 시간 관리 소프트웨어를 설치한다.

스마트폰 과의존

• 스마트폰 과의존이란 과도한 스마트폰 이용으로 스마트폰에 대한 현저성이 증가하고, 이용 조절력이 감소하여 문제적 결과를 경험하는 상태를 말한다.
  – 현저성(salience) : 개인의 삶에서 스마트폰을 이용하는 생활패턴이 다른 형태보다 두드러지고 가장 중요한 활동이 되는 것이다.
  – 조절 실패(self-control failure) : 이용자의 주관적 목표 대비 스마트폰 이용에 대한 자율적 조절능력이 떨어지는 것이다.
  – 문제적 결과(serious consequences) : 스마트폰 이용으로 인해 신체적, 심리적, 사회적으로 부정적인 결과를 경험함에도 불구하고 스마트폰을 지속적으로 이용하는 것이다.

스마트폰 과의존 유아 관찰자 척도

유아 대상 관찰자용(부모 혹은 교사 등) 검사로 실시 결과는 고위험/잠재적 위험/일반 사용자군으로 분류된다.

결과	해석
고위험 사용자군	스마트폰 사용에 대한 부모의 통제에 저항하며 일상생활의 상당 시간을 스마트폰 사용에 소비하고자 하며, 그로 인해 부모−자녀 갈등이나 일상의 놀이·학습 문제, 신체 건강 문제 등이 심각하게 발생한 상태로, 발달을 지체시킬 위험성이 높은 상태이다. ➜ 스마트폰 과의존 경향이 매우 높으므로 관련 기관의 전문적인 지원과 도움이 요청된다.
잠재적 위험 사용자군	스마트폰 사용에 대한 부모의 통제를 따르지 않는 양상이 종종 관찰되며, 그로 인해 부모−자녀 갈등이나 일상의 놀이·학습 문제가 발생하기 시작한 단계로, 발달에 부정적 영향을 미칠 위험성이 존재하는 상태이다. ➜ 스마트폰 과의존 위험을 깨닫고 스스로 조절하고 계획적으로 사용하도록 노력하며, 이를 위한 보호자의 지원이 요구된다. 스마트폰 과의존에 대한 주의가 요망되며, 학교 및 유치원 등 관련 기관에서 제공하는 건전한 스마트폰 활용 지침을 따른다.
일반 사용자군	부모의 통제에 따라 스마트폰 사용 시간이 조절되고 있어서 갈등이 발생하지 않고, 일상생활의 주요 활동이 스마트폰으로 인해 훼손되는 문제가 발생하지 않는 상태로, 발달을 위한 기본 조건을 충족시키고 있는 상태이다. ➜ 스마트폰을 건전하게 활용하기 위한 보호자의 지속적인 점검이 요구된다.

스마트폰 과의존 예방 가이드라인

단계	내용
1단계	**스마트폰 과의존 문제 인식** ① 아이가 스마트폰 작동에 능숙하다고 해서 Smart(똑똑)한 것은 아닙니다. ② 보호자의 스마트폰 과의존도 아이에게 대물림 될 수 있습니다. ③ 규칙 없는 스마트폰 이용은 방임일 수 있습니다.
2단계	**사용상태 점검** ④ 보호자가 스마트폰 과의존일 경우, 아이의 과의존 위험이 큽니다. − 성인과 아이 모두 스마트폰 과의존으로 인해 신체·심리·관계·행동 문제를 경험할 수 있습니다. − '스마트폰 과의존 척도'를 활용하여 사용 습관을 확인해 보세요.
3단계	**바른 사용 실천방안 및 대안 제시** ⑤ 아이의 발달단계와 기질을 고려하여 스마트폰 사용규칙을 구체적으로 정하세요. 가정(기관) 내에서도 스마트폰 활용 규칙을 일관되게 지킵니다. ⑥ 학습용 앱보다 책을 읽어주세요. 보호자가 일할 때나 식당, 차 안에서도 스마트폰 대신 놀잇감(장난감, 종이, 그림책, 퍼즐, 블록 등)을 주세요.
4단계	**주변 사람과의 관계형성 강화** ⑦ 아이가 규칙을 지키면 충분히 칭찬하고 격려해 주세요. 아이와 상호작용을 위해 다양한 놀이를 함께해 주세요. − 유아기(만 3∼5세)까지의 발달 특성과 보호자와의 유대관계는 아이의 평생 발달에 영향을 미칩니다. 보호자와의 긍정적인 상호작용과 놀이는 아이의 건강한 발달을 위한 가장 효과적인 방법입니다.

II 유아영양교육

UNIT 33 영양교육의 이해

KEYWORD # 영양소의 종류(지방, 탄수화물, 단백질, 무기질, 비타민, 물 등), 3대 영양소

1 개념

정의	• 유아에게 영양과 식품에 대한 기초적인 지식을 습득하게 하는 것이다. • 지식을 기초로 식생활에 올바르게 적용할 수 있도록 유도하고, 올바른 식사습관을 형성하도록 교육하는 것이다. • 유아를 위한 영양교육의 내용으로는 식품에 여러 영양소가 포함되어 있고 각 영양소는 우리 몸에서 다양한 역할을 하므로 우리 몸에 필요한 영양소를 균형 있게 섭취해야 한다는 것을 알고 실천하도록 할 필요가 있다는 것이다. • 또한 교사가 유아의 급식과 간식을 계획·관리하고 영양지도를 하기 위해서는 영양소에 대한 지식이 필요하다.
목적	• 영유아기의 충분한 영양 공급은 일생 동안의 성장과 발달에 직접적인 영향을 미치므로, 이 시기에는 음식에 대한 감각과 식습관을 형성해야 한다. 　－ 건강과 영양의 관계를 이해하고, 이에 필요한 지식을 습득할 수 있도록 한다. 　－ 식사에 대한 긍정적인 태도를 가질 수 있도록 한다. 　－ 올바른 식사예절과 식습관을 형성할 수 있도록 한다.
기본 원칙	• 일찍부터 영양교육을 시작한다. • 일관성 있고 통합적인 영양교육을 실시한다. • 영유아의 발달에 적합하도록 교육 내용을 구성한다. • 실천적이며 구체적으로 지도한다. • 유아교육기관, 가정, 지역사회 연계가 지속적으로 이루어지도록 한다.

2 영양소의 분류

- 올바른 영양이란 6대 영양소를 골고루 섭취하는 것을 의미한다. 우리 몸에 필요한 6대 영양소는 탄수화물, 단백질, 지방, 비타민, 무기질, 수분으로, 이 영양소들은 열량을 공급하는 에너지 영양소, 인체를 구성하는 구성 영양소, 신체를 조절하는 조절 영양소로 구분된다.
  - 에너지 영양소는 탄수화물, 단백질, 지방으로 3대 영양소라고 불린다. 에너지 영양소는 우리 몸에 흡수되어 에너지원으로 사용되므로 부족할 경우 무기력하고 피로를 많이 느끼게 된다.
  - 구성 영양소는 단백질, 무기질로, 우리 몸에 흡수되어 근육, 골격, 면역체, 치아, 혈액을 구성한다. 구성 영양소가 부족할 경우 성장 발육 및 면역력에 문제가 생길 수 있다.
  - 조절 영양소는 무기질, 비타민, 물로, 우리 몸에 흡수되어 세포들의 활동을 돕고 혈액순환 및 신진대사활동을 도와 노폐물을 배출하고, 세포 내에 신선한 산소를 공급하는 등 신체기능을 조절하는 역할을 한다. 조절 영양소가 부족할 경우 면역력이 떨어지고 노화가 발생하는 등 성장 및 건강에 문제가 생길 수 있다.

탄수화물	• 탄수화물은 당질이라고 하며, 우리 몸의 주에너지원으로서 몸에 필요한 에너지의 65% 이상을 공급한다. • 탄수화물은 1g당 약 4kcal의 열량이 발생하여 체온을 유지하고, 뇌를 포함한 장기들의 에너지가 되는 등 생명현상의 유지와 활동을 위한 에너지를 내는 필수 영양소이다. 　- 탄수화물을 대신해 지방이나 단백질이 에너지원으로 사용될 경우 성장이 저해될 수 있으므로 하루 세 끼 식사와 1회 간식을 통해 탄수화물을 섭취할 수 있도록 하는 것이 중요하다. **섭취 부족** 신체활동이 저하되고, 뇌 활동도 원활히 이루어지지 못해 사고력이 떨어지고, 정신건강에도 부정적 영향을 미치며, 피로감을 느끼기 쉽다. **섭취 과잉** 과잉 섭취된 탄수화물은 지방으로 바뀌어 저장되므로 비만을 가져올 수 있다. 이외에도 충치, 당뇨병, 소아비만, 고지혈증 등이 생기는 경우도 있다. **주요 공급원** 고구마, 감자, 밀가루, 쌀, 옥수수, 사탕, 잼, 설탕 등
단백질	• 인체를 구성하는 성분으로, 1g당 약 4kcal의 열량이 발생하여 근육과 골격 등 신체를 구성하고, 체액을 약알칼리 상태로 유지하며 효소, 호르몬, 면역체를 생성한다. 또한 뇌 구성요소의 주성분으로 뇌의 형성과 발달에 중요한 역할을 한다. 　- 그러므로 영유아는 매일 일정량의 단백질을 섭취해야 하며, 체단백질 합성에 필요한 무기질과 비타민 역시 적절히 공급되어야 단백질의 이용률이 높아진다. **적정 섭취량** 1~2세의 경우 15g, 3~5세의 경우 20g 정도(전체 식사에서 얻는 열량의 13~15% 정도)를 섭취하도록 한다.

	구분 ① 동물성 단백질 　• 소화흡수율과 체내이용률이 좋지만 포화지방산을 포함하고 있어 우리 몸을 일시적 　　으로 산성화시킨다. 　• 따라서 몸의 항상성 유지를 위해 뼈에 있는 칼슘(알칼리성)을 사용하므로 골다공증의 　　위험이 있고, 각종 암이나 치매질환을 유발하기도 한다. ② 식물성 단백질 　• 포화지방산이 없고, 칼로리와 소화흡수율이 낮다. 　　- 일반적으로 하루에 적정량의 3끼 식사 시 동물성 단백질과 식물성 단백질을 균형 　　　적으로 구성한다면 단백질 권장량을 쉽게 섭취할 수 있다. **섭취 부족** 발육이 저하되고, 근육 강도가 낮아져 쉽게 피로해진다. 또한 질병에 대한 면역력이 낮아 지고 뇌 발달에도 부정적인 영향을 미친다. **섭취 과잉** 비만을 불러일으킬 수 있으므로 적정량을 섭취하도록 한다. **주요 공급원** 육류, 어패류(생선, 조개, 굴 등), 콩류(두부, 콩, 두유), 견과류(호두, 땅콩, 잣), 달걀, 유제품 (우유, 치즈) 등
지방	• 지방은 1g당 9kcal의 열량을 내는 우수한 저장 에너지로 다른 영양소에 비해 느리게 　연소되고 탄수화물이 소비된 후에 사용된다. 또한 지방은 뇌 조직의 주요 성분으로 뇌 　발달에 중요한 역할을 한다. 체온을 유지해주고, 장기 주변에 축적되어 외부의 충격으 　로부터 장기를 보호하는 등 생명 유지와 성장, 정상적 신체기능에 필수적이다. • 식사를 구성할 때 가장 적은 비율로 제공한다. **적정 섭취량** 2세 이하의 영아는 신체조직과 뇌의 성장 및 발달을 위해 많은 양의 지방이 필요하므로 이 시기에는 지방을 제한하지 않는 것이 좋으나, 2세 이후에는 고지방 식품의 섭취를 점차 적으로 줄여 1일 25~40g 정도(하루 총열량의 약 20%)를 섭취할 것을 권장한다. **구분** ① 포화지방산(동물성 지방에 많음) 　• 상온에서 고체 형태를 띠는 것으로, 섭취하면 몸에 나쁜 콜레스테롤을 혈관에 쌓이게 　　하여 심혈관계 질환 및 각종 암의 원인이 된다. ② 불포화지방산(식물성 지방에 많음) 　• 상온에서 주로 액체 형태를 띠며, 섭취하면 이로운 지방으로 좋은 콜레스테롤 수치를 　　높이고, 몸에 해로운 콜레스테롤의 수치를 낮추어 심혈관계 질환 및 각종 암의 발병 　　률을 줄이는 효과가 있다. 　　- 따라서 유아는 포화지방산과 불포화지방산 식품을 구분하고, 불포화지방산이 포 　　　함된 식품을 섭취하는 것이 좋다. **섭취 부족** 쉽게 피로해지며, 발육이 저하되고, 피부질환이 일어난다. 또한 인지기능, 학습능력, 시각 기능 등에 장애가 발생하여 뇌 활동에도 부정적 영향을 미치게 된다. **섭취 과잉** 동물성 지방에는 포화지방산과 콜레스테롤이 다량 함유되어 있으므로 과다 섭취하는 경우 비만, 고지혈증, 심혈관계 질환, 대장암이나 유방암을 일으킬 수 있다.

	주요 공급원 • 동물성 지방(포화지방산이 많음) : 육류, 유제품(우유, 치즈) 등 • 동물성 지방(불포화지방산이 많음) : 등푸른생선(고등어, 꽁치, 참치, 삼치) • 식물성 지방(불포화지방산이 많음) : 기름류(참기름, 들기름, 올리브유), 견과류 등
비타민	• 비타민은 인체기능 조절 영양소이다. 다른 영양소에 비해 극소량이 필요하지만, 우리 몸에 흡수되어 세포의 활동을 돕고, 신진대사 활동을 통해 노폐물을 배출하며, 세포 내 신선한 산소를 공급하는 등 생명현상을 유지하기 위한 대사 작용에 필요한 영양소이다. 　－ 비타민 B2는 열량 영양소 대사에 활용되므로 성장기에 결핍되기 쉽다. 　－ 비타민 B6는 단백질 합성에 쓰여 단백질 섭취량이 증가할수록 요구량이 많아진다. 　－ 성장기에 조직의 적절한 성장과 발달을 위해서는 충분한 양(40mg)의 비타민 C 섭취가 요구된다. • 비타민의 비율을 높이기 위해 매 끼니 2가지 이상의 채소를 섭취하도록 구성하며, 과일, 샐러드나 천연 과일주스 등 비타민을 포함한 간식을 제공할 수 있다. **구분** • 비타민은 용해성에 따라 수용성과 지용성으로 나뉜다. 　① 수용성 비타민 : 비타민 C와 B군(비타민 B1, B2, B6, B12, 엽산, 나이아신) 　　－ 수용성 비타민은 과잉 섭취해도 소변으로 배출되므로 매일 일정량의 수용성 비타민을 섭취해야 한다. 　② 지용성 비타민 : 비타민 A, D, E, K 　　－ 지용성 비타민은 식품 내 단백질 및 지방을 통해 섭취되고 흡수된다. 따라서 충분한 지방질을 섭취하면 지용성 비타민도 함께 섭취되고 흡수율도 높아진다. **섭취 부족** 발열이나 세균성 감염이 일어나기 쉽고, 발병 시에는 다량의 비타민이 소모되므로 더욱 많이 섭취해야 빨리 회복되며 성장에 문제가 생기지 않는다. **섭취 과잉** 체네에 축적되어 골다공증, 각종 암이나 치매 질환을 유발하기도 한다.
무기질	무기질은 골격, 치아, 체액, 효소, 호르몬 등을 구성하는 인체 구성 영양소이며, 세포의 활동을 도우며, 혈액순환 및 신경자극 전달을 원활히 하여 인체기능을 조절한다. **적정 섭취량** 하루에 적정량의 3끼 식사 시 무기질을 포함하여 균형적으로 구성한다면 무기질은 권장량을 쉽게 섭취할 수 있다. **섭취 부족** 빈혈이나 근육경련 등 인체 기능의 장애, 치아와 뼈 건강 이상, 심장 질환을 일으킬 수 있다. **종류** ① 칼슘 : 뼈와 치아를 구성하는 기능을 담당한다. 　• 유아들의 골격과 치아 발달을 위해서는 칼슘이 충분히 공급되어야 한다. 유당, 비타민 D 등은 칼슘의 흡수를 돕는다. 　　－ 따라서 칼슘의 주공급원인 우유와 유제품 섭취를 적극 권장해야 한다. ② 인 : 뼈와 치아를 구성하는 기능을 담당한다. 　• 인은 거의 모든 식품에 골고루 들어 있으므로 유아가 정상적인 식사를 한다면 결핍되지 않지만, 가공식품과 탄산음료에도 인이 들어 있어 과잉 섭취되지 않도록 주의가 요구된다.

③ 철: 혈액구성의 기능을 담당한다.

  • 영아는 생후 4~6개월부터 급성장함에 따라 철분이 결핍되기 쉬우므로 보충이 권장된다. 철분의 필요량은 체격과 성장 속도에 비례하므로 성장기에 철분이 결핍되지 않도록 주의해야 한다.

    – 소고기 등 동물성 식품에 함유된 철분은 식물성 식품에 함유된 것보다 흡수율이 높다. 비타민 C가 함유된 식품을 함께 섭취하면 철분의 흡수율이 증가한다. 따라서 과일, 채소, 주스와 함께 섭취하는 것이 좋다.

④ 아연: 단백질 대사와 관련이 있다.

⑤ 나트륨: 혈액순환의 기능을 담당한다.

⑥ 요오드: 갑상선 호르몬 형성의 기능을 담당한다.

⑦ 마그네슘: 신경자극 전달의 기능을 담당한다.

주요 공급원

칼슘(뼈째 먹는 생선(멸치), 우유, 해조류, 채소류), 인(우유, 견과류, 곡류), 철(어육류, 달걀), 아연(해조류, 우유, 달걀), 나트륨(소금(하루에 10g), 요오드(해조류), 마그네슘(채소류, 견과류, 곡류)

물

• 인체 내 수분 함유량은 1세 이전에는 체중의 75%, 유아기에는 체중의 70%로 연령이 낮을수록 체중 대비 수분 함유량이 높기 때문에 영아에게 수분 섭취는 매우 중요하다.

  – 이유기를 지난 성장기 유아는 많은 양의 물을 마셔야 한다. 물은 대부분의 식품에 포함되어 있으므로 직접 물을 마시거나 과일, 채소를 섭취함으로써 수분을 얻을 수 있다.

  – 그러나 식사 중에 함께 물을 마시게 하는 경우는 소화와 영양분 흡수를 방해하므로 식사 중에는 물을 마시지 않도록 하는 것이 좋다.

• 물은 영양소의 운반, 노폐물 배설, 세포 형태 유지, 삼투압의 평형, 체온 유지, 뇌 활동 등 중요한 역할을 한다.

섭취 부족

탈수, 발열, 체중 감소, 뇌 활동 저하 등의 문제가 나타날 수 있으며, 체중에서 10% 이상의 수분이 손실되면 생명을 잃을 수도 있다.

섭취 과잉

신장 기능에 문제가 있을 경우 수분을 과잉 섭취하면 부종, 구토가 발생할 수 있다.

적정 섭취량

유아는 대략 하루 8컵 정도(1.5리터 이상)의 수분이 필요하다.

UNIT 34 영양의 관리

1 과잉섭취 저감화

당 저감화	• 당은 충치, 유아 비만, 주의력 결핍과 과잉행동 장애의 원인이 될 수 있다. 　－ 기관에서는 당의 섭취를 감소시키도록 급식 음식의 조리와 간식 제공시 주의해야 한다. **당 섭취량 저감 방법** • 단 음식을 소량 제공하고, 가공식품 대신 자연식품을 제공한다. 　例 탄산이나 과일 주스 대신 물과 과일을 제공한다. • 조리 시 과다한 물엿이나 설탕의 사용은 자제하고, 물엿 대신 올리고당이나 갈은 과일 등을 사용한다.
나트륨 저감화	• 나트륨 충분섭취량 : 영아(1~2세) 0.7g, 유아(3~5세) 0.9g • 국민 건강 영양 조사 : WHO 권고량의 2배 이상 섭취(1998~2008) **과잉 섭취 문제점** • 혈압상승, 뇌졸중, 심근경색, 심부전 등의 심장질환 및 신장질환 발병이 증가한다. • 신장결석 및 골다공증의 위험이 증가한다. **나트륨 섭취량 저감 방법** • 자연식품 섭취 습관을 기른다. • 과일과 채소 섭취를 통해 나트륨 배설을 촉진한다. • 가공식품을 구입하거나 사용하기 전에 나트륨 함량을 확인한다. • 국이나 찌개 등의 국물 섭취를 강요하지 않는다. • 작은 국그릇으로 섭취량을 조절한다. • 외식이나 인스턴트식품 섭취를 자제한다. • 식탁 위에 소금이나 간장을 놓지 않는다. • 간식은 빵이나 과자보다는 과일과 우유로 제공한다. • 라면, 어묵, 햄, 소시지, 감자칩 등의 가공식품을 적게 먹는다. • 소금, 간장 등을 적게 넣는 조리 습관을 기른다. • 짠맛 대신 신맛이나 과일을 이용한다. • 음식에 포함된 소금의 양을 확인하기 위해 염도계를 사용한다.
지방 저감화	지방은 비만, 암, 동맥경화 등과 같은 만성 퇴행성 질환의 발생 원인이 될 수 있다. **과잉 섭취 문제점** • 동맥 혈관 안의 콜레스테롤 축적으로 내경이 좁아져 혈액 운반이 어렵다. • 혈관이 탄력을 잃어 굳게 되며 심장병, 심근경색, 심부전증, 뇌혈 등의 순환기계 질환이 유발된다. • 총 지방의 섭취도 문제지만 최근 동물성 식품 내의 포화지방과 가공식품 내 첨가되는 트랜스지방이 심각한 원인 물질이 된다. **지방 섭취량 저감 방법** • 튀김, 볶음보다는 찜 또는 삶는 방법으로 조리한다. • 닭고기, 오리고기 등의 껍질을 벗겨 사용한다. • 기름 흡수 종이를 사용하여 기름기를 제거한다. • 생선은 기름에 굽는 대신 석쇠나 오븐을 사용하여 굽는다. • 가공식품 구입 시 지방 함량을 확인한다.

• 어린이 기호식품의 영양성분 함량을 신호등 색으로 표시하는 것으로, 기호식품의 지방 등 영양성분 함량에 대한 표시를 어린이의 이해 기준에 맞춘 방법이다.

– 제품의 앞면에 과잉섭취에 대한 우려가 높은 당류, 지방, 포화지방, 나트륨의 함량에 따라 녹(녹색 신호등 : 영양성분 낮음), 황(노란 신호등 : 보통), 적색(빨간 신호등 : 영양성분 높음)의 신호등 표시를 실시토록 하여 어린이를 포함한 소비자들이 보다 쉽게 식품을 선택할 수 있도록 하였다.

– 비만 등이 우려되는 어린이의 영양불균형을 해소하기 위한 제도로서, 저체중 어린이가 무조건 적색을 피하는 것은 바람직하지 않으며 성장기 어린이들의 고른 영양 섭취를 위해 하루 전체식사를 균형 있게 하는 것이 중요하다.

어린이 기호식품 신호등 표시제 – 식약처

식품구성 자전거

출처 : 보건복지부 · 한국영양학회, 2020 한국인 영양소 섭취기준 활용, 2021

• 식품구성자전거는 한국인 영양소 섭취기준에서 권장식사 패턴을 반영한 균형잡힌 식단과 규칙적인 운동이 건강을 유지하는 데에 중요함을 전달하기 위해, 많은 사람이 이해하기 쉽게 제시하고 있는 식품모형이다.

– 식품구성자전거는 권장식사 패턴, 식품별 1인 1회 분량과 함께 활용하면 좋다.

🏠 생애주기에 따른 식품군별 하루 권장식사 패턴

구분	곡류	고기·생선·달걀·콩류	채소류	과일류	우유·유제품류	유지·당류
1인 1회 분량 예시	밥 210g (약 1공기)	달걀 60g (약 1개)	당근 70g (약 $\frac{1}{3}$~$\frac{1}{4}$개)	사과 100g (약 $\frac{1}{2}$개)	우유 200ml (약 1잔)	콩기름 5g (약 1작은술)
영아(만 1~2세)	1	1.5	4	1	2	2
유아(만 3~5세)	2	2	6	1	2	4
아동(만 6~11세)	3/2.5	3.5/3	7/6	1	2	5

※ 아동(만 6~11세)의 수치는 남녀로 구분되어 있음

식품구성자전거의 구성

① 자전거 뒷바퀴의 식품군별 식품 : 매일 다양한 식품군별 식품을 필요한 만큼 섭취하는 균형 있는 식사의 중요성을 강조한다.

② 자전거 앞바퀴에 그려져 있는 물 : 충분한 물 섭취의 중요성을 의미한다.

③ 자전거에 앉아 있는 사람 : 규칙적인 운동을 통한 건강 체중 유지의 중요성을 의미한다.

각 식품군

각 식품군에 포함된 식품들은 우리나라 국민들이 자주 섭취하는 대표 식품이다.

① [곡류] 현미밥, 쌀밥, 가래떡/백설기, 국수, 식빵, 시리얼, 옥수수, 감자, 고구마 등

② [채소류] 당근, 오이, 고추, 브로콜리, 애호박, 배추김치, 김, 표고버섯 등

③ [고기·생선·달걀·콩류] 쇠고기, 돼지고기, 닭고기, 고등어, 오징어, 새우, 달걀, 완두콩, 두부, 호두 등

④ [과일류] 수박, 딸기, 귤, 바나나, 포도, 사과, 블루베리, 자두 등

⑤ [우유·유제품류] 우유, 치즈, 호상요구르트, 액상요구르트 등

⑥ [유지·당류] 설탕, 콩기름, 올리브유, 버터 등

2 유아 급식을 위한 영양 섭취기준과 개념

유아 급식을 위한 영양 섭취 기준	영양 섭취기준	구분	3~5세
	평균필요량	에너지	1,400kcal
	권장섭취량	단백질	20mg
		칼슘	600mg
		나트륨	900mg
		비타민 C	40mg
		칼륨	2,300mg

영양 섭취 기준의 개념	평균필요량	대상 집단을 구성하는 건강한 사람의 절반에 해당하는 사람들의 일일 필요량을 충족시키는 값
	권장섭취량	평균필요량에 표준편차의 2배를 더한 값(단백질)
	충분섭취량	권장섭취량을 산출할 수 없는 경우에 역학조사에서 관찰된 건강한 사람들의 영양소 섭취수준
	상한섭취량	건강에 유해 영향이 나타나지 않는 최대 섭취수준 영양소의 과잉섭취로 인한 위험을 예방하기 위해 설정

참고

한국인 영양소 섭취기준

건강한 개인 및 집단을 대상으로 하여 국민의 건강을 유지·증진하고 식사와 관련된 만성질환의 위험을 감소시켜 궁극적으로 국민의 건강수명을 증진하기 위한 목적으로 설정된 에너지 및 영양소 섭취량 기준을 말한다.

3 열량 영양소의 에너지 적정 비율

적정 비율	• 유치원의 급식과 간식 식단은 유아의 영양기준량을 충족시킬 수 있도록 계획해야 한다. − 3~5세 어린이의 1일 섭취 에너지: 1,400kcal − 균형 잡힌 식사의 에너지 구성

탄수화물	단백질	지방
55~65%	7~20%	15~30%

유치원 제공 급·간식의 총 섭취 열량	점심 1회와 간식 2회 공급 기준으로 약 500kcal(약 10% 수준인 50kcal는 변동 가능) 정도로 구성하는 것이 바람직하다.
유아의 수분 섭취량	하루 최소 물 섭취량은 1.2~1.6L이며, 잔으로는 6~8잔이 적절하다.

UNIT 35	유아교육기관의 영양관리

KEYWORD # 급·간식지도(유의점, 횟수, 영양소 및 열량의 균형)

1 유치원 급·간식

목표	영양이 풍부한 음식을 균형 있게 제공하여 건강한 식습관을 형성한다.
특징	• 유아는 점심과 오전, 오후 간식으로 성장에 필요한 영양의 반 이상을 유치원에서 섭취한다. • 유아의 성장발달을 고려한 균형 잡힌 급·간식을 제공해 줄 필요가 있다. • 유아의 소화능력과 기호를 고려하여 식단을 작성하고 조리해야 한다. • 유아는 식중독 발생과 식품안전사고의 발생에 취약하므로 주의해야 한다.
간식의 필요성	• 성장과 활동에 따른 영양소 필요량이 많으나, 한정된 소화 능력으로 인해 간식이 필요하다. 　- 유아의 단위 체중 당 필요로 하는 영양소량은 어른의 2배 이상으로, 많은 영양소가 충족되어야 하나 소화기능이 충분히 발달하지 않았다. 　- 유아의 음식물을 씹는 능력, 소화액의 분비 및 소화기관의 크기로는 세 끼 식사로 충분한 영양소를 공급받을 수 없으므로 간식 섭취가 필요하다. 　- 간식 자체로 즐거움을 유발하기도 하며, 기분 전환의 계기가 될 수 있다.

2 식단별 고려사항

오전 간식	• 점심 식사에 영향을 주지 않는 가벼운 간식을 일일 총 열량의 약 5~10% 수준으로 제공한다. • 점심 식사의 2시간 30분 전 쯤 제공한다. • 점심 메뉴를 고려하여 간식 식단을 작성하고, 단백질과 열량이 편중되지 않도록 제공한다. 　⑩ 영양소 편중의 사례 : 오전 '빵'(탄수화물), 오후 '국수'(탄수화물) **유의사항** • 아침을 먹지 않은 유아들을 고려하여 오전 간식 제공량을 늘리게 되면 점심 식사 섭취량이 줄어들 수 있으므로 유의한다. • 오전 간식은 식사를 대신하는 것이 아니므로, 학부모에게 유아가 아침을 거르고 등원하지 않도록 충분히 안내한다.
점심 식사	• 1일 총 필요 열량에서 2회 간식으로 제공되는 에너지양을 제외한 필요 에너지양의 1/3 수준으로 제공한다. • 열량 계산 시 주재료 외 부재료 및 양념의 열량도 함께 계산한다.

오후 간식	• 일일 총 열량의 약 10% 수준으로 제공한다. • 점심 식사와 2시간 30분의 시간 간격을 두고 제공한다. • 다양한 영양소와 수분의 공급이 가능하도록 구성한다. • 오후 간식은 저녁 식사와 시간 차이가 비교적 긴 편으로 오전 간식보다 비중을 높여 구성한다. • 저녁 식사에 지장을 주지 않도록 적정량을 제공한다.
간식 제공 시 고려사항	• 비타민과 무기질이 간식을 통해 보충될 수 있도록 2가지 이상의 식품을 조합하여 제공한다. • 수분 공급이 가능하고, 소화하기 좋은 식품을 선택하여 제공한다. • 단순 당이 적은 식품을 제공한다. 　－ 탄산음료나 당도가 높은 식품의 제공을 제한한다. 　－ 바람직한 간식 : 제철 과일, 채소 샐러드, 채소스틱, 우유 및 유제품, 감자, 고구마 샌드위치 등 　－ 바람직하지 않은 간식 : 즉석·가공·냉동 식품 등 　　🖎 탄산음료, 라면, 과자, 초콜릿, 젤리, 패스트푸드 등 고열량·저영양 식품 등

참고

주의가 필요한 간식

파인애플	• 생 파인애플 속의 브로멜린이라는 단백질 분해효소는 혀나 구강의 단백질을 분해하여 구강염을 일으킬 수 있으므로 과량을 섭취하지 않도록 하며, 특히 유아가 빨아먹지 않게 주의해야 한다. • 통조림의 경우 당 시럽에 재워져 있으므로 시럽은 되도록 주지 않도록 배려한다.
인절미, 경단 등	찹쌀로 만든 떡처럼 끈적이는 음식은 삼켰을 때 기도가 막힐 수 있으므로 항상 주의하고, 가급적 피하도록 한다.
고구마, 백설기, 강력분으로 만든 빵, 삶은 계란 노른자	수분이 적은 간식으로 퍽퍽해서 삼키기가 어렵고, 목이 메는 경우가 많으므로 반드시 음료와 함께 제공하고, 급하게 먹지 않도록 교사의 세심한 주의가 필요하다.
젤리, 찹쌀떡, 새알심	형태가 유동적이어서 기도를 막을 경우 조금의 틈도 생기지 않게 되므로 항상 주의한다.

3 식단 계획

식단작성 순서	1) 1회 공급 영양소량, 식품군별 1일 제공 횟수, 음식의 종류를 고려하여 식단을 작성한다. 　① 1회 공급 영양소량을 결정한다. 　　－ 유치원에서 제공하는 급식과 간식의 총 섭취 열량 : 약 500kcal(약 10% 수준인 50kcal는 조정 가능) 　　－ 학교급식법 시행규칙에 제시된 기준에 따라 점심 1끼 400kcal ± 10%를 기준으로 한다. 　　－ 한 번에 많은 양의 음식과 필요한 영양소를 공급할 수 없으므로 급식과 간식을 나누어서 제공한다.

　　　－ 유아의 영양필요량을 충족시킬 수 있도록 다양한 식품배합을 통하여 영양적으로 적합한 식단을 구성한다.
　　　－ 신체발육에 필요한 칼슘과 단백질이 충분히 함유된 식단을 구성한다.
　　　－ 간식은 세끼의 식사에서 부족할 수 있는 영양소를 보충할 수 있도록 구성한다.
　② 산정된 열량의 식사 구성안의 식품군별 1일 제공 횟수를 확인한다.
　　　－ 유아의 각 식품군 1일 점심과 간식 제공 횟수를 참고하여 점심은 곡류 1, 고기·생선 달걀·콩류 2, 채소류 3.5를 제공한다.
　③ 음식의 종류를 결정한다.
　　　－ 음식 품목은 주식, 국 또는 찌개, 주반찬, 부반찬, 김치류 다섯 가지로 구성하고, 주반찬은 육류, 가금류 등 동물성 식품을 재료로 하여 구이, 조림, 볶음, 튀김 등의 조리 방법으로 하며, 부반찬은 채소를 재료로 하여 나물, 무침, 샐러드 등의 형태로 제공한다.
　　　－ 다양한 식품을 경험할 수 있게 계획하며, 식재료와 조리법이 반복되면 싫증내기 쉬우므로 어린이들이 선호하는 식품을 고려하여, 색감, 질감, 형태, 맛, 조리방법을 다양하게 구성한다.

유의점

　① 유아는 저작능력이 약하고 소화 흡수기능이 미숙하여 소화 장애를 일으키기 쉬우므로 기름을 많이 사용한 튀김류, 볶음류, 섬유질이 지나치게 많은 채소, 그리고 큰 덩어리로 조리된 음식을 제공하기보다는 싱겁고 담백한 음식으로 구성하는 것이 바람직하다.
　② 학기 초에는 적응 기간임을 고려하여 집에서 자주 접하는 익숙한 음식을 제공하고, 새로운 음식을 접하면 거부감을 가지는 경향이 일반적이기 때문에 소화가 잘 되는 음식으로 구성한다.
　③ 냉동·가공식품보다는 천연식품과 제철식품을 이용하여 우수한 영양소를 제공한다.
　④ 여름철에는 식중독이 발생하기 쉬우므로 상하기 쉽거나 보관이 어려운 식재료는 사용하지 않는다.
　⑤ 향신료는 되도록 적게 사용하여 맛이 자극적이지 않도록 하며, 염분·유지류·단순당류 또는 식품첨가물 등을 과다하게 사용하지 않도록 한다.

2) 식단을 평가하고 수정·보완한다.
　　－ 식단 평가 시 영양가 분석을 통해 영양 제공 기준량을 충족하는지 비교하여, 기준을 초과하거나 부족한 열량, 단백질, 기타 영양소는 음식 품목이나 조리법을 조정·수정한다.
3) 필요한 식품 재료의 종류와 양을 파악하고 급식 인원과 재고량 폐기율을 고려한 후 식품 구매량을 결정한다.
4) 기타사항
　　－ (배식) 급식량과 제공 시간을 정하여 규칙적으로 적정량을 배식하도록 계획한다.
　　－ (행정) 유치원별로 책정된 급식비용, 급식 인력, 시설 설비 등을 고려한다.
　　－ (식품 알레르기) 식품 알레르기로 인한 피해를 예방하기 위하여 가정통신문, 보호자 확인 등을 통해 특정식품 알레르기 유병 유아를 파악하여 관리하고, 해당 유아가 식단에 포함된 알레르기 유발 식품을 섭취하는 일이 없도록 예방한다.

식단작성 원칙	• 유아의 영양필요량을 충족시킬 수 있도록 다양한 식품배합을 통하여 영양적으로 적합한 　식단을 구성한다. • 신체발육에 필요한 칼슘과 단백질이 충분히 함유된 식단을 구성한다. • 음식을 적절히 변화시킬 수 있는 주기식단(Cycle Menu)으로 구성한다. • 조리는 유아가 소화하기 쉬운 방법으로 하되, 자극성이 강한 조미료의 사용은 자제한다. • 유아의 기호를 고려한 식단으로 구성한다. • 급식량과 제공 시간을 정하여 규칙적으로 적정량을 배식하도록 계획한다. • 간식은 세끼의 식사에서 부족할 수 있는 영양소를 보충할 수 있도록 구성한다.
주기식단	• 음식을 적절히 변화시킬 수 있는 장점이 있다. • 유아는 어른에 비해 단순한 맛을 좋아하지만 같은 음식이 반복되면 쉽게 싫증을 내므로 　이를 고려하여 매일 다른 식단을 구성하는 것이 바람직하다.
이벤트 식단	• 유아들의 흥미를 유도할 수 있도록 하고 음식을 통해 문화와 사회의 중요성을 알 수 　있도록 기념일, 계절별 특식, 외국음식의 날 등 이벤트 식단을 제공한다. • 유아들이 기념일 및 명절을 알 수 있도록 특별식을 제공한다. 　- 새해, 정월대보름, 어린이날, 어버이날 　- 추석(한가위), 크리스마스, 동지 • 계절별 이벤트와 함께 특별식을 제공한다. 　- 봄: 봄나물의 날, 딸기 축제, 개학 이벤트 등 　- 여름: 아이스크림 데이, 수박 축제, 복날, 바캉스 이벤트 등 　- 가을: 체육대회 날, 할로윈 데이, 가을맞이 이벤트 등 　- 겨울: 첫눈 이벤트, 어묵/붕어빵의 날, 방학 이벤트 등 • 유치원에서 다양한 이벤트 날을 정하여 특별식을 제공한다. 　- 외국 음식 체험의 날 　- 수다날(수요일은 다 먹는 날) 　- 사랑한다면 데이(면 요리 먹는 날) • 기념일과 이벤트 날에 특별식을 제공할 경우, 해당 유아 가족의 문화 및 종교 등을 반영 　하여 준비한다.

4 식생활 지도의 필요성과 내용

기본적인 식생활 지도	• 식생활 지도는 일상생활, 특히 음식을 먹는 시간을 전후하여 매일 이루어질 수 있으며, 상황에 따라 개별적으로 지도한다. • 교사나 부모가 모범을 보이는 것이 필요하며, 대부분의 식습관은 가정에서 형성되므로 가정에서의 올바른 식생활 지도가 중요하다. 　－ 부모교육이나 가정통신문 등을 통하여 가정에서도 효율적인 식생활 지도가 이루어질 수 있도록 한다.
필요성	• 유아기 발달 특징과 식생활 지도의 필요성 　－ 유아기는 자아와 사회성의 발달로 사물을 받아들이거나 거부하는 능력이 형성되면서, 음식에 대한 수용과 거부 의사가 분명해진다. 　－ 좋아하는 음식과 싫어하는 음식을 구분하기 시작하므로 이 시기에 식생활 지도가 필요하다. • 올바른 식습관 형성은 신체적, 정서적, 사회적 건강을 형성한다. • 유아기의 좋은 식생활 행동 및 태도는 기본생활습관 형성과 전반적 발달에 긍정적 영향을 준다. • 유아기에 형성된 식습관은 일생에 걸쳐 장기적인 영향을 준다. • 가정의 형태 변화로 인해 장시간 유치원에서 머무르게 되면서 과거 가정에서 지도하던 식습관과 식사예절 지도가 교사의 중요한 생활지도로 바뀌었다. • 최근 가공식품이 증가함에 따라 소아비만 문제가 커지고 있기 때문에 유아기부터 올바른 식품 선택에 대한 교육이 필요하다. • 유아의 식생활 지도 및 관리는 주변 보호자에 의해 이루어지므로 유아 대상 식생활 지도 뿐만 아니라, 유치원 교사와 부모를 대상으로 한 어린이 식생활 지도 교육이 필요한 시기이다.
지도 시기	**식사 전 지도** • 식사 전에 손 씻기 • 식사할 자리 깨끗이 하기 　－ 식탁과 의자를 바르게 놓고 주변 정리하기 • 배식질서 지키기 • 음식은 먹을 수 있는 양만 가져가기 • 식탁에 앉을 때에는 바른 자세로 앉기 • 친구들이 준비될 때까지 기다리기 • 음식이 식탁에 오르게 되기까지의 과정을 이해하고 애써 주신 분들께 감사하는 마음 갖기 • 식사를 준비해 준 사람에게 감사하는 마음 갖기
	식사 중 지도 • 웃어른이 먼저 식사를 시작한 후 식사하기 • 바른 자세로 먹기 • 식사 도구를 사용하여 먹기 • 흘리지 않고, 천천히 꼭꼭 씹어 먹기 • 밥과 반찬을 교대로 먹기 • 밥과 반찬을 골고루 먹고 편식하지 않기 • 돌아다니지 않고, 제자리 앉아서 식사하기 • 음식물을 입 안에 넣고 소리를 내거나 말하지 않기 • 적당한 시간 안에 조용히 대화하며 즐거운 분위기로 식사하기

MEMO

식사 후 지도	•입가에 묻은 음식물은 휴지나 수건 등으로 닦기 •식사 후에도 감사하는 마음 갖기 •식사 후 주변을 깨끗이 정리하기 　－ 식탁과 주변의 자리를 깨끗이 치우기 •잔반으로 인한 환경문제를 이해하고 남기지 않도록 노력하기 •자신이 사용한 식기는 정해진 장소에 갖다 놓기 •식사 후에는 반드시 이 닦기 •휴식 취하기

UNIT 36 식습관 지도

KEYWORD # 편식 지도방법

1 편식하는 유아

개념	•음식에 대한 기호가 강하여 특정 식품만을 선호하고 다른 식품은 거부하는 등 식사의 내용이 한쪽으로 치우치는 식생활을 편식이라고 한다. 　－ 편식하는 유아는 골고루 먹지 않고 특정한 식품만을 섭취하게 됨으로써 다양한 식품을 통한 고른 영양의 섭취가 불가능해지고, 특정 영양소만 과다하게 섭취하는 영양장애를 초래할 수 있다. 　－ 특정 식품에 대한 거부 감정이 강하고 영양적으로 균형이 깨진 식품 섭취가 계속되며, 그에 따라 발육과 성장이 저해되는 경우 문제가 된다. •유아기는 식품에 대한 기호가 형성되는 시기이므로 다양한 음식을 편견 없이 경험할 기회가 필요하다. 　－ 유아기는 식욕과 식품의 기호가 불안정하여 식품의 성분, 조직, 맛에 대한 개인적인 차이가 크고 쉽게 변할 수 있는 시기이므로 지속적인 관심과 지도가 이루어진다면 편식 교정이 충분히 가능하다.
편식 교정이 필요한 경우	•일상의 식생활에서 설탕이 많이 든 음료, 과자류에 대한 기호도가 강해 식사에 영향을 미치고, 영양의 섭취가 양적으로 균형을 잃게 될 때 •개별 식품을 싫어하기보다 생선류, 채소류는 모두 싫어하는 것처럼 해당 식품군별 전체의 음식을 먹지 않는 등 섭취식품 구성에 결함이 있다고 판단될 때 •식품 선호가 특정 종류에만 편중된 결과로 발육과 영양 상태가 기준에 미치지 못한다고 판단될 때
원인	•이유식의 지연, 이유기 때 다양한 음식을 먹지 못한 경우 또는 이유기 이후에 편중된 식사를 한 경우 •먹는 일을 강요당하거나 구토, 복통 등 식품에 관한 불쾌한 경험에 기인하는 경우 •다양한 식품을 접하지 못한 경우 •부모와 형제들의 편식 등 가족의 식습관에 영향을 받은 경우

MEMO

교정 방법	• 낯설어 하는 음식은 처음에 조금씩 먹어보면서 경험을 하게 한다. • 싫어하는 반찬은 양을 점차 조금씩 늘려준다. • 조리방법을 다양하게 하는 등 좋아하는 조리방법으로 변경한다. • 식재료 모양을 다르게 하거나 크기를 잘게 하여 섞어준다. • 냄새, 맛, 외관 등으로 인하여 기피하는 경우 좋아하는 식품에 섞어 조리한다. • 식사 시간에는 적당한 공복 상태가 되게 한다. • 편식을 하면 건강이 나빠진다는 것을 설득시키는 교육도 중요하다. • 편식의 문제를 다룬 그림책이나 비디오 등을 이용하여 교육한다. • 친구들과 같이 어울려서 식사하게 하고, 즐거운 식사환경을 만들어 준다. • 식기나 식사 환경을 바꾸어 준다. • 요리과정에 유아를 참여시켜 씻기 등 재료 손질을 하면서 식품과 친해지도록 시도할 수 있다. 　－ 요리 활동은 영양교육을 효과적으로 구현하고 전개할 수 있는 대표적인 활동으로, 즐겁고 흥미로울 뿐만 아니라 유아가 식품을 직접 다루면서 영양지식과 식습관 향상에 효과적이다.

2 비만 유아

개념	• 섭취하는 에너지가 사용하는 에너지보다 많아서 체내에 지방 조직이 필요 이상으로 과다한 상태를 말한다. 　－ 영유아기는 체내 지방 축적이 활발히 이루어지는 시기로, 이 시기의 지나친 칼로리 섭취는 비만으로 연결되기 쉽다. 　－ 특히 지방세포의 크기가 늘어날 뿐만 아니라 지방세포의 수가 함께 증가하기 때문에 체중 감량이 쉽지 않고 다시 살이 찔 가능성이 높다.
지도의 필요성	• 소아비만은 대사증후군 및 성인비만으로 연결될 수 있고, 비만은 당뇨병, 고혈압, 고콜레스테롤증, 심혈관 질환 등 성인병을 유발하여 이차적으로 심각한 건강 장애를 초래한다. • 성장기에는 관절에 무리를 줄 수 있으며, 체형과 운동능력 저하로 인한 열등감이 사회·정서적 문제를 유발하기도 한다. • 원인을 파악하고 음식의 종류와 섭취량 조절, 신체적 활동 등을 통해 관리해야 한다.
식사 관리	• 영유아는 성장을 위해 적절한 열량과 영양이 요구되기 때문에 비만 정도를 감소시키기 위해 무조건 음식량을 줄이는 것은 위험하므로 이 시기에는 체중 감소가 아닌 체중 증가의 제한에 초점을 둔다. • 현재 체중을 유지하되, 자연적인 키 성장에 따라 현재의 체중이 바람직한 체중이 되도록 관리한다. 　－ 발육기이므로 당질만 제한하고, 단백질이나 지방은 필요량 정도로 줄이되, 무기질, 비타민 등의 영양소는 부족하지 않도록 한다. 　－ 유아기는 다른 시기보다 활동량이 많고 부모가 식사와 활동을 조정해주기에 용이하므로 매일 아침 식사를 하고, 양을 줄인 음식을 조금씩 나누어 제공한다. 　－ 당분과 지방이 함유된 음식 섭취는 줄이는 대신 성장에 필요한 영양분인 단백질, 무기질, 비타민 등의 영양소는 부족하지 않게 공급한다.

− 가능하면 아이와 함께 식단을 구성하는 것이 바람직하다.
− 또한 염분이 많은 음식을 먹으면 밥이나 빵 등을 많이 먹게 되므로 싱겁게 조리하고, 재료 자체의 단맛을 살려 추가적인 당분을 빼는 것도 좋은 방법이다.
− 지방과 당 함량이 많은 과자류 등을 눈에 띄는 곳에 두지 않는다.
− 행위에 대한 보상으로 과자나 사탕 등을 먹도록 하는 것은 제한한다.
− 탄산음료 등은 피하고, 섬유질이 풍부한 야채와 과일을 충분히 먹는 것이 좋다.
− 가능하면 가족들이 모여서 집에서 1주일에 6회 이상 같이 식사하고, 외식의 횟수를 줄이며, TV 시청, 컴퓨터 또는 비디오 게임하는 시간을 축소해 가능하면 하루에 합쳐서 1시간 이상 신체활동을 늘려주어 몸을 즐겁게 많이 움직이도록 유도하는 것이 바람직하다.
− 식사와 간식은 정해진 시간과 장소에서만 천천히 먹게 한다.
− 혼자 식사하도록 하지 말고, 가족 간 대화를 통해 과식을 방지한다.
− 식사는 1일 3회 실시하고, 식사시간에 거르지 않는다.
− 식사시간은 20~30분 이상으로 하며 음식은 충분히 씹도록 한다. 음식물이 중추신경계를 자극하여 포만감을 느끼는 데 최소한 20~30분이 걸리므로 가급적이면 식사는 천천히 한다.
− 매일의 식사를 기록한다. 매일 먹은 양을 기록하고 평가하는 것은 스스로를 돌이켜 보고 더 바람직한 방향으로 실천할 수 있도록 해준다.
• 가족의 역할이 중요하므로, 부모와 유아에게 식품 선택 등의 교육이 필요하다.
− 열량, 포화지방, 당분 및 염분 함량이 높은 고열량·저영양 식품을 배제한다.
− 성장에 필요한 영양소를 골고루 함유하고 있는 식품이나 음식을 선택하는 방법을 교육한다.

비만 예방과 관리원칙	유아기의 체형은 신장의 성장률이 체중의 성장률보다 빠르므로 약간 마른 체형이 정상 체형이다.

구분	관리원칙
경도비만	비만도를 20% 이하로 낮추는 데 목표를 두지만 신장이 자라므로 체중감량보다는 체중유지를 목표로 한다.
중등도비만	• 식사와 운동 상담이 필요하다.
고도비만	• 합병증 동반 유무를 확인하고, 증상이 동반된 고도 비만이 있으면 체중 감량을 목표로 관리한다.

3 식품 알레르기

정의	• 일반인에게는 무해한 식품을 특정인이 섭취하였을 때 그 식품에 대해 과도한 면역반응이 일어나는 것을 말한다. • 알레르기는 외부 물질이나 자극에 대해 신체가 이상 과민반응을 보이는 것으로, 특정한 음식을 먹었을 때 그에 대하여 몸에서 나타나는 과민 상태를 말한다.

증상	• 특정 음식을 섭취하거나 접촉할 때 피부, 호흡기, 순환기 등의 기관을 통해 증상이 발현된다. 　– 천식, 두드러기, 홍반, 가려움, 복통, 설사, 발열, 구토, 오한 등의 증상이 나타나며, 심한 경우에는 호흡곤란이나 쇼크 상태를 동반하는 아나필락시스(anaphylaxis)를 일으킨다. 출처: 소아알레르기 호흡기학; 식품 알레르기(modified), 대한소아알레르기호흡기학회, 2013, 여문각

아나필락시스	• 원인 물질(예 식물, 약물, 곤충 독)에 노출된 후 짧은 시간 동안에 여러 기관에서 증상들이 동시에 나타나는 현상이다. • 갑자기 발생하는 심각한 전신적 알레르기 반응으로, 호흡곤란, 기절, 저혈압, 쇼크 등이 발생할 수 있다. **증상** 갑작스럽고 격렬하게 기도가 완전히 닫히면서(기도 막힘), 호흡 곤란, 청색증, 혈압저하, 실신 등이 나타나는 아주 심한 경우도 있으며 이를 알레르기 쇼크라고 한다. **예방 대책** 주의(의료기관 진료, 원인물질 파악, 응급대처법 숙지) ➡ 회피(원인물질 회피, 만지거나 섭취 금지) ➡ 조치(119 연락, 도움 요청, 에피네프린 응급주사)

「알레르기 유발식품 표시제」	• 알레르기 유발식품으로부터 원아의 건강을 보호하기 위하여 유치원급식 식단표에 알레르기 유발식품 정보공지 의무화(「학교급식법」 개정, 2013. 11. 23.) • 알레르기 유발 식재료의 종류와 공지 및 표시방법(「학교급식법」 시행규칙 제7조) 　– 공지 방법: 알레르기 유발 식재료가 표시된 월간 식단표를 가정통신문 및 유치원 홈페이지에 안내하고, 주간 식단표를 식사 장소(식당 또는 교실)에 게시

🖱 식품의약품안전처 알레르기 식품 번호

① 난류	⑥ 밀	⑪ 복숭아	⑯ 소고기
② 우유	⑦ 고등어	⑫ 토마토	⑰ 오징어
③ 메밀	⑧ 게	⑬ 아황산류	⑱ 조개류(굴, 전복, 홍합 포함)
④ 땅콩	⑨ 새우	⑭ 호두	
⑤ 대두	⑩ 돼지고기	⑮ 닭고기	⑲ 잣

예방과 생활습관	• 가장 최선의 예방법은 알레르기 반응을 일으키는 음식을 알고 피하는 것이다. 　– 올바른 진단을 통해 원인 물질(알레르겐)을 정확히 파악하여 섭취를 피하고, 적극적인 　　약물 치료를 통해 염증을 조절하며, 질환에 따라 면역요법을 시도한다. 　– 특정식품에 알레르기 반응이 있는 어린이를 위해 피해야 할 식품과 대체식품을 제시 　　한다. • 위험이 예상되는 음식은 절대로 먹지 말고, 에피네프린(Epinephrine) 휴대를 통해 응급 　시 사용한다. 　– 에피네프린: 심한 알레르기가 있는 경우 응급처치를 위해 '자가 주사용 에피네프린'을 　　휴대한다. • 팔찌나 목걸이 등의 부착물에 자신이 약물 알레르기가 있음을 표시하는 것이 좋다.
관리 절차	1) 식품 알레르기 실태 조사 및 파악(「알레르기 조사서」 / 「식품 알레르기 조사서」) 　– 조사 시기: 학기 초 또는 새로운 유아가 입학할 때 '식품 알레르기 조사서'를 활용하여 　　알레르기 유병 유아를 1차 선발하고, 학부모와의 면담을 통해 유병 유아의 식품 알레 　　르기 관리 수준을 결정한다. 　– 원인 식품, 식품별 알레르기 증상과 전문가의 진단 여부를 반드시 확인해야 한다. 2) 학부모(보호자) 개별 면담 및 선정(「식품 알레르기 유아의 학부모 동의서」) 　– 학부모(보호자)와 개별 면담을 하여 식품 알레르기 판단 근거가 명확한 병원 진단에 　　따른 것인지와 진단 병원, 진단 의사, 진단 시기, 검사방법 등을 확인한다. 　– 왜냐하면 식품 알레르기 치료는 원인 식품의 섭취를 차단하는 것이 유일하나, 정확한 　　지식이 없는 상태에서의 과도한 식품 제한은 오히려 영양 부족과 성장 지연의 위험 　　성을 증가시킬 수 있기 때문이다. 　– 과거 발생한 알레르기 사고에서 반응에 필요했던 음식의 양과 경로(섭취에 의한 것 　　인지, 접촉에 의한 것인지, 흡입에 의한 것인지), 증상, 대응 방법 그리고 응급의약품 　　처방을 받았는지 여부를 파악한다. 　– 알레르기 유아를 위한 대체식과 제거식에 대해 설명하고, 필요하다면 조리도구의 　　개별 사용에 대해 논의한다. 　– 알레르기 유아들은 자신이 남들과 다르다는 생각으로 고립감과 우울, 불안 또는 죄책 　　감을 느낄 수 있으므로 식품 알레르기로 인한 심리적인 문제가 나타나는지 확인한다. 　– 식품 알레르기 사고 발생 시 대응 방법에 대한 동의서와 식품 알레르기 관리 수준 　　(대체식, 제거식)에 대한 동의서(「식품 알레르기 유아의 학부모 동의서」)를 받는 것을 　　권장한다. 　– 동의서 작성은 식품 알레르기 유아의 관리를 위한 가정과 유치원의 역할을 분명히 　　하여 사고에 따른 분쟁을 예방하는 것을 목적으로 한다. 따라서 동의서에 유아의 식품 　　알레르기 관리 원칙에 관한 결정 사항을 모두 기재하고 보호자의 서명을 받는 것을 　　권장한다.

제거식	식단에서 원인 식품을 제거하고 조리한 식단이다. 예 견과류 멸치볶음 ➡ 견과류를 넣기 전에 멸치볶음을 따로 덜어 견과류 알레 르기 유아에게 제공한다.
대체식	영양상으로 비슷한 식품을 선택할 수 있도록 알레르기 유발 식품과 같은 식품군 내에서 선택하여 대체식을 제공한다. 예 우유 알레르기가 있는 유아에게는 두유를 제공한다. 그러나 대체식품 선택 시 단백질의 유사성으로 인해 교차반응이 있을 수 있으므로 이를 확인해야 한다.
교차반응	식품 간에 알레르기 유발 단백질의 구조적 유사성 때문에 발생하는 현상이다.

3) 관리대상 기록카드 작성(권장사항)(「식품 알레르기 관리대상 유아 기록카드」)
- 식품 알레르기 조사서와 심층 상담을 통해 유아의 원인 식품, 진단, 증상 반응 위급도, 영양 위험, 심리적 문제, 식사 관리 방법, 수업 중 관리 방법 등을 기록한 관리대상 기록카드 작성을 권장한다.

4) 식품 알레르기 관리 준비
- 즉각적이고 위급한 상황이 발생할 수 있으므로 원장, 교사, 영양교사, 조리사 등 해당 관계자들은 관련 원아의 알레르기 정보를 공유하며 식단, 행사, 수업에 따른 조치 방법에 대해 논의한다.
- 소량으로도 반응이 보이는 유아가 있는 경우 관련 유아의 가정과 논의하여 유치원 내에 별도 조리기구 준비를 권장하며, 해당 유아를 위한 조리·배식을 명확하게 표시하여 사용한다.

5) 식품 알레르기 관리 실행
① 메뉴 및 조리 과정 관리
- 관리대상 기록 카드를 기반으로 식품 알레르기 현황표를 관리하고, 알레르기 현황표에는 유아의 이름, 반, 알레르기 식품, 그리고 대체 식품을 기록한다.
- 유아의 영양 불균형을 막기 위해 대체식품은 같은 식품군 내에서 제공하되, 식품 간 교차반응이 우려되는 유아의 경우 제거식 혹은 다른 식품군의 식품으로 대체하는 것을 권장한다.
- 대체식의 보존식도 별도로 보관하며 알레르기 유아의 급식 제공 내용을 기록하여 관리한다.
② 식사 시간 관리
- 교실에서 배식 시 유병 유아 본인을 확인하고 담임교사가 메뉴표와 급식내용을 다시 확인하여 배식한다.
- 담임교사는 유병 유아를 눈으로 확인하기 쉬운 자리(담임의 앞이나 옆 등)에 위치시키되 유아가 압박감을 받지 않도록 지도한다.
- 교사는 식사 중에 해당 유아를 관찰하여 친구에게 음식을 받아먹거나 증상이 나타나지 않는지 관찰한다.
- 다른 친구가 먹고 있는 알레르기 유발식품에 닿지 않도록 배려하고 특히 뒷정리나 급식 후 청소할 때 다른 아이의 알레르기 유발식품에 닿지 않도록 유의한다.
- 대체식은 친구들과 유사한 식판에 제공하여 남들과 다른 음식을 제공받는다는 느낌이 들지 않도록 한다.
③ 수업 관리
- 식품사용 수업 중 알레르기 유발 식품을 이용하여 수업하게 될 때에는 가능하면 수업에서 배제(소외)되지 않도록 해당 유아의 가정과 함께 대체 방법(⑩ 비닐장갑 사용, 마스크 사용)을 모색한다.

6) 그 외
- 유치원에서 처음 먹어보는 식품들이 있을 때 처음으로 알레르기를 나타낼 수 있으므로 증세 발현 시 정보를 기록(식사일기)하고 부모에게도 알려야 한다.
- 급식 재료를 상세히 기입한 식단표를 가정에 사전 배포하고, 배식할 때 대상자에 대한 식사 지도가 필요하다.

알레르기

- 면역 체계가 정상적이고 무해한 물질에 부적절하게 반응하는 것으로 일반적으로 재채기, 눈물, 눈 가려움, 콧물, 피부 가려움, 발진을 유발한다.
- 약물 복용에 의해 유발되는 약물 알레르기, 특정 음식 섭취에 의해 유발되는 음식 알레르기, 먼지 또는 동물의 비듬이나 곰팡이 흡입에 의해 유발되는 알레르기, 특정 물질과의 접촉에 의해 유발되는 알레르기, 곤충에 물리거나 쏘임으로 인해 유발되는 알레르기 등이 있다.

아나필락시스

- 음식, 약물, 곤충독 등 알레르기 원인 물질에 노출된 후 짧은 시간 동안 갑작스럽게 전신적으로(여러 기관에서 동시에) 중증 알레르기 증상이 나타나는 것을 의미하며, 단시간 내에 여러 장기를 침범하여 초기에 적절히 치료하지 않으면 생명을 잃을 수 있는 질환이다.
- 처치 : 에피네프린을 사용한다.
  - 급증상이 있는 원아의 경우, 의사 처방을 받은 에피네프린을 학부모로부터 전달받아 비치한다.
  - 위급할 때 사용해야 하므로 원내의 교사와 해당 관계자들이 아는 곳에 잠금장치를 하지 않고 비치하며 상태를 주기적으로 확인한다.
  - 주사 후 호전되었다 하더라도 2차 반응이 올 수 있으므로 반드시 의료기관으로 이송하여 충분한 기간 동안 관찰해야 한다.

4 당뇨

특징	• 인슐린 주사를 통해서 혈당의 정상 범위를 유지한다(소아과 : 하루 2~3회 주사 권장). • 음식을 많이 먹으면 혈당치가 증가, 적게 먹으면 혈당치가 감소한다.
유의점	• 당뇨병이 있는 유아의 혈당량이 감소될 때 나타나는 특별한 징후를 관찰해야 한다. • 혈당이 떨어지면 허약함, 졸음증, 무기력 등이 나타나며, 이때 아이에게 당질의 흡수가 용이한 음식을 제공한다. • 당뇨의 식이요법은 음식의 양과 종류의 조절이 필요하므로 보호자와 유아의 식사에 대한 논의가 필요하다.

5 설사

원인	면역력이 약한 유아에게 흔하게 나타나는 질병으로, 유해물질에 의한 장의 자극, 환경의 변화 등에 의한 스트레스, 감염, 식중독 등에 의해 나타난다.
해결 방안	• 약제를 사용하거나 절식과 수분 공급을 충분히 하는 식사요법을 사용한다. • 초기에는 약간의 당이 포함된 수분을 공급하다가 점차 섭취량을 늘려간다. • 증상이 발생하면 당질 또는 지방 함량이 높은 음식, 소화 및 흡수가 어려운 섬유소를 제한하는 식사를 권장한다.

	• 사과의 펙틴은 수분을 흡수하여 점도 있는 변을 만드는 작용을 하므로 좋은 식품으로 권장된다. • 익은 바나나는 손실된 칼륨의 급원으로 제공할 수 있다.
유의점	• 너무 차갑거나 뜨거운 음료는 장을 자극해 장운동을 증가시켜 설사를 악화시킬 수 있다. • 설사와 함께 열과 구토가 동반될 경우와 묽은 설사가 자주 반복될 경우 즉각적인 조치가 필요하다. • 전염성 질환에 의한 설사 시 위생을 깨끗이 하지 않으면 다른 어린이에게 음식 외에도 장난감 등으로 인한 감염이 일어날 수 있으므로, 심한 설사를 하는 어린이는 격리하고 상태를 지켜보도록 한다. • 심한 설사의 경우 24~48시간 동안 아무것도 먹이지 말고 병원으로 옮겨 정맥주사로 전해질과 수분을 공급한다. • 미약한 설사 시에는 24~48시간 동안 음식을 제한하고 설사로 인한 탈수증을 예방하는 차원에서 손실된 수분과 전해질 보충을 위한 액체를 공급한다.

6 빈혈

빈혈	신체가 필요로 하는 단위체적 내 적혈구의 수와 크기, 산소를 운반하는 헤모글로빈의 양이 감소된 상태로서, 호흡곤란, 안면창백, 현기증, 귀울림, 두통이나 식욕부진 등의 증상을 보인다.
유아 빈혈	철분결핍성 빈혈로서, 신체의 빠른 성장에 따라 혈액량이 급격히 증가하는 데 비해 필요한 철분의 공급은 충분히 이루어지지 못하기 때문에 생기는 증상이다.
예방 방법	• 식사로 충분한 철분을 공급하고, 철분이 첨가된 식품을 섭취한다. • 철분 흡수가 잘 되는 동물성 식품을 충분히 섭취한다. • 체내흡수와 이용을 돕는 동물성 단백질과 비타민 C, 기타 비타민류도 충분히 섭취한다.

7 식욕부진

원인	• 유아기는 식욕과 음식에 대한 기호가 불안정한 시기이다. • 성장이 완만해지면서 일어나는 일시적 현상일 수 있다. • 욕구불만, 운동부족, 지나친 간식 등 다양한 이유로 발생한다.
해소 방안	• 식품의 재료와 조리법을 다양하게 사용한다. • 음식의 색채와 외양, 그릇 등에 변화를 주어 흥미를 유발한다. • 식사와 간식 시간 및 내용을 조절한다. • 적당한 운동으로 공복감을 유발한다.
유의점	강제적 섭식을 강요하는 것은 정서적 불안을 일으켜 식욕감퇴를 더 심화시킬 수 있다.

Ⅲ 유아보건교육

UNIT 37 기관에서의 위생관리

1 개인 위생

(1) 작업자의 건강 확인

건강진단	채용 시 건강진단	• 영양교사·영양사, 조리사, 조리원, 배식 및 운반 인력, 조리 보조 인력 채용 시, 일반 채용 신체검사서와 「식품위생법 시행규칙」 제49조 및 「학교급식법 시행규칙」 제6조제1항에 의한 건강진단을 통하여 건강상태를 확인한다. • 급식 관계 종사자(식재료 공급업체 포함)는 「학교급식법 시행규칙」 제6조제1항 규정에 의거 검진일 기준 6개월에 1회 건강진단을 실시하고 그 기록은 2년간 보관하도록 한다(다만, 폐결핵검사는 연 1회 실시할 수 있음). ※ 건강진단 항목 : 장티푸스, 폐결핵, 전염성 피부질환(한센병 등 세균성 피부질환)
	정기 건강진단	조리종사자는 「학교급식법 시행규칙」 제6조제1항 규정에 의거 검진일 기준 6개월에 1회 건강진단을 시행하고, 그 기록은 2년간 보관하도록 한다. 다만, 폐결핵검사는 연 1회 실시할 수 있다. ※ 조리종사자 외 교직원 등은 가급적 6개월에 1회 건강진단 실시 권장
	비정기 건강진단	감염병 유행 시 또는 필요시에는 비정기 건강진단을 받도록 하여 조리 종사자의 건강이상 여부를 확인한다.
작업 중 아프거나 다친 종사자 관리		• 아프거나 다친 종사자는 즉시 관리책임자에게 보고하고, 식품이나 기구를 오염시킬 우려가 있다면 바로 작업을 중지시키도록 한다. • 발열, 복통, 구토, 황달, 인후염 등의 증상이 있는 자는 식중독이 우려되므로 조리 작업에 참여시키지 않으며, 의사의 진단을 받도록 한다. 특히, 설사자의 경우 조리작업에 참여하지 않도록 주의를 기울여 관리한다. • 본인 및 가족 중에서 법정감염병(콜레라, 이질, 장티푸스 등) 보균자, 노로바이러스 질환자가 있거나, 발병한 경우에는 완쾌 시까지 조리장 출입을 금지한다.

(2) 개인 위생 및 복장

- 머리카락, 손 등의 이물질에 의해 식중독이 발생할 수 있으므로 급식종사자의 개인위생 관리 및 위생복장 착용은 식중독 예방에 매우 중요하다.
  - 작업 시 위생복, 위생모, 위생화, 마스크 등 위생복장을 착용하여야 하고, 위생복장은 되도록 밝은 색상으로 구비하여 청결하게 관리해야 한다.
- 배식 시 배식담당자는 위생모, 장갑, 마스크를 착용한다. 특히 교실 배식인 경우, 배식 교사는 배식용 앞치마로 교체하고 배식한다.

손 위생시설 및 교육	• 식품 취급 전 반드시 손 씻기를 실시해야 한다.
	• 작업으로 돌아가기 전에 손을 오염시키지 않도록 한다.
	  - 화장실 문을 열 때는 손에 말린 종이타월을 이용하여 열도록 한다.
	• 손에 로션을 바르지 않는다.
	  - 로션은 세균에 필요한 수분과 양분을 공급하여 세균이 번식하기 쉽다.
	• 모든 식재료는 맨손으로 취급하지 않으며, 작업장에서는 맨손이나 팔의 노출을 최소화하도록 한다.
	• 급식소 관리자는 직원의 손 위생을 관리감독 해야 하며, 적절한 손 씻기에 대한 주기적인 교육을 실시해야 한다.
	• 손 위생시설 근처에 손 세척 방법에 대한 안내문이나 포스터를 부착하여 올바른 손 씻기를 할 수 있도록 교육한다.

위생복장 용도별 구분	[고무장갑] • 모든 식재료는 맨손으로 취급하지 않는다. • 용도별(전처리용/조리용/청소용 등)로 구분하여 사용해야 하며, 작업 변경 시마다 교체하거나 세척·소독한다. [앞치마] 용도별(전처리용/조리용/배식용/청소용)로 색깔을 구분하여 사용하며, 작업 후 세척·소독하여 보관하고 용도별로 섞이지 않도록 주의한다. [행주] • 작업별(조리용/배식용/청소용)로 구분하여 사용할 수 있도록 준비하며, 사용 전·후 행주 보관 용기를 지정하여 구분 보관하도록 한다. • 사용 후 100℃에서 5분 이상 삶아 건조하여 사용한다. [칼/도마] 칼이나 도마의 균이 다른 식재료에 쉽게 옮겨 교차오염이 생길 수 있기 때문에 용도별(육류용/어류용/채소용/가공식품용/완제품용)로 구분하여 사용한다.

올바른 손 씻기

① 따뜻한 물(40℃)에 손을 잘 적신다.
② 비누를 이용한다.
③ 손톱솔을 이용해 손톱 밑, 손톱 주변, 손바닥, 손가락 사이를 꼼꼼히 문질러 눈에 보이지 않는 세균과 오물을 제거한다.
④ 비누로 거품을 충분히 내어 20초간 충분히 문질러서 손과 팔목을 깨끗이 씻는다.
⑤ 10초간 물로 충분히 헹군다.
⑥ 1회용 종이타월이나 건조기를 이용해 손을 건조시킨다.
⑦ 손소독용 알코올을 분무한다.
⑧ 자연건조시킨다.

2 공정 관리

개념	검수된 식재료가 음식으로 제공되기 위해 이루어지는 전처리, 조리 등의 과정을 의미한다.
필요성	• 식중독을 예방하기 위해서는 전처리 및 조리과정에서 미생물 증식을 예방하거나 허용 수준 이하로 감소시킬 수 있도록 공정을 관리하는 것이 중요하다. 　− 전처리 : 식재료 원물을 조리에 필요한 상태나 규격으로 만들기 위해 다듬기, 세척, 절단하기를 수행하는 단계로 식재료에 따라서 해동이나 생채소·과일의 소독이 포함될 수 있다. 　**유의점** 전처리 과정에서 식재료의 교차오염이 일어나지 않도록 주의하고, 전처리된 식재료는 장시간 실온에 방치되지 않도록 한다.

(1) 전처리 공정

	준비 용기세척	세척제로 충분히 세척한 후 70% 알코올을 분무하여 살균한다.
세척 및 소독	1단계 세척	깨끗한 물이나 제1종의 야채용 세제를 이용하여 과일 및 채소를 세척한다.
	2단계 헹굼	1차 세척된 과일 및 채소를 깨끗한 물로 충분히 헹군다.
	3단계 소독	식품첨가물로 인정된 살균제로 침지하여 살균한다.
	4단계 헹굼	깨끗한 물로 살균된 과일 및 채소를 헹군다.
올바른 해동		• 냉장 해동, 유수 해동, 전자레인지 해동 방법이 있다. 　− 해동 시 '해동 중' 표시를 해야 하고, 냉장해동의 경우 다른 식재료와 분리하여 해동하여야 한다. 　− 한번 해동시킨 식품은 균이 증식하기 때문에 다시 해동하지 않고 즉시 사용하여야 한다. 　− 해동된 제품은 5℃ 이하로 유지한다.

	냉장 해동	• 급식소에서 해동할 경우, 10℃ 이하 냉장실에서 해동하는 것을 원칙으로 한다. 이때 해동하는 식품의 원료명과 해동 시작 시간이 기재된 '해동 중' 표식을 부착한다. • 해동 중에 다른 식품을 교차오염시키지 않도록 분리한 상태로 냉장고 하단에서 실시한다.
	흐르는 물 해동	급속 해동이 필요할 때는 흐르는 물(21℃ 이하)에서 해동하며, 이때 물이 식품을 오염시키지 않도록 내포장 그대로 혹은 위생팩에 넣어 밀봉상태가 유지되는지 확인하며 해동한다.
	전자레인지 해동	• 식재료 양이 적은 유치원급식에서는 전자레인지 이용도 가능하며, 해동프로그램이 설정된 버튼을 작동한다. • 해동한 식품은 내부 온도가 균일하지 않고, 온도가 상승한 부위에서 식중독균이 증식할 우려가 높기 때문에 즉시 사용하며, 재동결하지 말아야 한다.
	포장된 냉동식품	포장된 냉동식품은 포장을 뜯지 말고 해동하여 외부 오염을 방지한다.
교차오염	**개념** 교차오염이란, 미생물에 오염되지 않은 식재료나 음식물이 미생물에 오염된 식재료, 칼이나 도마 등의 기구, 종사자와의 접촉 혹은 작업과정 중에 오염되는 것으로 식중독 발생의 주요 원인에 해당한다. **방지하는 방법** • 칼·도마 용도별 구분 사용 • 장갑·앞치마 용도별 구분 사용 • 행주 용도별 구분 사용

(2) 조리 공정

조리	비가열조리 공정	• 가열공정이 전혀 없는 조리 공정을 말하며, 생으로 제공되는 채소 및 과일의 세척·소독이 중요하다. 예 무침, 겉절이, 냉채, 샐러드, 과일 등 • 공정흐름: 전처리(세척·소독) ➡ 조리(소독 후 절단) ➡ 조리(혼합) ➡ 배식
	가열조리 공정	• 가열조리 공정은 가열 후 바로 제공되는 조리 공정을 말하며, 가열하는 온도−시간관리가 중요하다. 예 국, 찌개, 탕, 찜, 볶음, 조림, 튀김, 전 • 공정흐름: 전처리(세척·소독) ➡ 조리(절단) ➡ 조리(가열) ➡ 배식 　− 일반 식품(육류/가금류/달걀류/생선류)의 가열조리 시 *중심 온도가 75℃ 이상에서 1분 이상 유지된 것을 확인한 후 식품취급 및 조리 기록지의 식품중심온도 확인란에 ○표를 기록한다. 　− 겨울철 식중독의 주요 원인인 노로바이러스는 열에 강하므로 노로바이러스가 빈번하게 검출되는 식품으로 알려진 패류는 중심 온도가 85℃ 이상에서 1분 이상 유지되게 가열한 후 일반식품과 동일하게 기록한다.

＊조리하는 식품의 가장 두꺼운 부위에 탐침온도계를 사용하여 측정한 온도를 말한다.

MEMO

	가열조리 후
	처리 공정
		• 가열조리 후 처리 공정에서의 가열 시 온도−시간관리는 가열조리
		  공정과정과 동일하다.
		• 가열조리한 식재료와 가열조리하지 않은 식재료를 혼합하는 경우,
		  배식 직전에 혼합하여 제공한다.
		  − 가열조리 음식을 냉각하기 위해 상온에 방치하면 위험온도범위에
		    노출될 수 있으므로 얼음물, 급속냉각기를 활용하거나 낮은 팬에
		    소분하여 신속히 냉각한다.
		  − 냉장고 내 다른 식품의 온도를 높일 수 있기 때문에 충분히 식힌
		    후 보관해야 한다.
		• 식재료를 가열한 후 수작업이나 냉각 등의 처리를 거쳐 제공하는
		  조리 공정을 말하며, 가열하는 온도−시간관리와 가열 후의 2차 오염
		  방지가 중요하다.
		  예 볶음밥, 비빔밥, 잡채, 나물
		• 공정흐름: 전처리(세척·소독) ➡ 조리(절단) ➡ 조리(가열) ➡ 조리
		  (혼합) ➡ 배식

Plus 중심 온도

• '탐침온도계'를 사용하되, 뜨거운 식재료와 접촉하는 기구이기 때문에 스테인리스 등 내열성 조리기구를 이용한다.
• 중심 온도는 75℃ 이상(어패류 85℃), 1분 이상 가열을 유지한다(밥·국 제외).
• 조리 식품 중 가장 두꺼운 부위의 온도를 측정해야 하며, 1회 조리 분량마다 3회 이상 측정한다.

3 조리 완료된 음식의 취급

보관	교차오염 예방	• 조리 전 음식과 조리 완료된 음식은 구분하여 취급한다.
		• 조리 완료된 음식은 맨손으로 만지지 않고 청결한 도구(집게, 국자 등)를
		  사용하여 배식하되, 조리 전후의 조리도구를 구분하여 사용한다.
		  − 부득이하게 도구 사용이 어려운 경우 일회용 위생장갑만 착용하고
		    배식할 때에는 찢어지지 않도록 관리한다.

	조리 완료된 음식 취급 시 유의사항	• 음식의 맛보기는 별도의 용기에 덜어서 실시한다. • 조리 완료된 음식은 적온(찬 음식 5℃이하, 더운 음식 57℃ 이상)이 유지 되도록 하고, 세척·소독된 용기에 담고 덮개를 덮어 보관한다.

	배식시간 관리	• 조리 완료 후 보온·보냉해야 하는 음식을 보온·보냉 이외의 장소에
		  보관 시에는 2시간 이내에 배식이 완료되도록 한다.
		• 밥, 국을 포함한 더운 음식은 배식 직전까지 57℃ 이상으로 유지해야
		  하므로 열장을 권장한다.
		• 냉장한 음식을 따뜻하게 제공할 경우, 반드시 가열조리 온도 기준에 맞
		  추어 재가열한 다음 제공한다(단, 열장용 기기를 음식의 재가열 용도로
		  사용하지 않음).

MEMO

4 검식 및 보존식

조리 검식 및 위생	• 조리 중 맛보기를 할 경우 맛보기 숟가락을 별도로 사용한다. • 조리 중이거나 조리된 식품을 맨손으로 만지거나 취급하지 않는다.
검식	• 검식이란, 조리된 식품에 대하여 배식하기 직전에 영양교사가 음식의 맛, 온도, 조화(영양적인 균형, 재료의 균형), 이물, 불쾌한 냄새, 조리상태 등을 확인하기 위한 작업이다. 　- 음식을 소독된 용기에 덜어 검식 전용 수저를 사용하여 검식한다. 　- 한 번 사용한 검식 용기와 기구는 재사용하지 않는다. 　- 검식 결과 맛이나 간에 문제가 있는 등 배식이 불가능한 것으로 평가된 음식은 즉시 폐기한다.
보존식	• 보존식은 급식소에서 식중독 사고가 발생했을 때 원인규명을 위해 유치원에서 제공하는 모든 음식(오전, 오후 간식 포함)을 냉동고에 보관하는 것을 말하며, 급식을 제공하는 모든 유치원에서 의무적으로 보관해야 한다. • 배식 직전에 소독된 보존식 전용 용기 또는 1회용 멸균봉투(일반 지퍼백 허용)에 음식 종류별로 각각 1인 분량을 독립적으로 담아 −18℃ 이하에서 144시간(6일) 이상 냉동 보관한다. • 가볍거나 소량 제공하는 음식의 1인분 분량은 미생물 분석 시 요구되는 시료의 양을 충족시키지 못할 수 있으므로 가급적 용기에 채워 보관한다(150g 이상 보존이 바람직). • 납품받은 가공완제품 중 그대로 제공하는 식품은 개봉할 경우 식중독 원인균의 출처를 확인하기 어려우므로 개봉하지 않은 원래 상태로 보관한다.

전용용기	스테인리스 재질의 뚜껑이 있는 전용 용기 또는 1회용 멸균백
보존량	당일 제공한 급·간식을 매회 1인 분량(권장량 150g 이상)을 독립 보관하고, 완제품으로 제공하는 식재료는 원상태(포장상태)로 보관
보관장소	−18℃ 이하의 보존식 전용냉동고
보관기간	144시간 이상
보존식 기록표	채취 일시(날짜, 시간), 폐기 일시, 채취자 성명, 메뉴명, 보존식 투입 시 냉동고(실) 온도 등을 기록한 후 용기와 함께 보관

5 배식 및 퇴식관리

개념		• 배식이란 유치원 급식에서 조리 완료된 음식과 식사도구를 유아들에게 제공하는 과정을 말하며, 퇴식이란 사용한 식사도구와 잔반을 치우는 과정을 말한다. − 장소에 따라 교실 배식과 식당 배식으로 나뉘며, 두 가지를 함께 사용하는 유치원도 있다.
유의사항	**보관 및 이동**	• 완성된 음식은 세척·소독된 용기에 담고 뚜껑을 덮어서 보관 및 이동한다. • 조리 완료 시점부터 배식 완료 시까지의 시간을 2시간 이내(2시간 초과 금지)로 관리하고, 교실 배식하는 경우 교사에게 배식을 마쳐야 하는 시각을 안내하여 준수하도록 한다. − 조리된 음식을 실온에 오래 방치하면 세균 번식이 일어나기 쉬우므로 섭씨 57℃ 이상(따뜻한 음식)을 유지하고, 5℃ 이하(차가운 음식)에서 보관한다. − 보온이 필요한 음식과 반찬을 미리 식판에 담아 배식하는 일이 없도록 한다. − 볶음, 튀김 등 가열 조리 : 2시간 이내 배식 − 무침 등 공정 관리가 들어가는 식단 : 1시간 이내 배식
	배식관리	• 배식 전·후 식탁(책상)을 소독한다. • 음식을 분배할 때에는 반드시 손을 씻고, 올바른 배식복장을 갖추고 절대로 맨손으로 배식하지 않는다(위생 장갑을 착용). • 청결한 도구(집게, 국자 등)를 사용하며 음식별로 개별 배식도구(집게 등)를 이용하여 배식한다. − 부득이하게 도구사용이 어려운 경우 일회용 위생장갑만을 착용하고 배식할 때에는 찢어지지 않도록 관리한다. • 배식통에 남은 음식을 새로운 음식이 담긴 배식통에 부어 배식하지 않도록 한다(배식하던 용기에 새로운 음식 혼합 금지). • 배식 시 영유아 개인별 식기를 사용한다. • 배식한 음식은 손을 대지 않은 경우라도 식사가 끝나면 폐기해야 한다. • 배식 후 남은 음식은 '전량 폐기'하는 것을 원칙으로 한다. • 배식용 운반 기구는 사용 후 바로 세척·소독한다. **식당 배식 시 유의사항** • 식당 입구에 손 소독기를 구비하여 유아들이 사용하도록 한다. • 배식이 시작되는 곳에 식판과 수저통을 배치하며, 식판은 뒤집어 진열해 오염을 방지한다. • 배식통과 잔반통이 접촉되지 않도록 배치한다.

6 시설 · 설비 – 냉장 · 냉동고 관리

식재료 보관원칙	• 냉장고, 냉동고, 건조 창고별로 특성에 맞는 온도, 습도를 유지해야 하며, 위생적으로 관리되어야 한다.

🏠 **보관 적정온도 범위**

	냉동	냉장	실온	상온보관	찬곳(냉소)
보관 적정온도	−18℃ 이하	5℃ 이하	1~35℃	15~25℃	0~15℃

출처: 식품의약품안전처, 2017

식재료 보관원칙

• 반드시 그 식재료에 표시된 보관방법(상온, 냉장, 냉동)을 확인한 후 그에 맞게 보관해야 한다.
• 조리실 냉장 · 냉동고(실) 내에 급식외품(개인음식 등)을 보관하지 않도록 하며, 급식외품 보관이 필요할 경우 급식관리실이나 휴게실에 소형 냉장고를 구비하여 사용해야 한다.
• 저장된 식재료는 유통기한을 확인하여 관리하고, 선입선출 방식으로 사용하도록 하며, 재고 관리 과정을 통해 유통기한에 부적합한 식재료는 폐기한다.
• 식재료를 별도의 용기에 담아서 보관하는 경우 제품명과 유통기한 등을 반드시 표시하여 보관한다.

냉장 · 냉동 보관

냉장 · 냉동고 보관
• 원활한 냉기 순환을 위해 보관용량의 70% 이하로만 식품을 보관한다.
• 보관 중인 재료는 식재료 간에 오염이 일어나지 않도록 덮개를 덮거나 포장하여 보관한다.

냉장 · 냉동고 온도관리
• 냉장 · 냉동고에 외부 온도계를 별도로 설치하여 냉장 · 냉동실에 맞는 적정 온도(냉장고 5℃ 이하, 냉동고 −18℃ 이하)가 유지되는지 확인하고 기록(1일 2회 이상)한다.
• 이상이 있는 냉장 · 냉동고는 고장 표시 후 바로 수리하도록 한다.
• 온도계의 정상적인 작동여부를 확인하고, 문제가 발생할 경우 교체하도록 한다.

냉장 · 냉동고 위생관리
• 오염되거나 유통기한이 경과한 식품, 별도의 표시 없이 하루 이상 보관된 전처리 식재료는 모두 폐기한다.
• 냉장 · 냉동고는 일주일에 한 번씩 식품 점검을 겸한 청소 및 소독을 실시한다.
• 냉장 · 냉동고의 응결수(성에)는 주기적으로 제거하여야 한다.

참고

UNIT 38 유아의 질병관리 - 식중독

유아의 질병관리 상위 법규

국민건강증진법	**제2조(정의)** 이 법에서 사용하는 용어의 정의는 다음과 같다. 〈개정 2016. 3. 2., 2019. 12. 3.〉 1. "국민건강증진사업"이라 함은 보건교육, 질병예방, 영양개선, 신체활동장려, 건강관리 및 건강생활의 실천 등을 통하여 국민의 건강을 증진시키는 사업을 말한다. 2. "보건교육"이라 함은 개인 또는 집단으로 하여금 건강에 유익한 행위를 자발적으로 수행하도록 하는 교육을 말한다. [제목개정 2019. 12. 3.] [시행일 : 2021. 12. 4.] 제2조
학교보건법	**제9조(학생의 보건관리)** 학교의 장은 학생의 신체발달 및 체력증진, 질병의 치료와 예방, 음주·흡연과 마약류를 포함한 약물 오용(誤用)·남용(濫用)의 예방, 성교육, 정신건강 증진 등을 위하여 보건교육을 실시하고 필요한 조치를 하여야 한다. 〈개정 2008. 3. 21., 2012. 1. 26., 2019. 12. 10.〉 [전문개정 2007. 12. 14.] [시행일 : 2020. 6. 11.] 제9조

※ 위의 법령은 수시 개정 가능하므로, 시험 응시 시점에서 재확인 요망

1 식중독 관련 개념

식중독	개념	식품섭취로 인하여 인체에 유해한 미생물 또는 유독물질에 의하여 발생하였거나 발생한 것으로 판단되는 감염성 질환 또는 독소형 질환을 말한다(식품위생법 제2조 제14호).
	증상	• 오심(메스꺼움), 구토, 설사, 복통이 12~48시간 동안 지속되며, 간혹 두드러기가 나타날 수 있다. • 빠르게는 음식을 먹은 후 1~2시간 만에 나타나지만 느리게는 48시간 이후에 나타난다. • 심한 경우에는 사망에 이를 수도 있으므로 식중독 증상이 발현했을 경우에는 반드시 의사의 지시에 따라 조치하도록 한다.
	유형	• 장출혈성대장균 식중독 　− 덜 익힌 분쇄 가공육제품 및 덜 익은 고기 섭취로 인한 감염, 살균되지 않은 유제품, 오염된 퇴비로 기른 채소나 과일, 보균자에 의해 조리된 식품 등을 통해 전염된다. • 살모넬라균 식중독 　− 계란, 메추리알과 같은 난류나 쇠고기, 가금류, 유제품을 통해 감염된다.
집단 식중독		2명 이상의 사람이 동일한 식품을 섭취한 것과 관련되어 유사한 식중독 양상을 나타내는 것이다(WHO, 2008).
식중독 지수		• 음식물 부패 관련 미생물의 증식에 영향을 미치는 온도조건을 기준으로 하며, 습도를 고려하여 식품의 부패 가능성을 백분율로 표시한 것이다. 　− 식중독 예방을 위한 참고용으로 식약처와 기상청이 공동으로 제공하고 있다.

2 식중독 예방

(1) 기본 수칙

관리 단계	음식물의 구입 ➡ 보존 ➡ 조리준비 ➡ 조리 ➡ 식사 ➡ 남은 음식의 처리과정	
3대 표어	• 손 씻기 • 익혀 먹기 • 끓여 먹기	
3대 요령	청결과 소독의 원칙	청결한 재료, 청결한 조리장소, 청결한 기구, 식품 취급자의 청결 등 광범위한 청결과 소독을 의미한다.
	신속의 원칙	식품 취급 시 세균이 존재하지 않는 무균상태의 유지는 어려우므로, 세균이 증식하지 못하도록 신속하게 처리하는 것이 중요하다.
	냉각 또는 가열의 원칙	식중독균과 부패균은 5℃~60℃ 범위에서 증식하므로, 식품 보관 시 5℃~60℃를 벗어난 온도에서 보관해야 한다[사람의 체온(36℃~37℃)에서 활발하게 증식].
예방 방법	• 음식물을 조리하거나 보관·저장해야 할 때는 반드시 손을 씻은 후 작업을 한다. • 가열조리식품의 중심부 온도는 75℃(어패류는 85℃) 이상으로 1분 이상 가열하여 속까지 익혀 먹어야 한다. • 5℃~60℃는 식중독을 잘 일으키는 균의 성장 가능성이 높은 온도 구간이므로 뜨거운 음식은 60℃ 이상으로 보관하고, 찬 음식은 5℃ 이하로 냉장 보관하여 관리한다. • 식품을 녹일 때는 올바른 해동 방법을 사용하며, 해동 후 장시간 실온에 방치하지 않도록 한다.	

식중독 예방을 위한 계절별 유의사항

❶ **봄/가을**
- 일교차가 큰 봄/가을에는 조리된 식품의 적정 보관온도를 지키지 않아 식중독이 많이 발생한다.
- 조리 후 2시간 이내에 섭취하고, 보관 시 5℃ 이하 냉장보관 또는 60℃ 이상 온장보관한다.
- 나들이, 현장 체험학습, 야유회 등을 갈 경우 김밥, 도시락 등의 보관온도가 높아지거나 보관시간이 길어지지 않도록 주의한다.

❷ **여름**
- 여름은 기온상승으로 인하여 식중독 발생이 급증할 수 있다.
- 샐러드 등 신선 채소류는 깨끗한 물로 세척하고, 물은 되도록 끓여 마신다.

❸ **겨울**
- 겨울은 기온이 낮아지며 개인위생 관리가 소홀해져 식중독이 많이 발생한다.
- 손 씻기 등 개인 위생관리를 철저히 해야 한다.
- 음용수가 오염되지 않도록 관리하며, 음식은 충분히 가열하여 섭취한다.
- 노로바이러스는 실내에서 주로 활동하기 때문에 사람 간 2차 감염의 발생 위험이 증가한다.
- 노로바이러스에 감염된 급식소 종사자는 완치 후에도 2주 정도 조리 업무에 종사하지 않는다.

(2) 식중독 의심환자 발생 시 보고 체계

식중독 발생 시 보고체계	• 식중독 발생 시 보고체계 절차 　– 담임교사는 매일 결석, 조퇴, 지각한 유아의 수와 그 이유를 파악하여 평소와 다른 양상이 나타나는지의 여부를 모니터링한다. 　– 원장은 동일한 원인으로 추정되는 설사 등 식중독 유사증세 환자가 2인 이상 동시에 발생한 경우, 인지 즉시 관할 교육(지원)청과 시·군·구(보건소)에 신속히 보고(신고)한다. • 식중독은 유치원 급식을 제공받는 다수의 유아들에게 집단으로 나타날 수 있으므로 평소 「집단 환자 감시체계」의 구축·운영을 통해 신속한 환자 파악 및 치료 조치가 필요하다. 　　유아 → 담임교사 → 보건담당자·원장 → 교육청/시·군·구(보건소) 　　설사 등 증세　　학급별 환자파악　　유치원별 환자집계·분석　　지역전체 모니터 　　　　　　◈ 「유치원 집단 환자 감시체계」
주의사항	**준비사항** • 식중독 사고가 발생했을 때 원인규명을 위해 국·공·사립 모든 유치원에서 조리·제공한 보존식 보관을 철저히 한다[−18℃ 이하, 144시간 이상, 1인 분량(150g 이상), 훼손 및 폐기 금지]. 　– 가볍거나 소량 제공하는 음식의 1인분 분량은 미생물 분석 시 요구되는 시료의 양을 충족시키지 못할 수 있으므로 가급적 용기에 채워서 보관한다(150g 이상 보존이 바람직). • 응급처치: 구토물에 의해 기도가 막히지 않게 원아를 옆으로 눕히고, 탈수 예방을 위해 충분한 물을 섭취한다. 　– 함부로 지사제를 복용하지 말고, 의사의 지시에 따른다. 　　**유의점** 구토나 설사 등 식중독 증세를 보이는 유아에게 임의로 지사제 등의 약을 먹여 증상을 강제로 멎게 하는 것은 장 속에 있는 독소나 세균의 배출이 늦어져 더 나빠질 수 있다. • 토사물 처리: 식중독 의심 구토자 발생 시 토사물을 채취·밀봉하여 역학조사반에 인계 후 오염된 현장은 염소계 소독제로 소독한다(1회용 비닐장갑을 끼고 종이타월 등을 활용하여 비닐봉지에 담아 밀봉). • 즉각 조치: 급식을 중단하고 급식현장을 그대로 보존하며, 원인(역학) 조사 이전에 조리실 등 급식소 소독·방역을 금지한다.
역학조사 시 역할분담	유치원에서 식중독 등 집단 환자 발생 시, 신속하고 원활한 사태수습과 보건당국의 정확한 역학조사를 위하여 유치원과 관할 교육(지원)청의 적극적인 협조가 요구된다. （표 참조）

구분		역할 및 임무
유치원	담임교사	• 설사환자 파악 및 역학조사 협조 • 보건교육 실시 등
	보건 담당자	• 설사환자 모니터링 자료 취합, 정리, 분석 • 보건교육 실시 등
	영양교사	• 보존식 확보 • 안전한 급식 및 식수 제공 등

＊식품위생법 제88조 (집단급식소) 제2항 10. 식중독 발생 시 보관 또는 사용 중인 식품은 역학조사가 완료될 때까지 폐기하거나 소독 등으로 현장을 훼손하여서는 아니 되고 원상태로 보존하여야 하며, 식중독 원인규명을 위한 행위를 방해하지 말아야 한다.

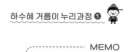

교육청	역학조사의 원활한 진행 협조
시·군·구청의 감염부서(보건소)	• 역학조사 및 가검물 채취 • 환자 치료 및 필요시 입원격리 등
시·군·구청의 식품위생부서	• 보존식 및 가검물 채취 등 • 식품유통, 반입상황, 조리, 이동경로에 대한 계통조사

사후 조치	• 보건소의 역학 조사에 적극 협조 : 원인 규명을 위한 행위를 방해하여서는 안 된다. • 조사 후 시설과 기구를 살균, 소독 및 환기한다. − 시설 내 교실, 복도, 화장실 등이 오염되어 있을 경우 오염 확대 방지를 위해 출입문 손잡이, 책걸상, 변기, 수도꼭지 등을 세정·소독한다. **효과적인 환기 방법** • 출입구를 2곳 이상 열어 공기가 환기될 수 있도록 한다. • 환풍기 등을 사용할 경우에도 반대쪽의 창을 열어 공기가 흐를 수 있도록 한다.

(3) 식중독 의심환자 발생 시 대응요령

구분	수행 사항	비고
〈평상시〉	• 식중독 관련 교직원 사전 교육(연수) 실시 − 식중독 예방요령, 증상, 의심환자 파악 및 대처요령, 후속 조치 등에 대해 교육	영양교사, 보건담당자, 담임교사
	• 식중독 의심환자 모니터링 실시 − 담임교사의 병결 유아 수 파악 및 모니터링 등 감시체계 운영	담임 및 보건담당자
	• 식중독 모의훈련 실시(권장) − 식중독 대책반의 신속 대응체계 확립	유치원
〈1단계〉 발생 인지	• 증상 유아 관찰 및 교내 보고 − 평상시 유사 증상 유아의 수 및 증상과 비교 필요 − 원장 등에 먼저 (상황) 보고 • 담임교사를 통한 유증상자 파악(1차 예비조사) − 병결유아와 원인 및 유증상자를 파악 ※ 2차 확인조사는 협의체 회의 후에 상담 조사하고, 추가환자 발생 시 관계기관회의 개최	유아 ➡ 담임 또는 보건담당자 ➡ 원장
	• 원장 주재 대책협의 개최 − 식중독으로 판단될 경우 관계기관에 신고·보고	유치원
〈2단계〉 발생 보고	• 유치원 식중독 의심환자 발생 보고 − 시·군·구(위생·감염부서), 교육청에 신속하게 보고 (유선) − 시·군·구 위생부서는 식약처와 시·도에 지체 없이 발생 보고	유치원 ➡ 관계기관

	• 「식중독 조기경보시스템」 현행화 　- 당월 식재료 납품업체 입력여부 확인 및 필요 서류(식단표, 식재료 납품업체 등)를 원인·역학 조사반에 제공	시·군·구 위생 부서 ➡ 식약처, 시·도
〈3단계〉 식중독 대책반 가동	• 유치원 식중독 대책반 운영 　- 환자파악, 환자이송, 역학조사 협조, 학사운영 등 대책반 업무 수행 • 급식 잠정 중단 조치 　- 급식 중단여부(원인파악 및 확산방지)는 방역당국과 협의하여 유치원장이 결정 　- 대체급식 방안 강구(도시락 지참 등), 저소득층 유아 급식지원 대책 마련 등 　※ 학부모에게 식중독 경과내용, 학사일정, 대체급식(도시락 지참여부 등) 실시 등 자세한 내용을 가정통신문 등으로 안내	유치원
〈4단계〉 원인·역학 조사	• 식중독 원인·역학조사 협조 　- 보존식 및 환경검체(조리도구, 음용·조리용수 등) 수거를 위한 준비 　　※ 급식소 현장 보존, 유치원 급식 이외에 의심되는 식중독 발생원인 식품(외부 반입 음식)이 있는 경우는 정보 제공 　- 협의체 운영에 따라 필요사항 협력(환자 규모, 증상 파악) 　　※ 협의체에 교육청(유치원)은 발생 시부터 종결될 때까지 참여 　- 설문조사(환자·대조군 조사) 실시 　- 관계기관에서 이견이 발생하지 않도록 협의체는 3회 이상 소집·운영	유치원 ➡ 관계기관
〈5단계〉 조사 후 조치	• 급식실 대청소 및 소독 　- 급식시설·기구 등 대청소 및 살균·소독 실시로 청결하게 유지·관리	유치원
〈6단계〉 모니터링	• 유증상 유아 지속적 모니터링 • 식중독 예방 교육 실시 　- 교직원 및 유아 손 씻기 실천 등 식중독 예방 교육	유치원
	• 급식 재개 　- 시·군·구 감염부서(보건소)와 교육청 등 협의하여 결정	유치원 ➡ 관계기관

참고

식중독 발생 보고서

유치원 식중독 의심환자 발생 보고서(예)

20__. 00. 00 ○○유치원
보고자: 직 성명

1. 발생 현황
- 유치원 명: ○○유치원(사립, 직영, 연락처)·발생 현황: 급식원아 200명 중 10명(5%)
  - 주요 증세: 복통 및 설사
  - 인지 일시: 00.00(화) 09:00경
  - 신고 일시: 00.00(화) 10:00경, △△보건소
  - 치료조치: 입원 0명, 통원치료 0명, 투약·자가치료 0명

2. 조치 상황
- ○○유치원
  - 원장 주재 긴급대책 회의(00.00(화) 11:00)
  - 원아 보건교육 실시, 급식중단(00.00(수)~), 도시락 지참지도
- △△보건소/△△교육지원청
  - 역학조사 수행: 환자가검물 0명, 환경가검물 0건 채취

※ 참고사항
  - 추정 원인:
  - 식수 종류:
  - 제공 식단:
  - 급식품 납품업체 현황:
  - 언론취재:
  - 향후 대책:

※ 보고시기: 식중독 의심환자 발생 인지 즉시(교육청 보고 및 보건소 신고)

MEMO

UNIT 39 유아의 질병관리 – 휴식

유아는 피곤해 하면서도 스스로 쉬는 것을 인식하지 못하거나 잊어버릴 수 있으므로, 유아의 상태를 관찰하여 휴식이 필요하다고 판단되면 개별적으로 또는 반 전체 유아가 쉬거나 낮잠을 잘 수 있도록 배려한다.

휴식	필요성	• 휴식이나 낮잠은 유아의 피로와 긴장을 풀어 주어 건강에 도움이 되며 다음에 이어지는 활동에 새로운 힘과 여유를 가지도록 도와준다. • 더운 여름 바깥놀이나 현장학습을 다녀온 후에는 더욱 휴식이 필요하다.
	운영	• 매일 일정하게 휴식하는 시간을 제공하되, 하루일과의 특성, 날씨 등을 고려해야 한다. • 휴식 시간은 15~20분 정도가 적절하며, 동적인 활동과 정적인 활동을 적절하게 안배하여 휴식 시간을 대신할 수도 있다.
낮잠	필요성	오전에 소진된 에너지를 재충전하여 심신이 건강한 상태에서 오후 일과와 저녁 시간을 지낼 수 있게 돕는다.
	운영	• 연령별 낮잠시간에 차이를 둔다. - 만 3세 유아는 점심식사 후 1~2시간 정도로, 만 4·5세 유아는 30분~1시간 정도로 한다. • 낮잠 시간이 끝난 뒤에도 일어나기 힘들어하는 유아는 ① 유아의 건강 상태를 고려하여 일어나는 시간을 늘려줄 수 있으나, ② 특별한 경우가 아니면 밤잠에 방해되지 않도록 두 시간을 넘기지 않는다.

UNIT 40 유아의 질병관리 – 치아관리

양치질	• 하루에 적어도 세 번, 식사 후 3분 안에, 3분 이상 닦아주는 것이 바람직하다. • 횟수보다 세밀한 양치질이 더 중요하다.		
충치 유발지수	• 충치 유발지수에 영향을 끼치는 요소들은 당의 종류와 식품 형태, 점성에 따라 다르다. • 달고 씹히는 감이 쫄깃하고 끈적한 식품일수록 충치 유발지수가 높아진다.		
구강위생	• 0~3세경: 치아우식증(충치)이 유발된다. 　－ 원인: 우유병의 오랜 사용, 물고 자는 습관 등 　－ 예방: 가급적 빠른 시일 내 컵을 사용할 수 있도록 하고, 2세경부터는 칫솔질을 지도한다.		
예방 및 교육	불소에 의한 예방	• 불소를 치아의 겉면에 도포해 주는 방법이다. 　－ 정기적인 치과 검진으로 충치를 예방한다.	
	식품의 조절	• 치아의 건강에 도움이 되는 적절한 음식을 섭취한다. 　－ 당분이 많이 함유된 사탕, 초콜릿, 과자, 아이스크림, 탄산 등의 섭취를 제한한다. 　－ 섭취 후 칫솔질을 지도한다.	
	기관에서의 치아 건강교육	• 하루 일과와 통합적 교육활동을 통해 치아건강을 유지하고 증진시킬 수 있도록 교육한다. 　－ 식사 후 이 닦기를 통해 관리하고 생활습관을 형성한다. 　－ 치과 방문 경험 이야기 나누기, 그림책을 통해 치과 치료의 필요성 및 두려움 없애기 활동을 한다.	

UNIT 41 유아의 질병관리 – 예방접종

1 예방접종

선천면역	태어날 때부터 지니고 있는 면역원
획득면역	• 생활 등에 적응되어 얻어지는 면역원(접종 포함) • 대부분의 감염은 선천면역에 의해 방어되지만 특정 질병은 접종에 의해 면역 형성

2 접종 종류 및 유의점

접종 종류 및 유의점	**감염병의 예방 및 관리에 관한 법률** 제24조(필수예방접종) ① 특별자치시장·특별자치도지사 또는 시장·군수·구청장은 다음 각 호의 질병에 대하여 관할 보건소를 통하여 필수예방접종(이하 "필수예방접종"이라 한다)을 실시하여야 한다. 1. 디프테리아 8. 유행성이하선염 15. A형간염 2. 폴리오 9. 풍진 16. 사람유두종바이러스 감염증 3. 백일해 10. 수두 4. 홍역 11. 일본뇌염 17. 그 밖에 질병관리청장이 감염병의 예방을 위하여 필요하다고 인정하여 지정하는 감염병 5. 파상풍 12. b형헤모필루스인플루엔자 6. 결핵 13. 폐렴구균 7. B형간염 14. 인플루엔자 제31조(예방접종 완료 여부의 확인) ① 특별자치시장·특별자치도지사 또는 시장·군수·구청장은 초등학교와 중학교의 장에게 「학교보건법」 제10조에 따른 예방접종 완료 여부에 대한 검사 기록을 제출하도록 요청할 수 있다. ② 특별자치시장·특별자치도지사 또는 시장·군수·구청장은 「유아교육법」에 따른 유치원의 장과 「영유아보육법」에 따른 어린이집의 원장에게 보건복지부령으로 정하는 바에 따라 영유아의 예방접종 여부를 확인하도록 요청할 수 있다. **감염병의 예방 및 관리에 관한 법률 시행규칙** 제25조(예방접종 여부의 확인 요청) 법 제31조제2항에 따라 특별자치시장·특별자치도지사 또는 시장·군수·구청장은 「유아교육법」에 따른 유치원의 장과 「영유아보육법」에 따른 어린이집의 원장으로 하여금 영유아의 예방접종 여부를 확인하기 위하여 필수예방접종을 받은 영유아의 예방접종증명서를 확인하도록 요청할 수 있다.
주의할 점	• 감기, 설사 등에 걸렸을 때나 열이 있을 때는 피한다. • 홍역, 수두, 볼거리 등의 바이러스 질환에 걸린 지 1개월 이내, 생백신을 맞은 지 1개월 이내는 피한다. • 접종 시 특정 약물 알레르기 반응이 나타나는지 미리 확인한다. • 접종 전날에 목욕을 하고, 접종한 당일에는 피한다. • 접종 후 고열, 경련이 나타났을 때는 의사의 진찰을 받는다.

MEMO

UNIT 42 유아의 질병관리 – 약물관리

KEYWORD # 투약의뢰서(포함되어야 할 내용)

유의점	• 의사의 지시에 의해서만 약물을 제시해야 한다. • 부모의 서면 동의 없이는 유아에게 어떤 약물도 결코 제공되어서는 안된다. • 올바른 용량 및 용법대로 먹을 수 있도록 약과 함께 *「투약의뢰서」를 함께 받아야 한다. • *약품보관 　－ 보관 방법을 확인하고 약 종류에 따라 적절하게 보관한다. 　－ 냉장 보관이 필요한 약을 제외한 나머지 약은 햇볕이 들지 않는 서늘하고 건조한 곳에 보관한다. 　**유의점** 유아의 손에 닿지 않는 일정 장소에 보관한다. • 투약과 관련된 날짜와 시간, 투약횟수, 투약자(투약한 담당 교사)의 이름과 유아 이름, 비고란을 *「투약보고서」로 남겨야 한다. • 남은 약은 가까운 보건소, 폐의약품 수거함에서 안전하게 폐기한다.

투약의뢰서와 투약보고서

투약의뢰서

유아명	
증상	
약의 종류	
보관방법	상온/냉장(기타 :　　　)
투약시간	식전　　분/ 식후　　분/ 매　　시간마다
비고	

위와 같이 투약을 해 주시기 바라며
투약으로 인한 책임은 의뢰자가 집니다.
년　　　월　　　일
의뢰자　　　　　(인)

○○ 유치원 귀하

투약보고서(유치원/학부모 보관용)

	투약시간	용량	투약자
1			
2			
3			
비고			

년　　　월　　　일 유아명 :

*투약의뢰서에 포함되어야 하는 내용
① 유아명
② 증상
③ 약의 종류와 복용량, 횟수
④ 투약시간
⑤ 보관방법(상온/냉장/기타)
⑥ 주의사항(비고)
⑦ 의뢰자인 부모명
⑧ 투약으로 인한 책임소재 대한 내용

*약품보관
• 처방전 없는 약 : 본 용기에 첨부 문서와 함께 보관(투약 오류의 예방, 약품 이름과 유통기한의 표기로 보관 및 관리 용이)
• 처방약 : 유아의 이름, 안전지침, 유효기간, 구성 성분, 제조사와 주소 등 표기 확인

*투약보고서(유치원/학부모 보관용)에 포함되어야 하는 내용
① 투약시간
② 용량
③ 투약자 이름
④ 주의사항(비고)

	CHECK 1	CHECK 2	CHECK 3
Ⅰ. 안전교육의 기초			
UNIT43 유아 안전사고의 발생 원인			
UNIT44 안전교육 관련 법령			
UNIT45 7대 안전교육 표준안			
UNIT46 기관에서의 안전 및 사고관리			
Ⅱ. 생활안전교육			
UNIT47 시설 안전–실내 안전			
UNIT48 시설 안전–위생관리			
UNIT49 시설 안전–다중이용시설의 안전 수칙			
UNIT50 시설 안전–전기 안전			
UNIT51 제품 안전–생활용품 안전			
UNIT52 제품 안전–식품 안전			
UNIT53 실험 · 실습 안전			
UNIT54 신체활동 안전–놀이활동 안전			
UNIT55 신체활동 안전–물놀이 안전			
UNIT56 신체활동 안전–탈 것 안전			
Ⅲ. 교통안전교육			
UNIT57 보행자 안전			
UNIT58 자전거 안전			
UNIT59 자동차 안전–어린이통학버스 안전			
UNIT60 자동차 안전–대중교통 안전			
Ⅳ. 폭력예방 및 신변보호교육			
UNIT61 학교폭력–학교폭력, 언어/사이버 폭력, 물리적 폭력, 집단 따돌림			
UNIT62 성폭력–성폭력 예방 및 대처방법			
UNIT63 성폭력–성매매 예방			
UNIT64 아동학대			
UNIT65 유괴 · 미아사고 예방–실종 유괴 예방			
Ⅴ. 약물 및 사이버중독 예방교육			
UNIT66 약물 과의존–마약 등 약물류 폐해 및 예방			
UNIT67 사이버 과의존–스마트폰 과의존 예방, 인터넷 게임 과의존 예방			
Ⅵ. 재난안전교육 및 응급처치교육			
UNIT68 화재			
UNIT69 자연재난–홍수 발생 시 대처 요령			
UNIT70 자연재난–태풍 발생 시 대처 요령			
UNIT71 자연재난–지진			
UNIT72 자연재난–대설 · 한파			
UNIT73 자연재난–폭염			
UNIT74 자연재난–황사 발생 시 대처 요령			
UNIT75 자연재난–미세먼지 발생 시 대처 요령			
UNIT76 응급처치의 이해			
UNIT77 응급처치의 실제			
UNIT78 사회재난–감염병 등			
UNIT79 재난으로 인한 휴업			
Ⅶ. 2019 개정 누리과정– 신체운동 · 건강			

거름이
누리과정
① 신체운동·건강

SESSION

03

유아안전
교육

I 안전교육의 기초

UNIT · 43 유아 안전사고의 발생 원인

영유아는 주변 사물이나 환경에 대한 호기심이 강하고 충동적으로 행동하는 경향이 있어 종종 사고의 위험에 노출된다. 또한 신체적으로 운동능력이 미숙한 상태이므로 주변의 위험 상황에 많이 노출되어 있다.

🏠 영유아의 발달적 특성과 안전사고

영유아의 발달적 특성	만 0~1세	• 머리가 다른 신체부위보다 빠르게 발달하고 팔과 다리에 비해서는 몸체가 먼저 발달하므로 균형을 잡기 어렵고 자주 넘어진다. • 이동하는 능력이 점차 발달하여 추락사고에 노출될 위험이 높아진다. • 무엇이든 입으로 가져가 탐색하므로 작은 물체를 삼키거나 입에 넣는 경우가 발생한다.
	만 2~3세	• 다양한 이동능력과 협응능력이 발달하는 것에 비해 안전감각은 부족하다. • 외부의 위험한 상황에 대처하거나 반응하는 지각·운동능력이 미성숙한 상태이다. • 모방과 탐색하고자 하는 의욕이 어느 시기보다 왕성하며 끊임없이 움직이므로 칼, 가위 등 위험한 도구에 상해를 입는 경우가 자주 발생한다. • 화상, 교통사고, 추락, 충돌사고, 놀이에 의한 안전사고 등이 많이 발생한다.
	만 4~7세	• 모험적이고 대근육을 사용하는 활동을 즐기면서 충돌사고, 놀이사고 및 교통사고 등이 증가한다. • 자기중심성이 강하여 자신의 관점에서 상황을 파악하고 한 번에 한 가지 요소에만 집중하기 때문에 성인과 같은 적절한 대처가 어렵다.
안전에 대한 지식 및 대처능력 부족	유아는 성인에 비해 위험에 대한 대처능력이 부족하며 이로 인해 성인에게는 대수롭지 않은 일들이 큰 사고로 이어지기도 한다.	
안전 불감증	• 사회 전반적으로 만연한 안전 불감증 또한 안전사고의 원인이다. 안전 불감증은 위험 지각(risk reception)이 낮은 상태로, 사고의 직접적 원인인 불안전 행동을 유발한다. 　- 연구에 의하면 수많은 불안전 행동을 하더라도 사고는 잘 발생하지 않기 때문에 위험 지각이 낮아지고, 이로 인해 계속해서 사람들은 불안전 행동을 하게 된다. 　- 그러다 보면 점차 사고가 일어날 가능성은 커지고 실제 사고로 이어지게 된다.	
불안전한 생활환경	• 급격한 산업화와 도시화로 인해 영유아가 마음껏 뛰어놀 수 있는 안전한 놀이 공간이 점차 축소되고 있다. • 또한 새로운 놀이용품과 놀이문화의 등장 역시 영유아 안전사고 위험을 높이고 있다.	

UNIT 44 안전교육 관련 법령

KEYWORD # 법령 — 교통안전교육(실시주기, 내용), 재난대비 안전교육(실시주기, 내용)

영유아보육법	아동복지시설의 장, 「영유아보육법」에 따른 어린이집의 원장, 「유아교육법」에 따른 유치원의 원장 및 「초·중등교육법」에 따른 학교의 장은 법 제31조제1항에 따라 교육계획을 수립하여 교육을 실시할 때에는 별표 6의 교육기준에 따라야 한다. <개정 2018. 3. 6.>
유아교육법	법 제31조제2항 및 제3항에 따라 아동복지시설의 장 및 「영유아보육법」에 따른 어린이집의 원장은 시장·군수·구청장에게, 「유아교육법」에 따른 유치원의 원장 및 「초·중등교육법」 제2조에 따른 학교의 장은 교육감에게 각각 교육계획 및 교육실시 결과를 매년 3월 31일까지 보고하여야 한다. <개정 2014. 9. 26.>

교육 기준(아동복지법 시행령 제28조제1항 관련, 별표 6)

구분	성폭력 예방 교육	아동학대 예방 교육	실종·유괴의 예방·방지 교육	감염병 및 약물의 오용·남용 예방 등 보건위생관리 교육	재난대비 안전 교육	교통안전 교육
실시 주기 (총 시간)	6개월에 1회 이상 (연간 4시간 이상)	6개월에 1회 이상 (연간 4시간 이상)	3개월에 1회 이상 (연간 10시간 이상)	3개월에 1회 이상 (연간 10시간 이상)	6개월에 1회 이상 (연간 6시간 이상)	2개월에 1회 이상 (연간 10시간 이상)
초등학교 취학 전 교육 내용	1. 내 몸의 소중함 2. 내 몸의 정확한 명칭 3. 좋은 느낌과 싫은 느낌 4. 성폭력 예방법과 대처법 5. 성폭력의 개념 및 성폭력의 주체에 대한 교육	1. 나의 권리 찾기 (소중한 나) 2. 아동학대 및 아동학대행위자 개념 3. 자기감정 표현하기 및 도움 요청하기 4. 신고 이후 도움받는 방법	1. 길을 잃을 수 있는 상황 이해하기 2. 미아 및 유괴 발생 시 대처방법 3. 유괴범에 대한 개념 4. 유인·유괴 행동에 대한 이해 및 유괴 예방법	1. 감염병 예방을 위한 개인위생 실천 습관 2. 예방접종의 이해 3. 몸에 해로운 약물 위험성 알기 4. 생활 주변의 해로운 약물·화학제품 그림으로 구별하기 5. 모르면 먼저 어른에게 물어보기 6. 가정용 화학제품 만지거나 먹지 않기 7. 어린이 약도 함부로 많이 먹지 않기	1. 화재의 원인과 예방법 2. 뜨거운 물건 이해하기 3. 옷에 불이 붙었을 때 대처법 4. 화재 시 대처법 5. 자연재난의 개념과 안전한 행동 알기	1. 차도, 보도 및 신호등의 의미 알기 2. 안전한 도로 횡단법 3. 안전한 통학버스 이용법 4. 바퀴 달린 탈것의 안전한 이용법 5. 날씨와 보행안전 6. 어른과 손잡고 걷기
교육방법	1. 전문가 또는 담당자 강의 2. 장소·상황별 역할극 실시 3. 시청각 교육 4. 사례 분석	1. 전문가 또는 담당자 강의 2. 장소·상황별 역할극 실시 3. 시청각 교육 4. 사례 분석	1. 전문가 또는 담당자 강의 2. 장소·상황별 역할극 실시 3. 시청각 교육 4. 사례 분석	1. 전문가 또는 담당자 강의 2. 시청각 교육 3. 사례 분석	1. 전문가 또는 담당자 강의 2. 시청각 교육 3. 실습교육 또는 현장학습 4. 사례 분석	1. 전문가 또는 담당자 강의 2. 시청각 교육 3. 실습교육 또는 현장학습 4. 일상생활을 통한 반복 지도 및 부모 교육

UNIT 45 7대 안전교육 표준안

KEYWORD # 7대 안전교육 표준안 교육 내용

참고

1. 학력이 인정되는 평생교육시설 및 「재외국민의 교육지원 등에 관한 법률」 제2조제3호에 따른 재외 한국학교와 「초·중등교육법」 제2조제4호에 따른 특수학교의 경우는 인정되는 학력에 해당하는 학교급에 맞추어 실시한다.
2. 학교안전교육 실시 시간의 단위는 유치원은 교육과정 고시에 따른 단위활동이며, 초·중등학교는 교육과정 고시에 따른 차시이다.
3. 학교급별 제시하는 안전교육 시간은 학년별(유치원은 연령별) 실시해야 할 시간을 말하며, 횟수는 영역별 안전교육 시간을 학기당 제시된 횟수 이상으로 분산·실시해야 함을 말한다.
4. 학교(유치원 포함) 운영 성격 및 지역적 특성에 따라 총 이수시간의 범위 내에서 안전영역별 이수 시간을 자율적으로 조정·운영(20% 범위 내, 소수점은 올림처리)할 수 있다.
5. 재난안전교육은 재난 대비 훈련을 포함하여 실시하여야 하며, 각종 재난 유형별 대비 훈련을 달리하여 매 학년도 2종류 이상을 포함하여 운영하여야 한다.
6. 1단위활동 및 1시간(차시)의 수업 시간은 교육과정을 따르되, 기후 및 계절, 학생의 발달정도, 학습 내용의 성격, 학교 실정 등을 고려하여 탄력적으로 편성·운영할 수 있다.
7. 「재난 및 안전관리 기본법」 제38조에 따른 위기경보 '심각' 단계의 재난상황으로 인해 안전교육 및 재난대비 훈련의 정상적인 실시가 어려울 것으로 예상되는 경우 교육부 장관이 정하는 바에 따라 안전교육 및 재난대비훈련의 시수, 방법 등을 변경하여 실시할 수 있다.

구분	생활안전교육	교통안전교육	폭력예방 및 신변보호교육	약물 및 사이버 중독 예방 교육	재난안전교육	직업안전교육	응급처치교육
학생안전교육 시간 및 횟수	13	10	8	10	6	2	2
	학기당 2회 이상	학기당 3회 이상	학기당 2회 이상	학기당 2회 이상	학기당 2회 이상	학기당 1회 이상	학기당 1회 이상
학생안전교육 내용 및 방법	1. 교실, 가정, 등하굣길에서 안전하게 생활하기	1. 표지판 및 신호등의 의미 등 교통안전 규칙 알고 지키기	1. 내 몸의 소중함과 정확한 명칭 알기	1. 올바른 약물 사용법 알기	1. 화재의 원인과 예방법 알기	1. 일터 안전의 중요성 및 안전을 위해 지켜야 할 일 알기	1. 응급상황 알기 및 도움 요청하기
	2. 안전한 장소를 알고 안전하게 놀이하기	2. 안전한 도로 횡단법 알기	2. 좋은 느낌과 싫은 느낌 알기	2. 생활주변의 해로운 약물·화학 제품 만지거나 먹지 않기	2. 화재 발생 시 유의사항 및 대처법 알기	2. 일터 안전시설 현장 체험하기	2. 119신고와 주변에 알리기
	3. 놀이기구나 놀잇감, 도구의 바른 사용법을 알고 안전하게 사용하기	3. 어른과 손잡고 걷기	3. 성폭력 예방 및 대처방법 알기	3. TV, 인터넷, 통신기기(스마트폰 등) 등의 중독 위해성을 알고 바르게 사용하기	3. 각종 자연 재난 및 사고 적절하게 대처하는 방법 알기		3. 손 씻기와 소독하기 등 청결유지하기

	4. 실종, 유괴, 미아 상황 알고 도움 요청하기	4. 교통수단(자전거, 통학버스 등) 안전하게 이용하기	4. 나와 내 주변 사람(가족, 친구 등)의 소중함을 알고 사이좋게 지내기		4. 각종 재난 유형별 대비 훈련 실시		4. 상황별 응급처치 방법 알기
	5. 몸에 좋은 음식, 나쁜 음식 알기		5. 아동학대 신고 및 대처방법 알기				
교육 방법	1. 학생 발달 수준을 고려한 전문가 또는 교원 설명 2. 학생 참여 수업 방법 연계 적용(예시 : 역할극, 프로젝트 학습, 플립러닝 등) 3. 교내외 체험교육 또는 현장학습 4. 일상생활을 통한 반복 지도 및 부모교육 연계						

UNIT 46 기관에서의 안전 및 사고관리

KEYWORD # 안전사고 대처방법

1 안전교육의 방법(접근법)

주제선정에 따른 통합적 접근방법	• 안전에 관련된 지식, 기술, 태도를 가르칠 때 분리된 교과로 가르치는 것이 아니라 일상생활의 다양한 상황을 학습 경험으로 활용하는 방법이다. • 생활주제 및 주제와 관련한 영역별 다양한 활동을 통해 안전교육의 내용을 통합적으로 가르치는 방법이다.
상황 중심 안전교육	유아교육기관에서 일어나는 여러 가지 실제 상황을 안전교육에 활용하는 방법이다. **장점** 실생활에서 직접 경험과 간접적으로 들을 수 있는 상황에 근거하여 교육하기 때문에 동기유발이 용이하고 실제와 직접 연결된다.
역할놀이를 통한 안전교육	• 유아가 관심을 갖거나 흥미로워하는 안전과 관련된 주제를 중심으로 가상적 상황에서 역할을 맡아 놀이하는 방법이다. • 생활주변에서 겪는 여러 가지 위험 상황을 역할놀이를 통해 간접적으로 경험해 봄으로써 대처방법이나 문제해결력을 기를 수 있다.
행동중심적 방법	• 교사의 직접 설명과 시범보이기 이후 유아는 반복학습을 통해 안전한 행동을 형성할 수 있는 방법이다. • 안전 관련 교육 내용에 대해 단계적으로 체계화·세분화하여 각각 단계의 교수목표를 설정하고 목표에 부합하도록 교육해 나간다.

부모에 의한 안전교육	• 부모교육을 통해 안전교육을 실시한 다음, 부모가 가정에서 유아들을 대상으로 안전교육을 하게 하는 방법이다. • 유아교육기관과 가정과의 연계·협력은 아동의 안전한 생활 형성에 효과적이다. — 부모를 통해 유아에게 일관성 있게 반복적으로 안전교육이 이루어질 수 있도록 돕고, 이로 인해 모델링이 이루어질 수 있도록 한다.
전문단체에 의뢰하여 안전교육	전문단체에 의한 안전교육이 필요하며, 소방서나 보건소, 한국안전생활교육회 등 전문 단체에 의뢰하여 안전교육을 실시한다.

2 안전사고 발생 시 대처방법

① 초기 단계	• 신속하게 응급여부를 판단하여 현장에서 가능한 응급처치를 실행하고, 응급의료기관 후송 등 구호 조치한다. • 현장학습 등 외부에서 차량 사고 등이 발생한 경우, 유아들을 안전지대로 신속하게 이동시킨다. • 유치원장 및 원감, 학부모와 관련자에게 즉시 보고하며, 유치원장은 지체 없이 관할 교육감 또는 교육장에게 보고한다.
② 경과 단계	• 사고원인을 파악한다. • 사고 직후 초기 대응 및 경과를 상세히 작성하여 유치원장 및 원감에게 즉시 보고한다. • 유치원장은 사고 원인, 처리과정 및 향후 수습방안을 관할 교육감 또는 교육장에게 보고한다.
③ 사후 조치 단계	• 유치원장은 사고수습 방안에 맞게 대응이 완료되었는지를 확인하고, 사안의 중요성에 따라 교육지원청에 보고한다(재발방지책 포함). • 유치원은 안전사고 사안에 따라 관련자에게 학교안전공제회 보상 신청을 안내한다.

Plus⁺
학교안전공제회
유치원은 유아교육법 제2조제2호에 의한 학교로 학교안전공제회에 의무적으로 가입해야 한다.

3 안전사고일지 기록

점검 내용	설명
사고에 대비하여 유아에 대한 응급처치 동의서를 받아 비치	• 유아 입소 시 응급처치에 대한 동의서를 받아 비치해 두도록 한다. • 응급처치 동의서에는 비상연락처, 의료보험카드 번호를 기록해 두도록 한다.
안전사고 발생 시 사고보고서 기록	• 안전사고가 발생했을 시에는 크건 작건 간에 사고발생 24시간 이내에 사고보고서를 작성하도록 한다. • 사고보고서에는 사고발생 장소, 사고 이유, 사고처리에 대한 것을 기록하도록 한다.
안전사고 발생 시 일어난 사고에 대해 부모에게 알림	• 안전사고가 발생한 후에는 일어난 사고에 대해 반드시 부모에게 전달해야 한다. • 사고보고서 1부를 부모에게 전달하도록 한다.
안전사고 처리절차 및 재발방지대책 수립	안전사고 처리과정에 대한 절차를 기록하고, 재발방지를 위한 대책을 사전에 문서로 계획해 두도록 한다.
사고보고서를 토대로 향후 연도의 안전관리 대책 수립 시 반영	1년 사고보고서를 토대로 유치원에서 자주 발생하는 사고유형 및 원인을 분석하여 향후 연도 안전관리 및 안전교육 계획 시 반영하도록 한다.

MEMO

Ⅱ 생활안전교육

UNIT 47 | **시설 안전** – 실내 안전

1 학습목표

교실, 유치원, 가정 등 유아가 일상에서 자주 접하는 장소에서 안전을 위협하는 상황을 찾아보고 안전하게 생활하는 방법을 알아본다.

2 누리과정 관련 요소

신체운동 건강
[안전하게 생활하기]
일상에서 안전하게 놀이하고 생활한다.

의사소통
[읽기와 쓰기에 관심 가지기]
주변의 상징, 글자 등의 읽기에 관심을 가진다.

사회관계
[사회에 관심 가지기]
내가 살고 있는 곳에 대해 궁금한 것을 알아본다.

3 학습주제와 학습의 중점

학습주제	학습의 중점
1. 교실에서의 시설안전 알아보기	교실에서 위험할 수 있는 장소나 물건을 찾아보고, 안전하게 사용하는 방법을 알아본다.
2. 유치원에서의 시설안전 알아보기	화장실, 강당, 실내놀이터, 복도 계단 등에서 위험요소를 찾아 안전하게 이용할 수 있다.
3. 가정에서의 시설안전 알아보기	• 거실, 주방, 세탁실, 화장실 등에서 위험요소를 찾아본다. • 가정에서 시설을 안전하게 이용하는 방법을 알 수 있다.
4. 방화셔터 안전수칙 알아보기	• 방화셔터의 기능과 종류에 대해 알아본다. • 화재 시 방화셔터가 내려올 수 있음을 알고 대피하는 방법도 알 수 있다.

4 유치원에서 장소별 안전수칙

화장실 사용의 안전	• 화장실 출입문을 갑자기 열거나 발로 차서 열지 않는다. • 화장실을 사용할 때는 미리 노크를 한다. • 차례를 지키고 남을 떠밀지 않는다. • 화장실 문 앞에 다른 사람이 기다리고 있다는 생각을 하고, 안에서 나올 때 갑자기 문을 열지 않는다. • 장난으로 노크를 하지 않고, 함부로 문을 여는 행동을 하지 않는다. • 화장실 바닥은 미끄러울 수 있으므로 미끄러지지 않게 조심히, 천천히 걷는다. • 화장실 안에서는 절대 친구들과 장난을 치며 놀지 않는다. • 위험한 시설이나 고장 난 시설은 만지지 말고 선생님께 말씀드린다. • 변기나 수도 시설 등으로 장난하지 않는다. • 화장실 문이 잠겨 갇혔을 경우, 밖에 있는 사람에게 상황을 알려 어른의 도움을 요청하거나, 없는 경우 큰 소리로 외쳐 도움을 청한다.
체육관, 운동장 등 강당에서 안전 수칙	• 운동을 하기 전에는 충분한 준비 운동을 한다. • 선천적으로 허약하거나 질병이 있는 경우에는 미리 선생님께 말씀드린다. • 오래달리기를 할 때에 힘이 들면 무리하지 않고 걷기와 달리기를 반복한다. • 개인 운동기구는 반드시 한 사람씩 사용한다. • 모든 운동은 난이도에 따라 쉬운 것을 충분히 익힌 다음에 어려운 것으로 한다. • 고학년이 하는 어려운 운동을 무리하게 따라하지 않는다. • 충분히 공간을 두고 활동하며, 철봉 주위에서 장난치지 않는다. • 매트 운동을 할 때에는 앞사람이 완전히 매트에서 떠날 때까지 기다린다. • 낮은 철봉에서 디딤판(뜀틀)을 이용하여 충분히 연습한 다음, 단계적으로 디딤판 없이 운동한다. • 뜀틀 운동 시에는 한 사람이 착지를 끝내고 뜀틀을 떠날 때까지 다음 사람이 도움닫기를 하지 않는다.
복도에서 안전 수칙	• 계단을 이용할 때에는 우측통행을 하며 조용히 걷는다. • 단체로 이동할 때는 질서 정연하게 이동하고 밀거나 뛰지 않는다. • 복도에서 달리기나 씨름 등 장난을 하면 다른 사람에게 피해를 주고 다치기 쉬우므로 장난을 하지 않는다. • 미끄러지거나 벗겨지기 쉬운 신발은 신지 않는다. • 출입구나 통로, 모퉁이를 지나갈 때는 주의한다. • 어깨동무를 하지 않고 한 줄로 바르게 걷는다. • 앞사람을 밀지 않는다. • 물건을 던지거나 굴리지 않는다. • 발을 끌지 않는다. • 비나 눈이 올 때는 복도 바닥이 젖게 되므로 미끄러지지 않도록 주의하면서 천천히 걷는다. • 미끄럼 사고의 원인이 될 수 있는 과자 부스러기나 휴지 등을 복도에 버리지 않는다.

| 계단에서
안전 수칙 | • 계단에서는 주머니에 손을 넣고 걷지 않는다.
• 계단에서는 뛰거나 장난치지 않는다.
• 어린이가 계단 주변에서 놀지 않도록 한다.
• 어린이나 노인·장애인은 난간(손잡이)을 잡고 한 칸씩 천천히 이동한다.
• 슬리퍼나 하이힐과 같이 잘 벗겨지거나 굽이 높은 신발을 신었을 때는 보행에 특히 주의한다.
• 추락이나 낙상 사고의 가능성이 높기 때문에 유모차, 보행기, 자전거 등 바퀴 달린 제품을 계단 주위에서 사용하지 않도록 한다.
• 비나 눈이 오는 날에는 계단이 미끄러우므로 조심해야 한다.
• 계단에 휴지나 간식 부스러기를 흘리지 않는다.
• 계단을 두 칸씩 뛰어내리거나 헛디뎌서 다치는 경우가 있으며, 한 눈을 팔면 발을 잘못 디뎌 다치게 되므로 주의한다.
• 계단을 오르내릴 때는 난간을 잡고 이동하는 것이 안전하다.
• 계단 난간을 넘거나 난간을 타고 내려오는 등의 위험한 행동은 절대 하지 않는다.
• 학급단위로 계단을 통해 이동할 때는 앞뒤 사람과 충분한 거리를 두고 오르내리는 것이 안전하다. |

5 가정에서의 시설안전

거실에서 발생하는 안전사고 예방하기	의자 추락사고	• 영유아는 안전벨트가 있는 영유아용 보조의자를 사용한다. • 아동이 의자에 앉아 있을 때는 보호자가 시선을 떼지 않는다. • 의자 위에서 장난치지 않도록 교육한다. • 특히 아동의 키에 비해 높은 의자, 회전의자, 바퀴가 달린 의자, 등받이가 없는 의자(스툴), 의자 다리 폭이 좁아 쉽게 흔들릴 수 있는 의자는 소아가 사용하거나 올라가지 않도록 한다.
	선풍기 손끼임사고	• 선풍기는 안전망을 씌워 사용한다. • 아동의 손이 닿지 않는 곳에 선풍기를 위치시킨다. • 아동이 선풍기로 장난치지 않도록 교육한다.
	난로 화상사고	• 난로 주변에 안전펜스를 설치한다. • 난로 주변에 아동이 가까이 가지 않도록 보호자가 시선을 떼지 않는다. • 난로에 뜨거운 물이나 음식을 조리하지 않는다.
	가구 부딪힘사고	• 쇼파, 테이블, TV스탠드와 같은 가구 모서리에는 쿠션이나 모서리 보호대 등 보호장치를 부착한다. • 테이블이나 TV스탠드 위에 유리를 설치하지 않는다. • 쇼파나 테이블 위에 올라가거나 뛰어내리지 않도록 교육한다. • 쇼파 아래쪽에는 푹신한 매트를 설치한다. • 영유아를 쇼파에 두고 보호자가 자리를 비우지 않는다.

	바닥 넘어짐 사고	• 길고 딱딱한 물체(연필, 숟가락, 칫솔 등)를 아동이 입에 물고 돌아다니지 않도록 한다. • 실내 바닥이 미끄럽지 않도록 한다.
	다리미 화상사고	• 다리미 사용은 되도록이면 아동이 집에 없는 시간 또는 자는 시간에 한다. • 다리미 사용이 끝난 후에는 다리미 보호 케이스나 덮개를 씌우고 아동의 손이 닿지 않는 곳에 보관한다.
주방에서 발생하는 안전사고 예방하기	뜨거운 냄비, 프라이팬 화상사고	• 뜨거운 음식을 조리할 때는 반드시 지켜서 있으면서 아동이 가까이 오지 못하게 한다. • 뜨거운 냄비나 프라이팬은 아동이 앉아있는 식탁이나 밥상에 가져오지 않으며, 조리한 음식은 싱크대 등 멀리 떨어진 장소에서 다른 접시에 덜어온다. • 식탁에 뜨거운 냄비나 프라이팬을 놓는 경우 손잡이가 식탁모서리보다 튀어나와 있지 않도록 한다. • 뜨거운 냄비나 프라이팬을 옮겨야 하는 상황에서는 아동이 접근하지 못하도록 한다. • 조리가 끝난 냄비나 프라이팬은 아동의 손이 닿지 않는 곳에 둔다.
	뜨거운 밥솥 증기 화상사고	• 아동의 손이 닿지 않는 높은 곳에 두고 사용한다. • 뜨거운 증기가 배출되기 전 알람을 통해 알려주는 제품을 사용한다.
	가스레인지, 전열기, 전기포트 화상사고	• 아동의 손이 닿지 않는 높은 곳에 두고 사용한다. • 조리가 끝날 때까지 반드시 지켜서 있으며, 아동이 가까이 오지 못하게 한다. • 전기주전자 사용 시 전기선이 늘어지지 않도록 잘 정리한다. • 12세 이하의 아동이 사용하지 못하게 한다. • 사용이 끝난 후에는 반드시 가스밸브를 잠그거나 전기 플러그를 뽑는다.
	식탁보를 잡아당겨 쏟아지는 음식물에 화상, 열상 사고	• 아동이 잡아당길 수 있는 너무 늘어지거나 긴 식탁보는 사용하지 않는다. • 식탁보를 사용할 경우 식탁보가 움직이지 않도록 식탁에 단단히 고정시킨다. • 식탁보가 깔린 식탁 위에는 깨질 수 있는 물건(장식품, 꽃병, 조미료통 등)을 놓아두지 않는다.
	냉장고 자석 삼킴사고	• 쉽게 삼킬 수 있는 크기의 자석은 아동의 손에 닿지 않는 높은 곳에 두고 사용한다. • 자석을 가지고 놀 때는 보호자가 항상 지켜본다.
	뜨거운 액체 화상사고	• 아동에게 국물, 수프, 죽을 먹일 때는 너무 뜨겁지 않은지 확인한다. • 아동을 안고 뜨거운 음료를 마시지 않는다. • 아동의 곁에 또는 아동의 시야에 뜨거운 액체가 담긴 컵이나 그릇을 두고 보호자가 자리를 비우지 않는다. • 뜨거운 액체가 든 컵이나 그릇을 들고 아동 근처로 움직이지 않는다. • 뜨거운 액체를 옮겨 담거나 버리는 일은 높은 곳에 위치한 넓은 공간(싱크대, 개수대 등)에서 한다.

SESSION 03

	음식물이 목에 걸리는 사고	• 작고 둥근 음식물은 아동의 손이 닿지 않는 곳에 보관한다. • 아동이 음식물을 입에 물고 다른 활동을 하지 않도록 한다. • 치아가 완전히 생기지 않은 영유아에게 땅콩이나 아몬드 등 잘게 씹어서 삼켜야 하는 딱딱한 음식물을 주지 않는다. • 점착성이 높거나 말랑말랑한 음식, 둥근 형태의 음식, 고기나 소시지 등은 작게 잘라서 먹인다.
	정수기 온수 화상사고	• 온수 탭은 이중장치를 설치하여 아동이 우연히 눌러도 온수가 나오지 않도록 한다. • 정수기의 온수 스위치를 꺼둔다. • 정수기 주변은 마른걸레로 닦아 물기를 제거한다.
침실에서 발생하는 안전사고 예방하기	서랍장 손끼임 사고	• 영유아가 있는 가정은 잠금장치를 사용하여 서랍을 잠궈둔다. • 닫히는 속도가 늦춰지는 안전레일이 달린 서랍을 이용한다. • 아동이 서랍을 넣었다 뺐다하는 장난을 하지 않도록 교육한다.
	침대/침구 질식사고	• 반드시 어린이용 침대와 침구를 사용한다. 만약 침대사용이 불가능하다면 바닥에 이불을 깔고 재운다. • 솜이나 깃털을 사용한 푹신하고 두꺼운 베개나 이불, 푹 꺼지는 어른용 침대는 아동의 질식사고를 일으킬 수 있다. • 영아를 재울 때는 엎드려서 재우지 않는다. • 영아가 잠이 든 후에도 수시로 영아의 상태를 살핀다.
	문 손끼임 사고 / 문지방 넘어짐 사고	• 문의 경첩에 손이나 팔을 넣는 장난을 치지 않도록 교육한다. • 방문에는 도어스토퍼를 사용한다. • 현관문과 같이 자동으로 닫히는 문은 닫히는 속도를 늦추는 장치를 설치한다. • 문을 닫을 때 주변에 아동이 없는지 확인한다. • 가능하다면 문지방을 없애는 것이 좋다.
	블라인드 끈 질식사고	• 블라인드 끈은 아동의 손이 닿지 않도록 아주 높이 감아 올려 놓는다. • 침대나 실내 미끄럼틀 등 딛고 올라갈 수 있는 물건이나 가구 주위에 있는 블라인드 끈을 없앤다.
욕실에서 발생하는 안전사고 예방하기	욕실 감전사고	• 욕실의 전기 콘센트는 안전덮개를 씌우고 덮개를 늘 닫아둔다. • 욕실에서 전자제품 사용을 자제하는 것이 가장 좋다. • 사용한 전자제품은 반드시 코드를 뽑아 둔다. • 아동이 욕실 조명이나 콘센트에 물을 뿌리는 장난을 하지 않도록 교육한다.
	욕실 넘어짐 사고	• 욕실 바닥에는 요철이 있는 미끄럼방지 타일을 사용한다. • 미끄럼방지 타일의 설치가 어려울 경우 미끄럼방지 스티커를 붙이거나 미끄럼방지 쿠션패드를 설치한다. • 욕실 문 앞 러그 사용을 자제한다.

MEMO

SESSION 103

	세제나 화학물질 중독 사고	• 아동의 손이 닿지 않는 곳에 보관한다. • 아동이 쉽게 열지 못하도록 안전캡을 사용한 제품을 구매한다. • 위험물질은 절대로 다른 용기에 옮겨 놓지 않는다. • 부득이하게 다른 용기에 옮겨 담을 경우 병 표면에 물질의 이름을 적은 라벨을 붙인다. • 락스, 표백제, 욕실세정제, 유리세정제, 식기건조용 세제는 특히 보관에 주의한다.
	아동용 발판 넘어짐 사고	• 아동용 세면대 발판은 바닥 면에 고무나 실리콘 처리가 되어 미끄럼방지 기능이 있는 제품을 사용한다. • 발이 닿는 면에는 미끄럼방지 스티커를 붙여 사용한다. • 아동에게 세면대 발판에 올라간 상태에서 세면대를 짚고 매달리거나 장난치지 않도록 교육한다.
베란다와 다용도실에서 발생하는 안전사고 예방하기	베란다 난간 추락사고	• 아동이 베란다에 혼자 출입하지 못하도록 한다. • 아동의 머리나 몸이 베란다 난간 살 사이로 빠져나가지 못하도록 범퍼를 설치하거나 추가 날을 설치하여 난간 간격을 좁게 한다.
	베란다 창문 추락사고	• 베란다에 아동이 밟고 올라갈만한 물건을 두지 않는다. • 베란다 난간의 높이를 높인다. • 베란다 난간에 기대거나 손이나 머리를 내밀지 않도록 지도한다. • 창문 잠금장치나 안전핀을 아동의 손이 닿지 않는 높은 곳에 설치하고 창문을 잠궈둔다. • 베란다 창문을 열지 못하도록 교육한다.

Plus

실내 안전

교실 공간	• 교실 문은 손가락과 발가락이 끼이지 않도록 안전장치를 설치한다. • 바닥은 턱이 없어야 하며 미끄럼 방지 처리를 한다(영역별 매트). • 창문에 추락 방지용 안전 창을 설치한다. • 유리는 안전유리를 설치하고, 부딪침 방지를 위해 유리에 스티커를 부착한다. • 소리를 흡수할 수 있는 방음 장치를 천장과 벽, 바닥에 설치한다. • 교실 내에 모든 유아의 행동을 한 눈에 파악할 수 있도록 교재·교구를 비치한다. • 모든 교실 내에 소화기를 비치한다. • 가전제품 　－ 영유아의 손에 닿지 않는 장소에 비치한다. 　－ 콘센트는 안전덮개를 사용한다. 　－ 멀티탭 사용 시 각 플러그에 개별 스위치가 있는 것을 사용한다. 　－ 전자제품 가까이에 액체를 두지 않는다. 　－ 히터나 선풍기를 사용하는 경우 보호망을 사용하거나 벽걸이용으로 한다.
화장실	• 화장실은 교실에서 바로 연결하고, 화장실 문은 안과 밖에서 모두 열 수 있도록 설치한다. • 교사가 비상 시 안을 볼 수 있는 높이로 설치한다. • 유아용 변기와 세면대를 설치한다. 　－ 세면대 높이 50~60cm, 변기 높이 25~28cm, 소변기 높이 30cm 이하 　－ 유아 8~10명당 1개 설치 • 화장실 바닥 표면은 미끄럼 방지 타일을 설치하고, 항상 깨끗하고 물기가 없어야 한다. • 냉온수가 공급되고 온수의 온도는 45℃ 이하로 한다(수도꼭지 온도조절 장치 부착).

강당 (유희실)	• 대근육 활동 기구는 서로 충분한 공간을 두고 비치한다. • 대근육 활동 시 충격을 흡수할 수 있는 매트를 깔아준다. • 영유아 키 높이의 벽면, 바닥, 기둥, 모서리에 충격을 완화할 수 있는 장치를 설치한다. • 창문이 없는 벽면에 놀이기구를 배치한다.
식당 (조리실)	• 조리실에는 영유아들이 들어가지 못하도록 안전문을 설치한다. • 뜨거운 물과 음식을 제공할 때에는 미리 적절하게 식혀서 제공한다.
채광 (자연조명)	• 직사광선을 포함하지 아니하는 천공광에 의한 옥외 수평조도와 실내조도와의 비가 평균 5퍼센트 이상으로 하되, 최소 2퍼센트 미만이 되지 않도록 한다. − 교실 바깥의 반사물로부터 눈부심이 발생되지 않도록 한다.
조도 (인공조명)	• 교실의 조명도는 책상 면을 기준으로 300럭스 이상이 되도록 한다. − 인공조명에 의한 눈부심이 발생되지 않도록 한다.
실내온도 및 습도	• 실내온도는 섭씨 18도 이상 28도 이하로 하되, 난방온도는 섭씨 18도 이상 20도 이하, 냉방온도는 섭씨 26도 이상 28도 이하로 한다. • 비교습도는 30퍼센트 이상 80퍼센트 이하로 한다.
소음	실내의 소음은 55dB(A) 이하로 해야 한다.

UNIT 48 시설 안전 − 위생관리

화장실의 유지·관리 기준		• 항상 청결이 유지되도록 청소하고 위생적으로 관리해야 한다. • 악취의 발산과 쥐, 파리·모기 등 해로운 벌레의 발생과 번식을 방지하도록 화장실의 내부 및 외부를 4월부터 9월까지는 주 3회 이상, 10월부터 다음해 3월까지는 주 1회 이상 소독을 실시해야 한다.
유치원 건물에 대한 소독		50명 이상을 수용하는 유치원은 감염병 예방에 필요한 소독을 실시해야 한다.
	학교소독지침 상 소독의 종류	
	정기소독	4월~9월은 2개월에 1회 이상, 10월~3월은 3개월에 1회 이상 실시한다.
	임시소독 (감염병 발생시)	감염병 (의심) 환자 발생 또는 유행시 소독 방법은 정기적 소독 지침에 준하여 시행한다.
	일시적 관찰실 소독	전파 우려가 높은 감염병 (의심) 학생이 의료기관에 진료를 받으러 가기 전까지 격리되어 관찰하는 학교 내 공간으로써, 해당 학생에 대한 낙인효과를 우려하여 '격리' 대신 '관찰'이라는 용어를 사용할 것을 권장한다.
놀잇감		유치원에서 사용하는 놀잇감은 자주 세척, 살균하고 햇빛에 자주 말려 건조시켜 준다.
이불 및 잠자리		• 낮잠용 이불은 자주 세탁하고, 개인의 이름을 표시하여 사용하는 것이 바람직하다. • 잠자리의 간격은 너무 붙지 않게 깔아야 호흡기 감염을 줄일 수 있다. • 주 1회 이불 세탁을 실시한다.

공기의 질	• 환기는 하루에 최소 3번, 30분 이상 하는 것이 좋으며, 오전 10시부터 오후 9시 사이가 좋다. 　－ 겨울에는 하루 3회 이상 10분 정도 환기 시스템을 가동한다.
청결	• 유아들에게는 올바른 손 씻기와 이 닦기가 생활화될 수 있도록 지도한다. 　－ 식사 전후, 배변 후, 오염된 활동 후, 특히 전염성 질환이 유행할 때에는 손을 자주 씻는다.
세면용품	• 칫솔은 교사가 다시 세척하여 칫솔 소독기에 넣어 건조한다. • 수건은 하루에 두 번 이상 교체해 주며, 가능하면 핸드드라이어를 사용한다.
구급약품	• 유아들의 안전사고를 대비하여 구급약품을 비치한다. • 냉장이 필요한 약품은 음식과 별도로 약품 냉장고에 보관한다.
유치원 환경위생 및 식품위생 관리	**유치원 환경위생 및 식품위생 관리** • 유치원의 원장은 다음의 기준에 따라 환경위생 및 식품위생을 적절히 유지·관리해야 한다. 　－ 유치원 안에서의 환기·채광·조명·온도·습도의 조절 　－ 유해중금속 등 유해물질의 예방 및 관리 　－ 상하수도·화장실의 설치 및 관리 　－ 오염공기·석면·폐기물·소음·휘발성유기화합물·세균·먼지 등의 예방 및 처리 등 　－ 식기·식품·먹는 물의 관리 등

🏠 **위생 상태의 점검 종류 및 시기**

점검 종류	점검 시기
일상점검	매 수업일
정기점검	매 학년 1회 이상(「학교보건법」 제4조의2 제1항에 따른 공기 질의 위생점검의 경우에는 상반기·하반기에 각각 1회 이상으로 함). 다만, 「학교보건법 시행규칙」 제3조 제1항 각 호에 따라 별도의 점검횟수를 정한 경우에는 그에 따름
특별점검	• 전염병 등으로 집단적으로 환자가 발생할 우려가 있거나 발생한 경우 • 풍수해 등으로 환경이 불결하게 되거나 오염이 된 경우 • 학교를 신축·개축·개수 등을 하거나, 책상·의자·컴퓨터 등 새로운 비품을 교사 안으로 반입하여 폼알데하이드 및 휘발성유기화합물이 발생할 우려가 있을 경우 • 그 밖에 유치원의 원장이 필요하다고 인정하는 경우

유치원 감염병 예방을 위한 소독

50명 이상을 수용하는 유치원은 다음의 기준에 따라 감염병 예방에 필요한 소독을 실시해야 한다.

🏠 **감염병 예방을 위한 소독 기간 및 실시 횟수**

기간	소독 실시 횟수
4~9월까지	2개월에 1회 이상 실시
10~3월까지	3개월에 1회 이상 실시

UNIT 49 **시설 안전** – 다중이용시설의 안전 수칙

1 학습목표

일상생활에서 접하는 다중이용시설에서의 위험요소를 찾아보고 안전하게 이용하는 방법을 이해할 수 있다.

2 누리과정 관련 요소

신체운동·건강
[안전하게 생활하기]
신체 움직임을 조절한다.
안전사고, 화재, 재난, 학대, 유괴 등에 대처하는 방법을 경험한다.

사회관계
[더불어 생활하기]
약속과 규칙의 필요성을 알고 지킨다.

자연탐구
[생활 속에서 탐구하기]
도구와 기계에 대해 관심을 가진다.

3 학습주제와 학습의 중점

학습주제	학습의 중점
1. 급식실 안전하게 이용하기	• 급식실에서 안전하게 이용하는 방법을 안다. • 급식실에서 안전하게 행동한다.
2. 승강기 안전하게 이용하기	• 승강기의 종류와 기능에 대해 알아본다. • 승강기 이용 시 안전하게 이용하는 방법을 알고 실천해본다.
3. 출입문 안전사고 예방하기	• 출입문에서 자주 발생하는 안전사고 원인을 찾아본다. • 출입문 안전스티커를 만들어 사고가 일어날 수 있는 장소에 게시한다.
4. 사람이 많이 모이는 곳에서의 안전사고 예방하기	• 사람이 많이 모이는 장소와 상황을 알아본다. • 사람이 많이 모인 곳의 위험성을 인식한다. • 사람이 많이 모이는 곳에서의 안전사고를 예방하는 방법을 알아본다.

4 급식실에서 안전 수칙

MEMO

급식 기구로 발생할 수 있는 안전사고	• 젓가락·포크 : 젓가락 및 포크에 찔릴 수 있다. • 급식대 : 급식대에 손을 끼이거나, 급식대 모서리에 긁히거나 부딪힌다. • 급식판 : 급식판 모서리에 박거나 급식판을 제대로 들지 못하여 뜨거운 국을 엎어 데인다. • 급식운반 엘리베이터 : 장난을 치다가 손이 끼이거나, 급식운반 엘리베이터에 갇힌다. • 식당 : 음식물로 미끄러운 바닥에서 장난치다가 미끄러져 넘어진다.
급식시간 안전수칙 (예시)	• 급식대나 급식운반차를 놀이기구처럼 이용하지 않는다. • 식판에 뜨거운 밥이나 국통이 담겨있을 경우 두 손으로 꼭 쥐어 쏟지 않도록 한다. • 식판, 젓가락, 포크 등으로 장난치지 않아야 한다. • 배식을 받을 때는 질서를 지키고, 많은 학생들이 한꺼번에 몰려가지 않도록 한다. • 식판을 들고 자기 자리로 갈 때는 넘어지지 않도록 천천히 이동한다. • 점심시간에는 이리저리 돌아다니지 않고, 큰 소리로 떠들면서 먹지 않는다. • 점심을 먹기 전에는 반드시 손을 씻는다. • 급식을 받고 자리에 앉기까지 급식판에 주의를 집중하여 급식판을 엎지 않도록 한다.

급식실
안전관리
매뉴얼
	• 뜨거운 국물을 받은 경우 화상의 우려가 있으므로 주의하고, 반드시 식판은 양손으로
	  잡고 옮긴다.
	• 가시나 뼈가 든 음식은 함부로 삼키지 않는다.
	• 급식실 안에서 뛰거나 밀지 않는다.
	• 식사 도중에 식판이나 그릇, 젓가락, 포크를 서로 빼앗거나 찌르는 장난을 하지 않는다.
	• 식판을 들고 다닐 때에는 한 눈 팔지 않고 걸으며 미끄러지거나 걸려 넘어지지 않도록
	  살핀다.

5 엘리베이터, 에스컬레이터의 안전 수칙

엘리베이터 안전	• 문에 기대거나 충격을 주면 추락위험이 있으므로 주의한다. • 어린이의 손이 문에 끼는 사고를 주의한다. • 애완동물의 목줄이 문에 끼는 사고를 주의한다. • 버튼 장난을 치거나 뛰면 위험할 수 있으므로 주의한다. • 승강기에 갇힐 경우 비상버튼을 누르고 구조를 기다린다.
에스컬레이터 안전	• 어린이나 노약자는 보호자와 함께 탑승한다. • 노란 안전선 안쪽으로 선다. • 에스컬레이터에서는 손잡이를 꼭 잡는다. • 손잡이 밖으로 몸을 내밀면 떨어질 수 있으므로 주의한다. • 에스컬레이터에서 걷거나 뛰지 말아야 한다.

6 군중밀집 지역에서의 안전 수칙

군중밀집 지역에서 발생할 수 있는 안전사고 상황	• 군중 몰림 : 사람이 급하게 한 쪽으로 몰리는 것 • 군중 압착 : 사방이 꽉 막힌 공간에서 여러 사람이 압력을 가하는 것	
군중밀집 지역에서 안전자세	① 두 손을 가슴에 모아 공간을 확보하고 다리 고정(갈비뼈 보호, 호흡공간 확보) ② 움직임이 잠잠해지면 대각선으로 군중을 가로질러 이동 시도 ③ 넘어졌을 경우, 몸을 웅크려 머리·가슴 등 중요 신체부위를 보호한 후 침착함을 유지했다가 최대한 빠르게 일어나 안전한 자세를 취함	
유치원에서 일어날 수 있는 군중밀집 안전사고	• 운동장에서 열린 운동회에 참석한 사람들이 갑자기 쏟아지는 비를 피하려고 유치원 출입문으로 한꺼번에 몰리며 안전사고가 일어날 수 있다. • 유치원 계단 위에 있던 친구가 넘어지면서 그 밑에 있던 친구들이 한꺼번에 넘어져 안전사고가 일어날 수 있다. • 인형극을 관람하기 위해 질서를 지키지 않고 많은 친구들이 한꺼번에 강당 문 한곳으로 입장하다가 안전사고가 일어날 수 있다. • 급식 시간 전에 순서를 정하지 않고 한꺼번에 많은 친구들이 손을 씻으러 화장실에 들어가려다가 안전사고가 일어날 수 있다.	
군중밀집 안전사고 예방법	유치원 생활 중 사람들이 많이 모이는 곳에서의 안전사고 예방법 알아보기	유치원 외 사람이 많이 모이는 곳에서의 안전사고 예방법
	• 선생님과 함께 넓은 공간으로 이동해서 사람이 많은 곳을 피하기 • 다른 사람을 밀지 않고 침착하게 움직이기 • 혹시 두고 온 물건이 있더라도 절대 사람들 속으로 다시 들어가지 않기 • 선생님의 안내를 따르며 질서 지키기	• 사람이 많이 있는 곳은 무리하게 들어가지 않기(피하기) • 자신의 이름, 부모님(보호자) 연락처 등을 기억하기(유아는 비상 상황 발생 시 자신의 이름과 보호자 연락처를 기억하지 못하는 경우가 많으므로 사람들이 많은 곳을 가기 전에 반드시 자신의 이름과 부모님(보호자) 연락처를 기억하는 활동이 우선되어야 한다) • 출입로, 비상구, 대피장소 미리 확인하기 • 부모님(보호자) 손을 잡고 함께 이동하기
지도상의 유의점	• 안전사고 사례를 알아보면서 사람이 많이 모이는 장소에서의 안전사고를 예방하기 위해서는 줄서기, 차례를 지키기, 앞에 있는 친구 밀지 않기 등 질서와 규칙을 지키는 것이 중요함을 이야기 나눈다. • 사람이 많은 곳에서는 가벼운 장난도 안전사고로 이어지며, 많은 사람이 넘어지는 경우 큰 안전사고가 발생할 수 있음을 이야기한다.	

교사와 학부모의 지도방향	**교사의 지도방향** • 사람들이 많이 모이는 곳에서 발생할 수 있는 문제들을 예측해보고, 유아가 직접 규칙을 정해 지키도록 한다. • 사람들이 많이 모이는 곳에서 발생할 수 있는 문제 − 숨쉬기 답답함을 느낀다. − 가고자 하는 방향으로 가지 못하고 다른 방향으로 몸이 떠밀린다. − 넘어져서 다칠 수 있다. **학부모의 지도방향** 사람이 많이 모이는 곳에 방문하기 전 보호자의 이름, 연락처 등을 기억할 수 있도록 이야기 나누고 출입로, 비상구, 대피장소를 유아와 함께 확인한다. 📍 사람이 많이 모이는 곳에 방문 시 자녀와 함께 이름표 만들기

UNIT 50 │ 시설 안전 − 전기 안전

1 학습목표

주위에서 전기를 사용하는 시설이나 물건을 찾아보고, 감전사고를 예방하는 방법을 알고 실천한다.

2 누리과정 관련 요소

신체운동·건강
[안전하게 생활하기]
안전사고, 화재, 재난, 학대, 유괴 등에 대처하는 방법을 경험한다.

사회관계
[사회에 관심 가지기]
내가 살고 있는 곳에 대해 궁금한 것을 알아본다.

자연탐구
[생활 속에서 탐구하기]
도구와 기계에 대해 관심을 가진다.

3 학습주제와 학습의 중점

학습주제	학습의 중점
1. 전기의 사용 알아보기	• 전기가 우리 생활에 편리함을 준다는 것을 이해한다. • 전기를 함부로 사용하면 위험할 수 있다는 것을 안다.
2. 실내 감전사고 예방하기	• 실내에서 전기를 사용하는 물건들을 찾아본다. • 실내에서 감전사고를 예방하여 안전하게 사용하는 방법을 안다.
3. 실외 감전사고 예방하기	• 실외에서 전기를 사용하는 물건들을 찾아본다. • 실외에서 감전사고를 예방하여 안전하게 사용하는 방법을 안다.

4 전기(감전) 사고발생 시 국민행동요령

일반적인 전기사고 예방	• 전기기기와 배선에 절연(전류가 통하지 못하도록 하는 것) 처리가 되어 있지 않은 부분은 노출하지 맙시다. • 전기기기는 땅이나 수도관과 전선으로 연결(접지)해야 합니다. • 누전차단기를 설치하여 감전, 화재 등의 사고를 방지합시다. • 전기기기의 스위치 조작은 아무나 함부로 하지 않도록 합시다. • 젖은 손으로 전기기기를 만지지 맙시다. • 수동 개폐기의 퓨즈로 동선이나 철사를 사용하면 매우 위험하므로 반드시 정격 퓨즈를 사용하여야 합니다. • 동개폐기(차단기)는 정상적으로 작동하는지 정기적으로 테스트(테스트 버튼을 눌러 차단되는지 확인) 합시다. • 불량제품이나 부분적으로 고장이 나있는 제품을 무리하게 사용하지 맙시다. • 배선용 전선은 중간에 연결·접속하여 사용하지 맙시다.
침수지역 감전사고 예방	• 늘어진 전선에 접근하거나 만지지 맙시다. • 누전차단기가 동작하였을 때에는 원인을 제거한 후 사용합시다. • 가옥이 침수되었을 때에는 개폐기를 내려두고 전문 전기공사 업체에 의뢰하여 점검을 받은 후 사용하도록 합시다. • 침수된 가옥 수리 시 손상된 전선은 교체하도록 하고 가옥과 배선부분이 완전히 건조된 후 사용합시다. • 넘어진 전주·가로등 등 파손된 전기시설물에는 절대 접근하지 말고 한국전력(국번 없이 123)에 신고합시다.
대피 명령시 전기설비 조치사항	• 폭우로 인한 가옥침수가 예상될 경우에는 제일 먼저 누전차단기를 차단하거나 인입개폐기 또는 안전기(두꺼비집)를 열어 전기의 공급을 끊어야 합니다. • 이때 발이 물에 잠겨있거나 손이 물에 젖었을 경우 발과 손을 말리고 안전기 손잡이를 마른 천으로 감싸서 조심스럽게 열거나 고무장갑을 끼셔야 합니다. • 시간적 여유가 있을 경우에는 가전기기 등이 물에 젖지 않도록 안전한 장소로 옮기시는 게 좋습니다.

정전 발생 시 조치사항	• 정전이 되면 창밖으로 주변을 확인하여 지역일부만 정전인지, 전체적으로 정전인지 확인 후 잠시 기다립니다. • 전열기, 전기스토브, TV, 전지렌지, 컴퓨터 등의 플러그를 뽑아 놓습니다. • 침착하게 양초나 랜턴을 켜시고 건전지용 라디오를 작동시킨 후 뉴스나 재해 상황 중계방송을 경청합니다. • 한집만 정전이 되었을 경우에는 누전차단기가 동작되었는지, 안전기(두꺼비집)가 열렸는지 확인 후 스위치와 플러그를 모두 끄거나 빼시고 누전차단기나 안전기를 다시 작동하시기 바랍니다. • 이때 누전일 경우에는 다시 정전이 되며, 스위치와 플러그를 한 개씩 순차적으로 작동하면서 불량개소를 확인합니다. • 일부 스위치나 플러그(또는 콘센트)가 불량일 경우에는 즉시 사용을 멈추고 나머지 양호한 스위치나 플러그(또는 콘센트)는 사용을 합니다. • 수리를 위해 전기선을 절대 만지지 마십시오. • 한전에서는 정전이 되면 즉시 상황을 파악하고 긴급출동 후 수리하고 있으므로 일부 몇 집만 정전일 경우에 국번 없이 123으로 신고하십시오. • 지나친 전화문의로 인하여 복구인력이 전화응대해 복구가 늦어지는 경우가 많습니다. • 직접 전기를 고치기 위해 전주에 올라간다거나 전기설비를 만져서는 절대로 안 됩니다.
야외에서 주의사항	• 비닐하우스, 간판, TV 안테나 등을 고치기 위한 작업을 할 경우에는 주위에 전기선이 없는지 확인 후 작업에 임해야 합니다. • 주위에 전기선이 있으면 감전의 위험이 있으므로 한전에 연락해 안전조치를 받은 후 작업에 임해야 합니다. • 전기고장 수리 또는 어떠한 이유로도 전주에 올라가면 매우 위험하므로 절대로 전주에 올라가지 마십시오. • 벼락이 칠 때는 나무나 전주 바로 밑에 머물지 말고 최소 1~2m 이상 떨어져 있어야 하며, 주위에 건물이 있으면 내부로 들어가 벼락이 멈출 때까지 기다려야 합니다. • 제방이나 언덕, 바위와 같은 높은 곳에는 벼락이 떨어지기 쉬우므로 동굴이나 낮은 지대로 피해야 합니다. 피할 곳이 없는 평지에서는 몸을 굽히고 다리를 오므리고 엎드려야 합니다.

UNIT 51 제품 안전 - 생활용품 안전

1 학습목표

학용품을 사용할 때 발생할 수 있는 위험요소를 찾아보고 안전하게 사용할 수 있다.

2 누리과정 관련 요소

신체운동 건강	[안전하게 생활하기] 일상에서 안전하게 놀이하고 생활한다.
의사소통	[듣기와 말하기] 자신의 경험, 느낌, 생각을 말한다.
자연탐구	[생활 속에서 탐구하기] 도구와 기계에 대해 관심을 가진다.

3 학습주제와 학습의 중점

학습주제	학습의 중점
1. 학용품 안전하게 사용하는 방법 알아보기	• 학용품을 사용할 때 발생할 수 있는 위험요소를 찾아본다. • 안전한 학용품 사용 방법을 직접 실천해본다.
2. 학용품 안전하게 보관하는 방법 알아보기	• 학용품의 안전한 보관 방법을 알아본다. • 교실에 있는 학용품을 직접 안전하게 보관해본다.
3. KC 안전마크 알아보기	• KC 안전마크의 의미를 알아보고 교실에서 직접 찾아본다. • KC 안전마크를 다른 사람에게 알린다.

4 학용품 사용의 안전 수칙

학용품 사용 시 위험한 행동이나 장난	• 가위나 연필을 입에 넣는 장난 • 가위 손잡이에 손가락을 걸고 돌리거나 휘두르는 장난 • 가위나 연필을 장난감으로 가지고 노는 행동
학용품을 안전하게 사용하는 방법	• 나에게 적당한 크기의 가위를 사용한다. • 가위나 연필 등을 친구에게 건네줄 때에는 뾰족한 날이 나를 향하도록 한다. • 손가락을 주의하며 사용한다. • 가위 날의 방향이 몸의 바깥쪽을 향하도록 사용한다. • 두꺼운 것을 자를 때는 어른에게 도움을 요청한다. • 사용 후 정해진 곳에 정리한다.
학용품을 안전하게 보관하는 방법	• 가위와 연필은 사용 후 뾰족한 부분의 방향이 아래로 가도록 하여 정해진 곳에 정리한다. • 구슬은 쏟아지지 않도록 뚜껑이 있는 보관함에 정리한다.

5 국가통합인증마크(KC)

어린이제품	「어린이제품 안전 특별법」에 따르면 "어린이제품"이란 만 13세 이하의 어린이가 사용하거나 만 13세 이하의 어린이를 위하여 사용되는 물품 또는 그 부분품이나 부속품을 말한다.
국가통합 인증마크 (KC)	K와 C를 하나로 연결하여 국제적 통합성을 강조하고, 워드타입을 심볼형태로 형상화하여 인증마크로서의 속성 표현 **추진일정** 2009년 7월 1일부터 지식경제부 도입 2011년 1월 1일부터는 환경부, 방통위 등 8개 부처로 확대 실시 ※ 기본마트와 통합마크는 2년간 병행 사용
국가통합 인증마크 (KC)의 필요성	• 현재 우리나라에는 총 70여개의 법정의무인증제도가 있으며, 그간 '제품 안전'이라는 똑같은 목적이더라도, 부처마다 인증마크가 달라 중복해서 인증받아야 하는 불편함이 있었다. 　- 이는 시간과 비용이 낭비되는 것은 물론이고, 국가간 거래에 있어 상호 인증이 되지 않아 재인증을 받아야 하는 등 국제 신뢰도 저하와 국부 유출의 문제를 야기했다. 　- 이에 13개 법정의무인증마크를 국가통합인증마크 하나로 통합하였다.

MEMO

UNIT 52 제품 안전 – 식품 안전

1 학습목표

> 건강한 식품과 많이 먹었을 때 좋지 않은 식품을 구별하고 식중독 예방법을 지키며 나의 건강한 식생활을 위해 노력할 수 있다.

2 누리과정 관련 요소

신체운동·건강	[건강하게 생활하기] 몸에 좋은 음식에 관심을 가지고 바른 태도로 즐겁게 먹는다.
신체운동·건강	[건강하게 생활하기] 질병을 예방하는 방법을 알고 실천한다.
의사소통	[듣기와 말하기] 자신의 경험, 느낌, 생각을 말한다.

3 학습주제와 학습의 중점

학습주제	학습의 중점
1. 건강한 식품 구별하기	• 몸에 좋은 식품과 많이 먹었을 때 좋지 않은 식품을 구별한다. • 건강한 식품의 이로움을 알고 바른 식습관을 가진다.
2. 당류 줄이는 방법 알아보기	• 당류 과잉 섭취 시의 문제점을 안다. • 당류가 많은 식품과 적은 식품을 구분한다. • 당류를 줄이기 위해 일상생활 속에서 행동으로 실천한다.
3. 식중독 예방하기	• 식중독의 원인과 위험성을 알아본다. • 식중독 예방법을 실천한다.

4 당류

개념 및 정의	• 당류란 탄수화물 중에서 단맛을 내는 성분을 말한다. – 당류에는 포도당, 과당, 유당, 설탕, 엿당 등이 있고, 곡류, 과일, 채소와 같은 자연 식품과 빵, 과자, 음료수, 아이스크림과 같은 가공식품 속에도 함유되어 있다. – 자연식품 속에 들어 있는 당류는 그 함량이 지나치게 높지 않고 여러 가지 다른 영양 소와 함께 먹을 수 있어 건강한 당류로 구분하지만, 가공식품을 만드는 과정에서 단 맛을 증가시키기 위해 첨가되는 당류는 함량이 높아 과잉 섭취를 초래하므로 가공식 품을 통한 당류의 섭취를 줄이도록 해야 한다.
당류의 기능	당류는 탄수화물의 일종으로 음식에 단맛을 제공하고 우리 몸에서 에너지(힘)를 내는 역 할을 한다. 단맛은 사람들이 일반적으로 선호하는 맛이다.
당류 과잉 섭취의 문제점	• 당류는 단맛을 내고 에너지를 주는 순기능에도 불구하고, 지나치게 많이 섭취할 경우 여러 가지 건강상의 문제를 일으킬 수 있음이 보고되고 있다. – 치아를 부식시켜 충치를 일으킨다. – 지나친 열량의 제공으로 영양불균형과 비만의 원인이 된다. – 아이들의 경우 집중력의 저하가 나타남이 보고되었다. – 단맛에 길들어져 음식의 다양한 맛을 잘 느끼지 못하게 된다. – 당뇨병, 심장질환, 뇌졸중의 위험을 높인다.
유아의 당류 섭취 기준	• 보건복지부와 한국영양학회(2015)에서는 건강위해를 줄이기 위하여 1일 조리 및 가공 식품으로부터 섭취하는 당류를 성인 50g(하루 에너지섭취기준 2000kcal의 10%) 이하로 권장하고 있다. • 이를 유아에게 적용하면 하루 35g(1400 kcal 섭취 기준) 이하의 섭취가 적정하다.

5 식품구성자전거 및 식중독

해당 내용은 본 교재 session 3. 유아건강교육에 자세하게 수록되어 있으니, 참조하시기 바랍니다.

UNIT 53 **실험·실습 안전** – 실험·실습 안전

KEYWORD # 안전 인증 마크

1 학습목표

여러 가지 도구의 위험성을 인지하고 바르게 사용하며 안전하게 놀이할 수 있다.

2 누리과정 관련 요소

신체운동·건강	[안전하게 생활하기] 일상에서 안전하게 놀이하고 생활한다.
의사소통	[듣기와 말하기] 자신의 경험, 느낌, 생각을 말한다.
자연탐구	[생활 속에서 탐구하기] 도구와 기계에 대해 관심을 가진다.

3 학습주제와 학습의 중점

학습주제	학습의 중점
1. 안전한 놀잇감 사용 방법 알아보기	• 놀잇감을 사용할 때의 위험요소를 찾아본다. • 놀잇감을 안전하게 사용하는 습관을 기른다.
2. 안전한 요리활동 방법 알아보기	안전한 요리활동 방법을 알아본다.
3. 조형(목공)놀이 보호 장구 알아보기	• 조형(목공)놀이 보호 장구의 종류를 안다. • 조형(목공)놀이 보호 장구의 중요성에 대해 알아본다.

4 교재 교구

교재 교구	• 유치원장은 유아들이 사용하는 교재·교구가 유아 연령대에 적절하고 KC마크를 획득한 제품인지 확인하고, 제품안전정보센터를 통해 유해물질이 포함된 불량제품 여부를 반드시 점검해야 한다. 　– 안전인증 대상 공산품 및 자율안전 확인대상 공산품 중에서 14세 미만의 어린이가 주로 사용하는 어린이용 공산품에는 유해 화학물질이 포함되어 있지 않거나 허용치 이하만큼만 포함되어야 한다. 　– 안전인증이나 자율안전 확인 등을 받은 어린이 용품에는 제품을 사용할 수 있는 어린이의 연령이 표시되어 있으므로 이를 확인해 아이의 연령대에 맞는 용품을 선택해야 한다. 　– 교재·교구의 올바른 사용법을 안내한다. 　– 의자와 교구장은 영유아의 발달에 맞는 크기여야 한다. 　– 가구의 모서리는 둥글고, 표면은 매끄럽게 처리되어야 한다(모서리 보호 덮개 사용 가능). 　– 가구의 너트와 볼트는 튼튼하게 고정되어야 하고, 수리가 필요한 것은 즉시 수리한다. 　– 날카로운 물건(칼, 가위, 송곳 등)은 잠금장치가 있는 통에 보관한다. 　– 건전지나 자석, 기타 작은 부속물이 빠지지 않았는지 확인한다. 　– 단추형 수은(리튬) 건전지를 삼키거나 코에 집어넣을 경우 장기(식도, 성대, 코뼈 포함)에 심각한 화상과 괴사를 일으킬 수 있으므로 주의해야 한다. 　– 자석은 삼킬 경우 자석끼리 붙어 장기에 천공이 생기고 출혈과 감염, 패혈증 등이 발생할 수 있으므로 주의해야 한다.

5 놀잇감

놀잇감	• 모든 놀잇감에는 날카로운 부분이나 모서리, 가시, 갈라진 곳, 삼킬 우려가 있는 작은 부속품이 없어야 한다. 　– 안전한 놀잇감을 유아들에게 제공하기 위해 놀잇감의 날카로운 부분이나 모서리, 가시, 갈라진 곳, 삼킬 우려가 있는 작은 부속품이 없는지 확인해야 한다. 삼킬 수 없는 안전한 크기(3.2cm 이상)의 놀잇감을 제공한다. • 장난감 상자에는 유아가 갇힐 우려가 있는 빗장 등의 잠금장치가 없어야 한다. 　– 장난감 상자는 유아가 상자에 들어갔을 때 안에 갇힐 수 있는 빗장 등의 잠금장치가 없는 것을 제공해야 한다. • 놀잇감은 유아가 꺼내고 수납하기 알맞은 높이에 있으며 크거나 무거운 놀잇감은 교구장 아래에 위치해 있어야 한다. 　– 놀잇감의 위치는 유아가 쉽게 꺼내고 정리할 수 있어야 하며, 크고 무거운 나무블럭 같은 놀잇감은 떨어지면 위험하기 때문에 아래쪽에 위치해 있어야 한다. • 놀잇감을 구입할 때 안전성이 검증된 것인지 확인한 후 구입하여야 한다. 　– 유아들이 사용하는 완구는 마크가 있는 것을 구입하여 제공해야 한다.

UNIT 54 **신체활동 안전** − 놀이활동 안전

KEYWORD # 놀이시설 − 안전사고 예방

1 학습목표

안전하게 놀이할 수 있는 장소를 알아보고, 놀이 공간에 있을 수 있는 위험요소를 예방하여 안전하게 놀이할 수 있다.

2 누리과정 관련 요소

신체운동·건강	[안전하게 생활하기] 일상에서 안전하게 놀이하고 생활한다.
신체운동·건강	[안전하게 생활하기] 안전사고, 화재, 재난, 학대, 유괴 등에 대처하는 방법을 경험한다.
사회관계	[더불어 생활하기] 약속과 규칙의 필요성을 알고 지킨다.

3 학습주제와 학습의 중점

학습주제	학습의 중점
1. 실외놀이터 안전하게 이용하기	• 실외놀이터의 위험요소가 무엇인지 예측해본다. • 실외놀이터의 위험요소를 대비할 수 있는 방법을 찾아본다.
2. 실내놀이터(키즈카페 등) 안전하게 이용하기	• 실내놀이터의 위험요소가 무엇인지 예측해본다. • 실내놀이터의 위험요소를 대비할 수 있는 방법을 찾아본다.
3. 환풍구와 맨홀, 분수대 등 안전사고 예방하기	• 환풍구와 맨홀, 분수대에서 안전사고를 예방하기 위해 노력할 수 있다. • 환풍구와 맨홀, 분수대에서 안전하게 행동할 수 있는 방법을 알아본다.

4 실외놀이터

Plus

시설관리

- 놀이시설은 안전인증을 받은 제품이어야 한다.
- 유치원장(관리주체)은 어린이 놀이시설의 사고로 인하여 어린이의 생명, 신체 또는 재산상의 손해를 발생하게 하는 경우 그 손해에 대한 배상을 보장하기 위해 어린이 놀이시설을 인도받은 날로부터 30일 이내에 '어린이 놀이시설 사고배상보험'에 가입해야 한다.
- 시설기준 및 기술기준의 적합성 유지를 확인하기 위해 유치원장(관리주체)은 안전 검사기관으로부터 2년에 1회 이상 정기시설검사를 받아야 한다.
- 유치원장은 놀이시설의 안전관리에 관련된 업무 담당자를 지정하고 이로 하여금 어린이 놀이시설 안전관리 지원기관에서 실시하는 해당 시설 안전관리에 관한 교육을 이수하도록 해야 한다.
- 유치원장(관리주체)은 놀이시설의 연결 상태, 노후 정도, 변형, 청결, 안전수칙 등의 표시 여부, 부대시설의 파손 및 위험물질 상태를 월 1회 이상 안전점검 실시하여야 한다.
  - 어린이놀이시설 안전관리법 제31조제1호(과태료) : 500만원 이하의 과태료
- 시설물은 녹이 슬거나 금이 가거나 도료(페인트 등)가 벗겨지지 않게 관리하여야 한다.

실외놀이터	환경	• 실외놀이터는 위험지역으로부터 보호할 수 있는 울타리나 담이 설치되어 있어야 한다. • 실외놀이터에는 차량이 접근할 수 없다. 　- 경계를 짓는 울타리나 담이 설치되고, 실외놀이터에 차량이 인접해서 주차하지 못하도록 확인하는 것이 필요하다. • 움직임이 많은 영역에 밧줄이나 전선이 늘어져 있으면 유아들이 상해를 입을 수 있으므로 확인해야 한다. • 놀이터 안에는 전기, 고압선, 유독물질, 유리조각, 돌부리 등의 위험물질이 없어야 한다. • 놀이터에 설치된 울타리, 의자는 고장나거나 파손된 곳이 없어야 한다. • 놀이터 표지판은 파손되거나 내용물이 지워진 곳이 없어야 한다. 　- 안전수칙과 관리주체의 연락처 등도 명시되어 있어야 한다. • 놀이기구의 최고 높이는 2.5m 이하로 설치한다. • 옥상 놀이터는 보호 난간을 1.5m 이상의 높이로 하고 그늘막을 설치한다.
	바닥	• 유아가 추락할 가능성이 있는 놀이시설물 아래와 주변의 공간(안전지대)은 충격을 흡수할 수 있는 충격흡수재를 설치해야 한다(30cm 이상의 모래, 우레탄, 고무매트, 나무조각 등). • 놀이터는 장마가 오고 난 후 물이 고이지 않도록 배수가 잘 되고 바닥에 쓰레기가 없는지 확인해야 한다. • 모래가 유실되거나 딱딱하게 굳어있지 않아야 한다. 　- 모래는 쉽게 유실될 수 있으므로 부족해진 모래는 주기적으로 채워 넣어주고, 최소 3년에 1번은 모래를 교체해 주도록 한다. 　- 모래관리 시 정기적으로 아래쪽에 있는 모래가 위쪽으로 올 수 있도록 뒤집어 주거나 세척하도록 한다.

놀이시설	• 모든 놀이기구 및 시설은 낙후되거나 휘어진 곳이 없어야 한다. • 실외 놀이시설물은 안전검사를 필한 제품을 사용해야 한다. 　- 2004년 12월 9일 이후 설치되는 모든 놀이기구는 안전검사를 필한 제품을 설치하여 사용해야 한다. 　- 해당되는 놀이시설물에 대해서는 안전검사필증을 확인한다. • 실외 놀이시설물은 설치검사를 받아 안전하게 고정 및 설치해야 한다(어린이 놀이시설 안전관리법). • 기둥의 고정 및 조임 장치의 조여진 상태가 양호해야 한다. • 기구의 베어링(그네 회동구, 회전놀이기구의 회전축)의 윤활유 주입이 잘 되고 있어야 한다. • 유아의 몸이 빠지거나 낄만한 틈새가 없어야 한다. • 녹슬거나 금이 가거나 페인트칠이 벗겨진 곳이 없어야 한다. • 부서진 부분이나 부패, 돌출부, 거친 면이 없어야 한다. • 연결된 부분에 볼트나 나사가 풀려져 있지 않아야 한다. • 실외 놀이시설이 옥상에 설치되어 있는 경우에는 추락방지를 위한 견고한 안전망이 설치되어 있어야 한다. • 실외 환경과 놀이시설에 대한 일일안전점검을 실시하고 기록·관리한다. • 놀이시설물은 설치검사 후 2년에 1회 이상 정기시설검사를 받아야 하며, 월 1회 이상 자체적인 안전점검을 시행한다. • 정기적으로 안전교육을 받아야 한다. 　- 어린이놀이시설 안전관리교육은 2년에 1회 이상 어린이놀이시설 안전관리 지원기관에서 받아야 한다.
미끄럼틀	• 8세 이하 영유아들에게 안전한 미끄럼틀 높이는 1.8m이며 40° 이하이다. • 미끄럼틀 상단에는 기다리는 영유아들을 위해 충분한 공간이 있어야 하며, 추락을 방지하기 위한 보호벽이 있어야 한다. • 미끄럼틀의 활주판인 스테인리스인 경우 여름철에는 복사열로 인해 뜨거워 질 수 있으므로 반드시 온도를 확인하고 물을 뿌리는 등 온도를 조절한다. • 나무로 제작된 경우 나무가 일어난 곳, 갈라진 부분 등을 정기적으로 점검한다. • 미끄럼틀 착지판은 지면과 일정한 간격을 유지하여 영유아들이 넘어지지 않도록 하고, 충격을 흡수할 수 있는 재질을 사용하여 안전사고에 유의한다. **안전 수칙** • 미끄럼틀을 거꾸로 기어 올라가지 않고 계단을 이용하여 한 계단씩 차례로 올라간다. • 미끄럼틀 위에서 다른 사람을 밀거나 당기지 않는다. • 앞사람이 없는지 확인하고 한 사람씩 내려온다. • 엎드려 타거나 서서 타지 않는다. • 줄넘기 등을 신체 일부에 묶거나 두른 채 내려오지 않는다. • 내려온 뒤에는 뒤따라오는 사람에게 방해되지 않도록 재빨리 비켜준다.

		• 미끄럼틀을 타고 내려올 때 다른 도구를 타고 내려오지 않는다. • 미끄럼틀을 거꾸로 올라가지 않는다. • 미끄럼틀 난간 바깥쪽을 잡고 올라가거나 미끄럼틀 위에서 바닥으로 뛰어 내리지 않는다.
	그네	• 5세 이하의 영유아는 앉아서 타는 그네가 안전하다. • 그네는 벽이나 울타리, 다른 영역과 1.8m 이상 떨어지는 것이 안전하다. • 그네와 그네 간에는 70cm 이상이 안전하며, 지면으로부터의 간격은 40cm가 적당하다. • 그네의 앉는 부분은 가죽이나 고무 타이어 등 부드러운 재료를 사용한다. • 그네를 타다가 생긴 파인 바닥은 즉시 부드러운 재질로 메워주고, 그네 밑에는 발이 끼일 만한 공간이 없도록 해 준다. **안전 수칙** • 그네가 완전히 정지된 상태에서 타고 내린다. • 서서 타거나 무릎으로 혹은 엎드려 타지 않는다. • 움직이는 그네 곁에 서 있거나 다른 놀이를 하지 않는다. • 그네 줄을 꼬면서 타지 않는다. • 그네 좌석 한가운데 앉아 양쪽 손잡이를 잡고 탄다. • 1명이 타도록 되어 있는 그네를 2명이 동시에 타지 않도록 한다. • 그네 옆에 설치된 안전대에 걸터앉지 않는다. • 그네 옆 받침대에 기어오르지 않는다. • 그네의 안전선 밖에서 놀이한다. • 그네 타는 친구를 뒤에서 세게 밀지 않는다.
	시소	• 시소는 무게와 균형이 잘 맞고 흔들거림이 없도록 한다. • 시소가 땅에 닿는 부분에는 충격 완화를 위해 충격 흡수용 바닥재를 사용한다. • 시소가 땅에 닿는 부분은 폐타이어를 묻어 시소를 탈 때 영유아의 뇌나 척추에 충격이 가지 않도록 한다. • 금속 재질의 시소는 녹슬지 않도록 주의하고, 목재 시소는 갈라진 부분이나 썩은 부분이 없는지 수시로 점검한다. **안전 수칙** • 시소는 서로 마주보고 앉아서 두 손으로 손잡이를 꼭 잡고 탄다. • 시소 위에 서 있거나 움직이는 중에 뛰어내리지 않는다. • 내릴 때는 상대방에게 미리 알리고, 시소 밑에 발을 두지 않는다.
	오르기 시설	• 오르기 기구의 높이는 2.5m를 넘지 않아야 하며 높이가 80cm 이상이 되는 시설은 60cm의 난간을 세운다. • 난간 사이의 간격은 영유아가 수직대 사이로 빠져 떨어지거나 머리가 끼는 사고를 예방할 수 있도록 10cm 미만으로 한다. • 가로대의 굵기는 영유아가 손에 쥘 수 있도록 4cm를 넘지 않도록 한다. • 기구가 젖어 있을 때는 이용하지 않도록 한다.

	모래놀이 시설	• 모래놀이 시설은 곰팡이 등 세균 번식을 막기 위해 햇볕이 잘 드는 곳에 설치하고, 더운 여름 강한 햇빛을 막아주는 그늘 시설을 만들어 준다. • 모래는 주기적으로 살균 소독하며 수시로 점검하여 유리조각이나 돌멩이 등의 위험 물질을 골라낸다. • 모래놀이 도구는 모서리가 둥근 플라스틱 제품이 좋으며 정리함을 마련해 준다. • 비가 온 후에도 배수가 잘 되도록 모래놀이의 맨 밑바닥에는 자갈을 깔고 그 위에 모래를 넣어준다.

5 실내 놀이터(키즈카페 등) 안전 수칙

트램펄린	• 트램펄린 안에 사람이 너무 많은 경우는 타지 않는다. • 트램펄린에서 넘어졌을 때 바로 일어날 수 없다면 가장자리로 이동해서 다른 사람과 부딪치지 않도록 한다. • 텀블링 등 위험한 동작은 하지 않고 부모님과 함께 탄다.
볼풀장	• 볼풀장 안으로 숨으면 다른 친구들이 보지 못하고 밟을 수 있으므로 숨지 않는다. • 볼풀공을 던지지 않는다.

UNIT 55 **신체활동 안전** – 물놀이 안전

1 학습목표

안전한 물놀이를 위해 안전사고를 예방하고, 스스로 안전수칙을 지키기 위한 노력을 할 수 있다.

2 누리과정 관련 요소

신체운동·건강	[안전하게 생활하기] 안전사고, 화재, 재난, 학대, 유괴 등에 대처하는 방법을 경험한다.
신체운동·건강	[신체활동 즐기기] 실내외 신체활동에 자발적으로 참여한다.
사회관계	[더불어 생활하기] 약속과 규칙의 필요성을 알고 지킨다.

3 학습주제와 학습의 중점

학습주제	학습의 중점
1. 실내 물놀이 안전수칙 알아보기	• 실내 물놀이 시 위험요소에 대해 알아본다. • 실내 물놀이를 안전하게 즐기기 위한 방법을 알아본다.
2. 실외 물놀이 안전수칙 알아보기	• 실외 물놀이 시 위험요소에 대해 알아본다. • 실외 물놀이를 안전하게 즐기기 위한 방법을 알아본다.
3. 물놀이 안전용품의 올바른 착용법 알아보기	• 물놀이 시 안전용품의 중요성을 알아본다. • 물놀이 안전용품을 바르게 착용할 수 있다.

4 물놀이 안전 수칙

10대 안전수칙	① 수영을 하기 전에는 손, 발 등의 경련을 방지하기 위해 반드시 준비운동을 하고 구명조끼를 착용해야 한다. ② 물에 처음 들어가기 전 심장에서 먼 부분부터(다리, 팔, 얼굴, 가슴 등의 순서) 물을 적신 후 들어가야 한다. ③ 수영 도중 몸에 소름이 돋고 피부가 당겨질 때에는 몸을 따뜻하게 감싸고 휴식을 취해야 한다. - 이 경우는 다리에 쥐가 나거나 근육에 경련이 일어나 상당히 위험한 경우가 많으므로 특히 주의해야 한다. ④ 물의 깊이는 일정하지 않기 때문에 갑자기 깊어지는 곳은 특히 주의해야 한다. ⑤ 자신의 수영능력을 과신하여 무리한 행동을 하지 않아야 한다. ⑥ 장시간 계속 수영하지 않으며, 호수나 강에서는 혼자 수영하지 않아야 한다. ⑦ 건강 상태가 좋지 않을 때, 몹시 배가 고플 때와 식사 후에는 수영을 하지 않아야 한다. ⑧ 물에 빠진 사람을 발견하면 주위에 소리쳐 알리고(즉시 119에 신고) 구조에 자신이 없으면 함부로 물속에 뛰어들면 안 된다. ⑨ 구조 경험이 없는 사람은 안전구조 이전에 무모한 구조를 삼가야 한다. ⑩ 수영에 자신이 있더라도 가급적 주위의 물건들(튜브, 스티로폼, 장대 등)을 이용하여 안전하게 구조한다.

주의할 점	• 어린이와 관련된 수난사고는 어른들의 부주의와 감독 소홀에 의해 발생할 수 있다.
	   - 보호자와 물 안에서 함께 하는 활동에서만 안전이 보장될 수 있으며, 어린이는 순간적으로 짧은 시간 안에 익사할 수 있다는 점을 명심해야 한다.
	   - 얕은 물이라고 방심하면 안 된다.
	• 보행기처럼 다리를 끼우는 방식의 튜브는 뒤집힐 때 아이 스스로 빠져나오지 못하고 머리가 물속에 잠길 수 있다.
	• 인지능력과 신체 적응력이 떨어지는 유아와 어린이들은 보호자가 손을 뻗어 즉각 구조가 가능한 위치에서 감독해야 한다.
	   - 보호자는 어린이를 항상 확인 가능한 시야 내에서 놀도록 해야 한다.
	   - 활동반경이 넓어지는 만 6~9세 이하 어린이들은 보호자의 통제권을 벗어나려는 경향을 보이므로 사전 안전교육과 주의를 주어 통제한다.
	• 안전장구(구명조끼와 튜브, 물안경, 아쿠아슈즈 등)를 착용한다.
	• 물놀이 중에는 껌이나 사탕을 먹지 말아야 한다.
	   - 껌을 씹거나 음식물을 입에 문 채로 수영을 할 경우, 기도를 막아 질식의 위험이 있다.
	• 친구를 밀거나 물속에서 발을 잡는 장난을 치면 안 된다.
	• 수영 중에 "살려 달라"고 장난하거나 허우적거리는 흉내를 내지 않아야 한다.
	   - 실제 사고 발생 시 주위 사람들이 장난으로 오인하여 더 큰 사고로 이어질 수 있다.
	• 신발 등의 물건이 떠내려가도 절대 혼자 따라가서 건지려 하지 말고 어른에게 도움을 요청한다.
	   - 계곡, 강가, 바닷가에서는 잠금장치가 있는 샌들을 신는 것이 좋다.
	• 수영장 바닥은 미끄러우므로 뛰어다니지 않아야 한다.
	• 아동 전용 풀장을 이용해야 한다.
	   - 물의 깊이는 배꼽 정도가 적당하다.
	• 물에 빠뜨리는 장난을 하면 안 된다.
	• 수영 금지지역에서는 물놀이를 하지 않아야 한다.

UNIT 56 신체활동 안전 - 탈 것 안전

1 학습목표

자전거, 킥보드, 인라인스케이트 등 바퀴달린 이동수단을 이용할 때 위험 요소를 예측해 보고, 안전하게 이용하려는 노력을 할 수 있다.

2 누리과정 관련 요소

신체운동 건강	[신체활동 즐기기] 실내외 신체활동에 자발적으로 참여한다.
신체운동 건강	[안전하게 생활하기] 교통안전 규칙을 지킨다.
자연탐구	[생활 속에서 탐구하기] 도구와 기계에 관심을 가진다.

3 학습주제와 학습의 중점

학습주제	학습의 중점
1. 자전거, 킥보드, 인라인스케이트 등의 안전수칙 알아보기	• 바퀴달린 이동수단의 특징과 위험요소에 관심을 가지고 알아본다. • 자전거, 킥보드, 인라인스케이트의 안전수칙을 알아보고 스스로 지킨다.
2. 안전 장비의 중요성 알아보기	• 바퀴달린 이동수단을 이용할 때 안전장구의 중요성을 알아본다. • 바퀴달린 이동수단을 이용할 때 안전장구를 바르게 착용하는 습관을 가진다.
3. 개인형 이동장치의 위험요소 알아보기	• 개인형 이동장치에 대해 알아본다. • 개인형 이동장치의 위험요소를 인식한다.

4 인라인스케이트, 롤러스케이트, 스케이트보드의 안전 수칙

- 기구가 몸에 맞아야 하며 너무 큰 것을 구입하지 않을 것
- 바퀴에 이상이 있는지 점검할 것
- 안전 장구 및 안전한 복장
  - 안전모, 무릎보호대, 헬멧, 팔꿈치보호대, 손목보호대 등의 안전보호장치를 항상 착용할 것(자전거 안전 장구 참고)
  - 밝은 색의 옷을 입을 것
- 안전한 장소에서 탈 것
  - 차가 다니지 않는 안전한 공터나 공원에서 탈 것
  - 울퉁불퉁하거나 고르지 않은 길보다 평평하거나 포장이 잘 된 평지에서 탈 것
  - 내리막길에서는 가속이 되어 위험하므로 킥보드에서 내려서 걸을 것
  - 길을 건너거나 계단을 오르내릴 때는 스케이트류를 벗을 것
- 놀이를 시작하기 전에 근육 긴장, 이완을 예방하기 위해 근육에 대한 준비 운동을 할 것
- 여럿이 손을 잡거나 앞사람을 잡고 타지 말 것
- 사람들이 많은 곳에서는 속력을 줄여 천천히 탈 것
- 손에 물건을 들지 말 것
- 새벽이나 저녁에 타지 말 것

III 교통안전교육

UNIT 57 보행자 안전

KEYWORD # 교통안전 교육(내용), 횡단보도, 교통 표지판

1 학습목표

교통안전 규칙을 알고 실천하여 보행 시 안전한 생활습관을 기를 수 있다.

2 누리과정 관련 요소

신체운동·건강	[안전하게 생활하기] 교통안전 규칙을 지킨다.
의사소통	[읽기와 쓰기에 관심 가지기] 주변의 상징, 글자 등의 읽기에 관심을 가진다.
사회관계	[더불어 생활하기] 약속과 규칙의 필요성을 알고 지킨다.

3 학습주제와 학습의 중점

학습주제	학습의 중점
1. 교통표지판 알아보기	• 교통안전 표지판의 종류와 의미를 안다. • 주변에서 볼 수 있는 교통안전 표지판의 의미를 알고 지킬 수 있다. **사전준비물** 교통표지판 카드(유치원에 있는 자료를 활용하거나, 참고 　　　　　　자료를 출력)
2. 횡단보도 안전하게 이용하기	• 신호등의 의미를 알고 안전하게 건널 수 있다. • 횡단보도 보행 5원칙을 알고 안전하게 건너는 방법을 실천할 수 있다. • 신호등 유무에 따라 올바른 보행 방법을 알 수 있다.
3. 안전한 보행 방법 알아보기	• 날씨에 따라 교통사고를 예방하기 위해 안전하게 길을 걷는 여러 　가지 방법을 생각해본다. • 안전하게 길 걷기를 실천한다.

4 기본적인 지도 내용

지도 내용	• 무단횡단하지 않기 • 주정차 된 차량 사이에서 뛰지 않고 주위를 살펴 천천히 걷기 • 신호등과 건널목이 많지 않고 공사장 등 위험한 장소가 적은 곳으로 다니기 • 항상 사람 다니는 길의 안쪽으로 걷고, 마주 오는 차량을 살피기(대면통행) • 좁은 골목에서 차가 다니는 길로 나올 때에는 앞뒤 좌우를 살피며 천천히 걷기 • 차가 다니는 좁은 골목길이나 주차장에서 공놀이를 하지 않으며 자전거, 스케이트 타지 　않기

5 도로 횡단(횡단보도)

	① 우선 멈춘다.	• 길을 건널 때는 우선 멈추고 교통상황을 확인한다. 　- 어린이들은 움직이는 상태에서 교통상황을 확인하기 어렵다.
횡단보도 보행 5원칙	② 좌우를 본다.	도로 좌측과 우측을 보고 차가 완전히 멈춘 것을 확인한다.
	③ 손을 든다.	• 손을 들어 내가 길을 건널 것임을 운전자에게 알리고 준비할 시간을 준다. 　- 차는 왼쪽에서 다가오므로 횡단보도의 오른쪽에서 왼손을 들고 왼쪽 　　방향의 차량을 확인하며 출발해야 한다.
	④ 확인한다.	• 운전자와 눈을 마주치며 차가 멈춰 있는 것을 다시 확인한다. 　- 차량을 확인할 때는 꼭 운전자와 눈을 맞춰야 한다.
	⑤ 건넌다.	• 손을 들고 운전자나 차를 보면서 횡단보도 우측으로 안전하게 건넌다. 　- 도로를 건널 때는 손을 들고 차를 계속 보면서 대각선 방향으로 건 　　너야 한다.

MEMO

신호등이 있는 횡단보도	• 녹색신호가 켜지더라도 신호를 위반하고 가는 차가 있으므로 꼭 차가 멈춘 것을 확인한 후 건너도록 한다. • 녹색신호가 켜진 후 급하게 뛰지 말고 손을 들고 좌우를 살피고 건너도록 한다. • 제동을 늦게 한 차에 대비하여 횡단보도는 반드시 오른쪽으로 건너도록 한다. • 녹색점멸 신호에서는 기다렸다가 다음 신호에 길을 건너도록 한다. • 횡단보도를 건널 때 절대로 뛰거나 성급한 행동을 하지 않아야 하며, 손을 들어 길을 건너겠다는 의사를 밝히고 운전자와 눈을 마주친 후 차의 움직임을 살펴보며 조심히 건너야 한다.
신호등 없는 횡단보도	• 횡단보도가 무조건 안전한 장소라고 생각하여, 횡단보도를 건널 때 뛰거나 성급한 행동을 절대로 하지 않아야 한다. 　- 횡단보도라고 무조건 안전하지 않음을 인지시키고 위와 같은 행동을 조심하도록 지도 한다. • 가급적 어른과 함께 건널 수 있도록 지도한다. • 유아는 달려오는 차의 속도나 정지거리에 대한 판단력이 부족하기 때문에 차의 멈춤을 확인하거나 차를 먼저 보내고 길을 건너도록 한다. • 제동을 늦게 한 차에 대비하여 횡단보도는 반드시 오른쪽으로 건너도록 한다. • 손을 들어 길을 건너겠다는 의사를 밝히고 운전자와 눈을 마주친 후 차의 움직임을 살펴 보며 횡단보도 선을 벗어나지 않게 조심히 건너도록 한다. • '횡단보도(도로) 횡단 5원칙 지키기'에 따라 횡단할 수 있도록 지도한다.

6 상황에 따른 보행안전

일반적 상황에서의 안전한 보행방법	• 무단횡단은 절대 하지 않는다. • 녹색 신호에 차가 멈춘 후 횡단보도로 건너간다. • 녹색 신호가 깜박일 때 건너가지 않는다. • 횡단보도를 건널 때 휴대전화를 보지 않는다. • 보호자의 손을 잡고 걷는다. • 도로에서는 뛰거나 장난하지 않는다. • 도로에서 킥보드, 인라인스케이트를 타거나, 공놀이를 하지 않는다. • 맨홀, 간판 등 주변을 살피며 걷는다. • 어린이 보호구역(스쿨존)에서 주위를 살피며 걷는다. • 자동차 근처에서 놀지 않는다. • 갑자기 뛰어나오는 행동을 하지 않는다. • 좁은 도로에서는 자동차에 더욱 주의하고 차도에는 갑자기 뛰어들지 않는다. • 길 모퉁이에서는 자동차나 오토바이, 자전거가 달려올 수 있기 때문에 반드시 일단 멈춰 서고, 좌우를 살핀 뒤 걸어가도록 한다. • 야간에 보행시, 가능하면 성인과 동행하고 흰색이나 밝은 색 옷을 입는다.

MEMO

차도와 보도가 구분된 도로 통행방법	• 차도와 보도가 구분되는 도로에서는 우측통행을 한다. – 차도에서 멀어져서 보행하면 만일의 사고에 대비할 수 있으며, 회전문과 에스컬레이터 등이 대부분 우측보행으로 제작되어 있다. • 보도가 설치되어 있는 경우에는 반드시 보도로 통행하도록 하고, 가급적 보도 안쪽으로 통행하도록 한다. • 보도가 끊어지는 곳에서는 일단 멈춘 후 진행하는 차가 있는지 확인하고 건너가도록 한다. • 교차로 곡각지점에서는 내륜차 현상으로 우회전 차량이 보도에 서 있는 보행자를 갑자기 충격할 수 있으므로 어린이들이 곡각지점에 서 있지 않도록 한다. • 여럿이 함께 걸을 때는 한줄로 걷는 것이 좋다.
차도와 보도가 구분되지 않은 도로 및 인도 통행방법	• 차도와 보도가 구분되지 않는 도로에서는 좌측통행을 한다. – 좌측보행을 하면 마주 오는 차량을 볼 수 있어 미리 사고를 대비할 수 있다. • 보도가 없는 이면도로는 오토바이나 자전거, 자동차 등이 함께 공유하는 공간이므로 다른 차량들의 움직임을 잘 살피며 보행한다. • 이면도로에서는 주변 건물이나 노점상으로 인해 시야확보가 안될 수 있으므로 반드시 좌우를 확인하며 길을 건너야 한다. • 주·정차된 차량이 있는 경우 정차 중인 차량이 갑자기 차를 전진하거나 후진할 수 있으므로 횡단하기 전 멈추어 운전자가 탑승하고 있는지, 시동이 켜져 있는지를 확인하는 습관이 필요하다.
비 올 때의 보행 안전	• 시야를 확보할 수 있는 투명한 비닐우산을 준비하고, 우산을 들 경우 가방은 등에 멘다. – 이 경우 야광가방을 메는 것이 좋다. • 시야 확보를 위해 우산은 눈보다 높이 들어야 한다. • 밝은 색의 옷과 신발을 착용하여 운전자가 잘 확인할 수 있도록 한다. • 비가 오는 날은 차의 제동거리가 길어지므로 더욱 무단횡단을 하지 않아야 한다. • 비가 오는 날은 횡단보도에 가까이 서 있을 경우 자동차가 우산을 충격할 수 있으므로 뒤로 1~2보 떨어져서 기다린다.
눈 올 때의 보행 안전	• 길이 미끄러워 넘어질 수 있으므로 항상 차에서 멀리 떨어져 걸어야 한다. • 눈이 올 때는 날이 어두워지므로 노란색이나 하늘색 같은 밝은 색의 옷을 입어 운전자의 눈에 잘 띄도록 한다(단, 하얀색 옷은 입지 않는다). • 손을 주머니에 넣지 말고 장갑을 끼도록 하고, 옷을 충분히 따뜻하게 입어 움츠린 채 걷지 않도록 한다. • 털모자, 털목도리는 몸을 따뜻하게 해 줄 뿐만 아니라 혹시 미끄러워 넘어질 경우 완충 역할을 할 수 있어 안전하다. • 두꺼운 귀마개는 차량경적 소리가 들리지 않을 수 있어 위험할 수 있다. • 신발은 구두보다는 홈이 파인 운동화를 신는 게 안전하며, 뛰지 말고 차를 보면서 천천히 걸어야 한다.

7 등하굣길 안전사고의 대표적 유형과 예방법

주정차 된 차량 사이 횡단사고	손을 들어 운전자와 눈을 맞추고 차량 멈춤을 확인 후에 건너간다.
갑자기 뛰어나오다 발생한 사고	길을 건널 때나 차도로 나갈 때면 항상 먼저 걸음을 멈춘 후 차가 오는지 살핀 다음 횡단보도로 건넌다.
차 뒤의 밑에서 놀다 일어나는 사고	멈춰 있는 차들 대부분 뒤로 움직이므로 차의 뒤나 밑에서 놀면 위험하다.
보호장구 미착용으로 일어나는 사고	어린이가 조수석에 앉아 있다 사고가 일어날 수 있으므로, 어린이는 앞자리에 앉지 말아야 하며, 만 6세 미만의 유아는 어린이 보호 장구(카시트)를 착용한다.
자전거와 인라인 스케이트, 킥보드 사고	충분한 연습 후 전용도로에서만 타고, 반드시 보호장구를 착용하며 횡단보도는 반드시 자전거에서 내려서 이동한다.

8 사고에 취약한 유아의 행동

사고에 취약한 어린이 행동	• 횡단보도에 먼저 진입하면 통행우선권이 자동차보다 자신에게 있는 것으로 믿으며, 항상 운전자가 자신을 보면 모든 차가 정지하여 줄것으로 기대한다. • 횡단보도가 자신을 안전하게 보호하고 지켜줄 수 있는 안전한 공간이라 생각한다. • 달려오는 자동차보다 자신이 빠르다고 판단하고 자동차 앞으로 뛰어가는 경향이 있으며, 자동차가 멀리서 보일 때 빨리 뛰면 건널 수 있다고 판단하여 차도로 급히 뛰어드는 행동특성을 보인다. ➡ 차가 멀리 보인다고 해서 바로 뛰어 건너지 않도록 지도해야 한다. • 어른들을 그대로 따라하는 모방능력이 월등히 뛰어나므로 어른들이 무심코 하는 무단 횡단이 어린이의 교통사고를 부추기게 된다.
교통사고 발생 시 대처방안	• 119로 연락하여 도움을 받도록 한다. • 유아의 의식이 있으면 유아를 안심시킬 필요가 있다. • 가벼운 부상이라도 반드시 의사의 진단을 받는다. • 사고를 일으킨 운전자의 주소나 이름을 확인한다. • 교통사고는 꼭 경찰서에 신고한다.

9 안전 표지

지도 방안		• 「도로교통법」 제2조제16호 "안전표지"란 교통안전에 필요한 주의·규제·지시 등을 표시하는 표지판이나 도로의 바닥에 표시하는 기호·문자 또는 선 등을 말한다. • 지시, 규제, 주의 표시의 정확한 의미전달보다는 색깔로 구분하여 '조심하세요(주의)', '하지마세요(규제)', '하세요(지시)' 정도로 이해할 수 있도록 안내한다.
자전거 관련 교통표지판의 의미	자전거 및 보행자 통행구분	자전거 보행자 겸용도로에서 자전거와 보행자의 통행 공간이 구분되어 있음을 알리는 표지이다.
	자전거 및 보행자 겸용도로	자전거와 보행자가 함께 이용할 수 있는 도로로, 자전거 운전자는 특히 보행자의 안전에 주의해야 한다.
	자전거 전용차로	차도에 자전거만 통행할 수 있도록 지정된 차로를 말한다.
	자전거 횡단도	자전거가 도로를 횡단할 수 있는 곳임을 알리는 표지로 보행자는 통행할 수 없으며, 자전거를 타고서 건너야 한다.
	자전거 전용도로	자전거 전용도로는 자전거만 통행이 가능한 도로 및 구간으로, 자전거 통행에 방해가 되는 물건을 방치하거나 보행자가 들어갈 수 없다.
	자전거 주차장	자전거를 주차할 수 있는 장소를 알리는 표지로, 자전거를 도로, 공공장소에 무단 방치하여 통행에 방해를 주는 경우에는 이동·보관·매각 등의 처분대상이 된다.
주의표지 (노란색) : "조심하세요"		도로나 그 부근에 위험물이 있는 경우나, 도로상태가 위험할 때 안전조치를 할 수 있도록 도로 사용자에게 알리는 표지이다. 횡단보도　어린이보호　자전거　도로공사중　위험 철길건널목　낙석도로　야생동물보호　미끄러운도로　노면고르지못함
규제표지 (빨간색) : "하지마세요"		도로교통의 안전을 위하여 각종 금지·제한 등의 규제를 하는 경우에 이를 도로 사용자에게 알리는 표지이다. 통행금지　자전거통행금지　진입금지　최저속도제한　서행 일시정지　보행자보행금지　최고속도제한　정차·주차금지　최고속도제한

지시표지 **(파란색) :** **"하세요"**	도로의 통행방법·통행구분 등 도로교통 안전을 위하여 필요한 지시를 하는 경우에 도로 사용자가 이에 따르도록 알리는 표지이다.

자전거전용도로

자전거 및 보행자 겸용도로

자전거 및 보행자 통행구분

자전거전용차로

보행자전용도로

횡단보도

어린이보호

장애인보호

자전거횡단도

자전거주차장

어린이통학버스 승하차

어린이승하차

··· '보조표지' 생략 ···

노면표지	도로교통의 안전을 위하여 각종 주의·규제·지시 등의 내용을 노면에 기호나 문자 또는 선으로 도로 사용자에게 알리는 표지이다.

속도제한
(어린이보호구역안)

자전거횡단도

자전거전용도로

어린이보호구역

장애인보호구역

자전거우선도로

MEMO

UNIT 58 자전거 안전

KEYWORD # 자전거 안전 보호장구, 안전 규칙

1 학습목표

> 자전거를 안전하게 이용하는 데 필요한 지식과 방법을 알아보고 습관화할 수 있도록 실천해 본다.

2 누리과정 관련

신체운동·건강	[신체활동 즐기기] 신체 움직임을 조절한다.
신체운동·건강	[안전하게 생활하기] 교통안전 규칙을 지킨다.
자연탐구	[생활 속에서 탐구하기] 도구와 기계에 대해 관심을 가진다.

3 학습주제 및 학습의 중점

학습주제	학습의 중점
1. 자전거, 킥보드, 인라인스케이트 등의 안전수칙 알아보기	• 바퀴달린 이동수단의 특징과 위험요소에 관심을 가지고 알아본다. • 자전거, 킥보드, 인라인스케이트의 안전수칙을 알아보고 스스로 지킨다.
2. 안전 장비의 중요성 알아보기	• 바퀴달린 이동수단을 이용할 때 안전장구의 중요성을 알아본다. • 바퀴달린 이동수단을 이용할 때 안전장구를 바르게 착용하는 습관을 가진다.
3. 개인형 이동장치의 위험요소 알아보기	• 개인형 이동장치에 대해 알아본다. • 개인형 이동장치의 위험요소를 인식한다.

4 자전거 안전 수칙

안전 수칙	• 안전한 장소에서 안전 장구를 착용하고 자전거를 타도록 한다.
	  – 운동장, 어린이놀이터, 자전거 전용도로 등 지정된 장소에서 타야 하며, 그 장소에 도착하기 전까지는 자전거에서 내려 끌고갈 것
	  – 비탈길 등 위험한 곳에서는 내려서 끌고갈 것(비탈길을 내려오면 속도가 점점 빨라지기 때문에 멈추기가 어려워 사고가 일어날 수 있음)
	  – 횡단보도에서는 자전거에서 내려 끌고갈 것
	  – 자전거를 타고 큰길로 달려 나오거나 먼 곳까지 타고 가지 않을 것
	• 날씨가 나쁘거나 밤에 자전거를 탈 때의 위험을 알고 유의한다.
	  – 운전자의 눈에 띄기 좋도록 밝은색 옷을 입고 야광등과 같은 반사재를 부착할 것
	• 가능하면 자전거 전용도로를 이용하며, 그렇지 않을 때에는 보행자와 다른 교통기관을 조심한다.
	• 자전거를 탈 때 교통기관이 다니는 방향과 같은 방향으로 진행한다.
	• 핸들은 항상 두 손으로 잡고 조정하며, 페달은 발바닥 앞쪽으로 밟고, 일정한 간격으로 힘을 주어 돌린다.
	• 자전거를 타고 뽐내거나 이리저리 돌아다니는 등 무모하게 타지 않는다.
	• 지나치게 빠른 속도를 내지 말고, 다른 사람이나 차·동물 등을 보았을 때 멈출 수 있어야 한다.
	• 자전거가 고장 나지 않았는지 항상 점검한다.
	  – 어두울 땐 자전거 앞쪽의 라이트가 작동하는지, 자전거 뒷부분의 빨간 반사등이 깨끗한지를 반드시 확인할 것
	• 보행자가 없는 곳으로 다닌다.
	• 하루 중 사람이나 다른 교통량이 많지 않은 시간대를 이용한다.
	• 자전거를 출발하기 전에는 앞, 뒤, 왼쪽, 오른쪽을 살피고 출발할 때는 왼쪽 손을 들어 출발한다는 사실을 알린다(출발신호).
	  – 다른 사람에게 내가 가고자 하는 방향과 하고자 하는 것을 알려야 하므로, 왼쪽이나 오른쪽으로 회전할 때는 손으로 신호해야 한다(수신호하기).
	• 횡단보도를 건널 때는 자전거에 내려서 횡단보도의 오른쪽으로 자전거를 끌고 건너가야 한다.
	  – '자전거 횡단도'에서는 자전거에서 내려서 신호를 기다리고, 신호가 초록색으로 바뀌면 '자전거 횡단도'로 자전거를 타고 건넌다.
	• 골목길에서 차도로 나갈 때는 멈추어서 차가 오는지 잘 살피고, 차가 오지 않는 것을 확인한 후 도로로 나가고, 도로의 오른쪽에서 주행한다.
	  – 골목길에서 사람이 갑자기 뛰어나올 수 있으므로 부딪치지 않도록 조심하고, 자전거가 오는 줄 모르고 걸어가는 사람이 있을 때는 경음기를 울려야 한다.
	  – 언제나 걸어가는 사람들과 부딪치지 않게 조심해야하므로, 걸어가는 사람들에게 방해가 되지 않도록 조심하고 언제든지 멈출 수 있는 속도로 천천히 타야 한다. 사람들이 너무 많으면 자전거에서 내려서 자전거를 끌고 간다.

5 안전장구

안전장구	안전하게 자전거를 타기 위한 복장	• 밝은 색의 옷을 입고 짧은 바지보다는 긴 바지를 입기 • 몸에 맞는 복장 착용하기(너무 큰 바지나 통이 넓은 바지, 긴 치마, 긴 목도리 등은 체인에 끼일 수 있어 위험하므로 피해야 함) • 안전모를 반드시 갖추어야 하고 벗겨지기 쉬운 슬리퍼나 끈이 늘어져 있는 신발을 신고 타지 않기 • 다른 사람의 눈에 잘 보일 수 있는 밝은 색 옷 입기
	안전모 (헬멧)	• 안전모(헬멧)를 착용하는 것은 법률로 정해져 있으며, 얼굴과 머리를 보호하기 위해 착용한다. • 안전모(헬멧)는 앞부분이 눈썹 부분과 일치되도록 하고, 끈은 헬멧이 머리에 고정되도록 조여준다. • 원내에서 사용하는 경우, 머리가 닿는 안쪽 부분은 땀 등으로 위생상 문제가 있으므로 개별 준비하도록 한다.
	보호대	• 팔꿈치 및 무릎 보호대는 뼈가 부러지는 등 골절사고를 예방하기 위해 착용한다. • 팔꿈치 보호대, 손목 보호대, 무릎 보호대를 착용한다. - 자전거가 넘어질 때 무릎과 팔 등이 신체의 다른 부위보다 먼저 땅에 닿게 되므로 반드시 착용할 것 • 보호대는 팔꿈치와 무릎 관절이 보호될 수 있는 견고한 재질이어야 하며, 페달밟기 활동으로 움직여도 벗겨지지 않도록 단단히 조여야 한다.
	장갑	• 장갑은 넘어질 때를 대비하여 손을 보호하기 위해 착용한다. • 핸들 잡기와 브레이크 조작이 쉽도록 장갑을 착용한다. • 바닥부분이 고무코팅 되어있는 장갑을 고른다.

Plus

자전거 안전 점검

• 브레이크, 타이어의 공기압, 핸들, 페달, 체인 등의 점검은 안전을 위해 중요하다.
 - Air(공기) : 타이어의 공기압 상태를 점검하세요.
 - Brake(브레이크) : 브레이크가 제대로 작동하는지 점검하세요.
 - Chain(체인) : 페달을 돌려 체인 상태를 점검하세요.

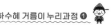

UNIT 59 **자동차 안전** – 어린이통학버스 안전

1 학습목표

> 자동차 보호장구의 중요성과 사각지대의 위험성을 인식하고 자동차를 안전하게 이용할 수 있다.

2 누리과정 관련 요소

신체운동 · 건강	[안전하게 생활하기] 일상에서 안전하게 놀이하고 생활한다.
신체운동 · 건강	[안전하게 생활하기] 교통안전 규칙을 지킨다.
사회관계	[더불어 생활하기] 약속과 규칙의 필요성을 알고 지킨다.

3 학습주제와 학습의 중점

학습주제	학습의 중점
1. 자동차 보호장구의 중요성 알아보기	• 자동차 보호장구의 중요성을 인식한다. • 자동차 어린이 보호장구를 바르게 착용하는 방법을 알고 실천한다.
2. 사각지대에 대해 알아보기	• 사각지대의 위험성을 알아본다. • 자동차 놀이를 통해 사각지대를 직접 체험해본다. **사전준비물** 큰 종이상자, 어린이 안전거울
3. 어린이통학버스 안전하게 이용하기	• 어린이통학버스 보호장구의 바른 착용법을 안다. • 어린이통학버스 사고(갇힘 사고) 대처 요령을 실천해본다.

4 어린이의 교통행동 특성

- 어린이는 어떤 하나에 집중하면 다른 것들은 보지 못한다.
- 보이지 않는 것은 없다고 생각한다.
- 잘 보이지 않고 구석진 곳에서 노는 경향이 있다.
- 모방하려는 성향이 강하다.
- 기분이나 감정이 변하는 대로 행동하는 충동성이 강하다.
- 자동차의 작동원리에 대한 이해와 거리·속도 추정능력이 부족하다.

5 자동차 보호장구

자동차 보호장구의 바른 착용법	• 내 몸에 맞는 어린이용 보호장구(안전띠, 카시트)를 착용한다. 　- 성인용 안전띠는 어린이에게 헐거워 몸이 튕겨 나가는 것을 막지 못한다. • 안전띠가 꼬이거나 비틀어져 있지 않은지 확인한다. 　- 안전띠가 꼬여 있으면 피부를 상하게 하고, 심한 경우 차가 급정거하거나 충돌할 때 내장 파열까지 일으킬 수 있다. • 허리띠는 골반에, 어깨띠는 어깨 가운데에 맞춰서 착용한다. 　- 자동차에서 어린이 보호장구(카시트)는 에어백이 있는 앞좌석에 탈 경우, 충돌 시 에어백의 부푸는 힘에 목이 꺾이거나 에어백이 코와 입을 막아 질식할 위험이 있으므로 피한다.

6 사각지대

개념 및 특징	• 사각지대는 운전석에서 자동차의 몸체에 가려져 안 보이는 부분으로, 사각지대 때문에 운전자가 사람을 미처 발견하지 못할 수 있다. 　- 자동차 거울로는 모든 사각지대를 볼 수 없다. • 승용자동차의 측면 사각지대는 약 5~30°이다. • 2.5톤 화물자동차의 경우 전방 사각지대가 1m(신장 1m 내외의 어린이 기준)이며, 좌·우측 사각지대는 약 30~40°로 승용자동차보다 사각지대가 넓다.

7 어린이통학버스

(1) 개념 및 운영 요건

어린이 통학버스	"어린이통학버스"란 다음 각 목의 시설 가운데 어린이(13세 미만인 사람을 말한다. 이하 같다)를 교육 대상으로 하는 시설에서 어린이의 통학 등(현장체험학습 등 비상시적으로 이루어지는 교육활동을 위한 이동을 제외한다)에 이용되는 자동차와 「여객자동차운수사업법」 제4조제3항에 따른 여객자동차 운송사업의 한정면허를 받아 어린이를 여객대상으로 하여 운행되는 운송사업용 자동차를 말한다[「도로교통법」 제2조(정의) 제23호].

◈ 어린이통학버스

운영 요건	
하차확인장치	• 위기상황에 대처하기 위해 어린이 하차확인장치 설치를 의무화한다. • 안전장치로서 좌석 확인벨(체크벨), 안전벨, 동작감지센서 설치가 필요하다. **어린이통학차량 하차확인장치의 유형** ① 좌석 확인벨(체크벨) - 하차확인장치[필수] 　- 시동(키) OFF상태에서 경광등이 깜빡이고 운전석에 경고음이 울리도록 하고, 차량 맨 뒷 좌석에 있는 벨을 누르면 경광등과 운전석 경고음이 꺼지는 장치이다. ② 안전벨 　- 시동(키) OFF상태에서 자신의 위급상황을 알리기 위하여 음향장치가 울리고 경광등(또는 차량 비상등)을 깜빡이게 하는 장치이다. 　- 어린이통학버스에 설치하는 안전벨은 3세 이상 모든 유아가 누를 수 있어야 하며 유아가 스스로 작동을 정지시키지 못하도록 운영되어야 한다. 　- 유아 등이 자주 지나가는 통로나 출입구 등에 설치하여 유아(학생) 등의 눈에 쉽게 인식할 수 있는 장소에 설치한다. ③ 동작감지센서 　- 시동(키) OFF상태에서 사람의 움직임을 감지하여 음향장치가 울리고, 경광등(또는 차량 비상등)을 깜빡이게 하여 자신의 위급상황을 알리는 장치이다.

운행기록장치	• 운행기록장치(Digital Tacho Graph : DTG) 설치를 의무화한다. 　– 어린이통학버스의 위험운전 행동개선 등 안전관리를 위해 DTG 장착을 의무화한다. 　– 자동차의 속도, 엔진회전수(RPG), 위치(GPS) 등을 통해 위치, 가속도, 주행거리, 시간 등을 자동적·주기적으로 기억장치에 기록한다. 　– 자동차의 운행관리, 차량운전자에 대한 교육·훈련, 운행계통 및 운행경로 개선, 운영자의 교통사고 예방을 위한 교통안전정책 수립의 목적으로 활용이 가능하다.
동승보호자 탑승 의무	• 어린이통학버스를 운영하는 자는 어린이통학버스에 어린이나 영유아를 태울 때에는 성년인 사람 중 어린이통학버스를 운영하는 자가 지명한 보호자를 함께 태우고 운행하여야 하며, 동승한 보호자는 어린이나 영유아가 승차 또는 하차하는 때에는 자동차에서 내려서 어린이나 영유아가 안전하게 승하차하는 것을 확인하고 운행 중에는 어린이나 영유아가 좌석에 앉아 좌석안전띠를 매고 있도록 하는 등 어린이 보호에 필요한 조치를 하여야 한다(「도로교통법」 제53조제3항). 　– 어린이통학버스를 운영하는 자는 제3항에 따라 보호자를 함께 태우고 운행하는 경우에는 행정안전부령으로 정하는 보호자 동승을 표시하는 표지("보호자 동승표지")를 부착할 수 있으며, 누구든지 보호자를 함께 태우지 아니하고 운행하는 경우에는 보호자 동승표지를 부착하여서는 아니된다(「도로교통법」 제53조제6항). 　– 동승한 보호자는 어린이나 영유아가 승차 또는 하차할 때 자동차에서 내려서 어린이나 영유아가 안전하게 승하차하는 것을 확인하고, 운행 중에는 어린이나 영유아가 좌석에 앉아 좌석안전띠를 매고 있도록 하는 등 어린이 보호에 필요한 조치를 해야 한다.
안전운행 기록 의무	어린이통학버스를 운영하는 자는 좌석안전띠 착용 및 보호자 동승 확인 기록("안전운행기록")을 작성·보관하고 매 분기 어린이통학버스를 운영하는 시설을 감독하는 주무기관의 장에게 안전운행기록을 제출하여야 한다(「도로교통법」 제53조제7항).
안전교육 이수 의무	어린이통학버스를 운영하는 사람과 운전하는 사람 및 제53조제3항에 따른 ✱보호자는 어린이통학버스의 안전운행 등에 관한 교육("어린이통학버스 안전교육")을 받아야 한다(「도로교통법」 제53조의3).
신고증명서 차량 내부 비치	• 어린이통학버스를 운영하려는 자는 행정안전부령으로 정하는 바에 따라 미리 관할 경찰서장에게 신고하고 신고증명서를 발급받아야 한다(「도로교통법」 제52조제1항). • 어린이통학버스를 운영하는 자는 어린이통학버스 안에 제1항에 따라 발급받은 신고증명서를 항상 갖추어 두어야 한다(「도로교통법」 제52조제2항).

----- MEMO

(2) 통학차량 매뉴얼

- 어린이통학버스를 운전하는 사람은 어린이나 영유아가 어린이통학버스를 탈 때에는 승차한 모든 어린이나 영유아가 좌석안전띠(어린이나 영유아의 신체구조에 따라 적합하게 조절될 수 있는 안전띠를 말한다)를 매도록 한 후에 출발하여야 하며, 내릴 때에는 보도나 길가장자리구역 등 자동차로부터 안전한 장소에 도착한 것을 확인한 후에 출발하여야 한다(「도로교통법」 제53조제2항).
- 어린이통학버스를 운전하는 사람은 어린이통학버스 운행을 마친 후 어린이나 영유아가 모두 하차하였는지를 확인하여야 한다(「도로교통법」 제53조제4항).
- 어린이통학버스를 운전하는 사람이 제4항에 따라 어린이나 영유아의 하차 여부를 확인할 때에는 행정안전부령으로 정하는 어린이나 영유아의 하차를 확인할 수 있는 장치("어린이 하차확인장치"라 한다)를 작동하여야 한다(「도로교통법」 제53조제5항).

① 운전자

기본 수칙	• 어린이는 뛰어다니기 좋아하고 몸이 작아 잘 보이지 않으므로 운전자는 항상 주위를 살핀 후 운전에 임한다. • 어린이는 작은 충격으로도 큰 피해를 입을 수 있으므로 운행 시 저속으로 운행한다. • 정기적으로 차량을 점검하여 고장이나 정비 불량으로 사고가 나지 않도록 관리한다.
승차 시 주의사항	• 차량 주위에 어린이가 있는지 확인한다. • 인도나 길가장자리구역 옆에 안전하게 정차한다. • 어린이가 무단횡단하지 않도록 주의를 준다. • 통학버스 승차 시에는 한 줄로 서서 안전하게 타도록 유도한다. • 동승보호자가 어린이를 차례대로 승차시키는지 확인한다. • 동승보호자가 어린이를 좌석에 앉힌 후 안전띠를 매는지 확인한다. • 모두 승차하고 동승보호자가 문을 닫으면 출발을 알린다. • 광각실외후사경 등을 통해 차량 주위에 어린이가 있는지 확인한다. • 탑승대상이 아닌 어린이가 있는 경우 동승보호자를 통해 안전한 곳으로 이동시킨다. • 안전하게 서서히 출발한다.
운행 중 주의사항	• 안전띠를 맸는지 확인하고 안전거리를 유지한다. • 어린이통학버스 안에서는 정숙한 분위기를 유지시킨다. • 어린이 안전띠가 풀어진 경우 서행하면서 동승보호자에게 즉시 안전띠를 매도록 한다. • 어린이가 차창 밖으로 손, 물건 등을 내밀거나 장난치지 않도록 수시로 확인한다. • 어린이통학버스 안에 어린이를 혼자 두지 않도록 한다. • 진입로에서 후진 시 또는 차고지에서 나올 때, 걷는 아이나 자전거를 타는 아이가 없는지 주의한다. • 스쿨존이 있는 구역에서는 특히 통학하는 아이들을 주의 깊게 살핀다.

MEMO

*스쿨존(School Zone) 어린이 보호구역으로, 초등학교 및 유치원, 어린이집, 학원 등 만 13세 미만 어린이 시설 주위에서 어린이들의 안전한 통학공간을 확보하고 교통사고를 예방하기 위한 제도이다.
― 휴일과 공휴일 관계 없이 오전 8시~오후 8시까지 매일 적용한다.

	• *스쿨존에서 지켜야 할 안전 수칙을 준수한다. 　― 스쿨존에서의 4대 안전수칙: 30km 이하 서행운전 / 스쿨존 내 주·정차 금지 / 횡단보도 앞에서 반드시 일시 정지 / 급제동, 급출발하지 않기 • 버스 정류장 근처에서 모여 있거나 놀고 있는 아이들을 주의 깊게 살핀다.
하차 시 주의사항	• 차를 인도나 길가장자리구역 옆에 안전하게 정차한다. • 어린이통학버스에서 하차 시에는 안전을 확인한 후 차 문을 연다. • 하차 시 안전에 유의하게 하고 성인의 도움을 받아 내릴 수 있도록 한다. • 동승보호자가 문을 열고 먼저 내린다. • 동승보호자는 오토바이나 자전거가 오는지 뒤쪽을 살핀다. • 기어를 중립에 놓고, 사이드브레이크를 올린 후 동승보호자에게 알린다. • 한 명씩 안전하게 하차시켜 보호자에게 인계하는 것을 확인한다. • 하차한 어린이가 안전한 장소에 도착한 것을 확인한다(어린이가 반대편으로 길을 건널 경우 동승보호자가 함께 건너도록 한다). • 하차 후 출발 전에는 버스 주위를 확인 후 출발한다. • 운행 종료 후에는 차안에 어린이가 있는지 제일 뒷자리 바닥까지 반드시 확인하고 하차확인장치 작동을 종료한다.
교통사고 발생시 대처요령	• 어린이 응급환자가 발생한 경우 즉시 응급의료기관 등에 신고하고 이송 조치 및 그 밖에 필요한 조치를 한다. • 즉시 정차하거나 상황에 따라 다른 차에 방해되지 않도록 길 가장자리, 갓길 등 안전한 장소에 차를 정차시킨다. • 부상자를 확인하여 피해 정도에 따라 적절한 조치를 취하고 '119'나 '1339'의 응급구조요원이 사고현장에 도착하면 이러한 사실들을 알려서 전문 구급요원이나 의사 등의 도움을 받는다. • 후속사고 방지를 위해서 비상등을 켜고 주간에는 100m 후방, 야간에는 200m 후방에 안전삼각대를 설치하며 사방 500m 지점에서 식별할 수 있는 적색의 섬광신호, 불꽃신호를 추가한다. • 안전삼각대가 없을 때에는 차 뒤 트렁크를 열어 놓는다. • 경찰공무원에게 신속히 신고한다.

② 동승자보호자

기본 수칙	• 어린이는 뛰어다니는 경향이 있으므로 항상 주위를 살핀다. • 어린이의 몸이 작아 잘 보이지 않고, 작은 충격으로도 큰 피해를 입을 수 있으니 항상 세심한 주의를 기울어야 한다. • 멀미약은 부모의 사전 승인을 받은 유아에게만 제공해야 한다. • 차량에 탑승한 모든 유아들이 차량 내 비상구가 어디에 위치하고 있는지 알 수 있도록 지도한다.
승차 시 주의사항	• 차량이 인도나 길가장자리구역 옆에 안전하게 정지한 것을 확인한다. • 차량이 안전하게 정차하면 차량에서 하차하여 어린이를 차례로 탑승시킨다. • 승차 전에 유아들의 옷을 단정하게 해주고 탑승시킨다. • 좌석에 앉힌 후 유아가 안전띠를 스스로 맬 수 있도록 지도하며, 필요한 경우 유아를 도와 안전띠를 반드시 착용하도록 한다.

	• 모든 유아가 좌석 안전띠를 착용했는지 확인한다. • 모두 승차하면 문을 닫는다. • 운전자에게 알려 서서히 출발하도록 한다.
운행 중 주의사항	• 유아가 맨 안전띠가 풀리지 않았는지 수시로 확인한다. • 유아 안전띠가 풀린 경우 동승보호자가 즉시 다시 착용시킨다. • 유아가 차창 밖으로 손, 물건 등을 내밀거나 장난치지 않도록 한다.
하차 시 주의사항	• 차량이 인도나 길 가장자리구역 옆에 안전하게 정지한 것을 확인한다. • 안전띠를 풀 수 있도록 안내하며 도움이 필요한 유아는 도와준다. • 오토바이, 자전거 등 위험상황이 있는지 살핀 후 하차한다. • 동승보호자가 먼저 하차한 후 유아가 차례대로 하차하도록 한다. • 유아를 한 명씩 안전하게 하차시켜 보호자에게 인계한다. 　－ 하차한 유아가 길을 반대편으로 건널 경우 동승보호자가 함께 건넌다. • 하차한 유아가 인도 등 안전한 장소에 도착한 것을 확인한다. • 출발하기 전 어린이통학버스의 앞·뒤·옆에 넘어지거나 횡단하는 유아가 있는지 확인한다. • 차 문을 닫고 운전자에게 알려 서서히 출발하도록 한다. • 어린이통학버스의 운행을 종료할 때에는 차 안에 남겨진 유아가 있는지 확인한다. • 잠깐이라도 자리를 비울 때는 유아 혼자 어린이통학버스에 있지 않도록 한다.
교통사고 발생시 대처요령	• 부상당한 유아가 있는지 신속히 파악하고 응급조치를 실시한다. • 유아를 안전하게 하차시키고 인도나 도로 밖 등 안전한 장소로 대피시킨다. • 경찰공무원이나 구급차가 도착할 때까지 심리적 안정을 취하게 하고 인원파악을 철저히 한다. • 유치원, 학교, 학원 등에 즉시 알린다. • 사고 상황을 면밀히 파악하여 적절한 조치를 취한다. • 반드시 사고 유아에 대한 조치를 먼저 취하여야 한다. • 사고현장이나 후송차량에 유아만 남는 일이 없도록 하여야 한다.

동승보호자의 유아 안전띠 매주기 Tip

• 좌석의 높낮이를 조절하고 자세를 바르게 한 상태로 의자 깊숙이 앉는다.
• 안전띠가 꼬이지 않았는지 확인한다.
• 안전띠 착용 버튼이 찰칵 소리가 나도록 단단히 잠근다.
• 한 사람당 한 개의 벨트를 맨다.
• 허리띠는 골반에 어깨띠는 어깨 중앙에 걸치도록 맨다.

동승보호자가 실시하는 유아 안전교육 Tip

• 동승보호자(교사)는 유아가 차량이 빈번하게 이동하는 도로나 건널목 등의 장소에서 놀지 않도록 지도한다.
• 어린이 관련 교통사고는 집에서부터 1km의 지역 안에서 발생하는 경향이 크기 때문에 등하원길, 놀이터 가는 길 등의 장소를 사전에 안내하고 안전하게 다닐 수 있도록 지도한다.
• 동승보호자(교사)는 유아에게 좌우를 살핀 후 길을 건너도록 교육하며, 익숙해질 때까지 다양한 체험 교육을 활용하여 반복 지도한다.

③ 탑승자(유아)

탑승 시 주의사항	• 버스가 도착하기 5분 전에 버스 정류장에 나가 있어야 하고, 버스 주변에서 절대 뛰는 일이 없도록 한다. • 버스 정차 지점에서는 차도에서 떨어져서 안전한 곳에서 기다린다. • 버스를 기다리는 곳은 뛰거나 노는 곳이 아니므로 안전하게 기다린다. • 버스에 탑승할 때는 버스가 완전히 정차할 때까지 기다리며, 버스의 정지 표지가 표시되고 적색불이 깜빡이는지 확인해야 한다. • 버스에 탈 때는 핸드레일을 잡고 타며 앞 사람을 밀지 않도록 해야 한다. • 신속하게 제대로 자리에 앉아 앞을 바라보며 정해진 자리에 앉는다. • 자리에 앉으면 바로 안전띠를 매고 도움이 필요한 경우 동승보호자에게 도움을 요청한다. • 차량 운행 중 안전띠를 풀지 않는다.
운행 중 주의사항	• 물건이나 신체의 일부분을 창 밖에 내 놓지 않는다. • 버스 내에서 또는 버스 밖으로 물건을 던지는 것은 금지되어 있다. • 항시 동승보호자 또는 운전자의 지시를 따라야 한다.
하차 시 주의사항	• 버스가 완전히 정차할 때까지 자리에 앉아 있는다. • 버스가 완전히 정차한 후 안전띠를 푼다. • 버스에서 내릴 때 버스손잡이를 잡고 버스에서 크게 두 걸음 떨어져 있는다. • 버스에서 하차할 때는 앞에 앉은 사람부터 내리며 하차 시 앞사람을 밀지 않는다. • 하차 후 버스 근처에서 물건을 떨어뜨렸을 경우, 줍지 않고 어른에게 도움을 요 청한다.

| UNIT 60 | **자동차 안전** – 대중교통 안전 |

1 학습목표

대중교통에 대해 알아보고 이용 시 지켜야 할 안전수칙에 대해 알고 지킨다.

2 누리과정 관련 요소

신체운동 건강
[안전하게 생활하기]
교통안전 규칙을 지킨다.

신체운동 · 건강
[안전하게 생활하기]
안전사고, 화재, 재난, 학대, 유괴 등에 대처하는 방법을 경험한다.

사회관계
[더불어 생활하기]
약속과 규칙의 필요성을 알고 지킨다.

3 학습주제와 학습의 중점

학습주제	학습의 중점
1. 대중교통 이용수칙 알아보기	• 대중교통의 의미를 이해하고 다양한 종류를 알아본다. • 대중교통 이용 시 안전하게 이용하는 방법을 알아본다.
2. 버스, 택시의 탑승 안전 알아보기	• 버스와 택시의 탑승 방법을 알아본다. • 버스와 택시를 안전하게 이용하는 방법을 안다.
3. 지하철, 기차의 탑승 안전 알아보기	• 지하철, 기차의 탑승 방법을 알아본다. • 지하철, 기차를 안전하게 이용하는 방법을 안다.
4. 비행기, 선박의 탑승 안전 알아보기	• 비행기, 선박의 탑승 방법을 알아본다. • 비행기, 선박을 안전하게 이용하는 방법을 안다.

4 대중교통 이용 시 지켜야 할 이용수칙

버스, 택시	• 차례차례 줄 서서 타고 내린다. • 창문 밖으로 손이나 얼굴을 내밀지 않는다.
지하철, 기차	• 노란색 안전선 안쪽에서 기다린다. • 지하철이나 기차에서 사람들이 내린 후에 탄다. • 열차와 승강장 사이의 공간에 발이 빠지지 않도록 잘 보면서 타고 내린다.
비행기	• 승무원의 안내에 따라 차례대로 탑승한다. • 자리에 앉은 후 안전벨트를 바르게 착용한다.
배	• 배 위에서는 천천히 걸어다닌다. • 난간에 기대지 말고, 부모님과 함께 다닌다.

5 대중교통을 안전하게 이용하기 위한 약속

버스	• 버스 탈 때는 완전히 멈춘 후에 탄다. • 버스 안에서는 손잡이를 꼭 잡고 타야 넘어지지 않는다. • 버스에서 내릴 때는 양쪽 옆을 보고 안전하게 내린다.
택시	• 택시에서 내릴 때는 양쪽 옆을 보고 안전하게 내린다. • 택시 안에서는 안전벨트를 꼭 맨다.
지하철, 기차	• 에스컬레이터에서 걸어서 이동한다. • 열차와 승강장 사이가 넓을 경우 발이 빠질 염려가 있으므로 승강장 사이의 틈을 꼭 살피면서 타고 내린다. • 승강장에서는 뛰거나 장난치지 않는다. • 노란색 안전선 뒤로 물러나 기다린다. • 승강장과 열차 사이 간격을 확인하면서 안전하게 탑승한다. • 문이 닫힐 때는 무리하게 타지 않는다.
비행기	• 비행기가 이·착륙시 반드시 안전벨트를 매고 지정된 좌석에 앉아 있는다. • 비행기에서 비상상황이 생길 경우 승무원의 지시에 따라 행동한다.
배	• 파도로 인해 배가 흔들리기 때문에 배를 타고 내릴 때는 난간손잡이를 잡는다. • 승무원의 안내사항을 잘 따르고 비상구 및 구명장비 위치를 기억해둔다.

IV 폭력예방 및 신변보호교육

UNIT 61 | **학교폭력** – 학교폭력, 언어/사이버 폭력, 물리적 폭력, 집단 따돌림

1 학습목표

학교폭력	일상생활 속에서 폭력의 의미를 이해하고 친구와 사이좋게 지내는 방법을 알아본다.
언어/사이버 폭력	일상 및 사이버 공간에서 언어와 개인 정보로 상대방에게 피해를 줄 수 있음을 이해하고, 피해 받았을 때 대처하는 방법을 알아본다.
물리적 폭력	신체폭력이 무엇인지 알아보고 이런 상황을 대처하는 방법을 익히고 실천하며, 친구를 소중하게 대하는 태도를 지닌다.
집단 따돌림	집단 따돌림의 뜻을 이해하고 피해를 받았을 때 대처 방법과 집단 따돌림을 받는 친구를 도와주는 방법을 알아본다.

2 누리과정 관련 요소

학교폭력	사회관계	[나를 알고 존중하기] 나의 감정을 알고 상황에 맞게 표현한다.
	사회관계	[더불어 생활하기] 친구와의 갈등을 긍정적인 방법으로 해결한다.
	자연탐구	[자연과 더불어 살기] 생명과 자연환경을 소중히 여긴다.
언어/사이버 폭력	신체운동 건강	[안전하게 생활하기] TV, 컴퓨터, 스마트폰 등을 바르게 사용한다.
	의사소통	[듣기와 말하기] 고운 말을 사용한다.
	사회관계	[더불어 생활하기] 서로 다른 감정, 생각, 행동을 존중한다.

MEMO

물리적 폭력	신체운동 건강	[안전하게 생활하기] TV, 컴퓨터, 스마트폰 등을 바르게 사용한다.
	의사소통	[듣기와 말하기] 고운 말을 사용한다.
	사회관계	[더불어 생활하기] 서로 다른 감정, 생각, 행동을 존중한다.
집단 따돌림	신체운동 건강	[안전하게 생활하기] TV, 컴퓨터, 스마트폰 등을 바르게 사용한다.
	의사소통	[듣기와 말하기] 고운 말을 사용한다.
	사회관계	[더불어 생활하기] 서로 다른 감정, 생각, 행동을 존중한다.

3 학습주제와 학습의 중점

소분류	학습주제	학습의 중점
학교폭력	1. 친구와 사이좋게 지내기	• 친구와 사이좋게 지내는 방법을 알아본다. • 혼자보다 친구와 함께하는 놀이가 즐겁다는 것을 경험해 본다.
	2. 학교폭력 이해하기	• 나의 행동이 친구의 몸과 마음을 아프게 할 수 있다는 것을 이해한다. • 친구의 행동이 나를 불편하게 할 때 적절하게 대처하는 방법을 알 수 있다.
언어/사이버 폭력	1. 언어폭력 이해하기	• 나쁜 말이나 단어가 아니어도 언어폭력이 될 수 있다는 것을 이해한다. • 상처가 되는 말을 들었을 때 대처하는 방법을 안다.
	2. 사이버폭력 이해하기	• 사이버폭력은 핸드폰이나 컴퓨터를 사용하면서 상대방을 속상하게 하거나 괴롭히는 것임을 안다. • 사이버폭력에 대처하는 요령을 알아본다. • '스마트폰 미니북'을 만들어 올바른 스마트폰 사용하는 방법을 실천해본다.
	3. 개인정보의 소중함 알아보기	• 개인정보 개념에 대해 이해한다. • 개인정보 지킬 때와 말해야 할 때를 구분한다.

MEMO

물리적 폭력	1. 신체폭력 이해하기	• 장난과 신체 폭력을 구별할 수 있다. • 친구가 잘못을 했어도 때리는 것은 나쁜 행동임을 안다.
	2. 신체폭력 대응 방법 알아보기	신체폭력 등 다양한 폭력 상황에 대해 적절하게 대응하는 방법을 알 수 있다.
	3. 친구와의 갈등 해결 방법 알아보기	• 친구와 갈등이 생겼을 때 올바른 해결 방법을 알아본다. • 친구를 소중히 여기는 태도를 지니고 이를 실천할 수 있다.
집단 따돌림	1. 집단 따돌림 이해하기	사례를 통해 집단 따돌림이 무엇인지 이해할 수 있다.
	2. 집단 따돌림 시 대응 방법 알아보기	• 집단 따돌림을 받았을 때 대처하는 방법을 알 수 있다. • 집단 따돌림을 받는 친구를 도와주는 방법을 알아본다.

4 학교폭력

(1) 친구가 좋을 때와 싫을 때를 구분해 보기

친구가 좋을 때	친구와 화해하기, 몸이 불편한 친구의 짐을 들어주기, 좋은 일 있을 때 축하해 주기, 슬픈 일 있을 때 위로해 주기, 무거운 짐 들고 있는 친구 도와주기, 넘어진 친구 도와주기
친구가 싫을 때	큰소리를 칠 때, 때릴 때, 장난감을 혼자 가지고 놀 때, 장난으로 친구가 놀릴 때

유의점 친구에게 하지 말아야 하는 행동보다는 친구와 함께할 때 더 즐겁고 재미있게 지낼 수 있다는 것에 초점을 두어 이야기 나눈다.

거름이 tip

친구가 좋을 때와 싫을 때의 그림을 섞어서 바람직한 행동과 하지 말아야 하는 행동을 O/X 퀴즈로 진행할 수도 있다.

(2) 학교폭력의 유형

신체폭력	신체를 손, 발로 때리는 등 아프게 하는 행동
언어폭력	여러 사람 앞에서 기분 나쁜 말을 하는 행동
금품갈취	돌려줄 생각이 없으면서 상대방 물건을 뺏는 행동
강요	하기 싫은 행동을 강요하는 것
따돌림	다른 친구들과 놀지 못하게 하는 말과 행동
성폭력	싫다고 해도 친구가 나의 몸을 만지는 행동
사이버폭력	핸드폰으로 기분 나쁜 말이나 사진을 보내는 행동

유의점
• 학교폭력의 개념을 명확하게 설명하기보다는 '폭력'은 친구의 몸과 마음을 아프게 하는 행동이라는 등 유아가 이해할 수 있는 수준에서 설명하고, 구체적인 사례를 통해 폭력이 지양해야 하는 행동임을 알려준다.
• 사소한 괴롭힘, 학생들이 장난이라 여기는 행위도 학교폭력이 될 수 있음을 인식할 수 있도록 분명하게 가르쳐야 한다.
• 「학교폭력예방법」의 학교폭력은 "학교 내·외에서 학생을 대상으로 하는 폭력"이므로 가해자가 학생이 아닌 경우에도 필요시 피해학생에 대해 보호조치를 할 수 있다.

5 언어폭력 / 사이버 폭력

(1) 언어폭력의 유형

성격공격	성격에 대해 비난하거나 조롱하는 행위 예 적극적이고 활발한 친구에게 잘난 체한다고 비난함
능력공격	공부를 못하는 등 학습능력이 부족한 경우 놀리는 행위 예 체육시간 게임 활동에 미숙한 친구에게 너 때문에 우리 팀이 졌다고 비난함
배경공격	가족이나 사회·경제적 여건 등을 이유로 조롱하는 행위 예 편부 가정의 친구에게 엄마도 없는 아이라고 놀리거나 엄마가 없어서 그렇다고 공격함
생김새공격	외모의 특징을 가지고 놀리거나 비난하는 행위 예 얼굴에 약간 큰 점이 있는 친구에게 점박이라고 놀림
저주, 희롱, 조롱	친구에게 저주하는 말을 하거나 놀리는 행위 예 이름이 다혜인 친구에게 '뭐든지 네가 다 해'라고 놀림
협박, 욕설	무엇인가를 강요하거나 욕을 하는 행위 예 여러 가지 욕설
나쁜 소문 퍼뜨리기	친구에 대한 나쁜 이야기를 다른 친구들에게 이야기하는 행위 예 "은정이가 현지하고 절교하고 다시는 말도 안한대"
친구를 욕하도록 다른 친구 설득하기	친구들이 특정 친구를 욕하도록 분위기를 선동하는 행위 예 "얘들아, 영희는 선생님이 보시는 데서만 범생이처럼 행동하지 않니?"

(2) 사이버 폭력 이해하기

개념	• 메일, 메신저, SNS, 휴대전화, 인터넷 게시판 등에서 개인이나 집단이 특정인을 의도적이고 지속적으로 괴롭히는 행위 • 사이버 폭력이 될 수 있는 사례 　- 욕설이나 비방하는 글을 쓰는 것 　- 단체 SNS에서 공개적으로 불편한 사진이나 나쁜 말을 쓰는 것 　- 친구가 핸드폰이나 컴퓨터 또는 데이터를 뺏어서 사용하는 것 • 사이버폭력에 대처하는 요령 　- 처음에는 무시한다. 　- 반복 시 확실하게 거부한다. 　- 반복 시 증거를 확보한다. 　- 대응하지 말고 자리에서 벗어난다. 　- 부모, 교사에게 말한다. 　- 필요 시 학교, 경찰서 및 사이버 수사대에 신고한다. 　- 신체적, 정서적 안정 확보에 힘쓴다. 유의점 사이버폭력의 구체적인 이해보다는 앞으로 핸드폰 및 인터넷을 사용할 때 필요한 기본적인 에티켓을 알려주는 것에 중점을 둔다.

(3) 개인정보의 소중함 알아보기

개념	• 개인정보 종류 　– 이름, 유치원, 반 이름, 집 주소, 집 비밀번호, 부모님 이름, 내 생일, 전화번호, 나이, 　　성별 등 • 개인정보를 보호해야 하는 이유 : 나의 개인정보를 이용해서 나와 부모님을 속이고 나쁜 　행동을 한다.
개인정보 지키기 실천방법	• 자녀의 소지품을 확인한다. 　– 유치원 가방에 자녀의 이름, 유치원명, 부모의 전화번호가 노출되어 있는지 확인 　　한다. • 부모의 SNS활동을 확인한다. 　– SNS 활동에서 노출되는 자녀의 개인정보는 없는지 확인한다. 나도 모르게 노출 　　시키는 자녀의 얼굴, 이름, 생일, 집 주소 등을 확인한다. • 개인정보를 지키는 방법을 알려 준다. 　– 모든 사람은 자신의 개인정보에 대한 권리가 있으므로 자녀에게 개인정보를 지킬 　　수 있는 방법을 알려 준다. • 개인정보에 대해 설명해 준다. 　– 자녀의 이름, 학교, 생일, 사진, 주소, 부모 이름, 집 비밀번호 등이 모두 개인정보가 　　될 수 있으므로, 자녀에게 자신의 정보를 함부로 알려주면 안 된다는 것에 대해 　　알려준다. • 개인정보는 나의 것이라고 알려준다. 　– 내 몸이 소중한 것처럼 나의 개인정보도 소중하다는 것을 알려준다. 그리고 친구의 　　몸이 소중하듯 다른 사람의 개인정보도 소중하다는 것에 대해 함께 이야기한다. • 공공장소에서의 CCTV에 대해 함께 대화한다. 　– 아파트, 유치원 등에 설치된 CCTV에 촬영된 정보도 나의 개인정보가 될 수 있다고 　　이야기해 준다. • 온라인 활동에 대해 대화한다. 　– 스마트폰 사용 시 그 날 하루 일과를 이야기하며 개인정보가 노출되지 않도록 미리 　　보호하는 방법에 대해 알려 준다.

거름이 tip

• '개인정보 보호'에 대한 가정과의 연계를 위해 가정통신문 등을 이용하여 학부모에게 개인정보의 중요성을 안내
　하도록 한다.
• 연계 및 확장 활동으로서 개인정보가 함부로 공개된 것은 없는지 유아 개인 소지품을 점검해보는 활동을 해본다.

참고

학교안전교육 개인정보 보호 내용 체계도(안)

중분류	소분류	유치원	초등학교	중학교	고등학교
개인정보 보호	개인정보 침해 예방 및 대처 방법	개인정보의 소중함 알기(개인정보 노래 부르기)	자신과 타인의 개인정보의 소중함 알기	개인정보의 개념과 종류 알기	개인정보의 개념과 종류 알기
			개인정보 동의 방법 알기(학부모 동의)	개인정보 동의 방법 알기	개인정보 동의 방법 알기
		개인정보 침해 사례 알기	개인정보 침해 사례 알기(학원, 학습지)	개인정보 침해 사례 알기(SNS 등)	개인정보 침해 사례 알기(해킹, 유출사고 등)
		개인정보 침해시 대처 방법 알기 • 도움 요청하기	개인정보 침해시 대처 방법 알기 • 도움 요청하기 • 신고하기	개인정보 침해 예방법 및 대처 방법 알기 • 도움 요청하기 • 신고하기	개인정보 침해 예방법 및 대처 방법 알기 • 도움 요청하기 • 신고하기
			개인정보 주간행사 참여하기	개인정보 주간행사 참여하기	개인정보 주간행사 참여하기

출처: 교육부 – 학교안전교육 개인정보 보호 내용 체계도(안)(2022)

6 물리적 폭력

신체폭력 이해하기	• '장난과 폭력'이라는 동영상을 청취하면서, 이야기 속 주인공들의 마음을 말해보기
	  – ○○의 마음은 어떠했을까?
	  – △△는 왜 그런 장난을 했을까?
	• 유치원에서 유사한 사례를 찾아 경험 공유하기
	  – 유치원에서 유사한 사례를 발표할 때 특정 어린이가 지목되어 유아들 간 갈등이 발생하지 않도록 유의한다. 교사 주도로 유치원 내 유사 사례를 알려주는 것도 적절하다.
	• '친구를 아프게 하면 안 돼요!' 영상을 보고, 폭력의 의미를 이해하여 폭력이 무엇인지 말해보기
	  – 폭력은 '친구의 마음과 몸을 아프게 하는 말과 행동'이라는 것을 알려준다.
	• ○, ×' 게임을 통해 장난과 신체 폭력을 구별하기
	  – 다양한 그림을 보여주어 그 그림이 폭력에 해당하면 '○'로 답하고, 그것이 아니면 '×'로 답하기
	  – 활동지를 활용해 개별 활동으로 진행하거나, '○, ×'를 말로 함께 표현하기 또는 '○, ×' 서바이벌 게임, 공 전달하기 게임 등 다양한 놀이 프로그램과 함께 운영한다.

신체폭력
대응 방법
알아보기
	• '상황에 맞게 행동해요' 활동지를 참고하여 폭력에 대해 올바르게 대응할 수 있는 말과 행동 알아보기
	    − 학교폭력에 대해 대처할 수 있는 말과 행동을 예시자료를 통해 알려준다.
	       ⑩ '하지 마', '싫어', '그만해' 등
	    − 활동지에서 제시한 상황에 따른 대응 방법을 참고하고, 유아들이 생각해낸 방법과 표현을 살려 실천을 내면화하도록 한다.
	 • 유치원 상황에 적합한 폭력 및 갈등 사례를 통해 아이들이 폭력 대응방법을 역할극으로 표현해보기
	    − 친구가 자꾸 '돼지'라고 놀릴 때
	    − 내가 놀고 있는 장난감을 빼앗을 때
	    − '쟤랑 놀지 말자'라고 친구가 얘기할 때
	    − 선생님께 친구의 잘못을 말했다고 그 친구가 때릴 때
	 • 폭력 없는 교실을 만들기 위해 학급 약속 만들기
	    − 친구의 몸을 아프게 하지 않는다.
	    − 친구가 내 몸을 아프게 하면 하지 말라고 정확하고 강하게 말한다.
	    − 다른 친구를 아프게 하는 친구를 보면 하지 말라고 말한다.
	    − 서로의 몸을 소중하게 아껴준다.

7 집단 따돌림

개념	집단 따돌림 : 한 집단 내에서 특정한 사람을 따로 떼어 멀리하는 일
	⑩ '집단 따돌림' 영상을 보고 집단 따돌림은 어떤 행동인지 나의 생각을 이야기 해보기
	사례
	 • '따돌리는 건 나빠' 영상을 보고 따돌림의 의미 생각해보기
	    − 친구들이 ○○와 노는 것을 불편해하는 이유가 무엇일까요?
	    − ○○의 기분은 어땠을까요?
	    − 친구들은 왜 ○○와 노는 것이 싫었을까요?
	 • '따돌리는 건 나빠' 영상을 참고하여 역할극을 해보고 다른 사람의 감정 알아보기

집단 따돌림 시
대응 방법
	• 집단 따돌림을 당하고 있다면 어떻게 해야 할지 이야기 나누기
	    − '하지 마!', '싫어!'라는 말을 분명히 해요.
	    − 부모님이나 학교에 도움을 요청해요.
	 • 집단 따돌림 안전수칙
	    − 일부러 친구를 따돌리거나 괴롭혀서는 안돼요.
	    − 함께 친구를 흉보거나 SNS에서 나쁜 말을 남겨도 폭력이니 하면 안돼요.
	    − 친구가 괴롭힘을 당하고 있다면 도와줘야 해요(따돌림 당하는 친구를 지켜만 보는 것(무관심)도 그 친구에게 상처가 된다는 것을 알려준다).
	 • '친구 지킴이'가 해야할 역할을 정해보고 한 명씩 돌아가면서 친구 지킴이가 되어 따돌림예방 실천하기
	 ⑩ 친구 지킴이 모자, 뱃지, 호루라기 등을 역할 영역에 제시하여 자유놀이와 연계한다.

MEMO

UNIT 62 **성폭력** – 성폭력 예방 및 대처방법

KEYWORD # 성폭력 대처방안, 성교육의 내용

1 학습목표

성폭력 상황과 예방법을 알아보고 성폭력 상황 시 안전하게 대처할 수 있다.

2 누리과정 관련 요소

신체운동·건강	[안전하게 생활하기] 안전사고, 화재, 재난, 학대, 유괴 등에 대처하는 방법을 경험한다.
사회관계	[나를 알고 존중하기] 나의 감정을 알고 상황에 맞게 표현한다.
사회관계	[더불어 생활하기] 친구와 어른께 예의 바르게 행동한다.

3 학습주제와 학습의 중점

학습주제	학습의 중점
1. 좋은 느낌과 나쁜 느낌 구분하기	• 좋은 느낌과 나쁜 느낌을 구분해 본다. • 소중한 나의 몸에 대해 안다.
2. 동의와 거절 표현하기	• 동의와 거절의 의미를 알아본다. • 자신의 의사에 따라 동의, 거절하는 표현을 구체적으로 말해본다. • 신체 접촉에는 '동의' 과정이 필요함을 인식한다.
3. 성폭력 상황 및 예방법 알아보기	• 내 몸을 지켜야 하는 상황에 대해 알아본다. • 싫은 느낌, 불쾌한 상황에서 자신을 보호할 수 있는 행동을 실천한다. • 성폭력 상황 시 대처하는 방법을 안다.

─────── MEMO

4 성폭력 예방 및 대처방법

(1) 성교육 지도지침

부모	• 부모의 교육적인 영향력을 반영하여 부모회, 워크숍, 가정통신문 등을 활용한 부모 교육을 실시한다. • 유아들에게 바람직한 성교육이 이루어지도록 다양한 방법을 구안한다.
교사	• 교사 자신이 성 역할에 대한 고정관념을 가졌는지 살펴보고, 비판, 분석, 환류하는 과정을 갖는다. • 유아를 위한 성교육 교수·학습활동을 체계화하고, 발전적인 모델을 세우기 위해 최선의 노력을 기울인다.
또래	유아들에게 또래와의 접촉, 놀이 등 다양한 프로그램을 제공하여 유아가 타인의 감정을 자연스럽게 수용하고 긍정적인 자아개념을 형성하도록 한다.
교육자료	• 유아들의 발달단계와 성교육에 적합한 도서나 문학작품 등을 선정하여 제공한다. • 유아들의 성역할 발달을 돕는 총체적인 교육환경과 자료 개발이 필요하다.

(2) 성교육 유형

성기 중심 교육	• 남자와 여자의 신체 차이 알기 • 올바른 대소변 배설 및 청결 유지하기 • 성기를 소중히 하기 • 성기로 장난치지 않기
성역할 교육	• 자녀로 하여금 아버지 역할과 어머니 역할 모두가 중요함을 지도하기 • 가정은 남자와 여자가 사랑으로 함께 이루는 곳이라고 지도하기
성도덕 교육	• 남의 몸 함부로 만지지 않기 • 자신의 몸 보호하기 • 성폭력 예방하기

(3) 유아의 성적 질문 및 행동에 대한 성인의 반응

난감한 질문과 성적 행동의 이유		• 자연스러운 성장과정이다. • 성적 호기심이 증가하기 때문이다. • 성인의 관심을 끌고자 하는 행동에서 비롯된다. • 심할 경우 성폭력 피해 후유증으로도 생각해 볼 수 있다.
성에 대한 난감한 질문에 대답하는 방안	잘 들어주기	• 질문할 때 당황하거나 야단을 치게 되면 유아들은 성이란 이상하고 부끄러운 것이라고 생각하게 된다. • 잘 모를 경우 솔직하게 대답한 뒤 함께 알아보자고 한다.
	되물어 보기	• 유아에게 "너는 어떻게 생각하니?" 하고 되물어봄으로써 유아가 질문을 하게 된 계기와 배경, 알고 싶은 정도 등을 파악한다. • 자연스럽고 긍정적인 태도로 유아의 질문을 대하면 유아도 성에 대해 밝고 건전한 태도를 갖게 된다.

사실대로 간단하게 대답해 주기	• 유아가 알고 싶어 하는 만큼만 간단히 사실대로 알려준다. • 유아의 성지식 수준을 넘어서게 되면 오히려 잘못된 호기심을 불러 일으킬 수 있으므로 유의해야 한다.
궁금해 하면 더 알려주기	• 유아가 더 알고 싶어 하면 유아의 성지식 수준을 벗어나지 않는 범 위에서 좀 더 자세히 알려준다. • 관련된 그림책이나 비디오 등을 활용할 수 있다.

(4) 성폭력 예방 교육

① 3E 교육

교육(Education), 안전장치(Engineering), 단속(Enforcement)의 약칭이다.

교육	성폭력 예방교육으로 어린이 성폭력 사고를 예방하는 전략을 말한다.
안전장치	성폭력 범죄자들에 대해 전자 발찌를 착용하게 하는 것과 같이 물리적 장치를 통한 방지 전략을 말한다.
단속	성폭력 범죄자 처벌법에 따른 신상공개와 같은 가해자 단속 및 처벌 전략을 말한다.

② 연령별 발달단계에 따른 성폭력 예방교육 지침

연령	성폭력 예방교육 지침
18개월~3세	신체 각 부분의 정확한 명칭을 가르친다.
3~5세	• 자기 몸의 소중함을 가르치고 타인이 몸을 만지려고 하거나 만질 때는 "싫어요" 라고 말하도록 가르친다. • 성에 관련된 질문이 있으면 적절히 대답해 준다.
5~8세	집 밖에서의 안전에 대해 가르치고 은밀한 부위를 만지는 것과 일반적 접촉을 구별 시킨다.

③ 유아 성폭력 예방교육 내용 체계

나 (피해 예방)	성교육 차원	신체	• 신체 부위의 명칭 알기 • 신체 부위의 기능 알기 • 신체 부위의 중요성 알기
		감정	• 일반적인 내 기분 인식하기 • 일반적인 내 기분 표현하기
	성폭력 예방 차원	신체	• 내 몸의 소중함 인식하기 • 내 몸 보호하기
		감정	• 신체 접촉 시 내 기분 인식하기 • 신체 접촉 시 내 기분 표현하기
		상황	• 성폭력 상황 인식하기 • 성폭력 상황 대처하기: 즉각 및 사후대처 • 성폭력 유발 요인 이해하기

MEMO

타인 (가해 예방)	성교육 차원	신체	• 남자와 여자의 신체 특징 이해하기 • 어른과 유아의 신체 특징 이해하기
		감정	• 일반적인 타인의 기분 인정하기 • 일반적인 타인의 기분 존중하기
	성폭력 예방 차원	신체	• 타인의 몸 소중함 인식하기 • 타인의 몸 보호하기
		감정	• 신체 접촉 시 타인의 기분 인정하기 • 신체 접촉 시 타인의 기분 존중하기
		상황	• 타인에 대한 좋지 않은 성적 행동 인식하기 • 자신의 행동 조절하기: 즉각적 멈춤과 사과하기

④ **신체접촉의 개념**

- 신체 소유 개념
  - 신체인식 발달 과정 속에서 유아는 어떤 형태의 신체 접촉이 불쾌한 것인지 혹은 즐거운 것인지를 느끼며 신체 소유 개념을 형성하기 시작한다.
  - 자신의 신체에 대한 소유 개념은 유아들이 원하지 않는 신체 접촉을 거절하고 긍정적인 신체접촉을 허용할 권리에 근거한다.
- 양육, 혼란, 착취 차원의 신체 접촉으로 구분된다.

양육	유아들에게 좋은 느낌을 주는 '긍정적인 접촉'이다. 예 가족이 안아주는 것, 동물을 쓰다듬는 것, 친구와 손잡는 것 등
혼란	'혼돈스러운 접촉'으로, 신체 접촉을 하는 사람의 의도가 명확하지 않고 신체 접촉을 받는 사람이 이해하지 못하거나 신체 접촉하는 사람의 의도를 오해하게 되는 것 등이다. 예 친숙하지 않은 사람이 유아를 껴안을 때, 의사선생님이 진찰을 하기 위해 내 몸을 만지는 경우 등
착취	상대방이 자신을 때리거나 괴롭히는 것 또는 교묘하고 강압적인 신체 접촉으로서, 유아들에게 '나쁜 접촉'이라고 알려준다. 예 낯선 사람이 억지로 안으려고 하는 경우, 어른이 옷을 벗고 성기를 노출시키며 보라고 하는 경우 등

⑤ **'나쁜 접촉'에 대처하는 3단계 기술**

나쁜 접촉으로 인해 싫은 느낌이 들었을 때 대처하는 방법이다.

1단계 "안돼요, 하지 마세요"라고 큰 소리로 말하기	• 싫은 느낌이 들었을 때는 즉각적으로 "안돼요, 하지 마세요."라고 거절할 수 있다는 것을 알려준다. - 사람은 위험한 상황에 직면하면 말을 할 수 없는 상태가 될 수 있으므로 평상시에 충분한 연습을 하도록 한다.

2단계 그 자리를 피하기	소리를 지른 후에 즉시 그 자리를 피해 안전한 장소로 가야한다는 것을 알려준다. **유의점** • 유아의 경우 대부분 안전한 장소를 집이라고 생각하기 때문에 집으로 가야한다고 생각한다. ─ 그러나 집으로 가는 동안 위험한 상황에 빠질 수 있다는 것을 충분히 설명하고 약국, 편의점 등 가게, 큰 도로, 대문이 열려있는 집 등 다른 성인의 도움을 받을 수 있는 곳으로 피해야 한다는 것을 알려준다.
3단계 일어난 일에 대해 부모님 등 믿을 수 있는 사람에게 말하기	• 유아를 대상으로 한 성폭력은 주로 아는 사람에 의해 일어나고 신체적 징후가 잘 드러나지 않기 때문에 모르고 지나치는 경우가 많다. • 유아들에게 일어난 일에 대해 반드시 부모님이나 믿을 수 있는 사람에게 이야기 해야 한다는 것을 강조한다. ─ 부모님이나 선생님과 이야기 할 때 말로 하기 싫다면 인형을 움직여서 표현 하거나, 그림으로도 표현할 수 있다.

⑥ 신체 접촉 시 교사 역할

신체 접촉 시 교사가 유의할 점	• 유아를 신체적으로 접촉하기 전에 유아에게 직접 허락을 구해야 한다. • 어깨, 등, 팔, 손과 같이 취약하지 않은 신체부분을 접촉한다. • 유아와 신체적으로 접촉할 때 문화적 차이를 고려해야 한다. • 유아의 활동 수준을 인식하고 신체 접촉을 통해 유아의 놀이를 방해하지 말아야 한다. • 신체 접촉에 대한 유아의 요구는 개인에 따라 다름을 이해하여 각 유아에게 어떤 종류의 신체 접촉이 적절한지를 결정한다. • 만약 유아의 민감한 부분을 접촉해야 한다면(⑩ 기저귀 갈 때) 유아에게 신체를 만지는 이유를 설명해 주되, 설명할 때에는 신체 부위의 정확한 명칭을 사용한다. • 유아들의 배변훈련 때 자신의 성기를 깨끗이 하도록 지도한다.

⑦ 동의와 거절 표현하기

동의	• '동의'한다는 것은 어떤 일이 좋다고 찬성한다는 의미이다. ─ '동의'를 구하는 방법은 다른 사람의 생각을 물어보고 다른 사람의 답을 기다 리는 것이다. • '동의'의 말 : 좋아, 그래, 그러자, 좋은 생각이다 등 • '동의'가 아닌 표현 : 침묵, 생각하는 표정, 어깨 으쓱하기 ─ 사람에 따라 동의 반응 정도가 각기 다르며, 침묵이나 머뭇거림은 동의가 아니 라는 것과 적극적으로 호응할 때만 '동의'임을 설명해주어야 한다.
거절	• '거절'한다는 것은 어떤 일이 싫다고 반대한다는 의미이다. • '거절'의 말 : 싫어, 미안해, 이건 내가 싫어하는 거야, 침묵 등 ─ 모든 사람은 몸과 마음이 다르기 때문에 서로 생각도 다를 수 있으므로 '거절' 당하는 것은 마음이 아프거나 속상해 할 일이 아님을 설명해주어야 한다.

MEMO

⑧ 성폭력 유형 및 예방법

성폭력 유형	• 호기심에 의한 성희롱과 성폭력 • 잘못된 성문화에 의한 성희롱 • 유혹에 의한 성희롱과 성폭력 • 강제적인 성희롱과 성폭력 • 근친에 의한 성희롱과 성폭력
성폭력 예방법	• 안전한 놀이 장소를 알려줄 것 • 낯선 사람을 함부로 따라가지 않도록 할 것 • 의사표현을 분명히 할 것 • 주위 사람들에게 도움을 요청할 것

⑨ 성폭력 지표

의료적 지표		생식기, 항문, 구강 등 신체에 나타나는 상처 및 손상
심리사회적 지표	성적 지표	• 유아 수준에 맞지 않는 성숙한 성지식을 나타내는 말을 하는 것 • 명백한 성행위를 묘사한 그림을 그리는 것 • 또래나 동생 또는 동물에게 성적인 행위를 하는 것 • 과도한 자위행위를 하는 것
	비성적 지표	• 지나치게 짜증을 내고 두려워하며 분노하는 등 정서적 불안을 보이는 것 • 손가락을 빨거나 오줌을 싸며 부모에게 지나친 의존을 보이는 등 퇴행행동을 보이는 것 • 갑자기 목욕을 자주 하거나 속옷을 자꾸 갈아입는 등 갑작스럽게 눈에 띄는 행동의 변화를 보이는 것

⑩ 성폭력 발생 시 대응

문제해결 방안	• 피해 유아를 담담하게 대하도록 한다. • 사건에 대해 아이에게 올바르게 정리시켜 주어야 한다. • 앞으로 어떻게 처신해야 하는지 가르쳐 준다. • 사건이 중대하여 후유증이 심각하거나 법적인 처리를 요할 경우는 전문단체나 의사, 변호사와 상담한다.
유아와 대화하는 방안	• 자연스럽게 일상적인 대화로 시작한다. • 편안한 얼굴로 긴장을 풀어준다. • 가능성을 탐색하며 진지하게 물어본다. ① 유아가 '네'라고 답하는 경우 - "그랬구나, 괜찮아 선생님이 잘 듣고 있을게. 말해줄 수 있겠니? 선생님은 그 자리에 없었기 때문에 ○○이 만큼 잘 알 수가 없어. 그러니까 선생님이 잘 알 수 있게 자세히 말해 주겠니?" ② 유아가 '아니요'라고 답하는 경우 - "그렇구나. 지금은 잘 기억나지 않지만 그런 일이 있었던 게 생각나면 언제든지 이야기해 주렴. 선생님은 언제나 ○○이 편이니까 혹시라도 그런 일이 있으면 꼭 이야기해 줄래?"

	대화 시 유의점	• 당황하여 다그치지 말고 평소처럼 담담하게 대해야 한다. • 지나치게 구체적이거나 자세히, 반복해서 묻지 않아야 한다. • 대답을 유도하지 말고, 추궁하거나 비난하지 않아야 한다. • 가능한 증거를 보존하고 필요한 도움과 치료를 제공해야 한다.
	피해자 지원	• 통합지원센터 : 해바라기센터, 아동보호 전문기관 • 수사·법률 지원 : 피해자 국선변호사, 진술조력인의 센터 배치로 신속한 수사, 법률 지원을 돕고, 피해자의 형사 절차상 2차 피해를 방지한다. • 의료, 상담 등의 피해자를 위한 지원을 한다.

성폭력 발생 시 대처방안

• 입은 옷차림 그대로, 몸을 씻기지 않고, 가능한 빨리 경찰이나 아동 성폭력 관련 전문기관(예 해바라기센터) 혹은 시·군·구청장이 지정한 성폭력 전담의료기관을 찾는다.
• 학부모에게 연락을 취하고, 대응 지침을 알려준다.
• 수사기관에 신고하며, 유치원장은 신고의무를 이행한 교사를 격려하고 보호하며 필요한 지원을 제공한다.
• 여성가족부 한국양성평등교육진흥원 '성희롱·성폭력 고충 상담원 전문교육'을 이수한 교사 등 유아 성폭력 관련 사항들을 충분히 이해하는 교사에게 사건 관련 업무처치 창구를 일원화한다.
• 병원 진찰과정은 피해유아에게 공포와 불안감을 줄 수 있으므로 동행한 보호자(예 교사 등)는 유아가 심리적 안정을 찾을 수 있도록 최선을 다한다.
  – 왜 병원에 왔는지, 진찰을 받고 나면 어떤 부분을 예방할 수 있는지 설명해 준다.
• 증거물품(가해자 체모, 정액, 흉기 등)은 종이봉투에 넣어 보관하고 수사를 위해 현장을 훼손하지 않는다 (차후의 가해자에 대한 고소 대비).
• 몸에 상처나 멍이 있는 경우 사진을 찍어둔다.

아동 성폭력 관련 전문기관 및 주요 기능

지원체계	지원 대상과 주요 기능
해바라기센터	• 지원 대상 : 13세 미만 아동 성폭력 및 장애인 성폭력 • 주요 기능 : 상담, 의료, 법률, 수사, 심리치료 지원(365일 24시간 운영) • 내용 : 성폭력 피해 아동 및 지적장애인에 대한 의학적 진단과 평가 및 치료, 가족 기능 강화를 위한 상담서비스, 심리 치료
아동보호 전문기관	• 지원 대상 : 18세 미만 아동 • 주요 기능 : 아동학대 신고접수, 현장조사 및 응급보호, 상담 및 교육, 예방교육 및 홍보, 사후 관리 ※ 신고를 접수하면 72시간 내에 현장조사를 하고, 응급 사례인 경우 12시간 안에 현장조사

UNIT 63 **성폭력** – 성매매 예방

1 학습목표

나의 감정과 성장과정에 대한 이해를 통해 나의 감정을 조절하며, 소중한 내 몸을 지키기 위해 노력할
수 있다.

2 누리과정 관련 요소

의사소통	[듣기와 말하기] 자신의 경험, 느낌, 생각을 말한다.
사회관계	[나를 알고 존중하기] 나를 알고 소중히 여긴다.
사회관계	[나를 알고 존중하기] 나의 감정을 알고 상황에 맞게 표현한다.

3 학습주제와 학습의 중점

학습주제	학습의 중점
1. 나의 몸 소중히 여기기	• 내 몸의 삼각지대를 알아본다. • 내 몸의 소중한 곳을 보여주지 않아야 함을 인식한다.
2. 나의 감정 알고 조절하기	• 다양한 나의 감정에 대해 알아본다. • 나의 감정을 긍정적으로 표현할 수 있다.
3. 나의 출생과정 알아보기	• 나의 출생과정을 안다. • 나를 소중히 여기는 마음을 갖는다. **사전준비물** 나의 출생 사진 　　　　　 융판동화자료(엄마, 아빠, 아기, 난자, 정자, 수정란, 태아, 　　　　　 산도(産道)에서 나오는 태아 그림), 아기인형, 태아 역할 　　　　　 머리띠, 훌라후프

MEMO

4 나의 몸 소중히 여기기

내 몸의 각 부분과 올바른 명칭 알기	• 머리, 얼굴, 어깨, 가슴, 배, 배꼽, 눈, 코, 입, 귀, 팔, 손, 발, 무릎, 엉덩이, 항문, 음순(여자), 음경(남자) 등 − 신체의 올바른 명칭이 부끄럽거나 이상한 말이 아니라는 것을 지도한다.
안전 삼각지대	• 몸으로 안전 삼각지대 만들어보기 ① 바른 자세로 서기 ② 팔을 앞으로 나란히 뻗기 ③ 앞으로 나란히 자세에서 손바닥을 마주 붙이기 ④ 그대로 손을 아래로 내리기 　− 그대로 손을 내렸을 때 생기는 역삼각형을 '안전 삼각지대'라고 한다. 　− 나에게 안전 삼각지대가 있듯이 다른 사람에게도 안전 삼각지대가 있다는 것을 알려준다. • 우리 몸에서 다른 사람에게 보여줄 수 없는 부분이 '안전 삼각지대'라는 것을 알려준다. • 안전 삼각지대를 보호하는 방법 − 다른 사람이 함부로 보거나 만지지 못하게 한다. − 더러운 손으로 만지지 않고 자주 씻는다. − 다치지 않도록 조심한다.

UNIT 64 아동학대

KEYWORD # 정서적 학대, 방임, 아동학대범죄의 처벌 등에 관한 특례법

1 학습목표

나의 권리를 알고 아동학대 상황 시 대처하는 방법을 실천할 수 있다.

2 누리과정 관련 요소

신체운동 건강
[안전하게 생활하기]
안전사고, 화재, 재난, 학대, 유괴 등에 대처하는 방법을 경험한다.

의사소통
[듣기와 말하기]
자신의 경험, 느낌, 생각을 말한다.

사회관계
[나를 알고 존중하기]
나의 감정을 알고 상황에 맞게 표현한다.

3 학습주제와 학습의 중점

학습주제	학습의 중점
1. 아동 4대 권리 알아보기	• 아동 4대 권리를 알아본다. • 자신의 권리를 지키기 위한 방법을 알고 실천한다.
2. 아동학대 의미와 사례 알아보기	• 아동학대 상황을 인식할 수 있다. • 아동학대 사례를 구체적으로 알아본다.
3. 아동학대 대처 방법 알아보기	• 아동학대 상황 시 도움을 요청하는 방법을 알고 실천해 본다. • 유치원 주변에서 '아동안전지킴이집'을 찾아본다.

4 아동학대

(1) 아동학대의 개념 및 법률적 정의

법률적 정의	• "아동학대"란 보호자를 포함한 성인이 아동의 건강 또는 복지를 해치거나 정상적 발달을 저해할 수 있는 신체적·정신적·성적 폭력이나 가혹행위를 하는 것과 아동의 보호자가 아동을 유기하거나 방임하는 것을 말한다(아동복지법 제3조제7항).
	   − 이는 "아동의 복지나 아동의 잠정적 발달을 위협하는 보다 넓은 범위의 행동"으로 확대하여, 신체적 학대뿐만 아니라 정서적 학대나 방임, 아동의 발달을 저해하는 행위나 환경, 더 나아가 아동의 권리보호에 이르는 매우 포괄적인 경우를 규정하고 있다(아동권리보장원).
	   − 좁은 의미에서 아동학대는 보호자가 아동을 의도적으로 학대하는 행위로서, 신체적 학대와 같이 그 행위의 결과가 명백히 나타나는 것을 의미한다(Kempe, 1962). 그러나 이는 심리적 학대처럼 겉으로 드러나지 않는 학대의 심각성을 간과하고 있다.
	   − 넓은 의미에서의 아동학대는 학대와 방임을 구분하지 않고, 보호자를 포함한 주변의 모든 환경이 아동의 적절한 발달이나 복지의 보장을 현재 저해하고 있거나 앞으로 저해할 가능성이 있는 것을 의미한다(Gil, 1971). 이는 아동의 권리보호 및 예방적 개입을 지지할 수 있다는 점에서 보다 바람직한 정의라고 할 수 있다.
	 • "아동학대범죄"란 보호자에 의한 아동학대로서 다음 각 목의 어느 하나에 해당하는 죄를 말한다(아동학대범죄의 처벌 등에 관한 특례법 제2조제4항).

금지행위 (아동복지법 제17조)	• 아동에게 음란한 행위를 시키거나 이를 매개하는 행위 또는 아동을 대상으로 하는 성희롱 등의 성적 학대행위(제2항) • 아동의 신체에 손상을 주거나 신체의 건강 및 발달을 해치는 신체적 학대행위(제3항) • 아동의 정신건강 및 발달에 해를 끼치는 정서적 학대행위(「가정폭력범죄의 처벌 등에 관한 특례법」 제2조제1호에 따른 가정폭력에 아동을 노출시키는 행위로 인한 경우를 포함한다)(제5항) • 자신의 보호·감독을 받는 아동을 유기하거나 의식주를 포함한 기본적 보호·양육·치료 및 교육을 소홀히 하는 방임행위(제6항)

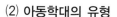

(2) 아동학대의 유형

성적 학대 (Sexual Abuse)		**개념** • 보호자를 포함한 성인이 아동의 건강 또는 복지를 해치거나 정상적 발달을 저해할 수 있는 성적 폭력이나 가혹행위를 하는 것을 말한다. • 보호자를 포함한 성인이 자신의 성적 충족을 목적으로 18세 미만의 아동에게 행하는 모든 성적 행위를 말한다. **구체적인 성적 학대 행위의 예** • 자신의 성적만족을 위해 아동을 관찰하거나 아동에게 성적인 노출을 하는 행위(옷을 벗기거나 벗겨서 관찰하는 등의 관음적 행위, 성관계 장면 노출, 나체 및 성기 노출, 자위행위 노출 및 강요, 음란물을 노출하는 행위 등) • 아동을 성적으로 추행하는 행위(구강추행, 성기추행, 항문추행, 기타 신체부위를 성적으로 추행하는 행위 등) • 아동에게 유사성행위를 하는 행위(드라이성교 등) • 성교를 하는 행위(성기삽입, 구강성교, 항문성교) • 성매매를 시키거나 성매매를 매개하는 행위 **징후**
	신체적 징후	**신체적 지표** 학령 전 아동의 성병 감염, 임신 **생식기의 증거** 아동의 질에 있는 정액, 찢기거나 손실된 처녀막, 질에 생긴 상처나 긁힌 자국, 질의 홍진(紅疹), 배뇨곤란, 요도염, 생식기의 대상포진 **항문증후** 항문 괄약근의 손상, 항문주변의 멍이나 찰과상, 항문 내장이 짧아지거나 뒤집힘, 항문 입구에 생긴 열창, 항문이 좁아짐, 회음부의 동통과 가려움, 변비, 대변에 혈액이 나옴 **구강증후** 입천장의 손상, 인두(咽頭) 임질(pharyngeal gonorrhea)
	행동적 징후	**성적 행동지표** 나이에 맞지 않는 성적 행동, 해박하고 조숙한 성지식, 명백하게 성적인 묘사를 한 그림들, 타인과의 성적인 상호관계, 동물이나 장난감을 대상으로 하는 성적인 상호관계 **비(非)성적 행동지표** 위축/환상/유아적 행동(퇴행행동), 자기 파괴적 또는 위험을 무릅쓴 모험적인 행동, 충동성, 산만함 및 주의집중 장애, 혼자 남아 있기를 거부 또는 외톨이, 특정 유형의 사람들 또는 성에 대한 두려움, 방화/동물에게 잔혹함(주로 남아의 특징), 비행/가출, 약물 및 알콜 남용, 자기 파괴적 행동(자살시도), 범죄행위, 우울/불안/사회관계의 단절, 수면장애, 유뇨증/유분증, 섭식장애(폭식증/거식증), 야뇨증, 외상 후 스트레스 장애, 저조한 학업수행
신체적 학대 (Physical Abuse)		**개념** • 보호자를 포함한 성인이 아동의 건강 또는 복지를 해치거나 정상적 발달을 저해할 수 있는 신체적 폭력이나 가혹행위를 하는 것을 말한다. • 보호자를 포함한 성인이 우발적인 사고가 아닌 상황에서 아동에게 신체적 손상을 입히거나 또는 신체손상을 입도록 허용한 모든 행위를 말한다.

구체적인 신체학대 행위의 예
- 직접적으로 신체에 가해지는 행위(손발 등으로 때림, 꼬집고 물어뜯는 행위, 조르고 비트는 행위, 할퀴는 행위 등)
- 도구를 사용하여 신체를 가해하는 행위(도구로 때림, 흉기 및 뾰족한 도구로 찌름 등)
- 완력을 사용하여 신체를 위협하는 행위(강하게 흔듦, 신체부위를 묶음, 벽에 밀어붙임, 떠밀고 잡음, 아동을 던짐, 거꾸로 매닮, 물에 빠트림 등)
- 신체에 유해한 물질로 신체에 가해지는 행위(화학물질 혹은 약물 등으로 신체에 상해를 입히는 행위, 화상을 입힘 등)

징후

신체적 징후	• 설명하기 어려운 신체적 상흔 • 발생 및 회복에 시간차가 있는 상처 • 비슷한 크기의 반복적으로 긁힌 상처 • 사용된 도구의 모양이 그대로 나타나는 상처 • 담배 불 자국, 뜨거운 물에 잠겨 생긴 화상자국, 회음부에 있는 화상자국, 알고 있는 물체모양(다리미 등)의 화상자국, 회복속도가 다양한 화상자국 • 입, 입술, 치은, 눈, 외음부 상처 • 긁히거나 물린 자국에 의한 상처 • 손목이나 발목에 긁힌 상처, 영유아에게 발견된 붉게 긁힌 상처 • 성인에 의해 물린 상처 • 겨드랑이, 팔뚝 안쪽, 허벅지 안쪽 등 다치기 어려운 부위의 상처 • 대뇌 출혈, 망막출혈, 양쪽 안구 손상, 머리카락이 뜯겨나간 두피 혈종 등을 동반한 복잡한 두부 손상 • 고막 천공이나 귓불이 찢겨진 상처와 같은 귀 손상 • 골격계 손상, 시간차가 있는 골절, 치유 단계가 다른 여러 부위의 골절, 복합 및 나선형 골절, 척추 손상(특히, 여러 군데의 골절), 영·유아의 긴 뼈에서 나타나는 간단 골절, 회전상 골절, 걷지 못하는 아이에게서 나타나는 대퇴골절, 골막하 출혈의 방사선 사진, 골단 분리, 골막 변형, 골막 석회화 • 간혈종, 간열상, 십이지장 천공, 궤양 등과 같은 복부손상 • 폐 좌상, 기흉, 흉막삼출과 같은 흉부손상
행동적 징후	• 어른과의 접촉회피 • 다른 아동이 울 때 공포를 나타냄 • 공격적이거나 위축된 극단적 행동 • 부모에 대한 두려움 • 집에 가는 것을 두려워함 • 위험에 대한 지속적인 경계

**정서적 학대
(Emotional Abuse)**

개념
- 보호자를 포함한 성인이 아동의 건강 또는 복지를 해치거나 정상적 발달을 저해할 수 있는 정신적 폭력이나 가혹행위를 하는 것을 말한다.
- 보호자를 포함한 성인이 아동에게 행하는 언어적 모욕, 정서적 위협, 감금이나 억제, 기타 가학적인 행위를 말하며 언어적, 정신적, 심리적 학대라고도 한다.

구체적인 정서학대 행위의 예
- 원망적/거부적/적대적 또는 경멸적인 언어폭력 등
- 잠을 재우지 않는 것
- 벌거벗겨 내쫓는 행위
- 형제나 친구 등과 비교, 차별, 편애하는 행위
- 가족 내에서 왕따시키는 행위

- 아동이 가정폭력을 목격하도록 하는 행위
- 아동을 시설 등에 버리겠다고 위협하거나 짐을 싸서 쫓아내는 행위
- 미성년자 출입금지 업소에 아동을 데리고 다니는 행위
- 아동의 정서 발달 및 연령상 감당하기 어려운 것을 강요하는 행위(감금, 약취 및 유인, 아동 노동 착취)
- 다른 아동을 학대하도록 강요하는 행위

징후

신체적 징후	• 발달지연 및 성장장애 • 신체발달 저하
행동적 징후	• 특정물건을 계속 빨고 있거나 물어뜯음 • 행동장애(반사회적, 파괴적 행동장애) • 신경성 기질 장애(놀이장애) • 정신신경성 반응(히스테리, 강박, 공포) • 언어장애 • 극단행동, 과잉행동, 자살시도 • 실수에 대한 과잉반응 • 부모와의 접촉에 대한 두려움

방임
(Child Neglect)

개념

- 아동의 보호자가 아동을 유기하거나 방임하는 것을 말한다.
- 보호자가 아동을 위험한 환경에 처하게 하거나 아동에게 필요한 의식주, 의무교육, 의료적 조치 등을 제공하지 않는 행위를 말하며, 유기란 보호자가 아동을 보호하지 않고 버리는 행위를 말한다.

방임 유형의 예

물리적 방임	• 기본적인 의식주를 제공하지 않는 행위 • 불결한 환경이나 위험한 상태에 아동을 방치하는 행위 • 아동의 출생신고를 하지 않는 행위, 보호자가 아동들을 가정 내에 두고 가출한 경우 • 보호자가 친족에게 연락하지 않고 무작정 아동을 친족 집 근처에 두고 사라진 경우 • 아동을 병원에 입원시키고 사라진 경우
교육적 방임	• 보호자가 아동을 특별한 사유 없이 학교(*의무교육)에 보내지 않거나 아동의 무단결석을 방치하는 행위 • 초등학교 및 중학교의 장은 해당 학교에 취학할 예정인 아동이나 취학 중인 학생이 아래의 사유에 해당하면 지체 없이 그 보호자 또는 고용자에게 해당 아동이나 학생의 취학 또는 출석을 독촉하거나 의무교육을 받는 것을 방해하지 아니하도록 경고하여야 한다(초·중등교육법 시행령 제25조). ① 입학·재취학·전학 또는 편입학 기일 이후 2일 이내에 입학·재취학·전학 또는 편입학하지 아니한 경우 ② 정당한 사유 없이 계속하여 2일 이상 결석하는 경우 ③ 학생의 고용자에 의하여 의무교육을 받는 것이 방해당하는 때
의료적 방임	아동에게 필요한 의료적 처치 및 개입을 하지 않는 행위
유기	• 아동을 보호하지 않고 버리는 행위 • 시설근처에 버리고 가는 행위

*의무교육
(교육기본법 제8조제1항)
의무교육은 6년의 초등
교육 및 3년의 중학교를
의미한다.

징후	
신체적 징후	• 발달지연 및 성장장애 • 비위생적인 신체상태 • 예방접종과 의학적 치료 불이행으로 인한 건강상태 불량 • 아동에게 악취가 지속적으로 나는 경우
행동적 징후	• 계절에 맞지 않는 부적절한 옷차림 • 음식을 구걸하거나 훔침 • 비행 또는 도벽 • 학교에 일찍 등교하고 집에 늦게 귀가함 • 지속적인 피로 또는 불안정감 호소 • 수업 중 조는 태도 • 잦은 결석

(3) 아동학대의 원인

- 아동학대의 원인을 4가지로 구분하여 살펴보면 다음과 같다(표갑수, 1993).
  - 이 외에도 아동학대의 원인으로 부모의 미성숙, 아동양육에 대한 지식 부족, 자녀에 대한 지나친 기대, 알코올 및 약물중독 등이 있고, 때로는 사회적 고립, 즉 아동양육의 부담을 덜어줄 수 있는 친척이나 친구 및 이웃이 주위에 아무도 없는 경우에도 아동학대가 발생한다.
  - 아동학대의 원인은 다양하며 하나의 원인이 또 다른 원인을 야기하고 서로 영향을 미치는 특성이 있다.

발달론적 관점	• 아동의 특성에 중점을 두는 것으로, 그 책임이 아동 자신에게 있다. 　- 즉 유전학적으로 형성된 아동의 신체적·행동적 특성이 학대를 유발하게 된다는 것이다. 　- 학대받는 아동들의 상당수가 미숙아이고, 사회적 반응의 결핍을 보이기 때문에 (Atkins, 1978), 이러한 아동의 특성들이 학대를 초래하는 고위험 요인이 될 수 있다.
정신병리학적 관점	• 부모의 특성에 중점을 두는 것으로, 책임 소재는 부모에게 있다. 　- 부모가 어린 시절에 학대받은 경험이 있거나 병리적 특성을 소유하고 있는 경우 학대가 발생된다고 본다.
사회심리학적 관점	• 가정의 환경, 부모의 양육태도, 경제수준 등을 포함한 사회문화적 특성에 논점을 두는 것이다. 　- 즉 바람직하지 못한 양육태도, 가족 간 상호작용의 부족, 빈곤에 의한 스트레스와 좌절감, 아버지의 실직, 사회적 소회, 아동을 소유물로 인식하거나 신체적 체벌을 용인하는 등의 사회적 분위기로 인하여 아동학대가 발생하고 있다고 본다.
생태학적 관점	가족, 아동, 사회문화적 특성 등이 복합적으로 서로 영향을 주고받음으로써 아동학대가 발생하고 있다고 본다.

아동학대의 발생 원인 [정익중·오정수 공저(2021), 아동복지론, 학지사]

아동학대 발생의 원인을 설명하는 대표적인 관점으로는 아동 자신의 발달적 특성에 초점을 두는 발달론적 관점, 가해자의 정신적 결함이나 이상심리적 특성 등 개인적 요인에 기초한 정신병리학적 관점, 가정배경·부모의 양육태도나 경제수준과 같은 가정의 환경적 특성에 기인하여 학대가 발생한다고 보는 사회심리학적 관점, 아동과 가정을 둘러싼 사회문화적 맥락에서 원인을 찾는 사회문화적 관점, 그리고 여러 가지 관점을 통합하여 학대가 일어난 아동과 가족을 둘러싼 체계 간의 관계에서 원인을 찾는 생태학적 관점 등을 들 수 있다.

이론적 관점	관련 요인
발달론적 관점	• 아동 자신의 특성 : 까다로운 기질, 어린 나이, 신체적 혹은 정신적 장애 등 • 부모의 특성 : 자녀에 대한 부정적 편견, 자녀양육에 관한 부족한 문제해결 능력, 자녀관리 능력의 결함, 부모 역할 스트레스 등
정신병리학적 관점	가해자의 병리적 특성 : 정신과적 문제, 분노, 우울증, 통제력 부족, 낮은 자존감, 완고성, 감정이입 능력의 결함, 약물 의존 또는 남용, 신체 및 건강상의 문제 등
사회심리적 관점	가정의 특징 : 세대 간의 아동학대 행위, 부부간의 불화, 가족 간 긍정적 상호작용 부족, 가정의 경제적 스트레스 등
사회문화적 관점	• 상황적 요인 : 낮은 사회경제적 지위, 한부모 가구, 실직 혹은 불안정한 직업, 사회적 스트레스, 사회적 고립, 사회적 박탈감 등 • 사회문화적 요인 : 사회 전반의 폭력 묵인 분위기, 사회의 체벌 허용 분위기, 사회 내 권력 또는 계층의 차이 등
생태학적 관점	다른 모든 관점의 관련요인들을 통합

아동학대의 발생 요인 - 아동권리보장원

구분	요인
개인	정신장애, 학대경험, 약물중독, 자녀에 대한 비현실적 기대, 충동, 부모 역할에 대한 지식 부족 등
가족	빈곤/실업, 사회적 지지 체계 부족, 원만하지 못한 부부관계, 가정폭력, 부모-자녀간 애착 부족 등
사회	자녀를 부모의 소유물로 여김, 체벌의 수용, 피해아동에 대한 법적인 보호 부재 및 미비 등

아동학대 신고방법 - 아동권리보장원

언제?	• 아동의 울음소리, 비명, 신음소리가 계속되는 경우 • 아동의 상처에 대한 보호자의 설명이 모순되는 경우 • 계절에 맞지 않거나 깨끗하지 않은 옷을 계속 입고 다니는 경우 • 뚜렷한 이유 없이 지각이나 결석이 잦은 경우 • 나이에 맞지 않는 성적 행동을 보이는 경우
무엇을?	• 신고자의 이름, 연락처 • 아동의 이름, 성별, 나이, 주소 • 학대행위자로 의심되는 사람의 이름, 성별, 나이, 주소 • 아동이 위험에 처해있거나 학대를 받고 있다고 믿는 이유 아동이 학대행위자의 정보를 파악하지 못해도 신고는 가능하며, 가능한 많은 정보를 제공하도록 해야 한다.
어떻게?	• 전화 : 국번없이 112 • 모바일앱 : 아이지킴이콜 • 방문 : 관할 경찰서, 시·군·구 • 신고자의 신분은 아동학대범죄의 처벌 등에 관한 특례법 제10조, 제62조에 의해 보장된다.

아동복지 서비스 통합을 위한 아동복지보장원의 설립

• 아동정책에 대한 종합적인 수행과 아동복지 관련 사업의 효과적인 추진을 위하여 별개의 기관으로 운영되고 있던 아동복지서비스 지원업무를 아동권리보장원으로 통합하였다.

• 학대아동 지원, 드림스타트, 지역아동센터 지원, 가정위탁, 자립 지원, 자산형성 지원사업, 입양, 실종아동보호 등 민간에서 분산 운영 중인 8개 사업을 중앙지원조직으로 통합하였다.

  - 아동학대 업무(중앙아동보호전문기관), 보호대상아동 지원(중앙입양원, 중앙가정위탁지원센터), 보호대상아동 자립지원(아동자립지원단, 디딤씨앗지원단), 아동돌봄(지역아동센터, 드림스타트사업지원단), 아동실종대응(실종아동전문기관)을 담당해온 기관들의 업무가 아동권리보장원으로 이관됨으로써 이들 분야별 전문성의 질을 높이고 체계적으로 운영해 나갈 계획이며, 요보호아동 전반에 대한 통합적 지원을 위해 종합계획을 수립하고, 아동관점의 정책 수립 지원을 위한 전문기관으로의 위상을 정립하기 위해 노력하고 있다.

    ➡ 이를 통해 아동중심 관점에서 아동보호서비스를 체계적·종합적으로 통합 관리할 수 있으며, 아동보호 체계의 중추적인 역할을 수행할 것으로 기대된다.

• 아동권리보장원은 아동보호전문기관에 대한 지원 뿐만 아니라, 아동학대 예방사업과 관련된 연구 및 자료 발간, 프로그램 개발 및 평가, 정보기반 구축 및 정보제공, 국가아동학대정보시스템 운영 지원, 아동학대 통계 제공 등을 진행한다.

    ➡ 이를 통해 체계적인 공적 아동보호시스템을 구축하여 보호가 필요한 아동에 대한 국가 책임을 강화하고, 학대로 인해 고통받는 아동이 발생하지 않도록 아동학대를 예방하기 위한 노력도 지속하고 있다.

1) 아동학대의 결과 및 영향

- 아동학대가 사회적으로 심각한 문제로 여겨지는 것은 아동학대가 초래하는 부정적인 결과들 때문이다. 아동은 신체적·정신적으로 성장·발달하는 단계에 있기 때문에, 아동학대의 영향이 평생 동안 지속된다는 점에서 문제의 심각성이 있다.
  - 정신적·신체적 장애를 일으킬 수 있다. 즉 아동은 정신적·신체적으로 미성숙한 상태에 있기 때문에 자기방어능력이 없다는 점에서 심각한 장애를 입게 될 수 있다.
  - 학대받는 아동은 다른 사람에 대한 신뢰감을 형성하지 못한다. 대부분의 가해자는 아동이 신뢰하고 의존하는 보호자라는 점에서 아동학대의 심각성은 특히 크며, 이러한 폭력의 결과는 아동의 전 생애에 부정적인 영향을 미친다.

2) 아동학대의 처리과정

아동학대의 처리과정은 크게 '신고접수 단계, 현장조사 및 사정 단계, 사례판정 단계, 서비스 제공 단계, 사례종결 및 사후관리 단계' 등 5단계로 이루어진다.

신고접수 단계	• 아동학대 사례 여부를 판단하고 아동학대 사례의 위급성 정도를 파악하기 위한 기초정보를 수집하는 것을 목적으로 한다. 　- 먼저 경찰서나 타 기관 또는 일반전화, 24시간 전화(112), 방문 및 서신 등으로 신고접수를 받게 되면 사례의 위급성 여부 판단, 아동학대 사례로서의 적합성 여부 판단, 중복신고 또는 이전 신고기록 확인, 정보의 추가수집 여부 등의 주요사항을 결정하게 된다. 　- 이러한 주요사항에 따라 아동학대의 증후 및 후유증이 발견되거나 학대를 유발할 수 있는 상황으로 의심이 되면 아동학대 의심사례로 구분하고 현장조사를 나가는 것을 원칙으로 한다. 　- 「아동복지법」에 따라 아동학대의 의심이 존재하고 사례개입이 가능한 기본 정도가 파악되었다면, 신고자의 의사와 무관하게 사례를 개입할 수 있다. 다만 신고자의 비밀보장에 좀 더 유의하여야 한다.
현장조사 및 사정 단계	• 현장조사 시 파악한 정보를 통한 사정과 아동학대 스크리닝 척도를 통한 사정이 해당된다. 이 단계에서는 학대 판정 및 위급성 여부 확인, 피해아동에 대한 신변보장과 안전조치, 충분한 자료 및 정보의 수집·분석, 프로그램 및 서비스 제공 계획, 부모 역할에 대한 교육 등을 목적으로 한다. • 그리고 아동의 안전 여부, 아동 및 가족들의 욕구 및 특성, 아동의 성장 및 발달사, 학대의 정도 또는 학대로 인한 피해의 심각성, 학대에 대한 위험도를 감소·제거하기 위해 변화될 수 있는 내용 등을 확인하고, 전문의료인의 소견서 및 진단서, 학대 상처에 대한 근접 사진 촬영, 학대와 관련한 음성 녹음, 비디오 녹화, 약술 및 기록 등을 통해서 증거자료를 확보한다.
사례판정 단계	• 해당 사례를 바탕으로 아동복지법령 정의 및 규정에 따라 심각성의 정도, 위급성 여부, 적절한 개입방법을 결정하기 위함을 목적으로 한다. 　- 사례판정은 상담원의 조사를 기초로 상담원, 사회복지사, 전문상담가, 자문위원 등으로 구성된 아동학대 사례판정 회의를 실시한다. 따라서 각각의 판정기준에 따라 아동학대 사례, 잠재위험 사례, 일반 사례로 구분한다. 사정을 통해 해결해야 할 문제의 우선순위를 정하고 이에 따른 개입내용과 진행계획을 결정하게 된다.

MEMO

서비스 제공 단계	이 단계의 목적은 아동학대 피해아동과 학대행위자 및 그 가족을 위해 가장 효과적이고 적절한 서비스를 제공하는 것과, 학대가 일어날 수 있는 상황을 변화시키도록 가족 전체를 위한 세부적이고 명확한 지침 제공, 학대받은 아동의 위기가 제거되었거나 감소되었는지 파악할 수 있는 측정도구를 제공하는 것이다. 이때 학대가 일어나는 가족을 위한 서비스에는 집중적인 가족보존서비스, 개별상담, 부부상담, 가족상담, 집단상담, 부모교육, 지지서비스 등이 있고, 아동을 위한 상담치료 서비스에는 미술치료, 집단치료, 개별치료, 놀이치료 등이 있다.
사례종결 및 사후관리 단계	• 이 단계에서는 사례평가, 종결, 사후관리가 이루어진다. 　－ 사례평가에서는 사례개입 목표 달성 여부, 학대의 위험성 감소 정도, 아동과 그 가족의 욕구충족 정도, 주요 호소 문제나 증상의 감소 및 제거 여부, 적응 능력 증진 정도, 가족이 보이는 변화 동기, 치료 참여에 대한 만족정도 등을 고려해서 평가가 이루어져야 한다. 그리고 아동학대 재발 가능성이 희박하다고 평가되거나 사례평가도구에 의해 종결이 가능한 상태라고 평가될 때 사례를 종결하고, 또한 불가피한 상황에 의해 강제 종결할 때도 있다. 　－ 마지막으로, 사후관리에서는 가족의 안정유지 및 학대재발의 예방을 위하여 종결된 사례에 대해 3개월 동안 매월 1회 이상 직접 방문 등의 방법으로 가족 또는 아동과 접촉하여 문제 재발생 여부를 확인해야 하고, 가족은 도움이 필요하다면 언제든지 상담원을 통해 아동 및 가족이 필요로 하는 도움과 자원을 받을 수 있도록 지원해야 한다. 아동보호전문기관과 상담원 수와 비교해 누적 아동학대 사례 수가 점점 증가하면서 최소 사후관리 기간이 이전에는 6개월에서 3개월로 축소되었다.

Plus 신고의무자

• 신고의무자는 부모 다음으로 아동과 많은 시간을 보내는 사람들로서 이들의 세심한 관심이 학대로 고통받는 아동을 돕는 데 중요한 역할을 할 수 있다.
　－ 신고의무자는 아동학대의 증후가 무엇인지 충분히 인식해야 한다.
　－ 가능한 많은 정보를 찾아 기록하여 신고한다.
• 또한 학대가 의심되는 아동을 다룰 때는 다음과 같은 점을 주의하여야 한다.
　－ 너무 흥분하거나 당황하지 않는다.
　－ 아동을 안심시킨다.
　－ 심문하는 듯한 태도나 반복적인 질문을 하지 않는 것이 좋다.
　－ 아동이 앞으로 필요한 도움을 받을 수 있다는 사실을 알려 준다.
　－ 아동이 말한 내용을 자세하게 기록하여 지체하지 말고 신고·의뢰한다.

MEMO

🏫 **아동학대 개입절차**

아래의 내용은 정책 및 법안 개정에 따라 수시 변경될 수 있다.

- (아동학대전담공무원) 시·군·구 배치, 피해아동의 발견 및 보호 등을 위한 전반적 업무수행
- (아동보호전문기관) 아동학대전담공무원 업무 지원, 재학대 위험 소멸시까지 심층적·전문적 사례관리 업무 수행

출처: 2021년 아동학대 신고의무자 교육 및 공공부문 아동학대 예방교육(아동권리보장원, 2021)

🖊 **아동학대 업무흐름도 – 서울특별시 아동복지센터, 아동권리보장원**

◈ 아동학대 대응체계 개편에 따른 업무흐름도 - 서울특별시 아동복지센터(2023년 기준)

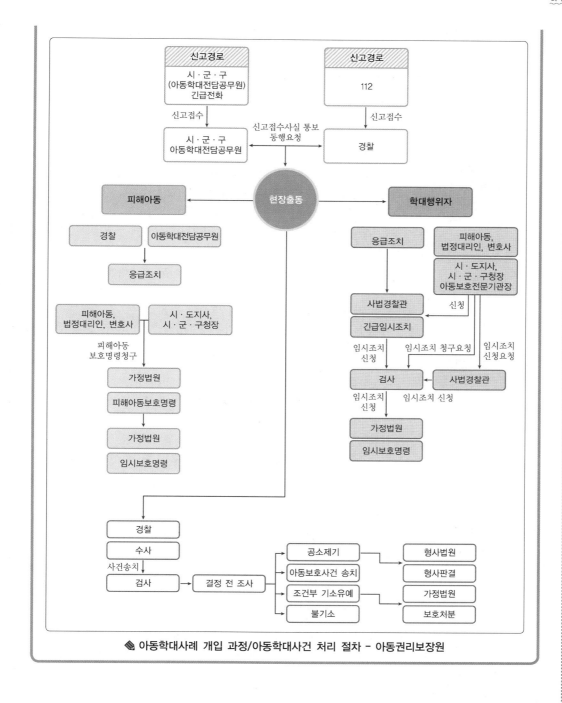

◈ 아동학대사례 개입 과정/아동학대사건 처리 절차 - 아동권리보장원

3) 아동학대 대응 관련 거버넌스 체계[아동학대 대응 거버넌스 관련 쟁점과 개선방안(2021), 한국행정연구원]

① 아동학대 예방 및 대응체계 구축 관련 주체별 역할

국가 및 지방자치단체 등의 기본적인 역할	• 국가·지방자치단체: 아동학대 예방과 방지를 위한 정책 및 시책 수립, 아동학대에 대한 신고 체계의 구축, 피해아동과 보호자의 치료 및 피해아동 가정의 지원(아동복지법 제22조제1항) • 국가기관과 지방자치단체, 공공기관은 소속 직원을 대상으로 아동학대 예방과 방지를 위한 교육 실시(연 1회 이상)(아동복지법 제26조의2 제1항) • 관계중앙행정기관은 신고의무자의 자격 취득 및 보수교육 시 1시간 이상의 아동학대 예방 및 신고의무에 대한 교육을 실시하며(아동복지법 제26조), 신고의무자의 소속 기관과 시설은 매년 1시간 이상의 아동학대 예방 및 신고 교육을 실시하도록 함(동법 시행령 제26조제3항)
보건복지부의 역할	• 관계기관과 협력하여 아동학대 예방과 피해아동 보호대책 수립 및 시행 　- 아동복지법, 아동보호전문기관·학대피해아동쉼터의 설치 및 운영, 아동학대 범죄 전과자 취업제한제도 등의 법제도 운영 　- 아동학대 예방과 방지 교육을 위한 전문인력 양성, 교육프로그램의 개발 및 보급(아동복지법 제26조의2) 　- 피해아동과 그 가족, 아동학대 행위자에 대한 정보를 수집하여 공유하는 국가아동학대정보시스템의 운영(동법 제28조의2) 　- 피해아동을 위한 법률상담 및 소송대리 지원(동법 제29조의6 제1항), 아동학대 전담의료기관의 지정(동법 제29조의7) 　- 아동학대 예방, 피해아동 보호실태 조사·연구 및 통계 생산·관리 　- 인구정책실 아동학대대응과가 주관하고 있음(보건복지부 홈페이지)
아동권리 보장원의 역할	• 아동학대의 예방과 방지를 포함한 아동정책 수립을 지원하고 사업평가, 교육수행 등을 담당하기 위해 설립됨(아동복지법 제10조의2) 　- 아동학대 예방과 관련한 업무로 아동보호전문기관의 지원, 아동학대예방사업 관련 연구 및 자료 발간, 아동학대예방사업의 프로그램 개발 및 평가, 아동학대예방사업을 위한 연계 체계 구축, 국가아동학대정보시스템 운영 지원, 아동보호전문기관·학대아동피해쉼터 직원 및 아동학대전담공무원의 직무교육 지원, 아동학대예방관련 교육 및 홍보 등에 대한 지원 등을 포함(아동복지법 제22조제6항, 동법 시행령 제23조제3항)
지방자치단체의 역할	• 관할 구역의 아동학대 예방·방지를 위한 대책 수립 및 대응체계 구축 　- 아동학대의 수시 신고를 위한 긴급전화 설치(아동복지법 제22조제2항) 　- 아동학대의 예방과 방지를 위한 관계 기관 간의 협력체계 구축, 아동학대신고의무자에 대한 교육훈련 프로그램 개발 및 관리·운영, 아동복지시설 및 아동학대 예방·방지 기관에 대한 지도·감독(동법 시행령 제23조제1항) 　- 지방자치단체는 아동학대 예방과 피해아동 등을 지원하기 위해 아동학대전담공무원 두고 있어야 하고, 아동학대전담공무원은 사회복지사의 자격을 지녀야 하며, 구체적인 자격은 조례로 정함(동법 시행령 제23조제5항)

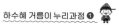

	• 아동보호전문기관의 설립 · 운영
	   – 광역 · 기초 지방자치단체는 피해아동의 치료 · 재발방지 등의 사례관리 및 아동학대예방을 위해 아동보호전문기관을 설치 · 운영해야 하고, 비용분담을 통해 2개 이상의 기초 지자체가 공동으로 설치 · 운영할 수 있으며, 비영리법 인을 지정하여 위탁할 수 있음(아동복지법 제45조)
	   – 2020년 4월 기준으로 전국에 총 68개의 아동보호전문기관이 있고, 서울 2개 소와 부산 1개소만이 지방자치단체가 직접 운영하고 있으며, 나머지는 위탁 하여 운영하고 있음(보건복지부 자료, 2020)
	• 기타 : 피해아동에 대한 법률상담 및 소송대리 지원(제29조의6 제1항), 아동학대 전담의료기관의 지정(법 제29조의7)

**교육부 /
교육청**
	• 아동학대의 조기발견을 위한 정보공유 및 학대아동의 유치원 또는 학교 적응 지원
	   – 교육부 또는 교육청은 아동학대의 조기발견과 신속한 보호조치를 위해 장기 결석 학생의 정보를 보건복지부 등과 공유(아동복지법 제22조의2)
	   – 피해아동 및 가족의 유치원 또는 학교 적응을 위해 심리상담 및 진로상담, 건강 검사 등을 지원하고(동법 제22조의3, 시행령 제25조제3항), 피해아동 및 가족의 주소지 이외의 원활한 취학을 위해 지원함(동법 제29조제6항)

법무부	• 아동인권 관련 법제 개선, 정책의 수립 및 시행, 아동학대 예방 관련 재원의 제공
	   – 아동학대범죄 처벌과 절차에 관한 법률 및 아동학대처벌법의 개선 · 관리
	   – 아동학대전담공무원, 아동보호전문기관의 종사자, 사법경찰관리에 대해 아동 학대사건의 조사 및 사례관리에 관한 전문지식, 절차, 조사방법 등에 대한 교육 실시(아동학대처벌법 제55조)
	   – 기획재정부의 복권기금과 더불어 형사처벌에 따른 벌금으로 조성되는 '범죄 피해자보호기금'을 통해 아동학대 예방과 대응 관련 재원의 제공
	   – 법무부 내에서 아동학대 대응과 관련 업무는 여성아동인권과에서 주관하고 있음(법무부 홈페이지)

참고

아동학대 예방 및 대응체계 구축 관련 활동과 주체

구분	세부 활동	주체(기관)
아동학대 예방 및 대응 정책 수립	예방 정책/법 수립	보건복지부
	대응 정책/법 수립	보건복지부 · 법무부
	연구 지원 · 사업평가	아동권리보장원
재원 제공	–	법무부 · 기획재정부
인력배치 및 인프라 구축	국가아동정보시스템 운영	보건복지부 · 아동권리보장원
	쉼터 설치	보건복지부
	긴급신고 전화 설치	지방자치단체
	아동학대전담공무원 배치	
	아동보호전문기관의 설립	
	아동보호전문기관 지원	아동권리보장원

	교육프로그램 설계	보건복지부·아동권리보장원
교육 제공	교육인력 양성	
	직무교육 수행	아동권리보장원·법무부
	신고의무 교육 수행	신고의무자 소속 기관 및 시설
	아동학대 예방교육 수행	국가기관·지방자치단체·공공기관
피해아동 지원	법률상담 및 소송대리 지원	보건복지부·지방자치단체
	전담의료기관 선정	
	학교·유치원 아동 정보 제공	교육부·교육청
	학교·유치원 적응 지원	

② 아동학대 사건 발생이후의 대응체계

전반적인
대응체계
	• 지방자치단체는 피해아동 발견 및 보호와 관련하여 아동학대 신고 접수, 현장조사 및 응급보호, 피해아동·그 가족 및 아동학대행위자에 대한 상담 및 조사 등 관할 구역의 아동학대 대응에 관한 전반적인 책임이 있다(아동복지법 제22조제3항).
	• 현장조사와 사례관리의 분리
	  - 2020년 10월에 시행된 아동복지법과 아동학대처벌법의 개정사항으로 아동학대전담공무원은 현장조사·응급조치 등의 시행과 관련 조치에 대해 총괄하고, 아동보호전문기관은 사례관리를 수행한다.
	  - 다만, 현장출동 시 지방자치단체의 요청에 따라 아동보호전문기관의 직원은 아동보호 및 사례관리를 위해 아동학대전담공무원의 조사에 참여할 수 있도록 한다(아동학대처벌법 제11조).
	
	출처: 김영주(2020 : 7)
	◈ 아동학대 대응시스템(2020. 10. 1. 시행)

아동학대 조사	**아동학대 사건 신고 접수** 일반인 또는 직무수행 상 법적으로 아동학대 신고가 의무인 직종에 근무하는 사람들은 긴급전화(112) 또는 기초 지방자치단체를 통해 신고를 처리한다.
	현장조사 아동학대 범죄사실의 신고를 접수한 아동학대전담공무원 또는 사법경찰관리는 현장 또는 피해아동의 보호가 필요한 장소에 출동하여 피해아동 보호와 사례관리를 위해 관계인을 상대로 조사를 수행한다(아동학대처벌법 제11조).

MEMO

	피해아동 보호계획 수립	지방자치단체는 피해아동 조사 직후, 피해아동과 가족에 대한 지원, 아동학대행위자에 대한 고발 및 상담 등의 보호계획을 수립하여 국가아동학대정보시스템 또는 사회보장정보시스템을 통해 아동보호전문기관에 통보한다(아동복지법 제22조제1항 및 동법 시행령 제25조의2 제1항).
	조치 실행	분리보호 등 피해아동에 대한 보호조치와 학대행위자 고발 및 사법절차를 진행한다(보건복지부 · 아동권리보장원, 2020).
	최초 안전평가	서비스 수립계획을 위해 아동학대 위험요인 및 위험도에 대해 파악한다(박선권, 2020).
사례관리	사례관리 계획의 수립 및 서비스 제공	지방자치단체로부터 피해아동보호계획을 통보받은 아동보호전문기관은 피해아동 및 그 가족과 아동학대행위자에 대한 치료 · 상담 프로그램을 포함한 사례관리계획을 수립하여 시행한다(아동복지법 제22조제4항).
	사례종결 안전평가	사례종결을 판단하기 위해 양육상황 및 원가정을 점검하여 아동학대 위험도에 대해 평가한다(보건복지부 · 아동권리보장원, 2020).
	사례종결	지방자치단체는 안전평가를 토대로 아동보호전문기관의 사례개입 종결여부를 결정한다.
사후관리		가정방문, 전화상담 등을 통하여 아동학대의 재발여부를 확인하고, 피해아동과 피해 가족에게 필요한 지원을 제공한다(아동복지법 제28조).

사례관리 [박선희 · 조흥식 공저(2020), 아동복지, 한국방송통신대]

사례관리(case management)는 복합적인 욕구를 가진 사람들의 기능 향상과 복지를 위해 총체적이고 통합적인 일련의 다양한 서비스를 제공하는 방법으로서, 문제의 심각성 정도 및 해결과정의 수준에 따라 단계별로, 동시에 각 단계 간에 지속적인 연관성이 있도록 제공하는 문제해결과정이다(O'Connor, 1988).
이러한 사례관리에는 개인 · 가족 · 집단 등의 복지를 위해 개인의 변화(직접 실천), 환경의 변화(간접 실천), 또는 양쪽 모두의 변화를 추구하려는 의도가 반영되어 있다.

🏠 **사례관리의 주요 기술**

직접서비스 기술	개별상담과 치료, 집단상담, 가족상담과 치료, 교육과 훈련 등을 들 수 있다.
간접서비스 기술	각 시설 간의 연결 및 조정이 가장 두드러지는 기술이며, 기타 자원연결, 정보제공, 사회망 형성보조, 자조집단 형성 지지, 사회교육 및 아동 권익옹호 등을 들 수 있다. 여기서 연결은 주로 의뢰의 형태로 나타나는데, 효과적인 의뢰는 사례관리자가 정해진 기관이나 자원을 아동이나 가족과 중재하는 일을 행하는 것과 관련되는 복잡한 과정을 말한다. 그리고 조정은 사회망 구성원인 아동이나 가족에 대한 서비스가 조화롭고 적합한 방법에서 수행되도록 보장하는 기술을 말하는데, 이는 조직들간의 경계교량자로서 중요한 역할을 하는 것이다.

🏠 사례관리의 실천과정

초기접수 (intake)	• 일반적으로 초기접수 과정에서 사례관리의 대상이 되는 아동은 자발적 신청, 타인의 의뢰(신고접수) 등의 2가지 경로로 접수가 이루어진다. 　- 자발적 신청은 서비스 기관 담당자에게 직접 도움을 요청하면 내방 혹은 가정방문 등을 통해 서비스 자격이 되는지 확인하는 방식으로 진행되는 것이고, 비자발적 신청은 타인의 의뢰 혹은 신고접수인 경우를 말한다. • 사례가 접수되면 초기상담을 통하여 지원 대상으로 확정될 경우에 비로소 '사례발견' 절차가 마무리된다. 　- 사례관리에서 초기상담은 사정을 포함한 전문적 해석을 위해 하는 것이 아니다. 상담의 목적은 아동의 욕구가 대략 무엇인지 확인하고, 이를 바탕으로 여러 공적 서비스 연계 가능성을 검토하는 것이다. 　　📖 아동학대 등 민감한 사안을 다루는 경우에는 아동의 피해 정도, 고의성 정도 등을 평가하고, 아동보호를 위하여 초기접수 시 신속한 사정을 병행해야 한다.
사정 (assessment)	사정이란 개입계획 수립을 위해 정보를 해석하고 종합하는 과정을 말한다. 사정에는 이용자의 욕구 사정에만 강조를 두는 입장과 이용자의 욕구 이외에도 이용자의 능력과 자원을 모두 검토해야 한다는 입장 등 2가지가 있다.
계획 (planning)	• 계획은 주어진 사정 내용을 토대로 아동의 욕구충족과 사회기능수행 향상을 위한 활동을 체계화·조직화하는 것을 말한다. 　- 이때 계획에는 우선순위를 두어야 하는데, 이는 하나의 중대한 욕구가 해결되면 다른 부분도 자연스럽게 해소될 수 있으며 성취감을 느끼게 하기 때문이다.
실행 (implementation)	실행은 체계적 사정을 바탕으로 계획된 원조를 수행하는 것을 의미한다.
점검과 평가 (monitoring)	• 점검은 계획된 대로 서비스와 지원이 이루어지는지 검토하는 것을 말한다. 　- 점검 과정에서 서비스 전달이 원활하게 이루어지지 않을 경우 조정(coordination)이 필요하게 된다. 그리고 새로운 중대한 욕구가 확인되면 서비스나 지원의 우선순위를 변경하여 시행한다. 　- 평가(evaluation)는 아동의 욕구가 충족되었는지, 삶이 얼마나 달라졌는지 살펴보는 일체의 활동을 말한다. 　- 경우에 따라 평가는 재사정(reassessment)의 형태로 진행되기도 한다. 이용자의 욕구를 전반적으로 재검토하여 더 이상 지원이 필요하지 않은 경우는 종결하게 되고, 다른 형태의 지원이 필요한 경우에는 이를 반영하여 서비스 계획을 수립해 지원한다.

③ 아동학대 대응 관련 논의

아동학대 예방 및 보호체계의 분절화	**부처 간 유관업무의 분절적 수행** • 아동복지, 학대 대응과 양육은 서로 연결된 문제임에도 불구하고, 관련 업무가 여러 부처에서 분절적으로 수행되고 있다(김영주, 2020). 　– 아동복지와 아동학대는 보건복지부, 아동학대 처벌은 법무부, 청소년 및 가족 보호는 여성가족부의 소관으로 나누어져 있어 아동중심·가족중심·예방중심 아동학대 대응 정책의 중요한 원칙을 실현하기 어려우며, 유관 정책을 총괄하는 데에 한계가 있다(김영주, 2020; 류정희, 2017). 　– 보건복지부가 소관하는 아동복지법은 아동을 '18세 미만'으로, 여성가족부가 소관하는 청소년기본법의 청소년 연령기준은 만 9세 이상 24세 미만으로, 청소년보호법은 19세 미만의 청소년을 대상으로 하고 있어, 서비스의 대상이 공급 중심으로 분리되어 유사한 서비스가 중첩되어 제공되거나 필요한 서비스가 전혀 공급되지 못할 우려가 있다(류정희, 2017).
아동학대 대응의 분업화	**현장조사와 사례조사의 분리** • 아동학대처벌법의 개정(2020년 10월)을 통해 현장조사는 아동학대전담공무원 또는 사법경찰관리가, 사례관리는 아동보호전문기관이 담당하도록 한다(법무부). 　– 아동보호전문기관이 민간기관으로서 그동안 아동학대 행위에 대해 현장조사를 진행하여 왔으나, 실제 현장조사 시 아동학대행위자의 조사 불응에 대한 대처 등이 어렵다는 의견이 제시되어 왔다(김아름 외, 2017). • 대응업무의 분리로 인해 기관 간 정보교환의 어려움이 발생할 수 있으며, 민간기관으로서 사례관리도 원활하게 진행하기 어렵다는 지적도 제기된다. 　– 대응업무의 분리는 원활한 정보교환을 저해하여 피해아동과 그 가정에 필요한 지원을 원활하게 제공하기 어렵다는 우려와 함께, 기관 간 위계적인 관계로 변질될 가능성에 대한 지적도 있으며, 이러한 문제를 해결하기 위해 지방자치단체 내에 대응업무의 통합 방안이 제시되기도 한다(박선권, 2020). 　– 사례관리를 민간기관이 담당하는 경우에는 필요한 공공서비스와 민간서비스를 연계하거나 제재 수단을 사용하는 데 한계가 있을 수 있기에 공공부문이 담당하는 것이 타당하다는 의견이 있다(김영주, 2020). **현장 출동 시 동행요청** • 아동학대전담공무원의 요청 시 아동보호전문기관의 직원이 함께 조사에 참여할 수 있다는 현행 법률의 단서 조항(아동학대처벌법 제11조제3항)은 오히려 대응업무 분리의 정책목표 달성을 저해할 수 있다는 우려가 있기 때문에 해당조항을 없애는 것이 필요하다는 의견이 있다(박선권, 2020). 　– 반면, 현행 아동학대전담공무원의 전문성과 낮은 배치율을 고려하여, 여전히 아동보호전문기관의 지원이 필요하므로 해당 조항의 삭제는 신중할 필요가 있다는 의견도 존재한다(류정희, 2020).

대응 주체 간 협력 및 소통의 부족	아동학대 대응 주체 간의 분절적인 업무 수행으로 인해 상호 정보공유와 소통이 부족함 (김영주, 2020)
	• 아동보호전문기관의 직원과 사법경찰관리가 함께 현장 출동하기 어려웠으며, 특히 사법경찰관리의 경우 동행하는 빈도가 낮은 편이다(김아름 외, 2017).
	• 그동안 아동보호전문기관과 사법경찰관리 간의 현장조사에 관한 정보교환 지체와 정보의 누락, 오류, 지연통보 등의 문제가 있었으며, 이는 현행 대응체제에서도 그대로 발생할 수 있다(이상희, 2020; 박선권, 2020).
	협의체의 기능 미흡
	기초자치단체·경찰·학교·아동보호전문기관 간의 정보소통 및 예방대책을 마련하기 위해 '아동학대대응 정보연계협의체'를 2020년 10월까지 구성하도록 하였으나, 협의체가 형식적으로 운영되고 있으며 유관 기관 간의 소통은 미흡한 것으로 나타났다.

④ 쟁점별 개선방안 - 협업체계의 강화

총괄·조정 기구의 활성화	아동학대 예방 및 대응 정책을 총괄·조정하는 협의체의 기능 활성화
	• 현재 종합적인 아동정책을 수립하고 관계부처 의견 조정과 정책의 이행을 감독·평가할 목적으로 국무총리 산하의 아동정책조정위원회가 구성·운영되고 있다 (아동복지법 제10조).
	| 참고 : 아동정책조정위원회의 기능 및 구성(아동복지법 제10조) | • 위원회의 심의·조정사항 : 기본계획의 수립, 아동의 권익 및 복지 증진을 위한 기본 방향 설정, 아동정책의 개선과 예산지원, 아동 관련 국제조약의 이행 및 평가·조정, 아동정책에 관한 부처 간 협조 등에 관한 사항을 심의·조정한다. • 위원의 구성 : 국무총리가 위원장이 되고, 기획재정부장관·교육부장관·행정안전부장관·문화체육관광부장관·산업통상자원부장관·보건복지부장관·고용노동부장관·여성가족부장관 등과 해당분야 외부 전문가 15명 이내 등 총 25명 이내의 위원으로 구성된다. • 실무위원회 : 위원회에 상정할 안건 사전 검토 및 의견 조정 기능을 하며, 보건복지부 차관이 위원장이 되고 위원으로는 유관 부처에서 추천하는 공무원들과 전문가들로 구성된다.
	• 아동정책조정위원회 산하에 부처 간 아동학대 예방 및 대응 관련 정책의 총괄·조정 기능을 담당할 분과위원회를 신설하여, 보다 유기적으로 해당 정책을 수립·실행할 수 있도록 지원하는 체계가 필요하다.
협업시스템 구축	**정보 공유** • 정보시스템의 구축과 정보공유지침 마련 등을 통해 조사결과의 원활한 공유가 필요하다(김영주, 2020; 채성용, 2020). • 대응 주체 간의 정보교환을 촉진하기 위해 구축된 국가아동학대정보시스템의 경우, 현재 지적되고 있는 느린 속도와 낮은 사용자 편이성, 시스템의 불안전성 등의 문제점을 개선할 필요가 있다(박선권, 2020). • 현장조사를 담당하는 아동학대전담공무원과 사례관리를 담당하는 아동보호전문기관이 상호 직원 파견 등을 통해 동일한 공간에서 정보교환을 원활히 하여, 사례에 대한 공통된 이해를 증진하도록 해야 한다(박선권, 2020).

업무분장

- 현장조사와 사례관리에 있어 아동학대전담공무원, 경찰, 아동보호전문기관 직원 간의 업무 수행 혼선을 줄이기 위해 관련 규정 및 대응 매뉴얼을 명확히 할 필요가 있다.
- 지난 정인이 사건 이후, 보건복지부와 경찰청은 '아동학대 현장대응 공동협의체'를 구성하여, 아동학대전담공무원, 경찰, 아동보호전문기관 직원 간의 역할 구분의 명확화와 협업 강화를 위한 공동 대응지침을 수립한 바 있다.

모니터링 및 평가

- 아동학대 사건 발생 이후 현장조사 및 사례관리 등의 활동에 경찰, 아동보호전문기관 등 여러 현장대응 주체들이 참여하기 때문에, 대응에 전반적인 책임이 있는 지방자치단체 주도로 각 기관들의 대응노력이 유기적이고 적절하게 이루어졌는지 모니터링하고 평가하는 체계가 필요하다.
- 지방자치단체의 아동학대 대응 전담부서를 통해 대응 주체들의 노력을 수시로 모니터링하고, 지역 피해아동의 보호조치 등에 관한 사항을 심의하는 아동복지심의위원회를 활용하여 전반적인 대응노력에 대한 평가를 수행하도록 할 수 있을 것이다.

4) 아동학대의 대처방안과 예방

아동학대의 대처방안과 예방

아동학대의 대처방안

- 아동학대 발생을 예방한다는 의미는 아동학대가 발생되지 않도록 노력하는 것과 실제로 학대가 일어났을 때 재발하지 않도록 치료 및 상담하는 기능도 포함한다.
- 아동의 부모나 양육자와의 개별적인 상담을 통하여 그 가정이나 집단에 내재되어 있는 문제의 해결에 도움을 준다면 그 문제가 아동학대로 발전하는 것을 미리 방지할 수 있다.
- 따라서 상담기관, 교사, 일선 공무원, 경찰관, 의료인 등 지역사회의 분야별 전문가 팀들과 협력하여 아동학대 예방 프로그램을 개발하거나, 문제를 지닌 가정이나 집단에 필요한 자원을 알선하도록 지역사회 연계망을 구축해 아동학대를 사전에 예방하도록 노력하는 것이 중요하다.

아동학대의 예방

아동학대를 받았다고 이야기한다면 아동을 믿고 즉각적인 조치를 취하는 것이 중요하다. 이러한 행동이 빠를수록 학대를 중지시키고 학대 경험으로부터 아동이 회복되는 데 보다 많은 도움이 될 것이다. 아동학대의 구체적인 예방법은 다음과 같다.

- 어른의 경우
  ㉠ 학대 또는 폭력의 충동을 느끼는 경우 마음을 가라앉힌다.
  ㉡ 자녀에 대한 지나친 기대보다는 기대수준을 현실적으로 맞추도록 노력한다.
  ㉢ 항상 화목한 가정을 위해서 가족구성원이 노력한다.
  ㉣ 아동양육이 힘들 때는 친척이나 주위 사람에게 도움을 요청한다.
  ㉤ 알코올 중독이나 약물중독에 빠지지 않도록 대화를 자주하고 고민에 대해서도 의논할 수 있는 가정 분위기로 가꾼다.
  ㉥ 심한 스트레스를 받거나 욕구충족이 되지 않고 고민스러울 때는 전문가에게 상담을 요청한다.

- 아동의 경우
  ㉠ 크게 울거나 싫다고 소리를 지르는 등 학대 거부의사를 확실하게 밝히도록 한다.
  ㉡ 학대의 현장에서 피한다.

아동 성 학대의 예방

㉠ 사실동화 또는 생활동화를 통해 성 학대 상황을 간접적으로 제시하고 그 상황에 대해 이야기 나눈다.

㉡ '학대가 무엇인지' 알려준다.

㉢ '수영복을 입으면 가려지는 부분은 다른 사람에게 함부로 만지게 하거나 보여주지 말라'고 알려 준다.

㉣ 부당하게 취급받았을 때, 즉시 믿을 만한 어른에게 이야기하고 숨기지 말라고 가르친다.

㉤ '괜찮은, 적절한' 접촉과 '안 되는, 부당한' 접촉을 구별하여 부당한 접촉은 거부하도록 가르친다. 그러나 문제는 근친상간의 경우 평소에 친분이 두터운 '좋은, 괜찮은 사람'으로부터의 '접촉'으로도 일어날 수 있기 때문에 접촉을 구별하도록 가르치는 데 어려움이 있을 수 있다.

㉥ 접촉을 구별하도록 한다.

㉦ 피하는 행동전략을 습득시킨다.

㉧ '싫어요'라고 말한다 ➡ 피한다 ➡ '다른 어른에게 이야기한다'를 가르친다.

㉨ 자기주장 훈련을 시킨다.

㉩ 스스로 행동전략이나 판단을 주장할 수 있도록 가르친다.

5) 아동학대 예방을 위한 과제

아동학대 예방을 위한 과제	아동보호체계 확립	아동의 부모나 양육자와의 개별적인 상담을 통하여 가정이나 집단에 내재되어 있는 문제의 해결에 도움을 준다면 그 문제가 아동학대로 발전하는 것을 미리 방지할 수 있다. 따라서 상담기관, 교사, 일선 공무원, 경찰관, 의료인 등의 지역사회의 분야별 전문가팀들과 협력하여 아동학대 예방 프로그램을 개발하거나, 문제를 지닌 가정 또는 집단에 필요한 자원을 알선하도록 지역사회 연계망을 구축하여 아동학대를 사전에 예방하도록 노력하는 것이 중요하다.
	아동학대 신고의무자 교육 활성화	아동보호전문기관에서는 교육과 홍보를 적극적으로 실시하여 아동학대 상담신고 건수가 꾸준히 증가하고 있으나, 향후에는 일반인뿐만 아니라 신고의무자를 대상으로 아동학대 예방 및 신고의무와 관련된 교육을 지속적으로 실시함으로써 아동학대 예방 노력을 강화해야 한다.
	아동방임에 대한 효과적인 지원체계 마련	이와 같이 아동방임은 우리나라에서 발생하는 아동학대의 가장 보편적 유형이 되고 있다. 방임의 발생가능성이 높은 가정에 대해 보건·복지·교육을 통합한 맞춤형서비스를 제공하고 빈곤아동 및 가족에 대한 구체적이고 체계적인 개입을 시도함으로써, 방임 가족에 대한 효과적인 지원방안을 마련하여야 한다.

MEMO

효과적인 아동학대 사례관리를 위한 인력확충	아동학대 피해아동에 대한 서비스 제공은 아동이 학대의 상처를 극복하는 데 매우 중요한 역할을 하므로, 보다 전문적이고 다양한 서비스가 제공되어야 함에도 불구하고 아동보호전문기관에서는 상담 위주의 서비스만 제공하고 있는 상황이다. 이는 아동보호전문기관 내에 치료서비스를 제공할 전문치료인력의 부재에서 그 원인을 찾아볼 수 있다. 따라서 피해아동에게 양질의 서비스를 제공하기 위해서는 임상심리치료사의 배치가 전국적으로 더욱 확대되어야 한다. 또한 아동학대가 발생한 가정에 제공되는 서비스의 질을 확보하기 위해 충분한 인력확충이 필요하다. 충분하지 못한 서비스 제공은 곧 재학대 발생가능성을 높일 수 있으므로 보다 현실적인 인력확충이 반드시 수반되어야 한다.
아동 최선의 이익도모를 위한 사법제도 개선	친권자의 의사에 반하여 피해아동의 격리보호가 필요할 경우 법원 판결에 의하여 친권개입을 수행할 수 있는 사법제도의 도입이 필요하다. 현재 우리나라는 보호가 필요한 아동을 위하여 민법, 아동복지법, 가정폭력범죄의 처벌 등에 관한 특례법 등을 통해 공적 친권개입의 근거를 마련해 두고 있으나, 이러한 법률들은 친권제한이나 상실에 관한 처벌기준과 범위를 구체적으로 명시하지 않고 있으며, 관련 절차와 지원체계도 미흡한 실정이다. 즉 아동학대가 발생한 가족에 대한 아동보호전문기관의 개입의 정당성을 확보하기 위해서는 법원을 통한 사법적 판단과 처분이 동반되어야 한다. 한편 아동복지법에는 아동학대행위자인 부모의 학대행위를 교정하여 학대의 재발을 방지하기 위한 보호처분 절차가 포함되어 있지 않다. 학대행위자에 대한 의무적인 상담, 치료 및 교육 수강명령이 법적인 제도 안에서 이루어질 수 있도록 해야 한다. 즉 아동학대 피해아동의 최선의 이익을 도모할 수 있도록 사법제도를 개선하여, 보다 안전하고 일관성 있는 보호와 학대행위자에 대한 교정이 이루어져 피해아동의 가족보존원칙이 보다 적극적으로 실현될 수 있게 해야 한다.

Plus

아동학대 신고의무자 - 서울특별시 아동복지센터

아동학대 범죄
신고의무
	• 누구든지 아동학대범죄를 알게 된 경우나 그 의심이 있는 시·도, 시·군·구 또는 수사기관(112)에 신고할 수 있다[아동학대범죄의 처벌 등에 관한 특례법 제10조(아동학대범죄 신고의무와 절차) 제1항 관련].
	• 신고의무자는 직무를 수행하면서 아동학대범죄를 알게 된 경우나 그 의심이 있는 경우에는 시·도, 시·군·구 또는 수사기관에 즉시 신고하여야 한다[아동학대범죄의 처벌 등에 관한 특례법 제10조(아동학대범죄 신고의무와 절차) 제2항 관련].
	• 아동복지시설의 장과 종사자는 신고의무자로서 아동학대범죄가 의심만 되어도 신고
	  ─ 신고의무자는 아동학대범죄를 인지하거나 의심될 경우 즉시 수사기관(112) 또는 시·도, 시·군·구(자치구)에 신고하여야 한다.
	• 신고의무자의 아동학대범죄 미신고 시 과태료 부과
	  ─ 아동학대범죄는 알거나 '의심만 되어도' 신고하여야 하며, 신고하지 않은 경우 과태료가 부과된다.
	  ─ 과태료는 기관 단위가 아닌 사람 단위로 부과한다.
	  ─ 정당한 사유 없이, 그 직무상 아동학대를 알게 되었거나 의심이 되었음에도 신고를 하지 아니한 경우 1천만원 이하의 과태료가 부과된다[아동학대범죄의 처벌 등에 관한 특례법 제63조(과태료)].
	• 신고로 인정되지 않는 예
	  ─ 아동복지시설 종사자가 시설의 장에게 학대 사실을 알렸으나, 장이 신고하지 못하게 하여 신고를 하지 않은 경우
	  ─ 아동복지시설 종사자가 아동의 학대 또는 의심 정황을 발견하고도 확실한 판단이 들지 않아 동료 종사자에게만 사실을 알린 경우
	  ─ 112 등 신고기관에 신고하였으나, 불성실하게 허위의 제보를 한 경우
	  ─ 시설장에게 사안 보고만 하고, 112 등 신고기관에 신고하지 않은 경우

아동학대
신고의무자
이해 및 보호
	• 아동학대 신고의무자
	  ─ 신고의무자 : 아동학대범죄의 처벌 등에 관한 특례법에서는 아동학대 발생 우려가 크고 아동학대를 쉽게 발견할 수 있는 업무에 종사하는 사람들을 신고의무자로 지정하고 있다.
	  ─ 아동학대 신고의무자는 매년 1시간 이상 신고의무자 교육을 이수하여야 한다(아동복지법 제26조제3항 및 동법 시행령 제26조).
	• 아동학대 신고자 보호
	  ─ 누구든지 신고인의 인적 사항 또는 신고인임을 미루어 알 수 있는 사실을 다른 사람에게 알려 주거나 공개 또는 보도하여서는 아니 된다[아동학대범죄의 처벌 등에 관한 특례법 제10조(아동학대범죄 신고의무와 절차) 제3항].
	  ─ 신고자를 위한 비밀엄수의무 위반죄 형량 : 아동학대 신고자에 대한 비밀엄수를 위반한 자는 '3년 이하의 징역이나 3천만원 이하의 벌금'에 처한다(아동학대범죄의 처벌 등에 관한 특례법 제62조).

아동학대 신고 및 대응	**신고해야 하는 경우** • 아동에 대한 폭력·방임·유기 등 아동학대 정황이 발견된 경우 • 보호자가 정당한 사유 없이 아동 면담을 거절하여 아동학대가 의심되는 경우 • 학대행위자로부터 격리 등 아동보호가 긴급한 경우 • 기타 아동학대가 의심되는 경우 **신고에 필요한 내용** • 신고자의 이름, 연락처 • 아동의 이름, 성별, 나이, 주소 등 • 학대행위자로 의심되는 사람의 이름, 성별, 나이, 주소 등 • 아동이 위험에 처해 있거나 학대를 받고 있다고 의심되는 상황 ※ 학대행위자의 정보를 몰라도 신고가 가능하며, 신고자는 아동학대범죄의 처벌 등에 관한 특례법 제10조 등에 의해 보호된다.

신고 시 주의사항

- 학대행위자가 보호자인 경우 가해자인 보호자에게 신고내용을 알리는 등의 행위로 아동학대 증거가 은폐되지 않도록 주의한다.
- 가능한 한 증거사진, 동영상 등을 확보한다.
- 아동이 불안에 빠지지 않도록 큰일이 난 것처럼 하지 않고 일상적으로 대한다.
- 성 학대의 경우 증거 확보를 위해 씻기거나 옷을 갈아입지 않는다.
- 진술에 오염이 있을 수 있으므로 학대에 대해 계속 캐묻거나 유도 질문을 하지 않는다.
- 신고 후 피해아동의 정보가 외부에 노출되지 않도록 주의한다.
- 신고 후에도 지속적으로 지자체, 수사기관의 협조가 필요하다.

신고 전화(예시)

- ○○○에 재직하고 있는 센터장/교사로 아동학대 신고의무자입니다.
- ○○○에 이용하는 아동에 대해 ~~의 이유로 아동학대가 의심되어 신고합니다.
- 아동의 현재 상황은 ~~~(아동의 안전여부, 응급조치 필요여부, 아동의 심신상태, 가정상황 등) 합니다.
- 아동의 인적 상황은 ~~~(성명, 성별, 연령, 주소, 전화번호 등) 입니다.
- 학대행위자로 의심되는 사람은 ~~~(성명, 성별, 연령, 주소 등) 입니다.
  - 학대행위자 정보를 파악하지 못해도 신고가 가능함
- 신고자는 ○○○(성명, 전화번호, 주소, 아동과의 관계 등) 입니다.

🏠 아동학대 징후 체크리스트

- '아동학대 징후 체크리스트'는 아동학대 신고의무자가 직무 중에 학대로 의심되는 아동을 조기발견하기 위해 활용되도록 제작된 것이다.
  - 1개 이상의 문항에 '예'라고 체크된 경우, 아동학대를 의심해 볼 수 있다.

연번	내용	체크란	
1	사고로 보이기에는 미심쩍은 상흔이나 폭행으로 보이는 멍이나 상처가 발생한다.	예 ☐	아니오 ☐
2	상처 및 상흔에 대한 아동 혹은 보호자의 설명이 불명확하다.	예 ☐	아니오 ☐
3	보호자가 아동이 매를 맞고 자라야 한다는 생각을 갖고 있거나 체벌을 사용한다.	예 ☐	아니오 ☐
4	아동이 보호자에게 언어적, 정서적 위협을 당한다.	예 ☐	아니오 ☐
5	아동이 보호자에게 감금, 억제, 기타 가학적인 행위를 당한다.	예 ☐	아니오 ☐
6	기아, 영양실조, 적절하지 못한 영양섭취를 보인다.	예 ☐	아니오 ☐
7	계절에 맞지 않는 옷, 청결하지 못한 외모를 보인다.	예 ☐	아니오 ☐
8	불결한 환경이나 위험한 상태로부터 아동을 보호하지 않고 방치한다.	예 ☐	아니오 ☐
9	성 학대로 의심될 성 질환이 있거나 임신 등의 신체적 흔적이 있다.	예 ☐	아니오 ☐
10	나이에 맞지 않는 성적 행동 및 해박하고 조숙한 성지식을 보인다.	예 ☐	아니오 ☐
11	자주 결석하거나 결석에 대한 사유가 불명확하다.	예 ☐	아니오 ☐
12	아동에게 필요한 의료적 처치 혹은 예방접종을 실시하지 않는다.	예 ☐	아니오 ☐

13	보호자에 대한 거부감과 두려움을 보이고, 집(보호기관)으로 돌아가는 것에 대해 두려워한다.	예 □	아니오 □
14	아동이 매우 공격적이거나 위축된 모습 등의 극단적인 행동을 한다.	예 □	아니오 □

🏠 유치원 교직원용 아동권리보호 자가체크리스트

이 체크리스트는 유치원 교직원이 일과 중에 아동의 권리를 보호하는지 그 민감도를 파악하기 위한 자가체크리스트입니다. 해당하는 문항에 '예' 혹은 '아니오'로 응답해 보세요.

	문항	예	아니오
1	유아를 때리거나 신체에 고통을 가한 적이 있다.		
2	도구 등을 이용하여 유아를 억압하거나 위협한 적이 있다.		
3	유아가 한 행동을 그대로 하도록 하는 보복성 행동을 요구한 적이 있다.		
4	아동을 위협하는 언어를 사용하여 공포 분위기를 조성한 적이 있다.		
5	유아에게 비난, 원망, 거부, 우롱, 경멸적인 언어를 사용하여 공개적으로 창피를 준 적이 있다.		
6	유아의 인격이나 감정/기분을 무시하거나 모욕하는 행위를 한 적이 있다.		
7	유아가 할 수 없거나 원하지 않는 활동을 강제적으로 시킨 적이 있다.		
8	수업시간이나 급·간식 시간에 유아를 의도적으로 배제시킨 적이 있다.		
9	유아를 교실이나 특정 장소에 혼자 있게 하거나 움직일 수 없도록 강제한 적이 있다.		
10	유아의 신체부위를 만져 유아를 불쾌하게 만들거나 불편하게 한 적이 있다.		
11	교육과정과 무관하게 노골적이거나 자극적인 성적 표현을 하거나 관련 자료를 보여준 적이 있다.		
12	유아의 요구에 대해 모른 척 하거나 아무런 반응을 보이지 않은 적이 있다.		
13	유아에 대한 기본적인 보호와 돌봄을 소홀히 한 적이 있다.		
14	교육활동 중에 유아와 직접 관련 없는 개인적인 행동을 하느라 유아를 방치한 적이 있다.		
15	유아가 한 수행과정에 대해서 공개적으로 비난하거나 창피를 준 적이 있다.		

〈자가체크리스트 활용방법〉

• 교직원이 직접 활용: 주기적으로 자기 행동을 평가해본다.
• 교직원 상호 모니터링을 위한 활용: 주기적으로 짝으로 정한 교직원의 행동을 평가하고 그 결과를 서로 나눈다.
• 원장의 교직원 관리를 위한 활용: 주기적으로 원장이 소속 교직원의 행동을 평가하고 그 결과를 교직원 컨설팅자료로 활용한다.

구분	내용
아니오	당신은 아동의 권리보호를 위해 최선을 다하고 있습니다.
1개 이상 '예'에 체크한 경우	'예'에 해당하는 문항의 행동을 하지 않도록 주의가 필요합니다.

출처 : 중앙아동보호전문기관

유치원 성폭력 및 아동학대 사건 발생 시 매뉴얼	**사안 처리 필수사항**
	• 모든 사안 처리는 기록·문서화 : 인지 즉시 신고 접수 대장 기록
	• 필요시 피해유아의 응급조치 : 상담 및 병원 치료
	  ※ 성폭력(강간) 피해유아의 응급조치
	    – 몸을 씻지 않은 상태로 의료기관 방문 및 진단
	    – 현장 보존, CCTV가 설치된 경우 CCTV 화면 확보
	    – 증거물은 종이봉투에 빠짐없이 수거
	• 피해 유아 보호자 연락
	• 아동학대 교원은 즉시 수업 배제 및 직위해제하고 대체교사 투입
	  ※ 성폭력일 경우 : 성 비위 관련 징계 절차 신속 진행
	    – 학대행위자와 피해유아 분리 조치
	• 유아의 아동학대 증후 인지 또는 의심 즉시 유치원 원장과 교직원 신고의무 이행 : 112 신고(경찰 신고 시 지역아동보호전문기관, 교육청으로 자동 연결)
	• 교육청 보고 : 서면 보고를 하되 중대 사안은 유선보고 병행
	• 사건 관련 비밀누설 금지 의무 이행
	• 사안 조사 : 사건 경위서 작성, 육하원칙에 따라 작성, 특이사항 기술
	• 아동보호전문기관과 연계 및 피해 유아 보호자에게 조치 안내
	  ※ 성폭력은 성폭력 전문 상담기관과 연계
	    – 24시간 긴급지원 : 1366(여성긴급전화), 해바라기센터
	    – 자문 : 1366(여성긴급전화), 해바라기센터, 성폭력상담소
	• 교직원과 종사자에 대한 아동학대 예방교육 실시
	• 경찰과 아동보호전문기관 조사 협조
	• 피해유아 보호자와 학부모에게 조치 결과 및 향후 조치 계획 안내
	• 조치 결과 서면 통보(교육청, 피해유아 보호자, 학대행위자 측)
	• 결과 이행, 사안 관리, 교직원과 종사자 지원 및 재발 방지 노력
	사안 처리 권장사항
	• 관련 유아의 조사는 유아의 발달과 특성을 고려해야 한다.
	• 관련 유아의 수사기관 조사 시 유아의 인권을 최대한 보장할 방안을 모색한다. 반드시 유아 보호자 동의 이후 조사를 진행한다.
	  – 보호자, 교직원 동행
	  – 유아 거주 지역 해바라기센터 안내 등
	• 2차 피해에 대한 사전 예방 대책 마련(유아의 진술 및 행동이 오염되지 않도록 학부모 교육 및 안내)
	• 모든 사안 처리는 영상, 음성, 문자 등으로 기록·문서화함으로써 추후 갈등이 발생할 가능성 최소화
	• 성폭력과 아동학대 발생 사전 예방을 위해 유아, 교직원, 종사자와 학부모를 대상으로 한 내실 있는 성폭력과 아동학대 예방교육 실행(학기 초인 3월 교육 실시 권장)
	• 아동학대 사안 발생 시 효과적 처리를 위해 사건 발생 전에 지역의 지구대, 병원, 상담소, 법률 기관, 전문 상담기관 및 아동보호전문기관 등과 긴밀한 협조 체제를 구축하고 유지

MEMO

무단결석
아동에 대한
관리 · 대응

관리 · 대응 흐름도

정당한 사유없이 무단 결석한 아동에 대해서는 지속적으로 보호자와 연락을 취하고 소재 미파악 시 수사기관(112)에 신고한다.

시기	주요 점검사항	조치 필요사항	행정사항
결석 당일 (1일)	결석 아동의 결석 사유 확인	지속적 유선 연락을 통한 확인	무단결석 아동에 대한 조치 결과 관리대장 작성
(2일)	결석 아동의 출석 여부 확인 및 소재 · 안전 확인	• 결석 아동에 대한 가정방문 실시 • 가정방문 결과 아동 학대가 의심되거나 아동의 소재 · 안전이 확인되지 않는 경우 수사기관(112)에 신고	• 무단결석 아동에 대한 조치 결과 관리대장 작성 • 무단결석 아동 중 아동학대 신고 현황을 교육청/시군구 보고

사후관리

• (유관기관 연계) 수사기관에서 협조 요청 시 요청 사항에 대해 적극 협조한다.
• (무단결석 아동 관리) 무단결석 아동이 재 등원하였을 경우, 아동의 상태에 따라 적절히 조치를 취한다.
• (보호자 관리) 해당 보호자에 대해서는 면담 또는 부모교육 등을 실시한다.

비고

• 전화 연락 시 필요한 경우 아동과 직접 통화하여 소재 및 안전을 확인한다.
• 가정방문 시 교직원 및 읍면동 공무원이 함께 실시한다.

반복적 무단결석 관리

• 학비 지원 규정에 의한 수업일수 미달 시 학비 지원이 제한됨을 안내한다.
• 유치원의 경우에는 유치원 규칙에 의한 퇴학 처리 규정을 안내한다.

UNIT 65 **유괴 · 미아사고 예방** – 실종 유괴 예방

MEMO

1 학습목표

유괴, 미아 상황이 생길 수 있음을 이해하고 안전하게 대처하는 방법에 대해 알아본다.

2 누리과정 관련 요소

신체운동 · 건강
[안전하게 생활하기]
안전사고, 화재, 재난, 학대, 유괴 등에 대처하는 방법을 경험한다.

신체운동 · 건강
[안전하게 생활하기]
일상에서 안전하게 놀이하고 생활한다.

사회관계
[듣기와 말하기]
상황에 적절한 단어를 사용하여 말한다.

3 학습주제와 학습의 중점

학습주제	학습의 중점
1. 유괴 · 미아 상황 이해하기	• 유괴, 미아 상황이 생길 수 있음을 이해한다. • 유괴, 미아 상황에 대해 알아본다.
2. 유괴 · 미아 상황에서의 대처 방법 알아보기	• 유괴, 미아 상황에 처했을 때 대처하는 방법을 알아본다. • 유괴, 미아 상황 시 도움을 요청하는 방법을 배운다.
3. 아동안전지킴이에 대해 알아보기	• 우리 동네 근처의 아동안전지킴이가 있음을 안다. • 아동안전지킴이의 역할에 대해 알아본다.

4 실종 유괴 예방

(1) 실종 예방

*지문 등 사전등록제
• 사전에 안전 Dream 홈페이지(또는 스마트폰 App), 가까운 지구대나 경찰서에 유아의 지문, 사진, 보호자 인적사항 등을 등록하여 실종 시 신속하게 찾을 수 있도록 마련된 제도이다.
• 사전등록된 경우 182 신고 시 기본정보 입력 및 확인절차를 거칠 필요가 없어 더욱 빨리 위치추적 등을 실시할 수 있다.

개념	• 실종아동 등이란 납치, 유인, 유기, 사고, 가출, 길을 잃는 등의 사유로 인하여 보호자로부터 이탈된 실종 당시 18세 미만인 아동을 말한다. − "실종아동 등"이란 약취(略取)·유인(誘引) 또는 유기(遺棄)되거나 사고를 당하거나 가출하거나 길을 잃는 등의 사유로 인하여 보호자로부터 이탈(離脫)된 아동 등을 말한다[『실종아동 등의 보호 및 지원에 관한 법률』 제2조(정의) 제2호].

예방 방법	• 실종 예방을 위한 *『지문 등 사전등록제』를 활용한다.
	  − 경찰청장은 실종아동 등의 조속한 발견과 복귀를 위하여 아동 등의 보호자가 신청하는 경우 아동 등의 지문 및 얼굴 등에 관한 정보("지문등정보")를 제8조의2에 따른 정보시스템에 등록하고 아동 등의 보호자에게 사전신고증을 발급할 수 있다[『실종아동 등의 보호 및 지원에 관한 법률』 제7조의2(실종아동 등의 조기발견을 위한 사전신고증 발급 등) 제1항].
	• 자녀의 키, 몸무게, 생년월일, 신체특징, 버릇 등 자녀에 관한 상세한 정보들을 알아두는 것은 실종아동 예방 및 실종아동 발생 시 유용하게 활용될 수 있다. 또한 매일매일 자녀가 어떤 옷을 입었는지 기억하고, 아이의 인적 사항을 적어 둔 카드를 집에 비치해둔다.
	  − 아동들은 특히 성장이 빨라 너무 오래된 사진은 실종아동 찾기에 도움을 줄 수 없으므로, 정기적으로 자녀사진을 찍어 보관하도록 한다.
	• 아이가 어리거나 장애로 말을 못하는 경우 실종아동 예방용품을 착용토록 한다.
	  − 이름표 등을 착용하게 하고 아이들의 이름과 연락처 등을 적을 때에는 낯선 사람들이 정보를 보지 못하도록 바깥으로 쉽게 드러나지 않는 옷 안쪽이나 신발 밑창 등에 새겨주는 것이 좋다.

	현장학습 시 실종·유괴 예방 요령 • 사전답사를 통해 유아들의 동선과 미아보호소 위치를 확인한다. • 현장학습 장소의 붐비는 정도에 대비하여 충분한 유아 인솔 인원을 확보한다(외부 현장에서는 교사 대 영유아 비율을 낮게 함). • 출석 체크를 철저히 하고, 미등원 유아 발생 시 보호자 확인을 통해 유아의 안전을 확인한다. • 길을 잃거나 교사와 헤어지면 제자리에서 멈춰 기다리기 / 자신의 이름과 연락처 생각하기 / 아이와 동반한 주위의 아주머니나 경찰에 도움 요청 등의 미아 발생 시 대처요령을 사전에 교육한다.
신고의무	• 다음 각 호의 어느 하나에 해당하는 사람은 그 직무를 수행하면서 실종아동 등임을 알게 되었을 때에는 제3조제2항 제1호에 따라 경찰청장이 구축하여 운영하는 신고체계("경찰신고체계")로 지체 없이 신고하여야 한다[『실종아동 등의 보호 및 지원에 관한 법률』 제6조(신고의무 등) 제1항 제6호]. 6. 업무·고용 등의 관계로 사실상 아동 등을 보호·감독하는 사람 • 누구든지 정당한 사유 없이 실종아동 등을 경찰관서의 장에게 신고하지 아니하고 보호할 수 없다[『실종 아동 등의 보호 및 지원에 관한 법률』 제7조(미신고 보호행위의 금지)].

미아 예방 3단계 구호		아이와 함께 실종 아동 발생상황을 연출하여 함께 역할극 등을 해보는 것이 꼭 필요하다.
	1단계 멈추기	• 유아 : 길을 잃거나 보호자와 헤어지면 제자리에 멈추어 서서 보호자를 기다리도록 지도한다. • 보호자 : 아이가 사라지면 왔던 길을 되짚어 가 봐야 한다.
	2단계 생각하기	• 유아 : 평소에 자신의 이름과 연락처 등을 기억해 낼 수 있도록 생각하는 연습이 필요하다. • 보호자 : 10번씩 외우며 유아가 기다리도록 하고 빠른 시간 내에 보호자는 아이를 찾아가야 한다.
	3단계 도와주세요	• 주위에 있는 아주머니(아이와 함께 있는)에게 도움을 요청하도록 교육한다. • 가까운 곳에 공중전화를 찾아 '긴급통화' 버튼을 누르고 '112나 182'를 눌러 경찰에게 도움을 요청하도록 교육한다. • 신분이 확인될 수 있는 건물 안 가게에 들어가 도움을 구하도록 교육한다.
실종·유괴 발생 시 대처요령 – 귀가하지 않았다는 전화를 받은 경우	① 주변을 샅샅이 찾아보기	• 하원 시 상황을 자세히 알아본다. • 유아들은 숨는 것을 좋아하므로 유치원이나 유치원 근처에 유아가 있을 만한 곳을 구석구석 찾아본다. • 비상연락망을 통해 유아의 상황을 알아본다. • 교사는 책임 회피적인 발언을 하지 않아야 한다.
	② 경찰청 실종아동찾기 센터에 신고하기	국번 없이 182(경찰청 실종아동 찾기센터)에 신고한다. **182에 신고할 때** • 유아의 이름 • 유아의 나이(생년월일) • 잃어버린 일시와 장소 • 잃어버리게 된 자세한 경위 • 실종발생 당시 유아가 입고 있던 옷차림과 신발, 소품, 신체 특징 (얼굴모양, 머리모양, 흉터나 점 등의 여부, 안경 착용 여부, 키와 몸무게 등) • 유아의 최근 사진(가능한 다른 모습이 담긴 최근 사진으로 여러 매 준비) • 부모 이름 및 언제라도 연락이 가능한 연락처, 주소

(2) 유괴 예방 안전 수칙

안전 수칙	• 낯선 사람이 아는 사람임을 가장하여 접근할 수 있으므로 이름이 새겨진 옷을 입거나 가방을 휴대하지 않도록 한다.
	• 낯선 사람을 따라가거나 낯선 사람의 차를 절대로 타지 않도록 지도한다.
	• 유아에게 나쁜 사람들도 옷을 잘 차려입고 친절하게 접근할 수 있음을 설명해 준다.
	  − 이런 사람들이 남자일 수 있으나 여자일 수도 있으며, 전혀 모르는 사람일 수 있지만 아는 사람일 수도 있음을 알려준다.
	  − 부모나 교사의 허락 없이 다른 사람을 따라가지 않도록 지도한다.
	• 유아에게 자신의 이름과 집 주소, 집 전화번호와 지역번호를 분명하게 외우게 한다.
	  − 가능하면 부모의 이름과 직장, 휴대전화번호도 외우게 한다.
	• 낯선 사람에게 강제로 납치되었을 때 도움을 청하는 방법을 가르쳐준다.
	• 유아에게 공중전화를 걸 수 있는 방법과 비상시에 신고나 도움을 요청하기 위한 전화번호를 알고 있는지 확인한다.
	• 부모나 교사는 만약의 경우에 대비하여 6개월 이내에 찍은 유아의 사진을 가지고 있고, 구체적인 신상명세(나이, 키, 몸무게, 혈액형, 점, 상처 등)를 기록해 둔다.
	• 견학이나 소풍 등으로 사람이 많이 모이는 곳에 갈 경우 이름표를 달아주고, 만약의 경우 비상시에 서로 만날 장소를 미리 정해둔다.
	  − 다른 유아들과 떨어져 혼자 다니지 않도록 또래끼리 짝을 정해주고 함께 다니도록 한다.

유괴 예방 어린이 수칙	• '안돼요! 싫어요! 하지마세요!' 3가지 구호를 외쳐요. − 누군가 강제로 데려가려 하면 억지로 데려가는 것을 예방하기 위해 몸을 그 자리에 엎드려서 "안돼요! 싫어요! 하지마세요"라고 3가지 구호를 큰소리치며 발버둥쳐야 해요. 그리고 아는 사람이 있는지, 안전한 곳인지 살펴보고, 밝고 사람이 많은 곳으로 뛰어가서 큰 소리로 도움을 청해요. • 밝고 환한 곳에서 친구들과 함께 놀아요. • 낯선 사람이 이름, 사는 곳, 전화번호를 물어보면 절대 알려주면 안돼요. • 아는 사람이 같이 가자고 해도 따라가지 말고 부모님께 먼저 말씀드리고 허락을 받으세요. • 만약 집에 혼자 있을 때에는 문과 창문을 꼭 잠그고 있어요. • 만약 집에 혼자 있을 때 누군가 찾아오면 "쉿!"하고 없는 척을 해요. • 만약 말을 하게 되면 부모님이 바쁘시니 나중에 오시라고 전해요. • 하루에 어떤 일들이 있었는지 엄마, 아빠와 이야기해 보세요. **유의점** • 유아들의 발달특성상, 성인의 깊은 내면이나 의도를 파악하기 힘들어 겉모습을 보고 판단하는 경우가 많으므로, 유아들에게 사람은 겉모습만 보고 착한 마음을 가진 사람과 나쁜 마음을 가진 사람들을 알 수는 없다고 지도해 줄 필요가 있다. 즉 유괴범들은 험상궂게 생기거나 위협적인 행동을 하기보다는 오히려 친절하게 접근한다는 점을 강조한다. • 유괴범들의 접근방식에 대해 역할놀이로 상황을 직접 재연해볼 수 있는 교육이 필요하다. • 유괴 상황이라는 것은 다양한 경우가 있을 수 있기 때문에 지나치게 3가지 구호만을 강조하지 않도록 한다. 유아들에게 아이의 도움이 필요한 어른은 없고, 부모님의 허락 없이는 누구도 따라가지 않아야 한다는 것을 지도하여 주는 것이 필요하다.

MEMO

유괴를 당했을 시 대처 방법	• 격리된 공간에 유괴범과 단둘이 있을 때는 울음을 참고 고분고분히 대한다. – 소리치는 것이 생명에 위협이 될지도 모르는 상황인지를 분별하는 것이 필요하다. • 고개를 숙이고, 유괴범의 얼굴을 가급적 보지 말아야 한다. • 음식을 주면 먹기 싫더라도 꼭 먹어야 한다. • 묻는 말에 대답을 잘하고 대화에 적극적으로 참여한다.

SESSION 03

20___학년도 유치원 귀가 동의서(예시)

20___학년도 유치원 귀가 동의서를 받고자 합니다. 귀가는 학부모 동행이 원칙입니다.

학부모 미동반 시 '대리자 사전 지정제'를 실시하고 있습니다.

대리자는 성인만 가능합니다. 이 점 양해 부탁드립니다.

유아명		보호자 성명 (법정대리인)		(인)

기간	20___년 3월 1일 ~ 20___년 2월 28일까지	
귀가 요청시간	시 분	
하원방법 (O 표시)	통학버스	
	통학택시	
	학부모 동행 귀가	
	대리자 사전 지정제	• 대리자명 : • 연락처 :

※ 귀가 방법 변동시에는 유치원으로 미리 연락주시기 바랍니다.

꽃거름 유치원장 귀하

아동보호를 위한 제도

• 아동보호 구역 : 아동보호구역은 유괴 등 범죄의 위험으로부터 아동을 보호하기 위하여 필요하다고 인정되는 경우 시설 주변구역을 아동보호구역으로 지정하여 범죄의 예방을 위한 순찰 및 아동지도 업무 등 필요한 조치를 할 수 있도록 한 제도이다.

• 아동수호천사 : 신뢰성 있는 업체의 외근사원을 수호천사로 위촉하여 외근활동 중 아동보호활동을 한다.
 – 현재 야쿠르트 아줌마, 집배원, 태권도 사범, 모범택시운전자회, 학원차량기사 등이 활동중이다.

• 아동안전지킴이집 : 학교주변·통학로·공원 주변의 문구점, 편의점, 약국 등을 아동안전지킴이집으로 지정하여 위험에 처한 아동을 임시보호하고 경찰에 인계하는 곳이다.
 – 지역사회와 경찰이 협력하여 아동을 보호하기 위한 시스템으로, 범죄나 각종 위험에 처한 아동을 임시로 보호하기 위한 아동긴급보호소라고 할 수 있다.

유의점 유아가 도움을 요청하기 위해서는 유아 이름, 가족 구성원 이름 및 전화번호를 외울 수 있도록 지속적으로 지도하는 것이 중요하다.

V 약물 및 사이버중독 예방교육

UNIT 66 **약물 과의존** – 마약 등 약물류 폐해 및 예방

1 학습목표

약물의 이해와 올바른 사용 방법을 알아보고, 필요한 경우 올바른 복용과 예방을 통해 건강한 생활을 실천한다.

2 누리과정 관련 요소

신체운동·건강	[건강하게 생활하기] 몸에 좋은 음식에 관심을 가지고 바른 태도로 즐겁게 먹는다.
신체운동·건강	[안전하게 생활하기] 질병을 예방하는 방법을 알고 실천한다.
의사소통	[읽기와 쓰기에 관심 가지기] 주변의 상징, 글자 등의 읽기에 관심을 가진다.

3 학습주제와 학습의 중점

학습주제	학습의 중점
1. 약물의 이해와 올바른 복용 방법 알아보기	• 아픈 증상에 따라 필요한 약이 다름을 알 수 있다. • 예방접종의 중요성을 알아본다.
2. 약물 오남용의 문제점 알아보기	• 약물을 잘못 사용하면 오히려 몸을 해롭게 한다는 것을 알 수 있다. • 약은 설명서에 따라 꼭 필요할 때 사용해야 함을 안다.
3. 약물의 보관과 폐기 방법 알아보기	• 약물을 안전하게 보관하는 방법에 대해 알아본다. • 의약품을 사용할 때는 유통기한이 지난 약은 버리도록 한다.

4 약(약물)

정의	**약(약물)** • 법적인 의미로서 인체나 동물의 예방, 치료, 경감, 진단의 목적으로 쓰이는 것이다. • 체내에서 합성되는 물질이 약이 되기도 하고, 외부에서 도입되는 화합물이 약이 되기도 한다. 독이라 하는 것도 일종의 약이다. **약물오용** 의도적인 것은 아니지만 적절한 용도로 사용하지 못하고 잘못 사용하여 피해를 보는 경우를 말한다. 📌 소화불량 치료를 위해 항생제를 투약하여 오히려 증상을 악화시키게 되는 경우 **약물남용** • 의학적·사회적 통념에 맞지 않게 약물을 지속적 또는 산발적으로 과용하는 것이다. • 약물을 특정 목적을 위해 의도적으로 사용하는 것으로 원래의 목적이 아닌 부작용을 경험하기 위해 사용하는 경우를 말한다. 📌 접착제인 본드, 연료인 부탄가스 또는 감기약을 일시적인 기분을 위해 사용하는 경우 **약물의존** • 약물이 없이는 지내기가 불편하고 괴로운 상황이 되어 계속 약물을 찾게 되는 상태를 말한다. • 중독이란 약물이 신체 내에 과도하게 존재하여 여러 가지 부작용을 나타내는 상태로 가벼운 오심이나 구토, 두통, 복통에서부터 들뜬 기분, 혼동, 착각, 환각 등의 정신병적 상태를 나타내거나 혼수상태와 사망에까지 이르는 상태를 말한다. ※ 오남용이 쉬운 약물: 카페인, 감기약, 항생제, 스테로이드제 등 ※ 유아에게 약품의 사용법에 대해 설명할 경우, 사용법을 알더라도 항상 부모님과 교사가 주는 약만 먹어야 한다는 것을 인지할 수 있도록 지도해야 한다.
약물의 보관과 폐기 방법	**약물의 보관** • 아이들의 손이 닿지 않는 안전한 곳에 보관해야 한다. • 직사광선을 피하고 서늘하고 건조한 곳이 일반적이지만, 의약품마다 다를 수 있으므로 보관방법은 꼭 확인해야 한다. • 약은 설명서와 포장상태 그대로 보관해야 한다. **약물의 폐기** • 안전하게 버리기 위해서는 가까운 약국의 '폐의약품 수거함'에 버린다.
약의 종류	• 전문의약품 　- 의사가 처방하고 약사가 조제하는 약으로, 광고가 불가능하다. 　　📌 항암제, 혈압강하제, 우울증치료제, 항생제, 호르몬제 등 • 일반의약품 　- 의사 처방없이 약사가 판매할 수 있는 약으로, 광고가 가능하다. 　　📌 진통제, 위장약, 감기약, 피로회복제, 피부 연고제 등 • 의약외품 　- 편의점 등에서 판매되는 약이다. 　　📌 해열-진통제, 소화제 등

약의 특성	• 모든 약물들은 각기 고유한 물리·화학적 특성이 있어 이에 따라 생체 내의 다양한 분자들과 생화학적 반응을 함으로써 고유한 약효 또는 약리작용을 발현한다.
	• 약물의 성질에 따라 다양한 질병을 치료할 수 있는 약리효과 즉, 혈압강하, 진통, 해열, 우울증 치료, 소화기 운동 항진 등과 같은 고유한 약효를 발현한다.
	• 대부분의 약물들은 특정 영역의 특이적인 생체 내 반응만을 일으키는 것이 아니라 여러 생체 내 분자들과 반응하여 여러 가지 약효를 발현하는데, 크게 다음 두 작용으로 대변할 수 있다.
	  − **주작용** : 기대하던 효과를 발현하는 것이다.
	  − **부작용** : 주작용을 제외한 나머지 작용들을 의미한다.
	  − 부작용이 없는 약물은 없다고 해도 과언이 아니며 주작용과 부작용은 약물의 용량(농도)에 따라 달라질 수도 있다.

**약물의
안전사용 수칙**
	• 다른 사람의 약을 마음대로 복용하면 안 된다.
	  − 의약품은 반드시 의사, 약사 등 전문가의 판단에 따라 필요한 경우 사용해야 한다.
	• 의약품을 사용하기 전에 꼭 의약품의 이름, 모양, 사용기한을 확인한다.
	  − 약의 모양과 색이 비슷하더라도 성분이 다른 경우가 있으며, 약은 반드시 사용기한 내에 사용해야 한다.
	• 의약품을 사용하기 전에 꼭 투여용량을 확인한다.
	  − 투여용량을 의사, 약사와 상의하지 않고 마음대로 조절하면 안 된다.
	  − 액상제제의 투여용량은 계량스푼, 계량컵을 이용해서 확인한다.
	• 의약품을 사용하기 전에 꼭 사용방법을 확인한다.
	  − 약의 모양이 비슷하더라도 사용방법이 다른 경우가 있다.
	
	경구 캡슐/정제 연고/크림제 점안제 점비제 좌제
	경구 액제 안연고제 점이제 흡입제 질정
	
	• 의약품을 사용하기 전에 꼭 사용시간을 확인한다.
	  − 정해진 시간에 의약품을 사용해야 약효가 유지되어 기대한 효과가 나타난다.
	• 의약품 부작용이 의심되면 즉시 의사, 약사에게 알린다.
	  − 의약품 사용 시 예상하지 못한 부작용이 나타날 수 있으므로, 이 경우 의심되는 의약품을 중단하고 즉시 의사, 약사와 상담해야 한다.

약물과 관련한 교육의 필요성	• 유아의 약물 오남용 사고는 유아의 호기심에서 비롯되기도 하나, 부모나 교사의 부주의로 인해 일어날 수 있다. − 어른들과 함께 있을 때 약물이나 의약품에 쉽게 노출되며 많은 유독물 사고가 일어난다. • 제대로 관리되지 않은 약물이나 의약품에 유아가 노출되지 않도록 환경에 대한 철저한 안전관리 및 약물 안전교육이 필요하다.

어린이를 위한 의약품 사용 안내

약 이름 보기	무슨 약인지 확인하고 먹이세요.
아이 이름 보기	• 친구나 형제, 자매끼리 약을 나누어 먹이지 마세요. • 어른약을 쪼개 먹이지 마세요.
정확한 용량 보기	• 투약 시 계량컵, 계량스푼 또는 의약품 주입기를 사용하세요. • 어른을 기준으로 어린이 용량을 유추하여 먹이지 마세요. • 아이가 약을 먹은 시간과 용량을 적어두는 습관을 기르세요.
보관장소 보기	• 어린이 손이 닿는 곳에 의약품을 보관하면 우발적인 중독사고의 원인이 됩니다. • 영양제를 포함한 모든 약은 반드시 잠금 장치가 있는 장소나 어린이 손이 닿지 않는 장소에 보관하세요.
약 설명서 보기	• 복용법을 확인하세요. • 투여량은 나이, 체중에 따라서 다를 수 있어요.
유통기한 보기	• 유통기한이 지난 약은 효과와 품질을 보장할 수 없습니다. • 특히 물약은 알약이나 가루약보다 더 불안정하여 오래 두면 성질이 변하기 쉽다는 점을 기억하세요.

UNIT 67 사이버 과의존 – 스마트폰 과의존 예방, 인터넷 게임 과의존 예방

KEYWORD # 텔레비전의 영향(부정적, 긍정적 영향 및 가정 연계 지도 방법)

1 학습목표

인터넷게임 과의존 예방	인터넷 게임의 올바른 이용수칙에 대해 알아보고, 인터넷 게임 과의존을 예방할 수 있다.
스마트폰 과의존 예방	스마트폰을 사용하는 올바른 이용수칙에 대해 알아보고, 스마트폰 과의존을 예방할 수 있다.

2 누리과정 관련 요소

신체운동·건강   [안전하게 생활하기]
TV, 컴퓨터, 스마트폰 등을 바르게 사용한다.

신체운동·건강   [건강하게 생활하기]
질병을 예방하는 방법을 알고 실천한다.

자연탐구   [생활 속에서 탐구하기]
도구와 기계에 대해 관심을 가진다.

3 학습주제와 학습의 중점

소분류	학습주제	학습의 중점
인터넷게임 과의존 예방	1. 나의 스마트폰 사용 습관 알아보기	• 일상생활에서 스마트폰을 사용하는 습관을 점검해본다. • 스마트폰을 사용하는 습관의 문제점을 알아본다.
	2. 스마트폰 과의존 예방하기	• 스마트폰 과의존에 대해 알아본다. • 스마트폰 과의존을 예방할 수 있는 방법을 알아본다.
	3. 스마트폰의 올바른 사용 습관 알아보기	• 스마트폰을 올바르게 사용하는 방법에 관심을 가진다. • 스마트폰을 올바르게 사용하는 방법을 알고 실천해본다.

스마트폰 과의존 예방	1. 나의 인터넷 사용 습관 알아보기	• 일상생활에서 인터넷을 사용하는 습관을 점검해본다. • 인터넷을 사용할 때 지켜야 할 예절에 대해 알아본다.
	2. 인터넷게임 과의존 예방하기	• 인터넷게임 과의존에 대해 알아본다. • 인터넷게임 과의존을 예방할 수 있는 방법을 알아본다.
	3. 건전한 인터넷게임 사용 습관 알아보기	• 인터넷게임을 올바르게 사용하는 방법에 관심을 가진다. • 인터넷게임을 올바르게 사용하는 방법을 알고 실천해본다.

참고

미디어 과의존

미디어 교육 내용	① 미디어의 기능과 역할 인식하기 ② 미디어의 사용법 익히기 ③ 미디어를 통해 정보를 활용하기 ④ 미디어에 대한 자기 조절력 형성하기 ⑤ 미디어와 관련된 윤리의식 기르기	
미디어의 순기능과 역기능	순기능	• 다양한 시청각 정보 수집 • 검색을 통한 일상생활의 문제해결 • 학습의 도구로 활용 • 개인의 정보 축적 • 타인과의 관계 형성
	역기능	• 지속적으로 접하고자 하는 중독 현상 • 현실과 환상의 혼동에 따른 문제 상황 야기 • 사회적 관계의 단절 • 기초체력의 저하와 신체적·정신적 증상의 발현

4 스마트폰 과의존

개념	• 정의 　- 과도한 스마트폰(인터넷·스마트폰) 이용으로 스마트폰에 대한 '현저성'이 증가하고, 이용 '조절력이 감소'하여 '문제적 결과'를 경험하는 상태를 의미한다(한국정보화진흥원, 2016). 　- 2020년 지능정보화 기본법 개정에 따라 '인터넷 중독'을 '지능정보 서비스 과의존'으로 용어 변경함에 따라 <스마트폰 과의존>이라는 용어로 사용한다.

현저성	개인의 삶에서 스마트폰을 이용하는 생활패턴이 다른 행태보다 두드러지고 가장 중요한 활동이 되는 것
조절실패	이용자의 주관적 목표 대비 스마트폰 이용에 대한 자율적 조절능력이 떨어지는 것
문제적 결과	스마트폰 이용으로 인해 신체적·심리적·사회적으로 부정적인 결과를 경험함에도 불구하고 스마트폰을 지속적으로 이용하는 것

	• **스마트폰의 장점** : 여러 가지 정보 및 유익한 교육영상 제공, 편리한 물건 구입 등
	• **스마트폰의 단점** : 오랜 시간 사용 시 여러 가지 질병 유발(눈이 나빠지거나 어깨가 아픔), 계속 하고 싶어짐
	• 스마트폰 과의존의 특징 알아보기
	   – 안구건조증 및 시력 저하
	   – 거북목 증후군 및 나쁜 자세로 인한 질병 우려
	   – **심리적 불안** : 지속적으로 하고 싶어지는 스마트폰 과의존으로 인해 불안감 형성
	   – **신체 활동량 감소로 인한 질병 발생** : 소아비만 및 신체 발달 저해
	   – **가족 간의 갈등 발생** : 일상생활 속에서 계속되는 문제로 인한 가족 간의 갈등 및 대화 시간 부족

스마트폰 과의존을 예방하는 교육 원칙	• 스마트폰은 필요할 때 부모님께 허락 받고 사용하기 • 스마트폰은 약속한 시간만큼만 사용하기 – 스마트폰 이용시간은 적을수록 좋고, 보호자가 함께 보고 시청 내용에 대해 이야기하기를 권한다. 만 3세~4세의 경우 앉은 채 수동적으로 화면을 보는 시간은 1시간 이내로 허용하는 것이 좋다. • 스마트폰은 바른 자세로 사용하기 • 스마트폰 대신, 친구들과 재미있는 놀이하기 • 스마트폰으로 할 수 있는 놀이와 스마트폰 없이도 할 수 있는 놀이의 차이 알려주기 • 가정 내 스마트폰을 사용하는 공간과 시간을 구체적으로 정해두기 • 놀이와 달리 스마트폰 이용의 주도권은 아이에게 주지 않기 • 집이 아닌 공간에서도 아이를 진정시키는 방법으로 스마트폰을 사용하지 않도록 노력하기 • 스마트폰 사용규칙을 어겼을 경우 스마트폰 사용 금지 기간을 정하며, 규칙은 일관되고 단호하게 지키기 • 스마트폰과 내 눈 사이에 적정한 거리를 두고 사용하기 • 스마트폰을 하면서 눈을 자주 깜빡이고, 먼 곳 바라보기 **유의점** • 스마트폰 사용 습관을 알아보면서 과의존 증상을 자연스럽게 언급하여 유아들이 〈과의존〉에 대해 좀 더 쉽게 이해할 수 있도록 지도한다. • 유아기는 스마트폰 사용에 있어 스스로 조절하기 어렵기 때문에 반드시 가정과 연계하여 지도하는 것이 필요하다. 가정통신문 배부(유아의 스마트폰 유해요소에 대한 정보 제공)를 통한 부모교육 및 가정 연계 교육을 활용해 세심한 지도를 하는 것이 필요하다. • 유아의 스마트폰 과의존에 대해 지도하기 전에 학부모의 스마트폰 사용을 먼저 생각해 볼 수 있도록, 가정과 연계하여 지도하는 것이 중요하다. • 단 한번의 예방교육으로 유아가 교육받은 내용을 이해하고 행동을 습관화 및 유지하기에는 쉽지 않다. 그러므로 부모가 먼저 자녀의 스마트폰 사용지도를 위한 부모교육에 참여한 후, 중요한 교육 내용들을 유아가 충분히 인지하고 행동이 습관화될 때까지 주기적으로 반복 교육해 주는 것이 좋다. • 유아가 규칙을 지키면 충분히 칭찬하고 격려해 준다.

	R : 스마트폰 과의존 문제의식(problem Recognition)
스마트폰의 올바른 사용 교육 – R. E. S. T.	• '만 2세 전'에 아이가 스마트폰 자극에 노출되지 않게 지도하기 – 아이 앞에서는 가급적 스마트폰을 사용하지 않도록 노력하기 • 지나친 스마트폰 사용은 건강에 해롭다는 점을 가르쳐주기 – 스마트폰 과의존 예방체조, 바른 사용 노래, 영상 활용하기
	E : 과의존 척도를 활용한 사용 상태점검(statE check)
	• 아이와 보호자의 사용 습관을 함께 점검해보기 – '스마트폰 과의존 유아동 척도(관찰자용)'를 활용해 사용 습관 확인해보기
	S : 바른 사용 실천방안 및 대안 제시(Suggest an alternative)
	• 이른 시기에 노출됐다면, '서서히'가 아니라 '단번에' 끊기 – '일관적인' 태도로 '단호하게' 스마트폰에서 멀어지도록 지도하기 • 안전하고 바른 사용을 위해 스마트폰의 유해요소를 정리해주기 – 불필요한 앱은 삭제하고, 보호자용 앱은 잠금(암호)기능을 설정하기 – 자녀 사용관리 프로그램을 활용해 보기 • 건강을 위해 바른 사용자세를 습관화하기 – 스마트폰 사용 자세를 바르게 하고, 사용 후 스트레칭 하는 습관을 만들어주기 • 교육용 '앱'보다는 '책'을 읽어주기 – 아이와 함께 책을 읽으며 대화하는 시간을 늘려보기 • 사용규칙은 아이의 발달단계에 맞게 '구체적'으로 정하기 – 거실 등 열린 공간에서, 보호자와 함께, 1회 10분 등 우리 가정만의 규칙을 정하기 – 아이가 사용 규칙을 지키면 반드시 충분하게 칭찬해주기
	T : 가족, 친구 등 주변 사람과의 관계형성 강화(connecT)
	• 아이의 오감(五感)을 꾸준히 자극시켜 주기 – 아이가 원하는 시간에 함께 공감하며 재미있게 놀아주기 • (보행·이동 시) 보호자의 손은 아이에게 '생명의 손' – 보행 중에는 스마트폰을 가방이나 주머니에 넣어두고 자녀의 손을 꼭 잡아주기 – 이동하는 동안 수시로 아이와 다양한 대화를 나누며 관심을 표현해주기 • (공공장소 등) 부모가 먼저 스마트폰으로부터 자유로워지기 – 외출 시는 아이의 안전이 우선! 스마트폰을 가방에 넣어주기 – 식당 등에서는 함께 놀이할 수 있는 색종이와 색연필 등을 활용해보기

5 인터넷 게임 과의존

개념	• 인터넷 게임이 일상생활에서 가장 우선시 하는 활동이 되고(현저성), 이용조절력이 감소(조절실패)하여 신체적·심리적·사회적 문제를 겪는(문제적 결과) 상태를 의미한다. • 인터넷 게임 과의존의 특징 　－ 안구건조증 및 시력 저하 　－ 신체 활동량 감소로 인한 질병 발생 : 소아 비만 및 신체 발달 저해 **유의점** 인터넷 게임과 스마트폰 과의존 예방 교육을 구분하여 지도하기보다, 미디어 과의존 예방교육의 차원에서 통합적으로 접근하여 지도한다.
인터넷 게임 과의존을 예방하는 교육 원칙	• 인터넷 게임은 바른 자세로 사용하기 　－ 인터넷 게임을 할 때, 내 눈 사이에 적정한 거리 두고 사용하기 　－ 인터넷 게임을 하면서 눈을 자주 깜빡이고, 먼 곳 바라보기 • 화면의 변화 속도가 느리며 내용이 자극적이지 않은 인터넷 게임으로 선정할 것 • 인터넷 게임은 약속한 시간만큼만 사용하기 　**예** 인터넷 게임 시간은 하루 30분 이내로 제한할 것 • 아이를 달래기 위한 수단이나 칭찬의 대가로 인터넷 게임을 제공하지 말 것 • 인터넷 게임을 할 때 건전한 사용 습관에 대해 더 알아보기 　－ 부모와의 놀이 시간과 바깥활동 시간을 늘려 컴퓨터 게임보다 더 즐거운 활동이 많음을 아이가 느끼게 할 것 　－ 인터넷 게임 대신, 친구들과 재미있게 놀이하기 • 식사 시간이나 저녁 9시 이후로 인터넷 게임을 하지 말 것 • 인터넷 게임을 혼자 하도록 두지 말 것 • 활동지를 통해 인터넷 및 인터넷 게임을 건전하게 이용하기 위한 나만의 약속 정해보기 　－ 약속을 정한 후 교실에 게시하기 　－ 가정으로 활동지를 배부하여 가정에서도 연계활동이 될 수 있도록 지도하기(가정에서도 약속이 지켜질 수 있도록 노력하기)

6 텔레비전

순기능		① 다양한 정보와 지식을 제공한다. ② 우리가 경험해보지 못한 세계를 생생하게 접할 수 있도록 돕는 매우 유용한 매체이다. ③ 대리 만족이나 정신적 휴식을 취할 수 있는 가장 간편한 방법이다.
역기능	뇌세포 발달 측면	뇌신경 회로 형성을 저해하며 뇌를 수동적으로 만들 위험이 있다.
	정서 및 사회성 발달 측면	자기 지향적 관심이 높아지고, 친사회적 도덕성 발달도 지연되며, 감정 조절과 타인의 감정 공감능력도 저하된다.
	신체 발달 측면	운동 시간이 절대적으로 부족해지며, 신체 활동을 위한 욕구가 저하되고, 한 자세로 오래 있으므로 척추나 뼈의 성장에 영향을 미칠 수 있고, 시력도 저하시키는 원인이 된다.
	학습 동기 측면	수동적인 어린이로 자랄 가능성이 높으며, 읽기 능력이 저하되고, 주의집중 능력을 떨어뜨리며, 게으르거나 자기중심적이 되어 공격성이 높아지는 등 학습동기에 부정적인 영향을 미친다.
좋은 프로그램 선별		• 유아의 선호도와 연령, 발달 수준, 이해 수준에 적합한 것이어야 한다. • 영상이 아름다운 것이어야 한다. • 공동체 생활에 도움되는 것이어야 한다. • 문제해결과정이 적합한지 살펴본다. • 애니메이션, 글자, 숫자, 영어, 음악, 미술 등 다양한 프로그램을 선별해서 보여준다. 만화영화에도 관심이 많을 때이므로, 화면의 색감과 스토리 등을 고려하여 좋은 만화영화를 보여주어도 무방하다. • 시리즈물이나 폭력적이고 선정적인 내용은 지양한다.
효과적인 활용(시청) 방안		• 혼자 보지 않도록 하며, 친구 또는 교사(성인)와 함께 시청한다. • 시청 후에는 유아와 간단히 소감을 나눈다(적극적인 평가와 참여). ⑩ '실제로 저렇게 높은 곳에서 뛰어내리면 어떻게 될까?'와 같이 텔레비전 내용에 대해 함께 이야기 나누고 비평하는 것이 필요하다. • 프로그램에서 배우거나 본 내용은 직접적인 경험을 하는 것이 가장 효과적이다.
지도 내용	환경적 요인의 조절	텔레비전의 위치를 거실에서 방으로 옮겨 쉽게 접근하지 못하도록 한다.
	시청 능력 기르기	신문에 예고된 프로그램 안내 등을 활용하여 어떤 프로그램을 볼 것인지에 대하여 사전에 계획하고 실천해보도록 한다.
	다양한 놀이시간 갖기	다른 종류의 활동에 참여하므로 텔레비전 시청 시간을 줄인다.
	발달적 적합성을 고려하기	아직 어린 유아가 시청하기에 부적절한 내용이 많이 있으므로 특히 만 3세 미만의 유아는 텔레비전을 시청하지 않도록 하며, 만 3세 이상의 유아에게도 유아들을 위해 제작된 프로그램을 시청할 수 있도록 한다.

VI 재난안전교육 및 응급처치교육

UNIT 68 화재

1 학습목표

화재발생	화재의 의미에 대해 알아보고, 화재 예방을 위해 지켜야 할 안전수칙에 대해 알고 지킨다.
화재발생 시 안전 수칙	화재 발생 시 안전하게 대피하는 방법에 대해 익히고, 완강기가 필요한 상황과 사용 방법에 대해 알아본다.
소화기 사용 및 대처 방법	소화기에 대해 알아보고, 화재 시 사용 방법에 대해 익혀 재난상황에 대처할 수 있다.

2 누리과정 관련 요소

화재발생	신체운동 건강	[안전하게 생활하기] 안전사고, 화재, 재난, 학대, 유괴 등에 대처하는 방법을 경험한다.
	신체운동 · 건강	[안전하게 생활하기] 일상에서 안전하게 놀이하고 생활한다.
화재발생 시 안전 수칙	신체운동 건강	[안전하게 생활하기] 안전사고, 화재, 재난, 학대, 유괴 등에 대처하는 방법을 경험한다.
	의사소통	[듣기와 말하기] 상황에 적절한 단어를 사용하여 말한다.
	신체운동 건강	[안전하게 생활하기] 일상에서 안전하게 놀이하고 생활한다.

| 소화기 사용 및 대처 방법 | 신체운동 건강 | [안전하게 생활하기] 안전사고, 화재, 재난, 학대, 유괴 등에 대처하는 방법을 경험한다. |
| | 자연탐구 | [생활 속에서 탐구하기] 도구와 기계에 대해 관심을 가진다. |

3 학습주제와 학습의 중점

소분류	학습주제	학습의 중점
화재발생	1. 불의 이로움과 위험함 알아보기	• 불이 일상생활에서 주는 이로움에 대해 알아본다. • 화재의 의미와 불이 일상생활에서 주는 위험함에 대해 알아본다.
	2. 화재의 발생 원인과 예방법 알아보기	• 화재 발생 원인에 대해 알아본다. • 화재를 예방할 수 있는 방법에 대해 알아보고 실천한다.
화재발생 시 안전 수칙	1. 화재 발생 시 안전한 대피 방법 알아보기	• 화재 발생 시 안전하게 대피하는 방법을 안다. • 비상구 표시를 알고, 안전하게 대피할 수 있다. • 옷에 불이 붙었을 때 행동요령을 익힌다.
	2. 완강기에 대해 알아보기	• 불이 났을 때 완강기를 이용하여 대피할 수 있음을 안다. • 완강기 사용 방법에 대해 관심을 가지고 알아본다.
	3. 119 신고 방법 알아보기	• 화재 발생 시 도움을 요청하는 번호가 119임을 안다. • 화재 발생 시 119에 신고하는 방법을 알고, 실천할 수 있다.
소화기 사용 및 대처 방법	1. 소화기의 중요성을 알고 위치 찾아보기	• 소화기가 무엇인지 이해하고, 중요성에 대해 알아본다. • 유치원에서 소화기의 위치를 알고 찾아본다.
	2. 소화기 사용 방법 알아보기	• 소화기의 올바른 사용법에 대해 알아본다. • 유아가 사용할 수 있는 소화기를 알아보고 실습해본다.

4 화재

개념	어떤 물질이 산소와 화합하여 열과 빛을 내며 타는 현상으로, 사람의 의도와는 상관없이 발생하거나 고의에 의해 또는 확대된 화학적인 폭발로 인해 연소하는 현상으로서 소화시설 등을 사용하여 소화할 필요가 있는 것
원인	• 전기: 전선의 합선, 전기기구 과열, 콘센트 접촉 불량, 용량 초과사용 등 • 담뱃불: 담뱃불의 남아있는 불씨, 라이터 등을 이용한 불장난 등 • 가스: 중간밸브 개방, 가스 누설 등이 원인이며 가스화재는 폭발을 동반하기도 함 • 폭발: 사용자 부주의, 유통과정에서의 취급 부주의, 부실시공 및 가스관의 노후화 등

화재의 종류 (소화적응성 분류)

구분	분류색	세부 내용
A급 화재 (일반화재)	백색	• 나무, 솜, 종이, 고무 등 일반 가연성 물질에 의한 화재 • 타고 난 후 재가 남으며 물로 소화 가능
B급 화재 (유류화재)	황색	• 석유류 등 인화성 물질 및 이에 준하는 물질의 화재 • 타고난 후 재가 남지 않으며 토사나 소화기로 소화 가능
C급 화재 (전기화재)	청색	• 전기기계·기구 등의 화재로서 변압기·배전반 등 전기설비의 화재 • 전기적 절연성을 가진 소화기로 소화 가능
D급 화재 (금속화재)	무색	• 나트륨, 칼륨, 마그네슘과 같은 가연성 금속의 화재 • 분말소화기로 소화 가능

학교 조치사항

1단계 예방·대비	**[안전계획 수립]** • 소방계획서 작성 　- 매년, 소방 대상물을 사용 개시할 때, 계획 변경 시 작성 　- 소방훈련 및 교육에 관한 계획 **[사전점검]** • 소방 안전관리자의 선임 및 통보 　- 30일 이내에 선임, 14일 이내에 관할 소방서에 통보 • 화기 단속 등 　- 화기 책임자의 임무 　　▶ 실별 사용 책임자: 해당 실 안의 화기 단속 및 화재 예방을 위한 조치 　　▶ 경비 업무 담당자, 당직자: 옥외 집합 장소 및 공중사용 시설의 화기 단속과 점검 • 화재예방 　- 화재예방 점검 　　▶ 화재 예방 점검표 작성·제출: 월별 작성·분기별 제출 　　▶ 실별 화재예방 중점 추진: 과학실 및 실험 자료실 화재예방 일일 점검표 작성 　　▶ 기숙사(운동부 포함), 급식실 등 화재 취약시설 집중 점검

• 소방시설 안전 점검

구분	자체점검	종합 정밀점검
점검주기	월 1회 이상	연 1회 이상
점검서식	소방시설 외관점검표	소방시설 종합정밀점검표
점검자	방화관리자 또는 업무대행자	소방안전협회 또는 소방시설관리업자
점검결과	자체 기록 보관(2년)	15일 이내 관할소방서 제출

• 전기 및 가스 시설 점검
• 한국교육시설안전원 가입(정기, 추가)

[안전교육]

• 소방훈련 및 교육
 − 대상자: 학생 및 교직원 전원
 − 실시 횟수: 연 2회 이상 실시(1회 이상은 반드시 소방관과 합동훈련)
 − 기록 보관: 소방훈련·교육 시행 결과 기록부를 2년 동안 보관
 − 지역별 교육지원청, 소방관서 간 학교별 훈련일정 협의 및 지원

2단계 대응 화재 신고 및 대피

[화재 신고 및 상황 보고]

• 화재 전파 및 접수
 − 불을 발견하면 "불이야"하고 외쳐 다른 사람에게 알리고 화재경보 장치(발신기)를 누름
• 119에 신고하며, 가능하면 벨이 울린 지점에 접근하여 화재 발생 여부 파악 후 신고
 − 119 신고 절차: 본인의 위치(주소) ➡ 현재상황 ➡ 부상여부 ➡ 상황 요원 ➡ 안내에 따라 행동
 − 학교 주소, 화재 진행 정도, 부상자 상황 등 신고
• 비상 상황(인명피해) 발생 시 보고 철저(교육청, 소방서)
 − 피해 내용 / 현재 학교 조치사항 / 향후 계획 등

[비상대피]

• 비상 방송 및 대피 지시
 − 화재 비상벨이 울리면 담당자는 화재 발생 위치를 확인하고 즉시 안내 방송 실시(즉각적인 피난 개시 명령)
 − 대피유도반 활동, 전교생에게 대피 지시(교내 방송 활용)
  ▶ 대피경로의 안전확보
• 대피 후의 안전 확보
 − 학생 인원 파악 후 대피 못한 학생 확인
  ▶ 부상자 확인 후 응급조치, 의료기관 등에 연락
  ▶ 보호자에게 연락, 학생들의 안정

	3단계
	초기대응 및
	화재 진압
		• 2단계 대응 [화재 신고 및 상황보고] 지속
		• 2단계 대응 [비상대피] 지속
		[초기대응]
		• 학교장은 화재가 발생하면 소방대가 현장에 도착할 때까지 화재 경보,
		  대피 등과 관련된 필요한 조치 실시
		• 비상연락체계를 활용하여 지휘통제, 초기 소화, 응급구조, 방호안전 등의
		  조치
		• 화재 유형에 따라 자체 소화전 및 소화기 등으로 초기 진압
		• 현장 상황 모니터링 지속 통보
		[화재 진압]
		• 화재 진압 및 인명구조·검색활동 지원
		  − 소방관서 현장지휘대 지원

	4단계 복구
	후속 조치
		[상황반 설치]
		• 피해상황 파악(인원, 시설 등)
		  − 정보수집 및 교육청에 보고
		  − 외부기관 등과 협조체계 유지
		  − 건물 밖 대피장소에서 안전한 학생 관리
		  − 보호자에게 연락 후 학생 인계 조치
		[후속 조치]
		• 응급 수업대책 및 학생안전대책 이행
		  − 교육시설물의 화재로 수업에 지장을 초래할 경우 인근 학교 이용
		  − 2부제 수업실시 등 적절한 수업대책 강구
		• 응급조치 확인 및 점검
		  − 학교 피해시설 응급복구
		  − 시설물 피해원인 등을 조사하여 유사사고 방지 및 예방대책 수립
		• 재난복구비 지급 신청
		  − 피해 내용 확인 후 한국교육시설안전원으로 공제급여 신청

학생 행동요령	학교에서	**[화재 사실 알리기]**
		• 화재 발생 즉시 최초 화재 목격자는 "불이야!"하고 외치고, 비상벨을
		  누른다.
		• 선생님에게 즉시 알리고 선생님의 지시에 따라 대피로를 통해 지정된
		  장소로 대피한다.
		  ① 소지품은 그대로 두고 한 줄로 이동한다.
		  ② 질서 있게 행동한다.
		  ③ 대피 시 엘리베이터를 이용하지 않는다.
		  ④ 이동 중 연기에 휩싸이면 손으로 입을 막고, 자세는 낮춘 뒤 빠르게
		     이동한다.
		  ⑤ 아래층으로 대피를 못할 경우, 옥상으로 대피 후 구조를 요청한다.
		[119 신고]
		• 119 신고는 대피 후 안전한 장소에서 한다.
		• 119에서 끊기 전까지 먼저 끊지 않는다.

• 묻는 내용에 대해서 답하고, 지시하는 대로 따른다.
• 119에 신고한 전화로 다른 곳에 전화하지 않는다(119에서 전화가 올 수 있음).

[초기진화 가능 시]
• 학급에서 화재가 발생하여 초기진화가 가능하다고 판단되는 경우, 소화기를 사용하여 불을 끈다.
  - 실내에서 소화기를 사용할 때에는 밖으로 대피할 때를 대비하여 문을 등진다.

[대피 시]
• 불과 연기가 오는 곳 반대편으로 향한다.
• 연기가 없을 경우 허리를 숙이지 않고 바른 자세로 신속하게 대피한다.
• 연기가 있을 경우 허리를 최대한 숙여 머리를 낮추고, 젖은 수건이나 헝겊으로 코와 입을 막는다.
• 비상표지 유도판 및 비상구 표지를 확인하면서 건물 밖으로 대피한다.
• 앞이 보이지 않을 경우 한 손으로 코와 입을 막고 나머지 손으로 벽을 짚으면서 나간다.
• 대피로가 화염에 싸여 이동이 불가능할 경우, 교실에서 문을 닫고 옷, 양말, 커튼 등으로 틈새를 막은 후 구조를 요청한다.

[대피 후]
• 인솔교사 안내에 따라 안전한 장소에서 대기한다.
• 소방서에서 건물의 안전 여부를 판정하기 전까지 건물에 들어가지 않는다.
• 대피하면서 다친 곳은 없는지 살핀다.

가정에서

[화재 사실 알리기]
불을 발견하면 "불이야!"하고 큰 소리로 외쳐 다른 사람에게 알리고, 화재 비상벨을 누른다.

[대피 시]
• 유도등의 표시를 따라 대피한다.
• 엘리베이터를 이용하지 말고 계단을 이용하며, 아래층으로 대피가 불가능할 경우 옥상으로 대피한다.
• 불길 속을 통과할 때에는 물에 적신 담요나 수건 등으로 몸과 얼굴을 감싸고 통과한다.
• 연기가 많을 경우 젖은 수건, 마스크 등으로 코와 입을 막고 낮은 자세로 이동한다.
• 방문을 열기 전 손등을 문손잡이에 대어보고, 뜨겁지 않으면 문을 열고 밖으로 나가며, 뜨거우면 문을 열지 말고 다른 길을 찾는다.
• 출구가 없으면 연기가 방안에 들어오지 못하도록 옷이나 이불에 물을 적셔 문틈을 막고 구조를 기다린다.

[대피 후]
• 소방서에서 건물의 안전 여부를 판정하기 전까지 건물에 들어가지 않는다.
• 대피하면서 다친 곳은 없는지 살핀다.

구분		훈련내용

훈련의 목적
학교 및 주변 시설에서의 화재 발생 시 이로 인한 피해를 최소화하는 데 필요한 대응 역량 개발

훈련의 목표
화재대피 역량 강화 및 훈련 참여자 임무·역할 검증

훈련절차

구분	훈련내용
훈련 준비	• 대피동선 파악 − 각 담임교사와 안전교육 지도교사는 대피동선을 사전 파악하고, 대피시 장애가 될 요인 등을 제거(화분 등) • 훈련 준비 − 각 층별 유도요원 훈련시작 10분전 인원 체크 − 장비 준비 및 배치 실시 − 외곽 방송 장비 점검 및 준비 • 훈련 전 대피방법 교육 − 대피방법 설명 및 주의점, 안전사고 예방법 숙지(동영상 등으로 대피교육 실시) − 방화벽(방화셔터)이 내려왔을 때의 대피 방법 교육(방화벽에 턱이 있음, 손잡이가 없어 세게 밀어서 열어야 함 등)
훈련 실시	• 가상화재 메시지 전달 − 학교안전책임관(또는 소방담당교사)이 전달 − (화재발견자) 주위에 "불이야"하고 3회 큰소리로 외친다. − 화재경보기를 누름 • 화재방송 실시 • 대피 실시 − 각반 담임선생님은 모든 수업을 중단하고, 대피 후 집결 장소를 말한 후, 학생들을 복도 옆 창가로 2~4줄로 세운 후 낮은 자세로 침착하게 대피하며, 화장실 등 훈련에 빠진 학생들을 1차 수색(주의사항 − 절대 뛰지 않음) − 학생들이 우왕좌왕하여 패닉상태로 되지 않도록 강하게 대피를 지시 • 대피 완료 − 담임선생님과 대피 학생들은 각반 집결 장소로 모인 후, 대피인원을 파악해 학교안전책임관(교장)에게 보고하고, 학교안전책임관(교장)은 출동소방관에게 대피인원, 대피하지 못한 인원(위치) 등을 통보
후속조치	• 대피경로 선정의 적합성 검토 • 화재대피 훈련절차와 행동요령 적절성 검토 − 학생 행동요령 단계별 적용의 적절성 − 예고 없는 상황에 대한 훈련 적용의 적절성 • 재난대응반(상황반, 안내·유도반, 응급구조반, 소화반) 운영의 적절성 검토 • 훈련장비와 물자의 소요 검토 ➡ 도출된 문제점은 교직원 회의 시 공유하여 차기 훈련에 반영

훈련절차 및 대피요령 (좌측 제목)

화재 훈련 역할별 훈련 내용

| 학교장/학교 안전책임관 | • 대피 방송 실시(교내 방송시설 활용)
• 교직원, 학생, 방문객들을 지정된 대피경로(화재감지 자동 셔터문 주의)를 이용하여 건물 밖의 지정된 장소로 즉시 대피한다.
• 119에 신고 또는 신고자 지정
 − 소방서에 신고하여 화재장소, 피해정도, 대피여부 등을 신속하게 정확하게 이야기한다.
• 교육청에 학생들을 대피시켜야 하는 재난이 발생하였음을 보고 |

		• 업무부서에 학교 방문자 명단, 조퇴 학생 명단, 비상 배낭(사고대응에 필요한 중요문서, 도면, 정보, 비상물품을 담아 놓은 가방) 등을 교내에 설치된 사고지휘소에 전달한다. • 화재현장의 소방관 등 지휘관으로부터 안전을 확인받지 않은 상황에서는 학생과 교직원들이 건물로 다시 들어가지 못하도록 조치 • 지속적인 상황 모니터링 및 소방관서에 협조한다.
	교사	• 비상물품 등을 챙기고, 비상 대피로 또는 지정된 대피 경로를 따라 학생들을 가능한 빨리 지정된 장소로 대피시킨다. • 장애학생(또는 이동에 어려움을 갖고 있는 사람)의 이동을 도와준다. • 교실을 떠날 때 문을 잠그지 않은 상태로 문을 닫아 놓는다(실험이나 실습실의 경우, 열기구와 전열기 등 차단). • 대피경로에 화재로 인한 연기 발생 시 학생들은 자세를 낮추고, 연기를 최대한 마시지 않도록 코를 젖은 수건이나 옷자락으로 막은 상태에서 낮은 자세로 신속하게 질서있게 이동할 것을 지시한다. • 기존 대피경로가 위험할 경우, 지정된 2차 대피로를 이용하여 대피를 실시하고, 학교장과의 연락을 통해 안전한 대피경로를 확보한다. • 대피 장소에 도착한 후, 이름을 불러 학생 인원을 확인하고 실종자 또는 부상자가 있는 경우 즉시 소방관/학교장에게 보고한다. 　－ 대피시 부상당한 유아를 돌볼 수 있도록 비상 약품을 가지고 응급처치를 한다. • 학생들이 집합장소에 모여 있도록 지도하면서 추가적인 지시를 기다린다.
	행정직원	• 행정실 비상 배낭(응급처치 도구 등), 방문객 기록지 등을 지참하고 대피지역으로 이동한다. • 교사들로부터 인원점검 결과를 취합하여 소방관/학교장에게 부상 학생과 특이사항을 전달한다.
	학생	• 화재발생 직후, 최초 목격자는 "불이야!"하고 외치고 비상벨을 누른다. • 대피 시, 젖은 수건이나 손으로 코와 입을 막고 자세를 낮추어 지정 된 장소로 대피한다. • 만약 대피로가 화염에 쌓인 경우, 교실로 되돌아가 문을 닫고 옷이나 양말 등으로 틈새를 막은 후 구조를 요청한다. • 대피 후, 대피장소에서는 인솔교사의 안내에 따라 행동한다.
연기를 대피하는 자세		• 대류 현상에 따라 뜨거운 연기는 천장으로 올라가고 차가운 공기는 아래로 내려오므로 자세를 낮춰서 대피한다. 　－ 화재 시 연기는 위에서 내려오고, 깨끗한 공기는 바닥면으로부터 30~60cm 사이에 있다. 　－ 코와 입을 막을 때에는 물에 적신 수건을 이용하는 것이 효과적이며, 급한 상황에서 찾기 힘든 경우 긴팔 소매로 가리거나 반팔일 경우 목 부분을 당겨 코와 입을 막고 대피한다.

| 손수건, 옷 등을 이용하여 호흡기 (코, 입)를 보호한다. | 자세를 낮춘다. | 다른 손으로 벽을 짚는다. | 한 방향으로 신속하게 밖으로 대피한다. |

소화기 사용법

안전핀을 뽑는다. 　노즐을 잡고 불쪽을 향한다. 　손잡이를 움켜쥔다. 　분말을 골고루 쏜다.

> 실내에서 소화기를 사용할 때는 밖으로 대피할 때를 대비하여 문을 등진다.

1. 소화기를 가져와서 몸통을 단단히 잡고 안전핀을 뽑는다.
2. 노즐을 잡고 불쪽을 향해 가까이 이동한다.
3. 손잡이를 꽉 움켜쥔다.
4. 분말이 골고루 불을 덮을 수 있도록 쏜다.

투척용 소화기

• 투척용 소화기는 불길이 거세어 다가가기 힘들 때 사용하거나 소화기 사용이 어려운 노약자 또는 어린이가 사용할 수 있다.
  − 불속에 직접 던지지 말고, 불 근처의 벽이나 바닥에 던진다.

커버를 벗긴다. 　약재를 꺼낸다. 　불을 향해 던진다.

소화전 사용법

문을 연다. 　호스를 빼고 노즐을 잡는다. 　밸브를 돌린다. 　불을 향해 쏜다.

> 2인 1조로 사용할 경우

1. 2명 중 1명이 먼저 소화전함의 문을 열고 호스와 노즐이 연결되어 있는지 확인한다.
2. 호스가 꼬이지 않도록 불이 난 곳까지 길게 늘어뜨린 후 노즐(관창)을 열고 방수자세를 취한다.
3. 다른 한 사람이 밸브를 돌려 물이 나오는 것을 확인한 후 뛰어가서 호스를 잡는 것을 도와준다.
4. 노즐의 끝을 돌려 물의 양을 조절해 가며 불을 끈다.

완강기 사용법	**완강기가 필요한 상황** 피난로가 전부 막히고, 119구조를 기다리기 어려워서 바로 대피해야 할 때 사용한다. **완강기 사용방법** • 완강기 지지대를 흔들어 튼튼하게 고정되어 있는지 확인하기 • 고정이 잘 되어 있다면 지지대 고리에 완강기 고리를 연결하기 • 벨트를 머리부터 위에서 아래로 가슴부위에 착용 후, 고리를 단단하게 조여 몸에 딱 맞도록 하기 • 아래로 내려갈 위치를 확인하고, 로프를 바닥으로 떨어뜨리기 • 양팔을 좌우로 펼치고 건물을 바라보며, 아래 장애물이 있는지 살펴보면서 내려오기 ※ 유아의 발달수준을 고려했을 때 유아 스스로 완강기 사용방법을 익히기 어렵지만, 유아가 완강기가 필요한 상황이 있음을 알고 사용방법에 관심을 가질 수 있도록 지도한다면, 화재 발생 시 위험 상황에 따라 대처할 수 있는 태도를 신장시킬 수 있다.

피난구 유도등

피난구 유도등
피난구의 위치나 피난 방향을 유도하는 전등

피난구 유도등이 초록색인 이유
• 정전 또는 화재 시 빛이 적은 어두운 상태에서는 간상체 시각세포가 활성화되면서 녹색 파장의 빛에 더 잘 반응하기 때문이다.
 − 유도등은 화재 등으로 정전이 발생했을 때 전기를 사용하지 않아도 빛이 날 수 있도록 배터리를 사용하거나 자체발광하도록 만든다.

피난구 유도등의 종류

피난구 유도등	통로 유도등			객석 유도등
	복도	계단	거실	
피난경로로 사용되는 출입구 표시	피난통로를 안내하기 위한 유도등으로 방향을 명시			객성의 통로·바닥·벽에 설치

피난구 유도등의 주의사항
• 피난구 유도등의 그림은 흡사 사람이 나가는 방향으로 대피하라는 것으로 오해하기 쉬우나, 피난구 또는 피난 경로로 사용되는 출입구의 표시이다.
• 피난 통로의 방향을 알려주는 유도등에는 화살표시가 있다.

옷에 불이 붙었을 때

멈춘다

눈·코·입 보호

엎드린다

뒹군다

얼굴의 화상을 방지하고, 연기가 폐로 들어가지 않도록 한다.

1. 옷에 불이 붙었을 때는 하던 일을 멈춘다.
2. 얼굴(눈, 코, 입)에 화상을 입지 않도록 두 손으로 감싼다.
3. 바닥에 엎드린다.
4. 몸을 뒹굴어서 불이 꺼지도록 한다.

MEMO

화재취약시설 집중관리 및 위험요소	행정실	• 학교 관리자는 화재 대비 소방훈련계획 및 방재계획을 수립한다. • 소방점검에서 발견된 지적사항은 즉시 시정한다. • 각 실별로 화재예방 점검표를 작성하여 점검을 한다.
	교실	• 교실에서 퇴실할 때는 컴퓨터, 모니터, TV 등과 냉·난방기기의 전원을 차단한다. • 하절기에는 선풍기와 에어컨 사용 및 관리에 유의한다. • 교실에서 개인 전열기구 사용을 금지한다. • 소화기는 주 출입구 옆 눈에 잘 띄는 곳에 비치한다. • 소화기의 압력게이지가 녹색범위에 있는지 매월 확인한다. • 노후되거나 고장난 형광등은 즉시 교체한다. • 교실의 쓰레기는 분리수거하고, 방과 후에는 반드시 제거한다.
	실험 실습실	• 실험·실습 전에 기구 사용법 및 위험성에 대하여 충분히 숙지한다. • 실험·실습이 없을 경우에는 전기기구의 전원을 차단한다. • 특수한 실험·실습에는 용도에 적합한 소화기를 설치한다. • 폭발 및 화재 위험이 있는 약품들은 출입구에서 먼 위치에 보관한다. • 일반 소화기를 사용할 수 없는 화학실에는 모래함을 준비한다.
	교무실	• 교무실, 행정실에서 사무기기의 문어발식 사용을 금지한다. • 교무실 등에서 취사도구 사용을 금지한다. • 최종 퇴실자는 전기제품의 전원을 끄고 전원 코드를 제거한다.
	관리 숙직실	• 숙직실에서 취사기구의 사용을 금지한다. • 화재 수신기를 항상 켜놓고 작동상태를 상시 확인한다.
	화장실	• 점검구 덮개에 잠금장치를 설치하여 학생들이 열지 못하도록 관리한다. • 동파방지를 위해 난방기구를 설치한 경우 관리에 유의한다. • 화장실 환풍기가 고장·노후된 것은 교체한다.
	복도	• 복도에는 소화기를 20m 이내마다 배치한다. • 옥내소화전의 램프가 켜져 있는지 확인한다. • 옥내소화전의 호스 비치 상태 및 부식 여부를 확인한다. • 최종 관리자는 복도 방화문이 닫혀 있는지 확인한다.
	체육관/강당	• 체육관/강당은 별도의 분전반을 설치하여 관리한다. • 체육관/강당을 사용한 후에는 전원을 차단한다. • 화재감지기 작동 시 당직실의 수신기에서 확인할 수 있도록 설치한다.
	합숙소	• 별동으로 건축된 합숙소에도 관계 법령에 따라 단독 경보형감지기를 반드시 설치한다. • 화재 피난로를 2곳 이상 확보한다. • 숙소 내의 휴대용 취사기구의 사용을 금하고, 조리실의 출입을 통제한다. • 소화기 배치, 작동 상태를 매월 확인하고 사용법을 숙지한다. • 전열기기의 문어발식 사용을 금지한다.
	창고	• 창고 등 부속건물의 노후화된 전기시설은 교체한다. • 쓰레기 분리 보관소에 담뱃불 등을 버리지 않도록 조치한다.

단계별 학교 조치 절차

1단계 : 화재 발생 안내 방송	• 화재경보음이 울리면 담당자는 화재 발생 위치를 확인하고 즉시 안내 방송을 실시한다. 　－ 위치 확인 : 화재수신반 또는 육안 확인	
2단계 : 화재 신고	119에 신고하며, 가능하면 벨이 울린 지점에 접근하여 화재 발생 여부 파악 후 신고한다.	
	화재 신고 방법	① 수화기를 들고 119를 누르고 불이 난 내용을 간단 · 명료하게 설명한다. ② "집에 불이 났어요!" 또는 "유치원(학교)에 불이 났어요!"라고 말한다. ③ 신고자의 이름, 전화번호, 주소를 말한다. ④ 주소를 모르는 경우, 어느 유치원(학교)에 다니는지를 말해준다. ⑤ 소방서에서 전화를 받은 사람이 알겠다고 할 때까지 전화를 끊지 않는다. ⑥ 화재 발생 시 안전한 지역으로 대피 후 전화를 한다.
3단계 : 전교생 대피 지시	• 전교생에게 대피 지시(교내 방송 활용)한다. 　－ 대피 경로의 안전 확보	
4단계 : 대피 후의 안전 확보	• 학생 인원 파악 후 대피 못한 학생을 확인한다. 　－ 부상자 확인 후 응급조치, 의료기관 등과 보호자에게 연락, 학생들의 안정 확보	
5단계 : 상황반 설치	• 피해 상황을 파악한다(인원, 시설 등). 　－ 정보 수집, 교육청에 보고 / 외부기관 등과 협조체제 유지 / 교실 밖 대피 장소에서 　　안전한 학생 관리 / 보호자에게 연락 후 학생 인계 조치	

화재 대피훈련

예방과 대비 원칙	• 불은 편리함과 함께 위험성을 가지고 있음을 숙지할 수 있도록 화재 원인에 대해 알려주고, 평소에 주의하는 생활습관이 형성되도록 지도한다. • 교사는 화재의 원인이 되는 성냥, 촛불, 라이터 등을 유아들 가까이 두지 않도록 하고, 기관 내의 전기시설을 자주 점검하며, 전기제품의 사용에 유의한다. • 화재 발생 시 피해를 최소화할 수 있는 안전 시설을 설치한다. • 대피 시설(대피기구, 유도등, 비상조명등)을 설치한다. • 층별 · 면적별 방화구획을 설치하여 화재의 확산을 방지한다. • 계단과 비상구는 두 군데 이상 확보한다. • 내부의 구조는 미로식이 아니라 실내에 있는 사람이 비상구나 계단을 찾아 밖으로 대피할 수 있는 구조로 설계한다. • 건물 각 부분에 대피안내도를 붙여 둔다. 　－ 비상사태 시 대피할 장소와 통로가 표시된 비상대피 경로를 교실과 복도 등 눈에 잘 띄는 곳에 　　게시한다. • 화재 시 역할분담에 관한 내용(역할 분담표)을 크고 정확하게 적어 교실 문에 붙여둔다. • 실제로 화재가 발생했을 경우에 대비하여 미리 대피훈련을 계획하고, 그에 따라 정기적으로 실시 한다. 　－ 계획 구성 : 훈련 시간, 모의 화재 발생 장소, 대피 경로, 역할 분담, 건물 밖의 만날 장소 등 　－ 화재 시 담당해야 할 역할 : 유아 대피, 교실 확인, 최종인원 점검, 화재 신고, 다친 유아 치료, 　　소요시간 측정

MEMO

훈련 시 유의사항		• 평소에도 소방 대피훈련을 실시하여 화재 발생 시 대처 요령을 유아가 숙지하도록 한다. • 유아들에게 화재 대피훈련의 필요성을 다양한 자료와 활동을 통해서 인식시키고, 훈련 시 유의사항을 지도한다. 　－ 화재 대피훈련은 가상으로 실시하는 것이므로 자칫 소홀해지기 쉽기 때문에 진지하게 참여할 수 있도록 지도한다. 　－ 화재경보를 들으면 즉시 그 자리를 떠나 교사의 지시대로 신속하게 움직이고, 소지품을 챙기려고 머뭇거리지 않도록 지도한다. • 매월 대피훈련을 정기적으로 실시하며, 익숙해질 때까지 예고를 한 후 훈련을 하고 점차 예고 없이 실시해 보기도 한다. • 가상으로 설정하는 화재 발생지점은 매 훈련마다 달리하여 실시함으로써 화재 장소에 따라 대피경로를 번갈아가면서 훈련을 실시한다. 　－ 실제 화재 발생 시 신속하고 정확하게 안전한 장소로 대피하는 능력을 기를 수 있다. • 화재 대피 시 건물 밖에서 만날 장소를 유아, 교사, 직원들에게 알리고, 일단 밖으로 나온 후에는 절대로 건물 안에 다시 들어가지 않도록 지도한다. • 대피에 걸리는 시간을 측정하고, 보다 신속하게 대피할 수 있는 방법을 연구한다. • 비상문의 위치와 비상 대피경로는 평소에 유아들과 함께 살펴보고 확인해야 한다. • 모든 건물의 출구를 알아 두고, 어두울 때도 길을 알 수 있도록 한다. • 대피 경로와 비상구 주위는 항상 통행이 원활하도록 물건을 쌓거나 막아 두지 않는다. • 화재 대피훈련을 진행할 때에는 가정통신문을 발송하여 사전에 부모님께 알린다. 　－ 소방 대피 훈련은 사전에 유아와 가정에 알린 후 실시한다.
화재 시 담당 역할	유아 대피	• 교실, 화장실, 복도 등에 있는 유아들을 모아서 안전한 경로를 통하여 건물 밖으로 대피시킨다. • 화재 발생 위치에 따른 다양한 대피경로를 잘 알고 있어야 한다. • 어두운 곳을 나와야 하는 경우나 정전을 대비하여 손전등을 준비한다.
	교실 확인	대피하는 유아의 마지막에 따라 나오면서 교실, 화장실, 복도 등에 남아있는 유아가 없는지 확인한 후 전등을 끄고 문을 닫고 나온다.
	최종인원 점검	함께 모이는 장소에서 학급 인원수를 확인하고 훈련 도중에 다친 유아가 없는지 살펴본다.
	화재 신고	• 소방서에 신고하여 불이 난 곳과 상황을 신속하고 정확하게 이야기한다. • 소방서에서 모든 정보를 알고 전화를 끊을 때까지 신고자는 전화를 끊지 않는다.
	다친 유아 치료	• 대피 시 부상당한 유아를 돌볼 수 있도록 비상약품을 가지고 대피한다. • 건물 밖에서 다친 유아를 응급처치하고 돌본다.
	소요시간 측정	초시계를 준비해 대피훈련에 소요되는 시간을 정확하게 측정한다.

UNIT 69 자연재난 – 홍수 발생 시 대처 요령

MEMO

1 학습목표

자연재해인 홍수와 태풍 발생 원인 및 대처 요령에 대해 알아본다.

2 누리과정 관련 요소

신체운동·건강

[안전하게 생활하기]
안전사고, 화재, 재난, 학대, 유괴 등에 대처하는 방법을 경험한다.

자연탐구

[탐구과정 즐기기]
주변 세계와 자연에 대해 지속적으로 호기심을 가진다.

자연탐구

[자연과 더불어 살기]
날씨와 계절의 변화를 생활과 관련짓는다.

3 학습주제와 학습의 중점

학습주제	학습의 중점
1. 자연재난 개념 알아보기	• 자연재난에 관심을 가지고 종류와 원인을 알아본다. • 자연재난 시 안전하게 지내는 방법에 대해 알아본다.
2. 홍수 발생 시 대처 방법 알아보기	• 여름철 날씨 현상인 호우와 홍수에 관심을 갖는다. • 홍수로 인한 피해를 줄이기 위한 방법을 알아본다.

4 홍수

개념	**홍수** • 집중호우로 하천이 범람하여 주변 지역에 피해를 입히는 자연재해를 의미하며, 대체로 단기간의 집중호우나 장기간 지속되는 강수의 결과로 발생한다. 　ㅡ 하천이 범람하는 외수 범람과 내수배제의 불량에 기인하는 내수 범람으로 구분한다. **홍수와 호우의 관계** • 호우주의보 : 3시간 강우량이 60mm 이상 또는 12시간 강우량이 110mm 이상 예상될 때, 기준 지점의 수위가 상승하여 경계 홍수 수위를 넘을 것으로 예상된다. • 호우경보 : 3시간 강우량이 90mm 이상 또는 12시간 강우량이 180mm 이상 예상될 때, 수위가 계속 상승하여 위험 홍수 수위를 초과할 것으로 예상된다.
물이 밀려들 때 행동 요령	• 갑작스런 홍수가 발생하면 높은 곳으로 빨리 대피한다. • TV, 라디오, 인터넷, 스마트폰 등으로 기상변화를 확인한다. • 하천의 물이 갑자기 많아지는지를 주의 깊게 관찰한다. • 만일 둑의 물이 넘치고 하수도로 물이 나온다면 다음과 같이 해야 한다. 　ㅡ 시간 여유가 있다면 마당에 있는 여러 가지 물건들을 집 안으로 옮기고 집 주변을 정비한다. 　ㅡ 전기 차단기를 내리고 가스 밸브를 잠근다. 　ㅡ 상수도의 오염에 대비하여 욕조에 물을 받아둔다. • 홍수에 의하여 밀려온 물에 가까이 가지 않도록 주의한다. • 흐르는 물에 들어가지 않는다. • 침수된 지역에서 자동차를 운전하지 않는다. • 지정된 대피소에 도착하면 반드시 도착사실을 알리고, 통제를 따라야 한다.
물이 빠진 후 행동 요령	• 물이 빠져나가고 있을 때 물에서 멀리 떨어져야 하는데, 이는 기름이나 더러운 물로 오염되었을 가능성이 높아 오염 위험이 따르기 때문이다. • 흐르는 물에서는 약 15cm 깊이의 물에도 휩쓸려 갈 수 있으므로 주의한다. • 홍수가 지나간 지역은 도로가 약해져서 무너질 수 있으므로 주의한다. • 재난 발생 지역에는 가까이 가지 않는다. • 홍수로 밀려온 물에 몸이 젖었을 때에는 비누를 이용하여 깨끗이 씻는다. • 대피했다가 돌아왔을 때는 바로 집에 들어가지 말고, 붕괴 가능성을 반드시 점검한 후 들어가야 한다.
홍수로 인한 결과	• 수해 지역의 오염으로 인해 수인성 전염병에 걸릴 수 있다. 　ㅡ 홍수로 인해 물과 토양이 오염되어 식품이 상하게 되며, 이에 따라 음식을 잘못 섭취하면 장티푸스, 콜레라, 이질 등에 걸릴 위험이 높다. 　ㅡ 수인성 전염병에 걸리면 열, 복통, 구토, 설사, 몸살 등의 증상을 보인다. • 침수, 산사태, 나무쓰러짐 등으로 인명 피해를 겪게 된다. • 거주지가 침수되어 문제가 발생한다. 　ㅡ 지반 침하와 정전, 누수, 고립 문제가 있다. 　ㅡ 집이 무너진다.

UNIT 70 | 자연재난 – 태풍 발생 시 대처 요령

MEMO

1 학습목표

자연재해인 홍수와 태풍 발생 원인 및 대처 요령에 대해 알아본다.

2 누리과정 관련 요소

신체운동 건강
[안전하게 생활하기]
안전사고, 화재, 재난, 학대, 유괴 등에 대처하는 방법을 경험한다.

자연탐구
[탐구과정 즐기기]
주변 세계와 자연에 대해 지속적으로 호기심을 가진다.

자연탐구
[자연과 더불어 살기]
날씨와 계절의 변화를 생활과 관련짓는다.

3 학습주제와 학습의 중점

학습주제	학습의 중점
1. 자연재난 개념 알아보기	• 자연재난에 관심을 가지고 종류와 원인을 알아본다. • 자연재난 시 안전하게 지내는 방법에 대해 알아본다.
2. 태풍 발생 시 대처 방법 알아보기	• 태풍 단계에 따라 대비해야 할 사항을 알아본다. • 태풍에 대비하기 위한 준비사항과 행동을 알아본다.

4 태풍

	태풍
	저위도 지방의 따뜻한 공기가 바다로부터 수증기를 엄청나게 공급받으면서 최대 초속 17m 이상의 강한 바람과 많은 비를 동반하여 고위도로 이동하는 기상현상

집중호우
짧은 시간 동안 특정 지역에 많은 비가 내리는 현상

구분	주의보	경보
태풍	강풍, 풍랑, 호우, 폭풍해일 현상 등이 주의보 수준에 도달할 것으로 예상될 때	다음 중 어느 하나에 해당하는 경우 ① 강풍(또는 풍랑) 경보기준에 도달할 것으로 예상될 때 ② 총 강우량이 200mm 이상 예상될 때 ③ 폭풍해일 경보 기준에 도달할 것으로 예상될 때
집중호우	3시간 동안 60mm 이상, 12시간 동안 110mm 이상의 강우량이 예상될 때	3시간 동안 90mm 이상, 12시간 동안 180mm 이상의 강우량이 예상될 때

국지성호우
특정 지역에 집중적으로 비가 내리는 현상으로 천둥·번개를 동반하고 돌발적으로 출현하는 기상현상

낙뢰
- 흔히 '천둥', '번개'라고도 부르는 낙뢰는 구름에 축적된 전기가 대지에 순간적으로 방전되는 현상
  - 낙뢰예보: 낙뢰는 특보가 없는 기상정보로 낙뢰의 발생, 시각, 위치, 강도 등의 관측자료가 시각화되어 기상청 홈페이지와 모바일 앱을 통해 제공된다.

개념 / 학교 조치사항

1단계 예방·대비

[사전 점검 및 안전교육]
- 교직원 비상연락망 및 유관기관과의 연락망 점검·확인
  ※ 유관기관: 교육부, 행정안전부, 기상청, 보건복지부 등
- 옹벽, 경사지 등 취약지역 및 배수시설 사전 점검 및 표시
- 방재물자 구비 상태 점검 및 확보
  - 라디오, 비상 조명기구, 응급약품, 확성기, 경광봉, 양수기, 모래주머니, 로프, 테이프 등(학교의 특성 고려 구비)
- 여름철 시설물 안전점검 실시
  - 붕괴될 우려가 있는 비탈면은 천막으로 덮어 붕괴 방지
  - 노후되거나 기울어진 담장, 축대 등은 보수, 보강
  - 건물 주변의 교내 수목 가지치기 실시
  - 금이 가거나 깨진 유리창 교체
  - 옥상 배수구 점검
  - 저지대(지하실) 침수 사전 점검
  - 교내 공사 현장 주변 안전 점검
  - 통학로 땅 꺼짐(싱크홀) 우려 지역 점검 및 통제
  - 피뢰설비 사전 점검(피뢰침 부착상태 및 서지 보호장치 등)
- 태풍 및 집중호우 대응 행동요령 교육

MEMO

	2단계 대응
	주의보 발령
		• 예방·대비 단계 [사전 점검 및 안전교육] 강화
		  – 강풍으로 날아갈 수 있는 시설물은 견고하게 고정하거나 제거
		  – 물에 떠내려갈 수 있는 물건은 실내로 이동조치
		  – 창문이 바람에 흔들리지 않도록 조치
		  – 침수가 예상되는 저층 건물 내의 중요 물품은 상부로 이동
		  – 침수 위험 지구에 사전 모래주머니 적재
		  – 붕괴 위험 지구, 균열이 있는 옹벽 출입 통제 및 접근금지 표식
		[학사운영 조정여부 검토]
		• 학교장은 기상예보 확인 및 기상청 문의 결과, 학교 여건 등을 종합적으로 고려하여 학사운영 조정 여부를 검토하고 결정
		  – 등·하교시간 조정 또는 휴업 결정 시 돌봄교실 및 (휴업 시) 휴업 대체 프로그램 운영 여부를 함께 결정하여 해당 사항을 학부모와 학생에게 안내하고 시·도 교육청(교육지원청)에 보고
		    ※ 주의보 단계에서도 상황을 종합적으로 판단하여 학교장이 휴업 결정 가능
		    ※ 시·도교육청이 등·하교시간 조정 및 휴업을 결정할 수 있음
		• 현장 체험학습 등에 대한 일정 조정 검토
		[상황보고 및 응급조치]
		• 비상 상황(인명피해) 발생 시 보고 철저(교육청, 소방서)
		  – 피해 내용 / 현재 학교 조치사항 / 향후 계획 등

	3단계 대응
	경보 발령
		• 예방·대비 단계 [사전 점검 및 안전교육]의 학교시설 점검 강화
		• 2단계 대응 [학사운영 조정여부 검토] 강화
		  – **전제조건** : 학생의 안전을 위해 등·하교 시 학부모(대리인) 동행
		  – 재난으로 인한 임시휴업 시에 돌봄교실을 운영하고 휴업 대체 프로그램 운영을 권장
		    ※ 단, 재난 지역 및 학교 상황 등을 고려해 학교 내 안전보장이 어려운 경우와 학교의 모든 기능이 정지되는 휴교 처분을 받으면 미운영
		  – 수업 시 실시간 안전조치 시행
		  – 기상방송을 청취하여 기상 상태 파악
		  – 상황을 고려하여 비상근무 실시(학교 자체 기준에 따름)
		  – 교실 창문이 심하게 흔들려 파손 우려 시 학생들을 교실에서 안전한 공간(체육관, 강당 등)으로 대피시킴
		  – 교내 위험지역 인근 접근 통제
		  – 하천 부근에 위치한 학교는 통제소의 홍수예보에 따라 하천의 범람 여부 수시 파악
		  – 통학로 및 거주지가 하천 등 침수 위험지역인 학생들에 대한 개별 안전조치 강구
		• 2단계 대응 [상황보고 및 응급조치] 강화
		  – 인명피해 발생시 119 신고 및 응급조치
		  – 피해 인원 후송조치 시 직원 파견 등을 통한 연락체계 유지
		  – 보호자에게 상황 전파
		  – 교육청 등 유관기관에 피해 상황 보고
		    ※ 심각한 피해 발생 시 주민센터 신고

SESSION 03

		− 필요할 때, 피해 발생지역에 접근금지 라인 설치 − 전기, 가스, 수도 등 기간 시설 피해 발생 시 전문기관 통보 − 침수된 곳은 펌프 등으로 배수 작업 실시 **[상태 악화 시 대피 실시]** • 상황 악화로 학교가 위험하다고 판단 시 안전하게 대피 실시 　− 대피 전 유의사항 등 안전교육 시행 및 대피 안내방송 실시 　− 대피 전·후 인원 확인 　− 지정된 대피장소 도착 시 소방서, 교육청 등 유관기관에 통보
	4단계 복구 복구대책 마련	• 침수된 부분은 완전히 배수시킨 후 복구대책 마련 　− 복구 작업은 안전 장비를 착용하고 반드시 2인 이상 실시 • 전염병 예방을 위해 물이 빠진 후 교내 방역작업 실시 • 피해 확산 및 2차 피해를 방지하기 위한 조치 시행 • 피해 부분에 대한 복구계획 수립 • 기둥, 보 등이 훼손되었을 경우 전문가의 안전점검 실시
학생 행동요령	등교 전	• 방송 매체(TV, 라디오) 및 인터넷(기상청)의 기상 상황을 확인한다. • 등교시간 조정 및 휴업 여부를 확인(문자, 홈페이지, 교무실 전화 등)한다. • 우산·우비·장화 등 우천 대비 용품을 준비한다. • 되도록 밝은 옷을 입고 등교한다. • 낙뢰가 예상될 때는 우산보다는 비옷을 준비한다.
	등·하교 시	• 집중호우로 인하여 빠르게 흐르는 물은 피한다. • 저지대나 상습 침수지역은 감전 위험이 있으므로 우회하여 안전한 길로 등교한다. • 맨홀에서 물이 역류하는 곳은 피한다. • 좁은 폭의 하천은 순식간에 물이 불어나므로 신속하게 벗어난다. • 걸어가는 중에는 스마트폰 사용을 자제하고 주변을 경계한다. • 낙뢰가 치면 몸을 낮추고 건물 안이나 움푹 파인 곳으로 대피한다. • 물이 고인 웅덩이는 피하고, 간판 등의 낙하물이 있는 곳을 벗어나서 보행한다. • 번개가 친 이후 30초 이내에 천둥이 울리면, 즉시 안전한 장소로 대피한다. • 평지에 있는 키 큰 나무나 전봇대에는 낙뢰가 칠 가능성이 크므로 피한다. • 마지막 천둥소리가 난 후 최소한 30분 정도 더 기다렸다가 움직인다.
	학교에서	• 시설물 파손이나 누수 발견 시 즉시 선생님에게 알린다. • 위험 지역으로 표시된 건물 등에 접근하지 않는다. • 대피 시 선생님의 통제에 따라 줄을 서서 이동한다.
	가정에서	• 가족과 재난 대책 회의를 가져 비상시 연락 방법, 대피 장소를 정한다. • 외출은 삼가되, 부득이 외출할 경우 등·하교 시 행동요령을 따른다. • 침수되거나 고립 시 옥상 등 안전한 곳으로 대피하여 구조를 요청한다. • 반지하 등 지하공간에 빗물 유입 즉시 대피하여 구조를 요청한다. • 낙뢰 시 가옥 내에서는 전화기나 전기제품 등의 플러그를 빼두고, 전등이나 전기제품으로부터 1m 이상의 거리를 유지한다.

MEMO

침수 시 행동요령	지하공간 이용자	• (반지하주택, 지하 역사·상가) 지하주택(반지하), 지하철, 상가 등 지하 공간 바닥에 물이 조금이라도 차오르거나 하수구에서 역류 시 즉시 대피한다. 　– 외부 수심이 무릎 이상일 경우 혼자서 개방이 불가하므로, 전기전원 차단 후 여러 명이 힘을 합쳐 문을 열고 신속히 대피한다. • (지하 주차장) 물이 조금이라도 차오르면 차량은 두고 즉시 탈출하고 주차장으로 빗물이 들어오면 차량을 밖으로 이동하지 말고 몸만 탈출한다. 　– 경사로를 따라 물이 들어오기 시작하면 차량은 수압으로 움직일 수 없어 사람만 신속하게 대피해야 하고, 특히 차량 확인 등을 위한 지하 주차장 진입은 절대 금지한다. • (지하 계단) 지하 계단은 정강이 높이 정도로만 물이 유입되어도 성인이 올라가기 어렵기 때문에 조금이라도 물이 흘러들어오면 즉시 대피한다. 　– 특히, 계단에 유입되는 물이 발목 높이라도 어린이나 노약자는 올라갈 수 없으니 조금이라도 유입이 되면 즉시 대피한다. • 지하공간 대피요령 　– 대피 시에는 미끄러운 구두, 하이힐이나 슬리퍼보다는 운동화가 대피에 용이하고, 특히 장화는 안으로 물이 차 대피가 어려우니 가급적 피한다. 　– 마땅한 신발이 없을 시, 맨발로 대피하며 이동 시에는 난간을 잡고 이동한다.
	차량 이용자	• (차량 침수) 차량이 침수되기 시작하면 타이어 높이의 2/3 이상 잠기기 전에 차량을 안전한 곳으로 이동시킨다. 　– 차량이 침수된 상황에서 외부 수압으로 문이 열리지 않을 때는 좌석 목 받침 하단 철제봉을 이용하여 유리창을 깨서 대피한다. 　– 유리창을 깨지 못한 경우, 차량 내·외부 수위 차이가 30cm 이하가 될 때까지 기다렸다가 차량 문이 열리는 순간 탈출한다. • (지하차도) 침수가 시작된 지하차도는 절대 진입하지 않으며, 만약 진입 시에는 차량을 두고 신속히 밖으로 대피한다. • (세월교 횡단) 급류가 있는 교량에서 차량은 수압에 의해 하천으로 밀릴 수 있어 절대 진입하지 말고 우회하거나 안전한 곳에서 대기한다. 　– 만약 급류에 차량이 고립되면 급류가 밀려오는 반대쪽 문을 열고 탈출하고, 문이 열리지 않으면 창문을 깨고 탈출한다.

MEMO

UNIT 71 | **자연재난** – 지진

1 학습목표

자연재해인 지진 발생 원인 및 대피 방법에 대해 알아본다.

2 누리과정 관련 요소

신체운동·건강
[안전하게 생활하기]
안전사고, 화재, 재난, 학대, 유괴 등에 대처하는 방법을 경험한다.

자연탐구
[탐구과정 즐기기]
주변 세계와 자연에 대해 지속적으로 호기심을 가진다.

자연탐구
[자연과 더불어 살기]
날씨와 계절의 변화를 생활과 관련짓는다.

3 학습주제와 학습의 중점

학습주제	학습의 중점
1. 유치원에서의 지진 대피 방법 알아보기	• 지진의 개념과 발생원인을 알아본다. • 유치원에서 지진이 일어났을 때 대비하는 방법을 알아본다.
2. 가정에서의 지진 대피 방법 알아보기	• 가정에서 지진이 일어났을 때 대비하는 방법을 알아본다. • 장소별/상황별 지진이 일어났을 때 대피하는 방법을 알아본다.
3. 지진해일 대피 방법 알아보기	• 지진해일의 개념과 발생원인을 알아본다. • 지진해일이 일어났을 때 대피하는 방법을 알아본다.

4 지진

개념		**지진** 지구 내부의 단층 붕괴 등에 의해 지반이 갑작스럽게 변동하여 인명 및 재산피해를 유발하는 재해 **지진의 규모와 진도** • 규모 : 지진계에 기록된 지진파의 진폭을 이용하여 발생한 지진에너지의 양을 수치로 환산한 것으로서 특정 장소와 관계없는 절대적인 크기 • 진도 : 어떤 장소에서 사람이 느끼는 감각, 주변의 물체, 구조물 및 자연계에 대한 영향을 등급별로 분류시킨 상대적인 크기
학교 조치사항	1단계 예방·대비	**[사전 점검 및 안전교육]** • 교직원 비상연락망 및 유관기관의 연락망 점검·확인 　※ 유관기관 : 교육부, 기상청, 소방서, 경찰서, 한국교육시설안전원, 주민센터, 한국가스공사, 한국전력공사 등 • 취약지역 사전 점검 및 조치 　－ 건물 기초, 지반, 균열 등 취약시설 점검 및 조치 　－ 노후 시설물, 옹벽, 담장, 지붕 등 지진 취약시설 점검 및 조치 　－ 떨어지기 쉬운 물건은 고정 • 방재물자 구비 상태 점검 및 확보 　－ 지진 대비 비상용품(대피 유도 장비, 구급 장비, 방송 장비 등) 준비, 보관 장소와 사용법 숙지 • 안전교육 및 훈련 시행 　－ 지진 대응 행동요령 교육 　－ 대피로 및 대피 장소 지정, 안내문 설치 　－ 지진대피 계획 작성 및 훈련 시행
	2단계 대응 지진 발생 시	**[안전 확보 – 지진 발생 시]** • 머리 보호 및 책상 아래로 대피 지시 　－ 손, 책, 방석 등으로 머리를 보호하거나 책상 아래로 대피 • 출입문 개방 및 각 학급의 전원차단(주간) • 흔들림 후, 화재 등 2차 재난 방지(약품·가스·전열기 차단) 　※ 지진으로 크게 흔들리는 시간은 길어야 1~2분 정도 **[대피 – 흔들림이 멈춘 후]** • 흔들림이 멈춘 후 지정된 대피 경로를 따라 신속한 대피 지시 　－ 대피 전 유의사항 등 안전교육 시행 및 전교생 대피 지시(방송, 타종, 음성, 메가폰, 호루라기 이용) 　　※ 이동 중 유리 파편 등에 주의함 　－ 학교 건물에서 신속하게 벗어나 운동장이나 넓은 공간으로 대피 　－ 대피 전·후 인원 확인 　－ 인솔 교사는 대피 장소의 학생 질서 유지와 불안증세를 호소하는 학생 대응 　－ 지정된 대피 장소 도착 시 유관기관에 통보

| | 3단계 대응
대피 후 | **[대책 회의]**
• 학교장(부재 시 : 상위직급순) 주재로 초동 대처 및 향후 대책 결정
　※ 긴급대피 완료 후
　　－ 학생 인원 파악 및 피해 학생 발생 여부 파악
　　－ 붕괴로 인해 갇힌 경우, 의식을 확인하고 섣부른 구조 금지
　※ 인명피해 시 즉시 119 신고
　　－ 지진 발생으로 인한 피해 상황 파악 후 교육청(교육지원청) 신속 보고
　　　(건물 손상 여부 등)
　　－ 지진 규모, 진앙 확인(기상청 홈페이지·안전디딤돌 앱)
• 향후 대책 결정
　－ 수업 진행 여부 : 정상 수업 여부, 운동장 대기, 학생 귀가조치
　－ 귀가 시 학생 안전대책 : 보호자 인계 및 연락 방안(전화, 문자, 홈페이지 등)
　－ 학부모 연락 부재 시 학생 조치사항 결정(교내 안전 구역 대기, 인솔 교사의 직접 귀가 인솔 등)
　　※ 여진이나 시설 점검 후 안전이 확보된 경우만 정상 수업 실시
　　※ 대책 결정 근거 : 행정안전부와 기상청, 교육청, 지자체, 언론 등을 통한 지진 상황모니터링 결과를 종합하여 판단
[학생에 대한 후속 조치]
• 학생에 대한 안전 조치 및 조치사항 전파
　－ 정상 수업 여부 전파
　　※ 통신두절 시, 보호자 불안 최소화를 위해 학생들의 운동장 대기 지속, 통신장애 복구 후 SNS 또는 홈페이지 공지
　－ 귀가 조치는 명확한 안전 확보가 가능할 때만 실시하고, 학생 인계 절차 준수(인솔 교사 대기)
　　① 피해 학생 후송 시 담당 교사 동행, 치료병원이나 치료상황 관련 학교안전책임관(교장)에게 수시 보고
　　② 대피 장소(운동장 또는 넓은 공터) 안전 확보
　　　－ 담임교사 및 인솔교사 지도를 통한 학생 보호
　　③ 불안증세 대응
　　　－ 학교 진행상황 안내를 통한 학생 동요 방지 교육
　　　－ 불안증 호소 학생에 대한 선 조치(상담교사 인계 등) 실시
　　　　※ 필요시 관할 교육청 Wee센터 협조 요청
[상황 대처 및 보고체계 구축]
• 교직원, 학생 상태 파악 및 피해 상황 보고(교육청)
　－ 인명 피해 : 신체 피해, 불안 호소자 신고 및 이송
　－ 시설 피해 : 건물, 수도, 전기, 통신망 이상 여부 확인
　　※ 피해가 심각한 경우, 주민센터 신고
　－ 화재 발생 여부 확인 및 조치
　－ 위급 상황 시 교직원 간 연락체계 구축
　－ 사고, 결정, 행동에 대한 기록
• 재난 대처 지속적 실시
　－ 재난 종료 시까지 학생 안전 관리
　－ 여진에 의한 추가피해 대비 철저 |

	4단계 복구 상황종료	• 상황일지 작성 및 대응 결과, 특이사항 보고 • 학교 피해시설 응급 복구 • 위험구역 설정 및 관리: 위험구역 내 학생의 강제 대피, 통행 제한 • 2차 피해 예상 시설점검 및 안전조치: 가스, 상하수도, 전기 등 • 시설물 피해 원인 등을 조사·분석하여 유사사고 방지 및 예방대책 수립 • 피해시설 복구·정비 소요 예산을 관계부서와 협의하여 확보
	교내(건물 안) 교육 활동 중 지진이 발생한 경우	
학생 행동요령	발생 직후	• 자신의 책상 밑으로 재빨리 들어가거나, 손이나 책·방석 등으로 머리를 보호한다. 　- 밖으로 급하게 달려 나가지 않는다. 　- 책상, 탁자 아래로 들어가 몸을 웅크리고 책상다리를 꼭 잡는다. 　- 근처에 책상이 없을 때는 손이나, 책 등으로 머리를 보호한다. 　- 즉시 창문에서 멀리 떨어지고, 계단에서 떨어지지 않도록 난간을 붙잡는다.
	흔들림이 멈춘 후	• 인솔 교사의 안내에 따라 침착하게 대피를 준비한다. 　- 큰 흔들림이 진정되면 출입문부터 개방한다. 　- 화재를 대비해 전열기 및 전원을 차단한다. 　- 재난방송을 청취한다.
	대피 시	• 밖으로 대피할 때에는 손이나 책가방(책·방석 등)으로 머리를 보호하면서 이동한다. 　- 엘리베이터를 타지 않는다(탑승 중인 경우, 모든 층을 눌러 바로 내린다). 　- 낙하물 및 유리창 파편에 의해 부상을 당하지 않도록 주의한다(절대로 맨발로 이동하지 않는다). 　- 창문에서 멀리 떨어져 이동한다. 　- 인솔 교사의 통제하에 뛰지 않고 질서 있게 대피경로를 따라 이동한다. 　- 환자와 장애학생을 우선적으로 도와준다. • 교실 밖으로 나와서는 최대한 건물로부터 멀리 떨어진 운동장으로 피한다.
	대피 이후 행동	• 안전지대에서는 인솔 교사의 안내에 따라 행동한다. 　- 환자 및 불안증세를 보이는 학생은 담임(인솔) 교사 및 보건 교사에게 이야기하고 조치를 받는다. 　- 불필요한 대화는 삼가고 침착하게 인솔 교사의 지시에 따른다. 　- 보호자 인계 등 인솔 교사의 지시가 있을 때까지 안전지대를 벗어나지 않는다.

	실외(운동장, 교외 활동) 교육 활동 중 지진이 발생한 경우
지진 발생 시	• 손이나 가방 등으로 머리를 보호하고 안전한 곳으로 대피한다. 　－ 건물과 최대한 떨어진다. 　－ 낙하물의 위험이 없는 장소(운동장, 공터)로 이동한다. 　－ 재난방송에 귀를 기울인다.
대피 시	• 흔들림이 멈추면 재빨리 주변의 안전지대로 이동한다. 　－ 건물의 붕괴 위험이나 낙하물 발생 여부에 주의를 기울이며 멀리 벗어난다. 　－ 학교 외벽(담벼락)이 건물보다 쉽게 붕괴될 수 있으므로 절대 기대지 않는다. 　※ 해안에서 지진을 느꼈다면 곧 지진해일이 올 수도 있으므로 해안에서 멀리 떨어진 높은 곳으로 신속하게 대피한다.
대피 이후 행동	• 안전지대에서는 인솔 교사 및 주위 안내요원의 지시에 따라 행동한다. 　－ 환자 및 불안증세를 보이는 학생은 인솔 교사(안내요원)에게 이야기하고 조치를 받는다. 　－ 불필요한 대화는 삼가고 침착하게 인솔 교사(안내요원)의 지시에 따른다. 　－ 인솔 교사(안내요원)의 지시나 안전이 확보되기 전까지 안전지대를 벗어나지 않는다.
훈련 시 점검 사항	• 훈련 실시 전 5단계 준비 사항을 점검하고 실시한다. • 훈련 절차에 대한 사전 교직원 회의와 학생 교육을 통해 훈련의 효과를 높인다. • 실제와 같은 훈련으로 만약의 상황에 대처하는 능력을 키운다. **대응 조직의 편성·운영(예)**

MEMO

- 상황반은 학교 내 및 유관기관과의 비상연락체계 유지
  ※ 유관기관: 지자체, 경찰서(지구대), 소방서(119안전센터), 군부대, 병원 응급실 등
- 안내·유도반은 메가폰, 호루라기, 교통신호봉, 손전등 등을 휴대(정전에 대비)하고 각 층 비상구(계단)와 대피소 등에서 학생 대피를 유도한다.

대피 장소 및 경로 지정

구분	지진 발생 시	지진 파동 종료 시~여진 발생 전
대피 장소	신체(머리) 보호 가능한 책상 밑	운동장, 주변에 고층 건물이 없는 넓은 공터

경로 접수 및 전파

구분	주 수단	보조 수단	정전 시 수단	비고
접수(외부)	기상청 흔들림 느낄 때	유선, 팩스	휴대전화	관할 지자체
전파(교내)	학교 내 방송	음성방송, 타종, 호루라기	타종, 메가폰, 육성, 호루라기	방송실, 교무실

대피 훈련 및 교육 준비사항

- 재난경보 및 신호방법
- 대피절차 및 행동요령
- 지진 시 훈련 계획(대피 순서, 경로, 장소 등)

훈련 소요 장비·물자 확보

※ 학교별 학급 수를 감안하여 소요 수량을 준비

구분	내역
대피 유도 장비	안전모, 메가폰, 호루라기, 깃발, 교통신호봉, 손전등 등
구급 장비	응급조치 세트(비상약품), 들것, 목발, 부목 등
기타	방송장비(재난경보), 타종, 라디오 등

훈련 절차 및 행동요령	① 재난 경보 접수 및 전파 − 상황반 　• 각 학급의 전원 차단(교실) 및 출입문을 개방한다. 　• 교실 내 학생들은 책상 밑으로 들어가 머리를 보호한다. 　　※ 실제 지진은 경보 전파 없이 오는 경우가 많아, 전파 없는 상황으로 훈련 방향을 설정한다. 　　※ 학생 행동요령을 교육하고 상황에 맞는 행동을 유도하도록 한다. 지진발생 시에는 근처에 보호물건(가방, 방석)이 없는 경우 바로 책상 밑으로 들어가도록 교육한다. ② 대피 지시 − 흔들림 종료 시 　• 대응조직을 가동한다(안내·유도반, 응급구조반). 　• 담임교사(인솔 교사) 통제하에 질서 있고 신속하게 정해진 대피 경로를 따라 이동한다. 　　− 한 줄로 서서 질서 있게 대피 　　− 방석이나 가방으로 머리를 보호 　　− 환자와 장애학생 안전 대피 우선 지원 　• 층(구역)별 안내 교사는 학생 대피 확인 후 마지막으로 대피 장소로 이동한다. 　• 응급구조반은 환자 발생 시 지원 가능한 장소에 위치하여 구호활동을 실시한다.

	③ 대피 장소에 도착 후 　• 학생 인원 파악(전체 학생 대피 여부) 　• 환자 및 장애학생 대피 여부 파악 　• 피해 학생 파악(신체적 피해 및 정신적 피해) 　　－ 신체적 피해 학생을 응급구조반 인계 조치 　　－ 정신적 피해 학생(불안증 호소)은 Wee 클래스 및 전문상담기관 연계 조치 　• 라디오 방송 청취(이후 진행 상황 파악) ④ 소방 및 응급 복구 활동 － 소화반, 응급구조반 ⑤ 피해 상황 파악 및 보고 － 상황반 ⑥ 대피 훈련 종료 후 안전에 유의하여 각 학급별 교실로 이동 － 안내·유도반	
훈련 실시 후 후속조치	• 교육 내용 적절성 등 검토, 문제점 도출 후 차기훈련에 반영 　－ 대피 경로 선정의 적합성 검토 　－ 지진 대피 훈련 절차와 행동요령 적절성 검토 　　▶ 학생 행동요령 단계별 적용의 적절성 　　▶ 예고 없는 상황에 대한 훈련 적용의 적절성 • 재난대응반(상황반, 안내·유도반, 응급구조반, 소화반) 운용의 적절성 검토 • 훈련 장비와 물자의 소요 검토 • 도출된 문제점은 교직원 회의 시 공유하여 차기 훈련에 반영	
지진이 오기 전 대피요령	• 낙하 위험이 있는 집안의 가구 등을 정리한다. • 지진 후 가족을 다시 만날 수 있는 장소를 미리 결정한다. • 집 주위에 대피할 수 있는 공터, 학교, 공원 등도 미리 확인한다. • 실내의 안전한 위치를 파악한다. • 비상시 사용할 약품, 생필품을 준비한다.	
지진 발생 시 상황별 행동요령 (행정안전부)	지진으로 흔들릴 때	탁자 아래로 들어가 몸을 보호하고, 탁자 다리를 꼭 잡는다. ※ 백화점, 마트 등에 있을 경우에는 진열장에서 떨어지는 물건으로부터 몸을 보호하고, 계단이나 기둥 근처로 가 있는다. 흔들림이 멈추면 밖으로 대피한다.
	흔들림이 멈췄을 때	전기와 가스를 차단하고, 문을 열어 출구를 확보한다.
	건물 밖으로 나갈 때	계단을 이용하여 신속하게 이동한다(엘리베이터 사용 금지). ※ 엘리베이터 안에 있을 경우에는 모든 층의 버튼을 눌러 먼저 열리는 층에서 내린다.
	건물 밖으로 나왔을 때	가방이나 손으로 머리를 보호하며, 건물과 거리를 두고 주위를 살피며 대피한다.
	대피 장소를 찾을 때	떨어지는 물건에 유의하면서 신속하게 운동장이나 공원 등 넓은 공간으로 대피한다(차량 이용 금지). ※ 산사태, 절벽 붕괴에 주의하고 안전한 곳으로 대피한다. 해안에서 지진해일 특보가 발령되면 높은 곳으로 이동한다.
	대피 장소에 도착한 후	라디오나 공공기관의 안내 방송 등 올바른 정보에 따라 행동한다.

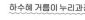

UNIT 72 **자연재난** – 대설 · 한파

1 학습목표

자연재해인 대설, 한파, 폭염, 낙뢰 발생 원인 및 대피 방법에 대해 알아본다.

2 누리과정 관련 요소

신체운동 · 건강

[안전하게 생활하기]
안전사고, 화재, 재난, 학대, 유괴 등에 대처하는 방법을 경험한다.

자연탐구

[탐구과정 즐기기]
주변 세계와 자연에 대해 지속적으로 호기심을 가진다.

자연탐구

[자연과 더불어 살기]
날씨와 계절의 변화를 생활과 관련짓는다.

3 학습주제와 학습의 중점

학습주제	학습의 중점
1. 대설 발생 시 대처 요령 알아보기	• 눈이 많이 왔을 때 좋은 점과 불편한 점을 알 수 있다. • 대설 발생 시 대처 방법을 알아본다.
2. 한파 발생 시 대처 요령 알아보기	• 추운 겨울 날씨에 외출로 걸릴 수 있는 질병을 알 수 있다. • 한파 발생 시 대처 방법을 알아본다.

4 대설 · 한파

개념	**대설** 겨울철에 일정시간 동안 눈이 한꺼번에 많이 내리는 현상	

대설 주의보	대설 경보
• 24시간 동안 내려 쌓인 눈의 양이 5cm 이상 예상될 때 • 눈을 밟으면 신발이 묻히는 상황	• 24시간 동안 내려 쌓인 눈의 양이 20cm 이상 (산지는 30cm 이상) 예상될 때 • 눈을 밟으면 신발이 완전히 빠지는 상황

한파
저온의 한랭기단이 몰아닥쳐 급격한 기온의 하강을 일으키는 현상

한파 주의보	한파 경보
• 10월~4월에 다음 중 하나에 해당하는 경우 　– 아침 최저기온이 전날보다 10℃ 이상 하강하여 3℃ 이하이고, 평년값보다 3℃가 낮을 것으로 예상될 때 　– 아침 최저기온이 −12℃ 이하인 날이 2일 이상 지속될 것으로 예상될 때 　– 급격한 저온현상으로 중대한 피해가 예상될 때	• 10월~4월에 다음 중 하나에 해당하는 경우 　– 아침 최저기온이 전날보다 15℃ 이상 하강하여 3℃ 이하이고, 평년값 보다 3℃가 낮을 것으로 예상될 때 　– 아침 최저기온이 −15℃ 이하인 날이 2일 이상 지속될 것으로 예상될 때 　– 급격한 저온현상으로 광범위한 지역에서 중대한 피해가 예상될 때

학교 조치사항

1단계 예방 · 대비

[사전 점검 및 안전교육]
• 교직원 비상 연락망 및 유관기관과의 연락망 점검 · 확인
　※ 유관기관: 교육부, 기상청, 행정안전부, 한국전력공사 등
• 학교 내 취약요인 점검을 위한 안전점검반 편성 · 운용
• 교실 내부 적정온도 유지(18~20℃)
• 학교시설 안전점검
　– 조립식, 경량철골조 구조물 등에 대한 사전 안전점검 및 지붕 제설 계획 수립
　– 경량철골조 건물 지붕, 연결통로의 접합부 점검 및 보수
　– 과거 대설 피해가 있었던 학교는 유사건물에 대한 점검
　– 통학로 등 교내 빙판 제거 및 각종 배관 동파 점검
　– 제설 장비 · 인력 · 자재(염화칼슘, 모래, 소금) 점검
　– 학교 내 위험지역(붕괴, 눈사태 등) 지정 및 표시
　– 출입구에 흙털이 발판 및 미끄럼방지 매트 설치
　– 제설 자재 결빙 취약구간 및 등하교 경사로에 사전 살포
• 대설 · 한파 대비 학생 행동요령 교육

2단계 대응 대설 · 한파 주의보 발령

예방 · 대비 단계 [사전 점검 및 안전교육] 강화
[학사운영 조정여부 검토]
• 학교장은 통학로 사정 등을 감안하여 등하교시간 조정을 검토
　– 등 · 하교시간조정 또는 휴업 결정 시 돌봄교실 및 (휴업시) 휴업 대체 프로그램 운영여부를 함께 결정하여 해당사항을 학부모에게 안내하고 시 · 도교육청(교육지원청)에 보고
　※ 대설주의보에도 상황을 종합적으로 판단하여 학교장이 휴업결정 가능
　※ 시 · 도교육청이 등 · 하교시간 조정 및 휴업을 결정할 수 있음

MEMO

		• 재난으로 인한 임시휴업 시에 돌봄교실을 운영하고 휴업대체 프로그램 운영을 권장 　－ 전제조건: 학생의 안전을 위해 등·하교 시 학부모(대리인) 동행 　　※ 단, 재난지역 및 학교상황 등을 고려하여 학교 내 안전보장이 어려운 경우와 학교의 모든 기능이 정지되는 휴교 처분을 받은 경우에는 미운영 • 한파특보로 인해 등교에 지장이 있을 경우, 등교시간 조정을 통해 학생 안전조치 실시 　－ 등교시간 조정 시 학생 및 학부모에게 신속히 통보하고 교육청에 즉시 보고 **[상황보고 및 응급조치]** • 학생들의 건강상태를 수시로 점검하며, 이상 징후 발견 즉시 응급조치를 시행 • 비상 상황(인명피해) 발생 시 보고 철저(교육청, 소방서) 　－ 피해 내용 / 현재 학교 조치사항 / 향후 계획 등
	3단계 대응 대설·한파 경보 발령	• 예방·대비 단계 [사전 점검 및 안전교육] 강화 • 2단계 대응 [학사운영 조정여부 검토] 지속 • 2단계 대응 [상황보고 및 응급조치] 지속
	4단계 복구 후속 조치	• 대설 후 점검 사항 　－ 통학로 및 교내 제설 작업, 건물 지붕, 옥상 등 쌓인 눈 제거 　－ 학교 시설물 안전점검 실시 후 학생 입실 조치 • 응급 수업대책 및 학생 안전대책 　－ 학교장의 판단 아래 조기 귀가, 임시휴업 조치 　－ 교육시설물 피해가 있을 경우 인근 학교 이용, 2부제 수업 등 수업대책 강구 • 피해시설 복구 및 정비 　－ 피해시설에 대한 복구 및 정비대책 수립 　－ 피해원인 조사·분석, 유사사고 방지·예방대책, 복구계획 수립
학생 행동요령	등교 전	• 방송 매체(TV, 라디오) 및 인터넷(기상청)을 통해 기상상황을 확인한다. • 등교 시간 조정 및 휴업 여부를 확인한다. • 체온 유지 용품(옷, 모자, 장갑, 신발 등)을 준비한다. 　－ 구두 착용을 자제하고, 미끄러운 신발이나 슬리퍼를 신지 않는다. • 대설·한파로 인해 등교가 어려울 경우 담임 교사나 학교에 연락한다.
	등·하교 시	• 걸을 때 주머니에 손을 넣지 않는다(낙상 방지). • 횡단보도, 도로 주변, 경사지에서 차량 안전에 유의한다. • 하천이나 저수지 근처에 접근하지 않는다. • 걸을 때 빙판길이 있는지 확인하고, 최대한 피해서 걷는다. • 경사진 빙판길을 지날 때 낮은 자세로 지지물을 잡고 조금씩 걷는다.

	학교에서	• 눈 쌓인 지붕이나 고드름이 있는 곳은 접근하지 않는다. • 눈이 많이 쌓인 경사면 주변과 위험지역(맨홀, 공사장 등)에 접근하지 않는다. • 학교 현관 입구 또는 계단에서는 난간을 잡고 이동한다.
	가정에서	• 외출을 삼가되, 부득이 외출할 경우에는 등·하교 시 행동 요령을 따른다. • 폭설로 고립 시 건물 밖에 고립표식(적색)을 하고 119에 구조를 요청한다.
한파 질병상식	저체온증	• (증상) 말이 어눌해지거나 기억장애가 발생한다. − 점점 의식이 흐려진다. − 지속적인 피로감을 느낀다. − 팔, 다리의 심한 떨림 증상이 나타난다. • 신속히 병원으로 가거나 바로 119로 신고한다. • 젖은 옷은 벗기고 담요나 침낭을 감싸준다. • 겨드랑이, 배 위에 핫팩이나 더운 물통 등을 둔다(이런 재료가 없는 경우 사람을 껴안는 것도 효과적임). • 의식이 있는 경우 따뜻한 음료가 도움이 될 수 있으나, 의식이 없는 경우 주의한다.
	동상	• 1도 : 찌르는 듯한 통증, 붉어지고 가려움, 부종 • 2도 : 피부가 검붉어지고 물집이 생김 • 3도 : 피부와 피하조직 괴사, 감각 소실 • 4도 : 근육 및 뼈까지 괴사 ※ 병원을 방문하여 진료를 받는 것이 우선이다. • 환자를 따뜻한 환경으로 옮긴다. • 동상 부위를 따뜻한 물(38~42℃)에 담근다. ※ 38~42℃ : 동상을 입지 않는 부위를 담갔을 때 불편하지 않을 정도의 온도 • 얼굴, 귀 : 따뜻한 물수건을 대주고 자주 갈아준다. • 손, 발 : 손가락, 발가락 사이에 소독된 마른 거즈를 끼운다. ※ 습기를 제거하고 서로 달라붙지 않게 함 • 동상 부위를 약간 높게 한다. ※ 부종 및 통증을 줄여준다. • 다리, 발이 동상에 걸린 환자는 들것으로 운반한다. ※ 동상 부위는 절대 디디거나 걷지 않는 것이 좋다.
	손상	• 낙상에 의한 손상 ※ 미끄러짐, 넘어짐, 떨어짐 등에 의한 탈구, 골절, 타박상 등 • 홀로 거동이 어려울 경우 빠르게 119로 신고한다. • 환자가 편안해하는 자세 그대로 움직이지 않게 고정하고 도움을 청한다 (필요 시 부목 등을 이용하여 고정).

UNIT 73 자연재난 – 폭염

MEMO

1 학습목표

자연재해인 대설, 한파, 폭염, 낙뢰 발생 원인 및 대피 방법에 대해 알아본다.

2 누리과정 관련 요소

신체운동 건강
[안전하게 생활하기]
안전사고, 화재, 재난, 학대, 유괴 등에 대처하는 방법을 경험한다.

자연탐구
[탐구과정 즐기기]
주변 세계와 자연에 대해 지속적으로 호기심을 가진다.

자연탐구
[자연과 더불어 살기]
날씨와 계절의 변화를 생활과 관련짓는다.

3 학습주제와 학습의 중점

학습주제	학습의 중점
3. 폭염 발생 시 대처 요령 알아보기	더운 여름 날씨에 외출로 걸릴 수 있는 질병을 알 수 있다.

4 폭염

개념	낮 최고기온이 33℃ 이상인 매우 더운 날씨	
	폭염 주의보	**폭염 경보**
폭염 주의보와 경보	• 폭염으로 인하여 다음 중 어느 하나에 해당하는 경우 ① 일최고*체감온도 33℃ 이상인 상태가 2일 이상 지속될 것으로 예상될 때 ② 급격한 체감온도 상승 또는 폭염 장기화 등으로 중대한 피해 발생이 예상될 때	• 폭염으로 인하여 다음 중 어느 하나에 해당하는 경우 ① 일최고 체감온도 35℃ 이상인 상태가 2일 이상 지속될 것으로 예상될 때 ② 급격한 체감온도 상승 또는 폭염 장기화 등으로 광범위한 지역에서 중대한 피해 발생이 예상될 때
폭염 영향예보	• 폭염으로 인한 영향이 예상될 때, 종합적인 상황을 고려하여 제공하는 분야별·지역별 영향 정보를 말한다. ─ 교직원 및 공무원은 폭염 영향예보 문자서비스를 방재기상정보시스템에서 신청할 수 있다.	
	관심 단계	일 최고기온 31℃ 이상인 상태가 3일 이상 지속될 것으로 예상될 때
	주의 단계	일 최고기온 33℃ 이상인 상태가 2일 이상 지속될 것으로 예상될 때 ※ 폭염주의보와 요건이 동일
	경고 단계	일 최고기온 35℃ 이상인 상태가 2일 이상 지속될 것으로 예상될 때 ※ 폭염경보와 요건이 동일
	위험 단계	일 최고기온 38℃ 이상인 상태가 2일 이상 지속될 것으로 예상될 때

학교 조치사항	1단계 예방·대비	**[사전점검]**
		• 폭염 발생 시 실외수업 대체 계획 마련
		• 교직원 비상 연락망 및 유관기관과의 연락망 점검·확인
		  ※ 유관기관: 교육부, 행정안전부, 기상청, 보건복지부, 질병관리청 등
		• 폭염 대비 행동요령, 일사병 등 온열질환 환자 응급조치 요령 비치(눈에 잘 띄는 장소에 비치)
		• 폭염 대비 응급처치 물품 구비: 생리식염수, 얼음팩, 체온계, 비상 구급품 등
		• 폭염 대비 시설 사전 점검(냉방시설, 변압기, 급식실 등)
		  ─ 에어컨이나 선풍기 등 냉방시설, 변압기 과부하 점검, 실내 직사광선 차단 등
		  ─ 조리실 냉방기, 환기시스템, 온·습도계 사전 점검
		[안전교육]
		• 폭염 대응 건강관리 및 행동요령 교육·홍보
		  ─ 학생·학부모 대상 가정통신문 발송 및 보건 교육 시행, 홍보영상, 리플릿, 교내방송 등 활용

*체감온도
• 기온에 습도, 바람 등의 영향이 더해져 사람이 느끼는 더위나 추위를 정량적으로 나타낸 온도
  ─ 습도 10% 증가 시마다 체감온도가 1도 가량 증가하는 특징

	− 폭염 대비 3대 건강 수칙 안내 ① 물 자주 마시기 ② 시원하게 지내기(실내온도 적정 수준(26℃) 유지, 시원한 물로 목욕 또는 샤워하기, 헐렁하고 밝은 색깔의 가벼운 옷 입기, 양산·모자 착용으로 햇볕 차단하기) ③ 더운 시간대에는 휴식하기
2단계 대응 주의보 발령 / 폭염영향예보 주의 단계	• 예방·대비 단계의 [안전교육] 지속 • 예방·대비 단계 [사전점검]의 학교시설 점검 강화 　− 실내 적정온도 유지(26℃) 　− 조리실 적정 온·습도 유지관리 철저(18℃, 50~70%) 　− 학교 급식(식자재, 조리기구, 조리사의 청결 등) 및 매점 위생관리 　　강화, 점검자는 개선·보완점을 파악하여 향후 개선결과 점검 　− 냉방기기 점검(가동 및 청결 상태) 　− 커튼으로 직사광선 차단 **[학사운영 조정여부 검토]** • 학교장은 단축수업 검토, 체육활동 등 실외 및 야외활동 자제 권고 　− 단축수업 검토 / 교육청 또는 학교 재량으로 결정된 사항은 학생과 　　학부모에게 신속히 통보 　− 폭염 예방교육 강화, 학부모에게 학생 외출 자제 안내 • 현장 체험학습 등에 대한 일정 조정 검토 • 학교장은 등·하교 시간 조정을 검토하고, 이를 결정하는 즉시 학부모 에게 안내 **[상황보고 및 응급조치]** • 학생들의 건강 상태를 수시로 점검하며 이상 징후 발견 즉시 응급조치를 시행 • 비상 상황(인명피해) 발생 시 보고 철저(교육청, 소방서) 　− 피해 내용 / 현재 학교 조치사항 / 향후 계획 등 • 폭염으로 인한 피해 사항, 단축수업 등 조치사항 보고
3단계 대응 경보 발령 / 폭염영향예보 경고 단계 이상	• 예방·대비 단계의 [안전교육] 지속 • 예방·대비 단계 [사전점검]의 학교시설 점검 강화 • 2단계 대응 [학사운영 조정여부 검토] 강화 　− 휴업, 단축수업 등 대응조치 발령 시(지역 및 적용 학교 결정), 등· 　　하교시간 조정, 임시휴업 등 상황에 따른 조치 　− 휴업 조치 결정 시 교육청(교육지원청) 즉시 보고 및 학부모 안내 　− 휴업 조치 시 맞벌이 부부 자녀 등 부득이 등교하는 학생에 대해서 　　별도 지도(도서관 개방, 프로그램 운영 등) 　− 폭염경보 1주일 이상 지속 시 학교별 조기방학 검토 • 2단계 대응 [상황보고 및 응급조치] 지속
4단계 복구 후속조치 및 지원	• 피해 학생과 교직원 상황 파악 및 사후 조치 　− 증상을 가진 학생은 쉬게 하거나 조기 귀가조치, 119 신고 및 응급 　　조치, 유관 기관에 관련 사항 보고 • 조치 결과 보고

학생 행동요령	등교 전	• 방송 매체(TV, 라디오) 및 인터넷(기상청)의 기상 상황을 확인한다. • 등교시간 조정 및 휴업 여부를 확인(문자, 홈페이지, 교무실 전화 등)한다. • 폭염 대비 용품(모자, 양산, 부채 등)을 준비한다.
	등·하교 시	• 최대한 햇볕을 피해 그늘로 걷는다. • 가볍고 얇은 옷을 입고, 모자나 양산 등으로 햇볕을 가린다. • 자외선 차단제로 피부를 보호한다.
	학교에서	• 학교 지시에 따라 안전한 학교생활을 준수한다. 　- 쉬는 시간과 점심시간의 체육활동 등 실외 및 야외활동을 자제한다. 　※ 폭염경보 발령 시에는 체육활동 등 모든 실외 및 야외활동을 금지한다. 　- 손 씻기 등 개인위생을 철저히 한다. • 깨끗한 음용수를 규칙적으로 섭취한다.
	가정에서	• 밀폐된 차 안에 혼자 있지 않는다. • 균형 있는 식사를 하고, 식품 안전을 철저히 한다. 　- 식사는 균형 있게 신선한 야채와 과일 등을 골고루 섭취한다. 　- 물은 끓여 마시고, 날음식은 삼가며, 유통기한을 확인하여 변질이 의심되면 버린다. • 냉방병 예방을 위한 적정온도를 유지한다. 　- 에어컨, 선풍기는 잠들기 전에 끄거나 일정 시간 가동 후 꺼지도록 예약한다. 　- 냉방기기 사용 시 실내·외 온도차를 5℃ 내외로 유지하여 냉방병을 예방한다(실내 적정 냉방온도는 26~28℃). • 창문을 커튼이나 천 등으로 가려 직사광선을 최대한 차단한다. • 집에서 가까운 병원의 연락처를 확인하고, 자신과 가족의 건강 상태를 체크한다. • 준비운동 없이 물에 들어가거나 갑작스러운 찬물샤워를 자제한다(심장마비 위험).
온열질환의 종류	열사병 (Heat Stroke)	• 체온을 조절하는 신경계(체온조절 중추)가 열 자극을 견디지 못해 그 기능을 상실한 질환 　- 중추신경 기능장애(의식장애/혼수상태) 　- 땀이 나지 않아 건조하고 뜨거운 피부(>40℃) 　- 심한 두통, 오한, 잦은 맥박, 빈호흡, 저혈압 • 다발성 장기손상 및 기능장애와 같은 합병증이 발생할 수 있고 치사율이 높아 온열질환 중 가장 위험한 질환
	열탈진 (Heat exhaustion)	• 열로 인하여 땀을 많이 흘려 수분과 염분이 적절히 공급되지 못하는 경우 발생 　- 땀을 많이 흘림(과도한 발한), 차고 젖은 피부, 창백함 　- 체온은 크게 상승하지 않음(≤40℃) 　- 극심한 무력감과 피로, 근육경련 　- 오심 또는 구토, 혼미, 어지럼증(현기증)

열경련 (Heat cramp)	• 땀을 많이 흘려 체내 염분(나트륨)이 부족하여 근육경련이 발생하는 질환 　－ 근육경련(팔, 다리, 복부, 손가락) • 특히 고온 환경에서 강한 노동이나 운동을 할 경우 발생	
열실신 (Heat syncope)	• 체온이 높아져 열을 외부로 발산하기 위해 체표면의 혈액량은 늘어나고 심부의 혈액량은 감소하여 뇌로 가는 혈액량이 부족하여 일시적으로 의식을 잃는 질환 • 실신(일시적 의식소실), 어지럼증 • 주로 앉아있거나 누워있는 상태에서 갑자기 일어나거나 오래 서 있을 때 발생	
열부종 (Heat edema)	• 체온이 높아져 열을 외부로 발산하기 위해 체표면의 혈액량은 늘어나고 심부의 혈액량은 감소하여 이런 상태에서 오래 서 있거나 앉아있게 되면 혈액 내 수분이 혈관 밖으로 이동하여 부종(몸이 붓는 증상)이 발생 　－ 중추신경 기능장애(의식장애/혼수상태) 및 손, 발, 다리 등의 부종	
열발진/땀띠 (Heat rash)	• 땀관이나 땀관 구멍 일부가 막혀서 땀이 원활히 표피로 배출되지 못하고 축적되어 작은 발진과 물집이 발생하는 질환 　－ 중추신경 기능장애(의식장애/혼수상태) 　－ 여러 개의 붉은 뾰루지 또는 물집(목, 가슴 상부, 사타구니, 팔, 다리 안쪽)	

폭염 시 온열질환자에 대한 응급대처법

구분		열사병	열탈진
증상	의식	없음	있음
	체온	40℃ 이상	약간 높거나 정상
	피부	건조하고 뜨거움	축축하고 땀이 많이 남
	기타	심한 두통, 오한	두통, 경련, 피곤, 무기력
조치방법	단계 1	119에 전화	시원한 곳으로 옮김
	단계 2	시원한 곳으로 옮김	의식이 있으면 물을 마시게 함
	단계 3	넥타이나 윗단추 등을 풀어줌	넥타이나 윗단추 등을 풀어줌

① 시원한 장소(통풍이 잘 되는 그늘, 에어컨이 작동되는 실내)로 옮긴다.
② 옷을 벗기고 몸을 차게 식힌다.
　• 옷을 벗긴다.
　• 노출된 피부에 물을 뿌리고, 부채나 선풍기 등으로 몸을 차게 식힌다.
　• 얼음 주머니가 있을 경우 이마, 목, 겨드랑이, 가랑이 등에 대어 몸을 식힌다.
③ 수분, 염분을 섭취하게 한다.
　• 응답이 명료하고 의식이 뚜렷한 경우
　　－ 차가운 물이나 음료수를 먹인다.
　　－ 땀을 많이 흘렸을 경우, 염분(식염수, 물 1L에 소금 1~2g)을 섭취하게 한다.
　　－ 필요시 119에 연락한다.
　• 응답이 불분명하거나 의식이 없는 경우
　　－ 119에 연락한다.
　　－ 불렀을 때나 자극을 가했을 때 반응이 이상하거나 응답이 없는 경우, 토하는 증상이 있는 경우는 옷을 벗기고 몸을 식히며 수분 섭취를 금지한다.
④ 의료기관으로 이송시킨다.

		시민	자동차 소유자	관계기관
오존경보 발령 시 행동지침	주의보	• 대중교통 이용 • 실외활동 및 과격한 운동 자제 • 노약자, 어린이, 호흡기 환자, 심장질환자 실외 활동 자제	• 경보지역 내 차량운행 자제 • 대중교통 이용 권고	• 주의보상황 통보 • 대중홍보매체에 의한 대국민 홍보 요청 • 대기오염도 상황 관측 및 결과 분석 검토 요청
	경보	• 실외활동 및 과격한 운동 제한 권고 • 유치원, 학교 등 실외수업 제한 권고 • 노약자, 어린이, 호흡기 환자, 심장질환자 실외 활동 제한 권고	경보지역 내 자동차 사용 자제 권고	• 경보상황 통보 • 대기오염 측정 및 기상관측활동 강화 요청 • 경보상황에 대한 대국민 홍보 강화 요청
	중대경보	• 실외활동 및 과격한 운동 금지 권고 • 유치원, 학교 등 실외수업 중지 및 휴업 권고 • 노약자, 어린이, 호흡기 환자, 심장질환자, 실외 활동 중지 권고	경보지역 자동차 통행 금지	• 중대경보상황 통보 • 대기오염 측정 및 기상관측활동 강화 요청 • 위험상황에 대한 대국민 홍보 강화 요청 • 경찰에 교통규제 협조요청

 참고

오존이 발생하기 쉬운 기상조건
• 일출 후 정오까지의 총일사량이 6.4MJ/m² 이상일 때
• 기온이 25℃ 이상, 상대습도가 75% 이하일 때
• 구름이 없는 쾌청한 날씨가 계속될 때
• 풍속 4m/s 이하의 약풍이 지속될 때

UNIT 74 **자연재난** – 황사 발생 시 대처 요령

1 학습목표

자연재해인 황사 및 미세먼지 발생 시 대처 방법에 대해 알아본다.

2 누리과정 관련 요소

신체운동 건강

[안전하게 생활하기]
안전사고, 화재, 재난, 학대, 유괴 등에 대처하는 방법을 경험한다.

자연탐구

[탐구과정 즐기기]
주변 세계와 자연에 대해 지속적으로 호기심을 가진다.

자연탐구

[자연과 더불어 살기]
날씨와 계절의 변화를 생활과 관련짓는다.

3 학습주제와 학습의 중점

학습주제	학습의 중점
1. 황사 및 미세먼지 위험단계 이해하기	• 황사 및 미세먼지가 우리 몸에 미치는 영향을 알 수 있다. • 미세먼지 예보 등급에 따라 안전수칙이 다름을 알 수 있다.
2. 황사 및 미세먼지 대처 방법 알아보기	• 황사 및 미세먼지 발생 시 대처하는 방법을 알 수 있다. • 평소에 미세먼지를 대피하는 방법을 알아본다.
3. 마스크의 중요성과 바른 착용법 알아보기	• 미세먼지의 위험성을 알 수 있다. • 마스크의 중요성을 알고 바르게 착용해볼 수 있다.

4 황사

개념		몽골과 중국의 사막 등에서 불어오는 흙먼지가 바람에 날려 하늘을 덮었다 떨어지는 현상
황사 주의보와 경보		황사 주의보		황사 경보
		기상 조건 등을 고려하여, 해당 지역의 대기 자동측정소 PM-10 시간 평균 농도가 $300\mu g/m^3$ 이상 2시간 지속	황사로 인해 1시간 평균 미세먼지 농도가 $800\mu g/m^3$ 이상이 2시간 이상 지속
학교 조치사항	1단계 예방·대비	**[사전점검]** • 황사 발생 시 실외수업 대체 계획 마련 • 교직원 비상 연락망 및 유관기관과의 연락망 점검·확인 ※ 유관기관 : 교육부, 기상청, 한국환경공단, 병원 등 • 학교시설 점검 − 학교 급식 관련 위생관리 점검·강화(식재료 세척, 조리 시 위생 철저) − 실내 공기질 관리(창문 닫기, 물걸레질 청소, 공기청정기 가동, 주기적인 공기 청정기 필터 점검 및 관리) • 황사 마스크, 상비약 등 비치 및 점검 • 호흡기 질환 등 민감군 학생 파악 및 관리대책 사전 점검 − 간이 의료기기 및 상비약 준비 **[안전교육]** • 황사 대응 건강관리 및 행동요령 교육 − 학생·학부모 대상 가정통신문 발송 및 보건 교육 시행, 홍보영상, 리플릿, 교내방송 등 활용 − 마스크 착용 및 귀가 후 얼굴·손 씻기, 외출 자제, 수분 섭취 등 행동요령 교육 • 생활 지도 − 물을 자주 마시고 청결을 유지 − 비누를 이용하여 30초 이상 손 씻기 지도
	2단계 대응 황사 주의보 발령 (미세먼지 경보 발령)	• 예방·대비 단계 **[안전교육]** 지속 • 예방·대비 단계 **[사전점검]**의 학교시설 점검 강화 **[학사운영 조정여부 검토]** • 학교장은 단축수업 검토, 체육활동 등 실외 및 야외활동 단축 또는 금지 − 단축수업 검토 − 교육청 또는 학교 재량으로 결정된 사항은 학생과 학부모에게 신속히 통보 − 예방 교육 강화, 학부모에게 학생 외출 자제 안내 • 현장 체험학습 등에 대한 일정 조정 검토 • 학교장은 등·하교 시간 조정을 검토하고, 등·하교시간 조정을 결정하는 즉시 학부모 안내 및 교육청(교육지원청) 즉시 보고 − 등·하교시간 조정 또는 휴업 결정 시 돌봄교실 및 (휴업 시) 휴업 대체 프로그램 운영 여부를 함께 결정하여 해당 사항을 학부모와 학생에게 안내하고 시·도 교육청(교육지원청)에 보고

MEMO

SESSION 03

		– 황사주의보에도 상황을 종합적으로 판단하여 학교장이 휴업 결정 가능 – 교육청이 등·하교시간 조정 및 휴업을 결정할 수 있음 • 임시휴업 시에 돌봄교실 운영, 휴업 대체 프로그램 운영 권장 – 전제조건: 학생의 안전을 위해 등·하교 시 학부모(대리인) 동행 – 단, 재난 지역 및 학교 상황 등을 고려해 학교 내 안전보장이 어려운 경우와 학교의 모든 기능이 정지되는 휴교 처분을 받았으면 미운영 **[상황보고 및 응급조치]** • 학생들의 건강 상태를 수시로 점검하며 이상 징후 발견 즉시 응급조치를 시행 • 황사 관련 질환자를 파악하고 특별관리(조기 귀가, 진료) • 비상 상황(인명피해) 발생 시 보고 철저(교육청, 소방서) – 피해 내용 / 현재 학교 조치사항 / 향후 계획 등
	3단계 대응 황사 경보 발령	• 예방·대비 단계 [안전교육] 지속 • 예방·대비 단계 [사전점검] 학교시설 점검 강화 • 2단계 대응 [학사운영 조정여부 검토] 지속 • 2단계 대응 [상황보고 및 응급조치] 지속
	4단계 복구 후속조치	• 실내외 방역 및 청소 시행, 실내 공기 환기, 오염된 물품 세척 • 피해 학생과 교직원 상황 파악 및 사후 조치 – 감기, 안질환, 가려움증 등의 증상을 가진 학생은 쉬게 하거나 조기 귀가 조치 • 조치결과 보고
학생 행동요령	등교 전	• 방송 매체(TV, 라디오) 및 인터넷(기상청)의 기상 상황을 확인한다. • 등교시간 조정 및 휴업 여부를 확인(문자, 홈페이지, 교무실 전화)한다.
	등·하교 시	• 황사용 마스크, 손수건, 휴지 등을 준비한다. • 황사가 짙은 경우 교차로, 횡단보도를 건널 때 안전에 유의한다.
	학교에서	• 창문을 닫고 실외활동을 자제한다. • 개인위생을 철저히 한다. – 손을 깨끗이 씻고 양치질을 하여 질환을 예방한다. – 목을 축이는 정도로 물을 자주 마신다. – 눈이 가렵다고 손으로 만지지 말고 물로 씻거나 안약, 점안제 등을 사용한다. – 외부활동 시 손수건이나 휴지, 마스크, 보호용 안경을 준비하고 긴 소매 옷을 착용한다. • 황사가 끝나면 실내 공기를 환기한다.
	가정에서	• 창문을 닫고 실외활동을 자제한다. – 공기청정기, 가습기를 이용하여 실내 공기를 쾌적하게 유지한다. – 외출 시 손수건이나 휴지, 마스크, 보호용 안경을 준비하고 긴 소매 옷을 착용한다. • 황사가 지나간 후 실내 공기를 환기한다.

MEMO

질환별	주 증상	대처방법
호흡기질환 (기관지염, 천식)	• 호흡곤란 • 목의 통증 • 기관지, 기도점막 염증 • 기침 등	• 천식환자는 황사 발생 시 가급적 외출을 삼간다. • 창문 등을 닫아 외부공기의 유입을 차단한다. • 물걸레질 청소 및 공기정화기가 있을 경우 가동한다. • 물을 많이 마신다.

안질환
(결막염)
	• 눈의 가려움증
	• 눈물이 남
	• 눈이 빨갛게 충혈됨
	• 눈에 이물감과 통증
	• 눈을 비비면 끈끈한 분
	  비물이 나옴
		• 부득이 외출해야 할 경우 보호안경을 끼고 콘택트렌
		  즈의 착용은 삼간다.
		• 귀가 후에는 미지근한 물로 눈을 깨끗이 씻어낸다.
		• 결막염 초기 증세가 의심되면 깨끗한 찬물에 눈을
		  대고 깜빡거리거나 얼음찜질을 해주면 증상을 완화
		  시킬 수 있다.

이비인후과 질환(비염)	• 재채기가 계속됨 • 맑은 콧물이 흐름 • 코 막힘 등	• 외출 시 보건용 마스크를 착용하도록 한다. • 귀가 후에는 미지근한 물로 콧속을 씻어낸다.

피부질환	• 피부의 가려움증
	• 두드러기 등
		• 외출 시에 황사에 노출되지 않도록 긴소매 옷을 입
		  는다.
		• 귀가 후에는 반드시 손과 발 등을 깨끗이 씻는다.
		• 피부에 로션 등을 발라 흙먼지가 직접 피부에 닿지
		  않도록 한다.

황사로 인한 발생 가능 질환 및 대처방법

UNIT 75 **자연재난** - 미세먼지 발생 시 대처 요령

1 학습목표

자연재해인 황사 및 미세먼지 발생 시 대처 방법에 대해 알아본다.

2 누리과정 관련 요소

신체운동 건강

[안전하게 생활하기]
안전사고, 화재, 재난, 학대, 유괴 등에 대처하는 방법을 경험한다.

자연탐구

[탐구과정 즐기기]
주변 세계와 자연에 대해 지속적으로 호기심을 가진다.

자연탐구

[자연과 더불어 살기]
날씨와 계절의 변화를 생활과 관련짓는다.

MEMO

3 학습주제와 학습의 중점

학습주제	학습의 중점
1. 황사 및 미세먼지 위험단계 이해하기	• 황사 및 미세먼지가 우리 몸에 미치는 영향을 알 수 있다. • 미세먼지 예보 등급에 따라 안전수칙이 다름을 알 수 있다.
2. 황사 및 미세먼지 대처 방법 알아보기	• 황사 및 미세먼지 발생 시 대처하는 방법을 알 수 있다. • 평소에 미세먼지를 대피하는 방법을 알아본다.
3. 마스크의 중요성과 바른 착용법 알아보기	• 미세먼지의 위험성을 알 수 있다. • 마스크의 중요성을 알고 바르게 착용해볼 수 있다.

4 미세먼지

<table>
<tr>
<td rowspan="2">개념</td>
<td colspan="3">• 대기 중에 떠다니거나 흩날려 내려오는 입자상 물질로 크기(입경)에 따라 PM-10(10㎛)와 PM-2.5(2.5㎛)로 구분
• 미세먼지는 화석연료의 연소, 공장과 자동차의 배출가스 등 인간의 활동으로 배출되며, 인체에 유해한 탄소류・대기오염물질 등으로 구성
※ PM-10 : 1,000분의 10mm보다 작은 먼지
※ PM-2.5 : 1,000분의 2.5mm보다 작은 먼지, 머리카락 지름(약 60㎛)의 1/20~1/30</td>
</tr>
<tr><td></td><td></td><td></td></tr>
</table>

미세먼지 주의보와 경보	구분	미세먼지 주의보	미세먼지 경보
	PM-10	1시간 평균 미세먼지(PM-10) 농도 150 ㎍/㎥ 이상이 2시간 지속	1시간 평균 미세먼지(PM-10) 농도 300 ㎍/㎥ 이상이 2시간 지속
	PM-2.5	1시간 평균 미세먼지(PM-2.5) 농도 75 ㎍/㎥ 이상이 2시간 지속	1시간 평균 미세먼지(PM-2.5) 농도 150 ㎍/㎥ 이상이 2시간 지속

학교 조치사항	1단계 예방・대비	**[사전점검]** • 미세먼지 발생 시 실외수업 대체 계획 마련 • 교직원 비상 연락망 및 유관기관과의 연락망 점검・확인 ※ 유관기관 : 교육부, 기상청, 한국환경공단, 병원 등 • 학교시설 점검 − 학교 급식 관련 위생관리 점검・강화(식재료 세척, 조리 시 위생 철저) − 실내 공기질 관리(창문 닫기, 물걸레질 청소, 공기청정기 가동, 주기적인 공기 청정기 필터 점검 및 관리) • 마스크, 상비약 등 비치 및 점검 • 호흡기질환 등 민감군 학생 파악 및 관리대책 사전 점검 − 간이 의료기기 및 상비약 준비 **[안전교육]** • 미세먼지 대응 건강관리 및 행동 요령 교육 − 학생・학부모 대상 가정통신문 발송 및 보건 교육 시행, 홍보영상, 리플릿, 교내방송 등 활용 − 마스크 착용 및 귀가 후 얼굴・손 씻기, 외출 자제, 수분 섭취 등 행동 요령 교육

		• 생활 지도 　- 물을 자주 마시고 청결을 유지 　- 비누를 이용하여 30초 이상 손 씻기 지도
	2단계 대응 주의보 발령	• 예방·대비 단계의 [안전교육] 지속 • 예방·대비 단계 [사전점검]의 학교시설 점검 강화 **[학사운영 조정여부 검토]** • 학교장은 단축수업 검토, 체육활동 등 실외 및 야외활동 자제 권고 　- 단축수업 검토 　- 예방교육 강화, 학부모에게 학생 외출 자제 안내 　- 현장 체험학습 등에 대한 일정 조정 검토 • 학교장은 등·하교 시간 조정을 검토하고, 이를 결정하는 즉시 학부모에게 안내 　- 등·하교 시간 조정 또는 휴업 결정 시 돌봄교실 및 (휴업 시) 휴업 대체 프로그램 운영 여부를 함께 결정하여 해당 사항을 학부모와 학생에게 안내하고 시·도교육청(교육지원청)에 보고 　※ 미세먼지 주의보에도 상황을 종합적으로 판단하여 학교장이 휴업 결정 가능 　※ 교육청이 등·하교 시간 조정 및 휴업을 결정할 수 있음 • 임시휴업 시에 돌봄교실 운영, 휴업 대체 프로그램 운영 권장 　- 전제조건: 학생의 안전을 위해 등·하교 시 학부모(대리인) 동행 　　※ 단, 재난지역 및 학교상황 등을 고려해 학교 내 안전보장이 어려운 경우와 학교의 모든 기능이 정지되는 휴교 처분을 받은 경우에는 미운영 **[상황보고 및 응급조치]** • 미세먼지 관련 질환자를 파악하고 특별관리(조기귀가, 진료) • 학생들의 건강 상태를 수시로 점검하며 이상 징후 발견 즉시 응급조치를 시행 • 비상 상황(인명피해) 발생 시 보고 철저(교육청, 소방서) 　- 피해 내용 / 현재 학교 조치사항 / 향후 계획 등
	3단계 대응 경보 발령	• 예방·대비 단계 [안전교육] 지속 • 예방·대비 단계 [사전점검]의 학교시설 점검 강화 • 2단계 대응 [학사운영 조정여부 검토] 지속 • 2단계 대응 [상황보고 및 응급조치] 지속
	4단계 복구 후속 조치	• 실내외 방역 및 청소 실시, 실내 공기 환기, 오염된 물품 세척 • 피해 학생 및 교직원 상황 파악 및 사후 조치 　- 감기, 안질환, 가려움증 등의 증상을 가진 학생은 쉬게 하거나 조기 귀가 조치 • 조치결과 보고
학생 행동요령	등교 전	• 방송 매체(TV, 라디오) 및 인터넷(기상청)의 기상 상황을 확인한다. • 등교 시간 조정 및 휴업 여부를 확인(문자, 홈페이지, 교무실 전화 등)한다.

MEMO

	등·하교 시	• 마스크, 손수건, 휴지 등을 준비한다. • 미세먼지가 짙은 경우 교차로와 횡단보도를 건널 때 안전에 유의한다.

	학교에서	• 창문을 닫고 실외활동을 자제한다.
		• 개인위생을 철저히 한다.
		   − 손을 깨끗이 씻고 양치질을 하여 질환을 예방한다.
		   − 목을 축이는 정도로 물을 자주 마신다.
		   − 눈이 가렵다고 손으로 만지지 말고 물로 씻거나 점안제를 이용한다.
		   − 외부활동 시 손수건이나 휴지, 마스크, 보호용 안경, 긴 소매 의복을
		     착용한다.
		• 미세먼지가 지나간 후 실내 공기를 환기한다.

	가정에서	• 창문을 닫고 실외활동을 자제한다.
		   − 공기청정기, 가습기를 이용하여 실내공기를 쾌적하게 유지한다.
		   − 외출 시 손수건이나 휴지, 마스크, 보호안경, 긴 소매 의복을 착용한다.
		• 미세먼지가 지나간 후 실내 공기를 환기한다.
		• 외출 후 입은 옷은 즉시 털고 세탁을 한다.

미세먼지가
인체에 미치는
영향
		• 미세입자들은 먼지 핵에 여러 종류의 오염물질이 엉겨 붙어 구성된 것으로 호흡기를
		통하여 인체 내에 유입될 수 있다.
		• 장시간 흡입 시, 입자가 미세할수록 코점막을 통해 걸러지지 않고 흡입 시 허파까지 직접
		침투하여 천식이나 폐 질환의 유병률, 조기 사망률 증가에 영향을 줄 수 있다.
		• 장기적, 지속적 노출 시 건강영향이 나타나고 단시간 흡입으로 갑자기 신체 변화가 나타
		나지는 않으며, 어린이·노인·호흡기 질환자 등 민감군은 일반인보다 건강영향이 더
		클 수 있다.
		   − **뇌혈관 질환**: 뇌졸중, 치매, 편두통 등
		   − **눈질환**: 염증, 가려움증 등
		   − **알레르기성 비염, 후두염**
		   − **피부 질환**: 아토피, 여드름 등
		   − **심혈관 질환**: 부정맥, 심근경색 등
		   − **호흡기 질환**: 천식, 만성폐쇄성 폐질환 등

미세먼지
등급별 농도
		• 예보 등급을 좋음, 보통, 나쁨, 매우 나쁨의 네 단계로 구분
		 ① 좋음(PM10 0~30$\mu g/m^3$, PM2.5 0~15$\mu g/m^3$)
		   − 대기오염과 관련된 환자군에게도 영향을 미치지 않는 수준
		 ② 보통(PM10 31~80$\mu g/m^3$, PM2.5 16~35$\mu g/m^3$)
		   − 환자군에게 만성 노출 시 경미한 영향이 유발될 수 있는 수준
		 ③ 나쁨(PM10 81~150$\mu g/m^3$, PM2.5 36~75/m^3)
		   − 환자군과 민감군에게 좋지 않은 영향을 미칠 수 있는 수준
		   − 일반인도 건강상의 불쾌감을 경험할 수 있음
		 ④ 매우 나쁨(PM10 151$\mu g/m^3$, 이상 PM2.5 76$\mu g/m^3$ 이상)
		   − 환자군 및 민감군에게 노출시 심각한 영향 유발
		   − 일반인도 약한 영향을 받을 수 있는 수준

• 시시각각으로 변하는 대기질 상황을 전달하기 위해 하루 4회(오전 5시, 오전 11시, 오후 5시, 오후 11시) 대기오염 농도 등급을 예측하여 예보
• 전국 19개 권역에 대한 대기질 예보 제공
• 미세먼지 실시간 농도가 건강에 유해한 수준으로 상승할 경우, 해당 지역 지자체장이 주의보나 경보 발령

예보구간	등급			
	좋음	보통	나쁨	매우나쁨
예측농도 (μg/m³, 1일) PM-10	0~30μg/m³	31~80μg/m³	81~150μg/m³	151μg/m³ 이상
예측농도 (μg/m³, 1일) PM-2.5	0~15μg/m³	16~35μg/m³	36~75μg/m³	76μg/m³ 이상
행동요령 민감군		실외활동 시 특별히 행동에 제약은 없으나 몸 상태에 따라 유의하여 활동	장시간 또는 무리한 실외활동 제한, 특히 천식환자는 실외활동 시 흡입기를 더 자주 사용할 필요가 있음	가급적 실내활동만 하고 실외활동 시 의사와 상의
행동요령 일반인			장시간 또는 무리한 실외활동 제한, 특히 눈이 아프거나, 기침이나 목의 통증으로 불편한 사람은 실외활동을 피해야 함	장시간 또는 무리한 실외활동 제한, 기침이나 목의 통증 등이 있는 사람은 실외활동을 피해야 함

(표 왼쪽 제목: 미세먼지 등급별 행동요령)

UNIT 76 응급처치의 이해

1 학습목표

응급처치의 의미와 중요성을 인식하고, 생활 속에서 도움이 필요한 응급상황과 응급처치 물품을 알 수 있다.

2 누리과정 관련 요소

신체운동·건강	**[안전하게 생활하기]** 일상에서 안전하게 놀이하고 생활한다.
신체운동건강	**[안전하게 생활하기]** 안전사고, 화재, 재난, 학대, 유괴 등에 대처하는 방법을 경험한다.
사회관계	**[나를 알고 존중하기]** 내가 할 수 있는 것을 스스로 한다.

3 학습주제와 학습의 중점

학습주제	학습의 중점
1. 응급처치의 의미와 중요성 알아보기	• 응급처치의 의미와 중요성을 알아본다. • 안전한 생활 태도의 중요성을 인식한다.
2. 생활 속 응급상황과 응급처치 물품 알아보기	• 생활 속에서 도움이 필요한 다양한 응급상황을 알 수 있다. • 응급상황 시 필요한 응급처치 물품을 알아본다.

4 개념 및 목적

개념 및 목적	• 응급처치란 다친 사람이나 급성질환자에게 사고 현장에서 즉시 조치를 취하는 것을 말한다. 이는 보다 나은 병원 치료를 받을 때까지 일시적으로 도와주는 것일 뿐만 아니라, 적절한 조치로 회복상태에 이르도록 하는 것을 포함한다. • 응급처치는 사고 시 다친 환자가 전문적인 치료를 받기 전에 일시적으로 행해지는 임시적인 처치로서 인명구조, 고통 경감, 상처나 질병의 악화 방지, 심리적인 안정을 목적으로 한다. • 유아가 기관에 머무르는 시간이 점차 늘어남에 따라 생활 속에서 예기치 않은 사고나 응급상황이 일어날 가능성 또한 높아지고 있다. 　− 응급상황은 일상생활 중 언제, 어디서나 발생할 수 있으며, 특히 영유아의 경우 판단능력과 신체조절능력이 미숙하므로 영유아교육기관에서도 응급상황이 발생할 수 있다. • 안전사고는 예방이 최우선이지만 신속한 대처에 따라 사고의 결과가 완전히 달라질 수 있는 만큼, 유아교사들은 다양한 응급상황에 대한 대처방법을 정확히 숙지하고 있어야 한다. 　− 이러한 응급상황에 대처하는 처치자의 신속하고 정확한 행동 여부는 부상 영유아의 생명과 회복 기간에 영향을 미칠 수 있으며, 사고로 인한 질병이나 일시적 또는 영구적 장애에도 영향을 줄 수 있다.

— 따라서 교사는 응급상황 시 영유아가 전문적인 의료처치를 받기 전까지 현재의 상태를 유지하거나 상처를 완화할 수 있도록 조치할 수 있어야 한다.
• 영유아교육기관에는 응급상황 시 대처를 위한 지침 및 절차가 반드시 마련되어 있어야 하며, 교직원은 이에 대해 숙지하고 훈련을 통해 숙달해야 한다.

법적 기준 ― 「유아교육법」	제17조의3(응급조치) 원장(제21조제2항에 따라 원장의 직무를 대행하는 사람을 포함한다)은 보호하는 유아에게 질병·사고나 재해 등으로 인하여 위급한 상태가 발생한 경우 즉시 해당 유아를 「응급의료에 관한 법률」 제2조에 따른 응급의료기관에 이송하여야 한다. [본조신설 2013. 5. 22.]

5 기본 원칙

기본 원칙	• 응급처치 방법이나 절차, 원칙 등에 대해 알고 실시해야 역효과를 방지할 수 있다. — 아무리 긴박한 상황일지라도 처치자 자신의 안전과 현장상황의 안전을 확보한 후 응급처치를 실시한다. — 호흡 정지, 심한 출혈, 쇼크, 음독, 중독 순으로 가장 위급한 환자부터 처치한다. — 호흡기에 공기가 들어갈 수 있도록 기도를 확보하여 유지한다. — 출혈이 있는 경우 지혈하고, 상처에 먼지, 이물질, 세균이 침투하지 않도록 보호한다. — 전문가가 판단하기 전까지 환자나 부상자의 생사를 판단하지 않는다. — 전문가가 정확한 진단을 내리기 전까지 의약품 사용을 금한다. — 응급환자의 구강을 통한 음식물 섭취는 기도폐쇄의 위험과 수술 및 검사의 지연을 초래할 수 있으므로 지양한다. — 119(119안전신고센터), 1339(질병관리청), 의료기관 등에 도움을 요청할 경우 환자의 상태와 응급처치 내용을 정확하게 알린다. — 현장에서 응급처치로 의식이 회복되었더라도 전문의료인에게 반드시 확인 및 치료를 받을 수 있게 한다.

6 응급상황에 대한 사전준비(기본 지침)

응급상황에 대비하여 지침과 응급처치 용품 등을 마련해 두면 응급상황 발생 시 신속하게 대처할 수 있으며, 피해를 최소화할 수 있다.

업무분장	• 응급상황을 대비하여 교직원 간에 응급상황 시 업무분장을 해 두어야 한다. — 교직원의 역할이 사전에 분담되어 있어야 하며, 교사는 자신의 역할을 숙지하고 있어야 한다. 업무분장 내용이나 절차를 문서로 작성하여 비치해 둔다. • 사고 상황에서의 교사 역할을 미리 분담해 두는 것이 필요하다. — 사고 당한 유아를 보살피고 응급처치하는 역할 — 부모와 구조대 또는 응급실에 연락하는 역할 — 남은 유아를 돌보는 역할 — 경우에 따라서는 대피를 주도하는 역할

MEMO

응급처치
교육 및 훈련
	• 교직원을 대상으로 정기적인 응급처치 교육 및 훈련을 실시한다.
	   – 미숙한 응급처치는 오히려 환자의 상태를 악화시킬 수 있으므로 정확한 응급처치 방법에 대한 교육과 훈련이 필요하다.
	   – 응급처치 교육은 해당기관으로 강사를 초빙하여 실시하거나, 관할 소방서에서 운영하는 119시민체험센터를 방문하여 실시할 수 있다.
	   – 119시민안전센터에서는 이론교육과 더불어 심폐소생술, 자동제세동기 사용 방법, 하임리히 응급처치 교육 등을 함께 실시하고 있으므로 더욱 실제적인 교육이 가능하다.

비상연락망	• 비상연락망을 준비한다.
	   – 응급상황이 발생하면 도움을 요청할 수 있는 관련 기관에 신속히 연락을 취해야 하므로 비상연락망을 교사실과 교실 게시판 또는 전화기 주변에 비치해 둔다.
	     예) 도움 요청: 가까운 병원의 응급실, 구급차를 부를 수 있는 전화번호, 119구조대, 기타 응급 전화번호
	     예) 유아 관련: 유아 부모의 연락처, 유아 주치의 전화번호
	   – 알려야 할 응급상황 정보: 교사 정보, 위치, 응급유형, 사고 원인 및 장소, 사고 유아 정보 및 상태, 이미 적용한 처치 방법 등
	   – 응급처치 담당자가 전화를 끊을 때까지 기다리고 먼저 끊지 않을 것

약품 및
기구를 담은
구급상자
	• 응급상황 발생 시 사용 가능한 약품 및 기구를 구급상자에 담아 준비한다.
	   – 구급상자는 찾기 쉬운 곳에 두되 영유아의 손이 닿지 않는 곳에 비치해야 한다.
	   – 상비약품은 수시로 점검하여 유통기한이 지난 약품이 있는지 확인하고, 사용한 후에는 바로 보충해 두어야 한다.
	• 휴대용 구급상자 준비: 소풍, 견학 등의 야외 활동에 활용한다.
	• 응급 상황시 특별한 보호를 필요로 하는 유아에 대비하여 필요한 도움에 대해 사전에 숙지하고, 이들을 위한 구급상자를 별도로 마련한다.

응급처치 동의서 & 사고보고서	영유아에 대한 응급처치동의서를 사전에 받아 비치해 두고, 사고발생 시 작성할 수 있도록 사고보고서 양식을 준비한다.
공제나 보험 가입	• 영유아 및 교직원을 대상으로 공제나 보험에 가입한다. – 만료기간을 확인하여 보상기간이 중단되지 않도록 주의한다.

응급상황 대비 기본 지침

응급시 필요한 유아 개인 정보

• 치료 시 알아두어야 할 유아의 개인 건강정보를 기술한 서류와 건강기록부를 구비해야 한다. 특히 유아에 대한 개인정보를 미리 수집하여 기록·보관하여야 하며, 부모의 응급처치 동의서는 미리 받아 구비해 두어야 한다.
  – 부모가 작성한 건강정보, 부모의 직장과 집 전화번호, 부모의 부재시 연락할 비상연락처, 유아 주치의 전화번호, 치료 병원 상호명, 알레르기 반응 기록, 응급처치 동의서 등

응급 시 보조교사

• 교사가 유아와 병원에 갈 경우 보조교사 리스트를 구비해야 한다.
  – 응급 상황 시 낯선 사람과 함께 있게 하는 것은 유아들에게 불안감을 가중시킬 수 있으므로 환경을 잘 알고, 유아에게 익숙한 사람이어야 할 것

대피 계획

화재, 천재지변, 그 밖의 다른 주요 응급상황이 발생할 경우의 대피 계획을 준비해야 한다.

참고

응급처치 동의서 예시

응급처치 동의서

• 응급처치 동의서

학급명	유아명	생년월일	성별	혈액형

귀 기관에서는 사고 발생 시 응급처치에 대한 신속한 동의가 이루어지도록 다음의 연락처로 연락을 취해 주시고, 귀 기관에서 다음의 절차에 따라 응급처치를 하는 경우 그 권한을 귀 기관에 위임할 것에 동의합니다.

20○○. ○○. ○○

보호자 : _____ (서명)

• 응급처치 절차 안내

1. 사고 시 가장 먼저 부모님께 알립니다.

	연락처		
	휴대전화	집	직장
부			
모			

2. 부모님과 신속하게 연락이 되지 않을 경우 부모님이 정해주신 아래의 보호자께 연락합니다.

성명	유아와의 관계	연락처

3. 우선 순위를 정하신 후 원하시는 곳에 체크해 주시고, 의료기관 이름을 써 주십시오.
   1) _____ 유치원에서 지정한 의료기관
   2) _____ 부모님이 정하신 의료기관 (   )

4. 의료기관 수송 후에는 다음의 의료보험 관련 정보에 따라 신속한 치료를 받도록 합니다.

의료보험 가입자 성명	의료보험 종류	의료보험	기관기호

5. 응급처치 시 유아가 피해야 할 약이나 특이사항이 있으면 기록하여 주시기 바랍니다.
   - 특이증상 :
   - 약물 알레르기 반응 여부 및 종류 :

○○유치원/어린이집 원장 귀하

7 응급상황 발생시 대처요령

> **응급사고 발생 시 대처요령(check, call, care)**
> ① CHECK : 응급상황 여부 파악하기, 환자 상태 파악하기
> ② CALL : 응급구조 요청하기, 응급환자 관리체계 가동하기
> ③ CARE : 안전한 장소로 환자 옮기기, 응급처치 시행하기, 병원으로 환자 이송하기, 기록 및 추후결과 확인하기

① 응급상황 인식	• 다친 영유아의 상태를 신속하게 판단하고, 사고 장소가 위험할 경우 안전한 장소로 영유아를 옮긴다. 다만 환자의 상태에 따라 함부로 옮기면 안되는 경우(골절 등)도 있으므로 신속하고 정확한 판단이 필요하다. • 응급상황 발생 시 업무분장에 따라 침착한 태도를 유지한다. 다친 영유아를 안심시키고 다른 영유아들도 사고 현장에서 벗어나도록 하여 심리적 안정을 유지하도록 한다.	
② 다친 유아의 상태를 파악하여 적절한 조치 취하기	상태 파악 및 도움 요청	• 응급 환자의 전반적인 모습, 행동, 주변 환경을 보고 판단한다. – 의식 유무 파악 / 출혈 정도 파악 / 중독 가능성 파악 / 쇼크의 가능성 파악

🏠 응급상황 발생 시 119 신고방법

② 다친 유아의 상태를 파악하여 적절한 조치 취하기	119 도움 요청	**상황 발생** • 119에 신속하고 정확하게 신고한다. – 의식소실 등 환자의 상태가 위급하면 즉시 119에 도움을 요청해야 하며, 구급차를 불러야 할 시점을 놓치지 않아야 한다. **유의점** 구조 요청을 하지 않은 채 일반 차량으로 환자를 병원까지 이송하는 경우 2차 부상 등 환자에게 심각한 위험을 초래할 수 있음을 인지해야 한다.
		전달 내용 • 침착하고 명확하게 「사고 난 장소(위치), 주요 건물, 사건이나 사고의 종류(응급상황의 내용), 도움이 필요한 환자 수, 환자의 상태, 환자에게 응급처치한 내용(심폐소생술 실시 여부)을 말해야 하며, 휴대전화의 경우 위치정보 동의서비스 활용에 동의한다. • 응급 이송, 응급처치 지도, 응급이송 지도, 질병 상담, 병원 안내는 119를 통해서 이루어지도록 한다.
		신고 후 • 먼저 전화를 끊지 않는다. – 다른 질문이 없는지 확인("끊어도 되겠습니까?")하고, 응급의료원이 더 이상의 지시사항이 없음을 확인할 때까지는 통화를 유지한다. • 구조대가 출동 후 관련 정보를 다시 물을 수도 있으므로, 신고 후 119가 오기 전까지 휴대폰을 다른 용도로 사용하지 않는다.
		구급차 도착 전 • 119 구급대가 도착하기 전까지 응급의료상담원의 지도에 따라 초기 응급처치를 한다. 응급처치 전에는 반드시 손을 씻어 감염을 예방한다. – 의식, 호흡, 맥박 등을 확인하여 의식이 없으면 기본소생술을 먼저 시행하고, 의식이 있다면 상황별 응급처치를 시행한다.
	안전한 환경 지원	• 응급의료요원이 현장에 오기 전에는 가급적 환자를 옮기지 않는다. • 현장이 위험하면 이차적인 손상에 주의하면서 환자를 안전한 곳으로 옮긴다.

	응급처치 실시	• 생명을 구하는 응급처치는 가장 가까이에 있던 사람이 취할 경우 효과가 가장 크다. • 응급처치법을 모른다면, 응급상황을 다룰 수 있는 사람이 올 때까지 그 자리에 머물고 응급처치 할 사람이 오면 상황을 설명하고, 상황을 평가하도록 한다.
③ 부모에게 연락		• 다친 영유아의 부모에게 연락하여, 부모에게 사고 상황과 영유아의 현재 상태 등을 정확하고 침착하게 알리고, 응급처치 이상의 치료에 대해서 의논한다. 　- 학기 초에 응급처치 동의서 및 비상연락망을 받아 두어 처리가 신속하게 이루어질 수 있도록 한다. 　- 다친 유아의 부모에게 연락하고 응급처치 절차에 대한 부모의 동의를 받는다. 　- 부모가 도착할 때까지 교사는 유아와 함께 있도록 한다.
④ 남은 유아 돌보기		• 응급처치 대상자의 상태에 따른 대처 　- 상처가 가벼울 때: 다친 유아를 돌보면서 다른 유아들이 당황하지 않도록 상황을 설명하고, 응급처치에 방해가 되지 않도록 조용히 기다려 줄 것을 당부한다. 　- 상처가 심각할 때: 교사는 다친 유아를 돌보고, 다른 사람에게 도움을 요청하여 다른 영유아들을 돌볼 수 있도록 한다.
⑤ 사고보고서 작성		• 사고 처리를 한 후 사고보고서를 작성하면서 사고의 상황과 원인 및 결과를 정리한다. 　- 사고보고서는 사고 발생 24시간 이내에 작성하여 1부를 다친 영유아의 부모에게 당일 전달하고, 1부는 유아의 개인파일에 첨부, 1부는 기관의 사고일지에 첨부한다. 　- 유아에게 특별한 외상이 없더라도 교사는 사고보고서를 작성한다. **작성된 사고보고서의 활용** • 작성된 사고보고서를 토대로 위험물 제거 및 교정활동 계획을 수립한다. • 연말에는 1년간의 사고보고서를 분석하여 유치원 내 자주 발생하는 사고유형과 원인을 내년도 안전관리 및 안전교육 계획 수립 시 반영한다. • 신임교사 훈련 시 교육 내용에 포함시킨다. **내용** 기관명, 기관주소, 사고시간, 응급처치, 진료 여부, 사고일자, 목격자명, 사고부위, 상해원아 인적사항(원아명, 성별, 연령), 전화번호, 사고발생 장소, 사고원인, 사고당시 활동내용, 사고유형, 교사 서명, 부모 서명, 상해를 입은 시설설비, 원아 보호를 위한 추후계획, 부모에게 연락한 사항, 연락시간, 재발방지에 필요한 교정활동, 119신고(신고여부, 신고시간)

8 유치원에서 안전사고 발생시 대처방안

상황에 맞는 응급처치하기	유아의 상황을 신속히 파악한 후 응급처치를 한다.
사고 알리기	간단하게 처치할 수 없는 경우라면 섣불리 접근하기보다는, 119 구급상황 관리센터에 연락하여 상황을 명확하게 전달받고 도움을 구한다.
학급 안정시키기	• 다친 유아를 안심시키고, 다른 유아들도 현장에서 벗어나도록 하여 안정시킨다. • 남은 유아를 돌보는 역할을 해 줄 교사를 함께 배치한다.

필요한 의료조치 받기	응급처치할 사람이 오면 상황을 설명하고, 상황을 평가하도록 한다.
사고 후 처리하기	사고 발생 24시간 이내에 사고보고서를 작성하여 부모에게 전달한다.

9 안전사고 발생시 보고체계

> 사안 발생 시 보고 여부를 판단한 후 사건 인지 또는 보고받은 시점으로부터 즉시 보고해야 함

보고 순서	유치원 ➡ 교육지원청 ➡ 시·도교육청 ➡ 교육부	
보고 방법	유치원	• 사건·사고 또는 재난 발생 시 '보고 대상 여부(지원 필요)'를 판단한다. • 보고 및 지원이 필요한 경우 교육지원청 담당자에게 상황을 유선으로 보고하고, 교육청의 지도를 받아 붙임의 보고서식을 활용하여 서면으로 보고한다.
	교육지원청	관내 유치원 및 그 밖의 경로를 통해 사건·사고를 인지한 경우 사실관계 및 피해 규모, 구호상황, 발생 원인 등을 정확히 확인하여 시·도교육청에 보고한다.
	시·도 교육청	• 교육지원청으로부터 보고 받거나 그 밖의 경로로 사안(사고) 발생 인지 즉시 교육부 유아교육정책과로 유선 및 서면으로 보고한다. – 유선 보고는 즉시, 서면 보고는 별첨 서식에 의거하여 작성 후 근무 시간(8시간) 이내 보고한다.
보고 단계	초기 단계	• 신속하게 응급여부를 판단하여, 현장에서 가능한 응급처치 실행 및 (보건복지부 지정)응급의료기관 후송 등 구호 조치한다. – 유아에게 응급처치가 필요한 상황에 대비하여 병원으로 갈 때에는 동행한 교직원이 부모동의서, 상해보험 등의 서류를 가지고 간다. • 현장학습 등 외부에서의 차량 사고 등의 경우는 유아들을 안전지대로 신속하게 이동시킨다. • 유치원장 및 원감, 학부모와 관련자에게 즉시 보고하며, 유치원장은 지체 없이 관할 교육감 또는 교육장에게 보고한다.
	경과 단계	• 사고원인을 파악한다. • 사고 직후 초기 대응 및 경과 과정을 상세히 작성하여 유치원장 및 원감에게 즉시 보고한다. • 유치원장은 사고 원인, 처리과정 및 향후 수습방안을 관할 교육감 또는 교육장에게 보고한다.
	사후조치 단계	• 유치원장은 사고수습 방안에 따라 대응이 완료되었는지를 확인하고, 사안의 중요성에 따라 교육지원청에 보고한다(재발방지책 포함). • 유치원은 안전사고 사안에 따라 관련자에게 학교안전공제회 보상 신청을 안내한다.

MEMO ·········

학교 안전공제회	• 유치원은 유아교육법 제2조제2호에 의한 학교로 학교안전공제회에 의무적으로 가입한다. • 학교안전공제회에서 안전사고 발생 대응, 안전교육 등 관련 정보를 제공한다. • 유치원장은 학교 안전사고 처리와 관련하여 학교안전공제회의 업무과정을 숙지하여 학부모 및 사고 관련자에게 공지한다.

UNIT 77 응급처치의 실제

1 학습목표

심폐소생술	심폐소생술의 중요성을 인식하고 심폐소생술 방법을 연습해본다.
자동심장충격기의 사용	자동심장충격기 사용법을 알아보고 주변에서 자동심장충격기가 있는 곳을 찾아본다.
기도폐쇄	기도폐쇄의 의미와 원인에 대해 이해하고, 응급처치법에 대해 알아본다.

2 누리과정 관련 요소

심폐소생술	신체운동·건강	[안전하게 생활하기] 일상에서 안전하게 놀이하고 생활한다.
	신체운동·건강	[안전하게 생활하기] 안전사고, 화재, 재난, 학대, 유괴 등에 대처하는 방법을 경험한다.
	의사소통	[듣기와 말하기] 자신의 경험, 느낌, 생각을 말한다.
자동심장충격기의 사용	신체운동·건강	[안전하게 생활하기] 안전사고, 화재, 재난, 학대, 유괴 등에 대처하는 방법을 경험한다.
	의사소통	[듣기와 말하기] 자신의 경험, 느낌, 생각을 말한다.
	자연탐구	[생활 속에서 탐구하기] 도구와 기계에 대해 관심을 가진다.

기도폐쇄	신체운동·건강	[안전하게 생활하기] 안전사고, 화재, 재난, 학대, 유괴 등에 대처하는 방법을 경험한다.
	신체운동·건강	[안전하게 생활하기] 일상에서 안전하게 놀이하고 생활한다.

3 학습주제와 학습의 중점

소분류	학습주제	학습의 중점
심폐소생술	1. 심폐소생술 의미 알아보기	• 심폐소생술의 필요성과 중요성을 인식한다. • 심폐소생술 대상이 누구인지 알아본다. • 반응(의식)을 확인하는 방법을 익힌다.
	2. 심폐소생술 방법 알아보기	• 심폐소생술로 생명을 구한 사례를 경험한다. • 심폐소생술의 방법과 절차를 익힌다.
자동심장충격기의 사용	1. 자동심장충격기 알아보기	• 자동심장충격기가 무엇인지 알아본다. • 자동심장충격기 사용법과 주의점을 알아본다.
	2. 자동심장충격기 위치 알아보기	• 자동심장충격기 표시를 알아본다. • 유치원 주변에 있는 자동심장충격기를 찾을 수 있다.
기도폐쇄	1. 기도폐쇄의 의미와 원인 알아보기	• 기도폐쇄의 의미와 원인에 대해 이해한다. • 기도폐쇄를 예방하는 방법을 알아본다.
	2. 기도폐쇄 응급처치 방법 알아보기	• 기도폐쇄 시 나타나는 증상에 대해 알아본다. • 하임리히법의 중요성을 알고, 올바른 응급처치법에 대해 알아본다.

4 심폐소생술

개념 및 법령	• 심장이 멈추고 호흡이 없을 때, 인공적으로 혈액을 순환시키고 호흡을 돕는 응급처치 방법이다. • 의식이 없고 숨이 멎은 경우, 인공호흡을 실시한 후에도 맥박이 뛰지 않을 때 실시하는 응급처치법이다. ― ABC 절차: Airway(기도확보), Breathing(호흡회복), Circulation(심장마사지) • 「유아교육법」 제2조제2호에 따른 유치원의 장 및 「초·중등교육법」 제2조에 따른 학교의 장은 교육부령으로 정하는 바에 따라 매년 교직원을 대상으로 심폐소생술 등 응급처치에 관한 교육을 실시하여야 한다[「학교보건법」 제9조의2(보건교육 등) 제2항].

심폐소생술의 필요성	심폐소생술은 심장마비가 발생했을 때 인공적으로 혈액을 순환시키고 호흡을 돕는 응급 치료법이다. 심폐소생술은 심장이 마비된 상태에서도 혈액을 순환시켜, 뇌의 손상을 지연 시키고 심장이 마비상태로부터 회복하는 데 결정적인 도움을 준다. 심장은 온몸으로 혈액을 내뿜는 우리 몸의 펌프이다. 심장마비가 발생하면 심장이 역할을 하지 못해 온몸으로 혈액을 보낼 수가 없어서 심폐소생술을 하지 않으면 사망하거나 뇌손상(뇌는 혈액 공급이 4~5분만 중단돼도 영구적으로 손상될 수 있음)이 일어난다. ➡ 따라서 뇌손상을 막기 위해서는 심폐소생술 동안 뇌로 충분한 혈류가 전달될 수 있도록 일정한 가슴압박의 깊이를 유지하는 것이 중요하다.
어린이에게 안내할 수 있는 대처 요령	깨우기 ➡ 알리기 ➡ 누르기 ➡ 자동심장충격기 사용하기 등 미리 대처 요령을 익히도록 안내한다.

절차	• 의식도 없고 호흡도 없는 사람을 발견했을 때 해야 할 일은 '반응 확인하기 ➡ 도움 요청 하기 ➡ 119 신고하기 ➡ 호흡 확인하기 ➡ 가슴압박(심폐소생술)하기, 자동심장충격기 요청 및 사용하기'이다.
	
	  반응과 호흡을 확인한다. 도움 및 119 신고를 요청한다. 가슴압박을 30회 시행한다. 인공호흡을 2회 시행한다. 119 구급대원이 도착할 때까지 가슴압박과 인공호흡을 반복한다.
	
	 ① 의식(반응) 확인
	   − 어깨를 가볍게 두드리고 "○○야, 괜찮니"라고 소리치며 환자의 반응을 살핀다.
	   − 반응을 확인할 때 숨을 쉬고 있는지 호흡의 정상유무를 함께 확인한다.
	   − 반응 확인을 했을 때 말을 하거나 얼굴을 찡그리는 등 반응을 보이는 사람은 심폐 소생술이 필요하지 않다고 본다.
	   유의점 사람이 쓰러졌다고 무조건 가슴 압박을 하는 것이 아니라 반응 확인을 먼저 해야 한다. 이때 몸을 흔들거나 뺨을 때리면 내부의 손상된 장기가 있는 경우 피해가 커질 수 있다.
	 ② 주위 사람에게 도움 요청
	   − 환자의 의식(반응)이 없다면, 다른 사람에게 119에 신고와 자동심장충격기를 요 청한다.
	   − 주변에 아무도 없으면 도와달라고 소리를 치고, 도와줄 사람이 없으면 직접 신고 한다.
	 ③ 자세 바로잡기
	   − 주변이 안전한지 확인하고, 단단하고 평평한 바닥에 똑바로 눕힌다.
	   − 등 밑에 수건을 대서 영유아의 머리와 몸통이 수평이 되게 유지한다.

MEMO

④ 호흡 확인
- 쓰러진 환자의 얼굴과 가슴을 10초 이내로 관찰하여 호흡이 있는지를 확인한다.
- 환자의 호흡이 없거나 비정상적이라면 심정지가 발생한 것으로 판단하며, 일반인은 비정상적인 호흡 상태를 정확히 평가하기 어렵기 때문에 응급의료전화상담원의 도움을 받는 것이 바람직하다(호흡이 있는 경우, 옆으로 눕는 회복자세를 취하게 하여 입안의 이물질이 흡인되어 기도가 막히는 것을 예방한다).

⑤ 가슴압박 (흉부압박)	방법	• 가슴뼈(흉골)의 아래쪽 절반 부위(양쪽 유두선 중앙)에 깍지를 낀 두 손의 손바닥 뒤꿈치를 댄다(가슴 정중앙(흉골의 아래쪽 1/2)에 한 손의 손바닥 뒤꿈치를 올려놓고 그 위에 다른 손을 올려서 겹친 뒤 깍지를 낀 자세로 시행한다). • 손가락이 가슴에 닿지 않도록 주의하면서, 양팔을 쭉 편 상태로 체중을 실어서 환자의 몸과 수직을 유지하며(구조자의 팔이 수직이 되게 하고) 가슴을 압박한다(단, 칼돌기를 누르지 않도록 함).
	압박 속도 및 깊이	분당 100~120회의 속도를 유지하며 약 5cm 깊이(소아 4~5cm)로 강하고 빠르게 30회 압박한다. **압박의 깊이 유지가 중요한 이유** 심폐소생술 동안 일정한 가슴압박의 깊이가 유지되어야만 심장과 뇌로 충분한 혈류가 전달되어 뇌손상을 막을 수 있기 때문이다.
	가슴이완	• 가슴압박과 가슴압박 사이에 가슴이 완전히 원래의 위치로 올라오도록 힘을 뺀다. - 가슴압박을 너무 빠른 속도로 시행하지 않음 ➡ 가슴을 눌러주는 것도 중요하지만, 누른 가슴 부위를 다시 원상태로 팽창시키는 것도 중요하기 때문이다.
⑥ 기도개방		• 인공호흡을 시행하기 위해서 먼저 환자의 머리를 젖히고, 턱을 들어 올려서 환자의 기도를 개방한다. - 환자의 입이 닫히지 않도록 하며, 소아의 경우 성인에 비해 목을 덜 젖힌다.
⑦ 인공호흡		1. 머리를 젖힌다. 2. 환자의 코를 막는다. 3. 환자의 가슴이 올라올 정도로 서서히(1~2회) 공기를 불어넣는다. 4. 119구급대원이 도착할 때까지 가슴압박과 인공호흡을 반복한다. ※ 인공호흡 방법을 모르거나, 꺼려지는 경우 인공호흡을 제외하고 지속적으로 가슴압박만 시행
자동심장 충격기		• 심정지 발생 시 전기충격을 통해 심장의 기능을 회복시키는 구급 장비이다. - 가능한 한 빨리 자동심장충격기를 부착하고 사용하며, 전기충격 후 즉시 가슴압박을 시작한다.

⑧ 가슴압박과 인공호흡의 반복
- 이후 30회 가슴압박과 2회의 인공호흡을 119구급대원이 현장에 도착할 때까지 반복해서 시행한다.
- 다른 구조자가 있는 경우, 한 구조자는 가슴압박을 시행하고 다른 구조자는 인공호흡을 맡아서 시행하며, 심폐소생술 5주기(가슴압박(30회)과 인공호흡(2회) × 5회)를 시행한 뒤 서로 역할을 교대한다.

⑨ 회복자세
- 가슴압박 소생술을 시행하던 중에 환자가 소리를 내거나 움직이면, 호흡도 회복되었는지 확인한다.
- 호흡이 회복되었다면, 환자를 옆으로 돌려 눕혀 회복자세를 취한다.

- 자동심장충격기란 심장의 기능이 정지하거나 호흡이 멈추었을 때 사용하는 응급처치기기 (심정지 환자의 가슴에 심장충격을 가하여 심장박동이 다시 정상적인 상태로 돌아올 수 있게 해주는 기기)이다.
  - 환자의 심박동을 자동으로 측정할 수 있고, 심장충격이 필요한 상황인지 확인할 수 있다.

자동심장충격기의 원리
심장충격이란 2,000볼트 이상의 고압 직류 전기가 심장을 관통하게 함으로써 심장에서 일어나고 있는 위험한 전기적 활동들을 일시에 모두 잠재우는 역할을 하며, 이때 심장의 근육세포들은 한동안 마비상태에 빠지게 되고 정상적인 전기적 활동이 가장 먼저 깨어나면서 심박동이 정상적으로 회복되는 것이 원리로 작용한다.

사용방법
- 자동심장충격기를 적절한 위치에 두고 전원을 켠다(초록색 버튼).
- 두 개의 패드를 기계에 그려져 있는 대로 환자의 가슴부위 피부에 단단히 부착한다.
  - 환자의 옷은 벗기고, 패드 부착 부위에 땀이나 기타 이물질이 있으면 제거한다.
- 자동심장충격기가 환자의 심전도를 분석하는 동안 접촉을 피하고 기다린다.
- 제세동(심장충격)이 필요한 경우라면 '제세동(심장충격)이 필요합니다'라는 메시지와 함께 심장충격 에너지를 충전하며, 이후 '제세동(심장충격) 버튼을 누르세요'라는 음성 지시가 나오면, 환자와 접촉한 사람이 있는지 확인한 뒤 해당 버튼을 누른다.
  ※ '심장충격이 필요하지 않습니다'라고 분석시, 그 즉시 가슴압박 심폐소생술을 다시 시작한다.
- 제세동(심장충격) 시행 뒤에는 지체 없이 가슴압박을 다시 시작한다.

자동심장충격기 유의점

- 자동심장충격기는 2분마다 환자의 심전도를 자동으로 분석하여 심장충격의 필요성을 판단하므로, 환자에게 패드를 부착한 상태로 119구급대가 현장에 도착하거나 환자가 회복되어 깨어날 때까지 심폐소생술과 제세동(심장충격)을 반복하여 실시해야 한다.
- 의식이 있는 사람에게는 심장충격기를 부착하면 안 되며, 만일 의식이 회복된 사람에게 부착된 심장충격기에서 '심장충격이 필요합니다'라는 지시문이 나오더라도 의식이 있는 경우에는 절대로 심장충격 버튼을 누르면 안 된다.

자동심장충격기 패드 부착 위치

성인 패드 부착 위치

❶ ❷ 왼쪽 갈비뼈 아래

오른쪽 쇄골 아래

유아 패드 부착 위치

❶ ❷

가슴 중앙 흉부압박지점 등 가운데

MEMO

자동심장충격기 설치 기관 안내 표지
붉은색은 화재나 위험을 뜻하므로, 안전장비에 속하는 심장충격기 안내표지의 색상은 안전을 의미하는 녹색 및 흰색으로 나타내며, 일반적인 번개는 전기적 위험을 의미하므로 화살표 번개를 사용하였다.

자동심장충격기 설치시설

5 기도폐쇄(이물질이 목에 걸렸을 때) - 하임리히법

개념	• 기도로 들어간 이물질이 기도를 부분적으로 또는 완전히 막아 호흡을 방해하는 상태로, 얼굴빛이 금세 파래지고, 기도가 완전히 막힐 경우 말과 기침, 호흡도 할 수 없게 되어 사망에 이른다. 　- **부분 기도폐쇄**: 숨을 쌕쌕거리며 거친 숨소리를 내는 상태로, 기도가 완전히 막히지 않았을 때는 크게 기침을 하여 목에 걸려 있던 음식이 밖으로 나오도록 한다. 　- **완전 기도폐쇄**: 말을 할 수 없고, 호흡이나 기침조차 할 수 없는 상태로, 주변에 있는 어른에게 도움을 요청한다.
예방 / 주의사항	• 음식물은 먹기 쉬운 크기로 잘라 먹여야 한다. • 땅콩 등 견과류는 잘 못 먹으면 기관지에 들어가기 쉬우므로 3세까지는 먹이지 않는다. • 급정차할 가능성이 있는 차 안, 흔들리는 비행기 안에서는 먹이지 않는다. • 눕거나 걷거나 놀면서 먹지 않도록 주의한다. • 음식물을 던져 입으로 받아먹는 것과 같은 방법으로 먹지 않도록 한다. • 식사 중에는 영유아를 깜짝 놀라게 하지 않고, 영유아에게 먹는 것을 억지로 강요하지 않는다. • 조금 큰 어린이가 영유아에게 위험하게 음식물을 주는 경우가 있으므로 주의한다. • 연하장애가 있는 장애아는 음식물에 의한 질식이 발생하기 쉬우므로 충분히 주의한다. 　- **연하장애**: 음식물을 입에서 식도를 거쳐 위에 보내는 기능을 말한다. ➡ 영유아들은 질식사고가 발생하여 3~6분 정도 기도가 막히면 사망하는 경우가 있으므로 만일의 경우를 대비하여 반드시 응급조치를 익혀야 한다. 음식물에 의한 질식사고가 발생하였을 때에는 다른 사람에게 119신고를 부탁하고 즉시 '하임리히법'으로 막힌 것의 제거를 시도한다.

절차	① 상태 체크 및 119 신고 　　- 환자가 숨쉬기 힘들어 하거나 목을 감싸 괴로움을 호소할 경우 기도폐쇄로 판단한다. 　　- 주변 사람들에게 119 신고를 요청한다. ② 기침 유발: 환자가 스스로 기침이 가능할 경우, 방해하지 말고 기침을 유발한다. ③ 하임리히법(복부밀쳐올리기) ④ 반복 　　- 이물질이 제거되거나 의식을 잃기 전, 혹은 119 도착 시까지 복부 밀어내기를 반복한다. 　　- 환자가 의식이 없다면 심폐소생술을 진행한다. 심폐소생술 과정에서 구조호흡 시 이물질이 입 안에 있는지 확인하고, 보인다면 손을 이용해 제거해 준다.

영유아	1. 영아를 한 쪽 팔에 엎드려 올려놓고 얼굴을 지탱한다. 2. 머리를 낮게 하여 등 가운데를 손바닥으로 4,5회 두드린다.	복부장기를 손상시키지 않도록 힘 조절을 한다.
조금 큰 유아	1. 무릎을 세워 허벅지에 엎드린 아이의 명치를 압박하도록 한다. 2. 머리를 낮게 하여 등 가운데를 손바닥으로 4,5회 두드린다.	
어린이나 성인	1. 환자의 등 뒤에서 주먹 쥔 손의 엄지손가락을 배꼽과 명치 중간(혹은 배꼽 바로 위)에 오도록 둔 후 다른 손으로 주먹을 감싸 쥔다. 2. 한 쪽 다리는 환자의 다리 사이로, 다른 한 쪽 다리는 뒤로 뻗어 균형을 잡는다. 3. 팔에 강하게 힘을 주면서 배를 안쪽으로 누르면서 상측 방향으로 밀쳐 올린다.	

주의사항	• 만약 말을 할 수 있다면 기도가 완전하게 막힌 것은 아니며, 대부분의 경우 기침이 가능하다. 환자가 자발적으로 기침을 하여 이물질을 빼내려는 노력을 중단시키거나 방해하지 않아야 한다. • 복부 밀어내기는 기도폐쇄 증상이 없는 사람에게는 절대 시행하지 않는다. • 복부에 강한 압력을 주어 장기손상을 유발할 수 있다. 따라서 복부 밀어내기로 기도의 이물을 빼내었다고 해도 반드시 병원을 방문하여 복부 장기 손상 여부를 확인해야 한다.

6 그 외 응급처치의 실제

쇼크	일반적 쇼크	• 외부에서 주어진 신체적, 정신적인 자극으로 인한 쇼크이다. • 하반신을 조금 높이고 모포에 싸서 보온하면 저절로 진정된다.
	의학적 쇼크	• 몸 속의 모든 부분이 혈액으로부터 충분한 산소나 영양을 공급받지 못하여 매우 위험한 상태이다. • (원인) 탈수증, 화상, 외상에 의한 심한 출혈, 약물에 의한 것, 패혈증 등 세균 감염에 의한 것이다. • (증상) 피부색이 창백하거나 파랗게 변함, 호흡이 빠르고 얕음, 맥박이 약하고 혈압이 내려감, 식은땀을 흘리며 손발이 차가워진다.

MEMO

		발쪽을 높게 해주는 처치	명확한 쇼크의 경우 심장이나 뇌에 피가 많이 가도록 머리를 약간 낮추고 하반신을 20cm 정도 높게 눕힌다.
	처치 방법	머리쪽을 높게 해주는 처치	• 호흡 곤란을 동반한 흉부 손상이나 두부 손상 / 머리를 다쳐 쇼크를 일으킨 경우 • 환자 몸을 수평으로 해주거나 머리를 약간 높게 해준다.
			• 구토할 때 토사물로 기도가 막히지 않도록 얼굴을 옆으로 보게 하고, 토사물은 곧바로 깨끗이 닦아준다. • 체온 유지: 혈액 순환 장애로 체온 소실이 매우 빨라서 몸 상태가 악화되기 쉬우므로, 모포로 보온해 준다. • 유의사항 　－ 음식 섭취를 금지한다. 　－ 뜨거운 물이나 물주머니로 몸을 직접 덥게 만드는 일이 없게 한다.
현기증			① 맥박과 호흡을 확인 후 의자에 앉힌다. ② 머리를 구부려 무릎 사이에 놓도록 하여 뇌로 가는 피의 양을 증가시켜 산소공급이 되도록 해준다.
추위에 노출된 경우	동상		• 추위에 노출된 신체 부위가 어는 것이다. • 증상: 노출된 부위가 창백하게 색깔이 없어지거나 매우 차갑고 감각이 떨어진다. • 예방: 동상 입기 쉬운 부위인 손가락, 발가락, 귀 등은 자주 움직이고 문질러 주는 것이 좋다.
		부분 동상	① 동상에 걸린 부위를 문지르지 말아야 한다. ② 체온보다 따뜻하지 않은 물에 동상 부위를 푹 담가 따뜻하게 한다. ③ 손가락이나 발가락이 동상에 걸렸다면 그 사이에 탈지면이나 가제를 댄다. ④ 어떤 물집도 터뜨리지 말아야 한다. ⑤ 가능한 빨리 응급처치를 받아야 한다.
		전신 동상	① 따뜻한 물에 온 몸을 담그거나 담요 같은 따뜻한 것으로 온 몸을 감싼다. ② 의식이 있으면 따뜻한 음료를 마시게 하고 안정시킨다.
	저체온증		• 신체를 따뜻하게 유지하지 못하여 차가워지는 것이다. ① 119 구조대에 전화를 하고 젖은 옷이나 신발, 양말, 장갑은 벗기고 몸을 말린다. ② 따뜻한 물이나 담요로 몸을 따뜻하게 해준다. ③ 열 패드나 열이 발생하는 도구를 대되, 열이 발생하는 도구와 환자 사이에 보호대를 유지하여 열화상을 입지 않도록 한다. ④ 구조대가 올 때까지 따뜻하게 해 주고 심폐소생술을 시작하기 위한 준비를 한다.

햇볕 및 더위에 노출된 경우	일사병 (열탈진)	• 강한 태양의 직사광선에 오랜 시간 노출되었을 때 몸이 체온을 조절하지 못하게 되어 생기는 병이다.
		• 증상 : 차갑고, 땀이 나며, 피부가 창백해진다.
		  – 체온 37℃~40℃ 사이, 두통, 피로감, 무기력감, 구토, 어지러움이나 실신 증상이 나타날 수 있지만, 물을 섭취하고 휴식을 취하면 즉시 회복되는 편이다.
		  – 땀을 많이 흘리기 때문에 체내 영양분 손실이 커져서 탈수 증상으로도 이어질 수 있으므로 수분 보충이 중요하다.

	열사병	• 고온 다습한 곳에서 오래 머물러 몸속의 열을 발산하지 못하여 생기는 병이다.
		  – 중추신경계 기능이상과 무한증이 특징으로 여러 장기를 손상시킬 수 있는 위험한 질환이다.
		• 증상 : 뜨겁고, 땀이 나지 않으며, 피부가 붉어진다.
		  – 몸속의 열을 밖으로 내보내지 못해 체온이 40℃ 이상 비정상적으로 높이 올라간다.
		  – 일사병과 비슷하게 구토 증상을 보이지만, 큰 차이는 일사병과 달리 설사, 발작, 경련 등이 나타난다.
		  – 열사병은 땀을 거의 흘리지 않아 몸에 일어난 변화를 인지하기 어렵기 때문에 위험하므로 즉각적인 조치가 필요하다.

	일사병, 열사병 예방법	• 낮 12시~오후 5시까지 야외활동을 자제한다. • 양산, 모자를 활용하여 햇빛과 자외선을 최대한 차단한다. • 체온이 발산될 수 있는 헐렁한 옷을 입는다. • 물과 이온음료를 자주 섭취하여 몸에 수분이 충분히 유지될 수 있도록 한다. • 야외에서 운동을 하는 경우라면, 중간중간 뜨거운 태양을 피해 서늘한 곳에서 휴식을 자주 취하도록 한다.

	일사병, 열사병 공통 응급조치	① 시원한 장소(통풍이 잘 되는 그늘, 에어컨이 작동되는 실내)로 환자를 옮긴다.
		  – 이때 옷은 느슨하게 하고 환자가 의식이 흐려지는 단계라면 옷을 최대한 많이 벗긴다.
		② 체온 측정하기
		  – 체온계를 사용할 수 있는 상황이라면 체온 측정을 시작한다.
		③ 119에 신고한다.
		  – 환자의 의식이 정상이더라도 뜨겁고 붉은색 피부를 보이거나 체온이 높은 경우 119 요청이 필요하다.
		④ 냉각처치를 실시한다.
		  – 젖은 수건이나 시트로 환자를 감싸는 등의 냉각 처치를 실시해 체온을 낮춘다.
		  – 의식이 있는 사람에게는 찬물이나 음료수를 먹이는 것도 포함된다. 단, 의식이 없다면 약을 포함하여 아무것도 먹이지 않아야 한다.

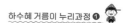

MEMO

발작		• 침착하게 주위의 다른 유아들을 안심시키고, 주의를 조용하고 어둡게 해주며, 단단하고 예리한 물건(주변의 위험한 물건)을 치워야 한다. • 경련이 멈출 때까지 환자와 함께 있으면서 호흡을 곤란하게 할 수 있는 목과 허리 부분을 느슨하게 해준다. • 머리맡에 돌돌 말은 재킷과 같은 평편하고 부드러운 물건을 놓아주고, 기도가 막히지 않도록 환자의 머리를 측면으로(옆으로) 돌려서 침과 이물질이 나오도록 해준다. （유의점） 입을 딱딱한 기구나 손가락으로 강제로 열려고 하면 환자의 치아나 턱을 손상시킬 수 있고, 열려고 했던 사람도 다칠 수 있으므로 유의해야 한다. • 경련을 하는 동안에는 환자를 붙잡거나 움직임을 멈추려고 하지 말아야 한다. • 경련이 멈춘 후에 호흡을 다시 하지 않는 경우를 제외하고 인공호흡을 시도해서는 안 된다.
발열	열이 날 때	• 체온을 재서 38℃ 이상이면, 아이의 옷을 벗기고 방을 서늘하게 하며 열이 계속되어 갈증을 느낄 때에는 보리차나 냉수를 급여한다. • 열이 계속 많이 나면 미지근한 물수건으로 머리에서 다리 쪽으로 몸을 닦아 식혀준다. • 얼음 팩을 마른 수건에 싸서 몸과 팔 사이에 넣어준다. • 고열 뒤 땀으로 전신이 흠뻑 젖었을 때에는 마른 수건으로 닦아주고 옷을 갈아 입힌다. • 다른 증상이 있는지 면밀히 관찰한다.
	물수건 사용시	• 머리, 가슴, 배, 겨드랑이, 사타구니까지 쉬지 않고 계속 닦아준다. • 10~20분 동안 닦아도 계속 힘들어할 경우 해열제를 투여한다. • 해열제는 단지 발열이라는 증상만을 경감시켜주는 약제이므로 병원에 가지 않고 임의로 해열제만 복용하는 것은 위험할 수 있다.
	반드시 응급실로 가야하는 경우	• 열이 나면서 경련할 때와 탈수 증상이 보일 때 • 물을 잘 삼키지 못하거나 소변의 양이 줄 때 • 열이 나면서 목, 귀, 배가 아프다고 하거나 소변보면서 아파할 때 • 열이 심하게 나면서 처지거나 보챌 때
치아 (부러지거나 빠짐)	처치 방법	• 이가 부러지거나 빠진 경우, 거즈를 둥글게 말아 다친 부분에 넣어 물고 있게 하고 냉찜질을 한다. 부러지거나 빠진 이는 우유에 담가 상태를 보존하고 24시간 내에 치과 진료를 받도록 해야 한다. ① 거즈를 도톰하고 둥글게 말아 다친 부분에 물게 한다. ② 차가운 수건이나 냉찜질팩을 이용하여 냉찜질을 한다. ③ 빠지거나 부러진 치아를 생리식염수나 우유에 담가 30분 이내에 병원으로 간다. ┃치아손상의 유형┃ • 이가 완전히 빠졌을 때 : 빠진 자리에 넣거나 식염수·우유에 담궈 30분 안에 병원으로 간다. • 이가 반만 빠졌을 때 : 빠르게 지혈하고 신속하게 병원에 간다. • 이가 부러졌을 때 : 부러진 조각이 여러 개이거나 오염이 심하면 접착이 어려우므로 부러진 치아를 찾지 말고 병원에 간다. 부러진 치아를 바로 찾았다면 치과에서 부착 가능한 경우가 있을 수 있으므로 생리식염수나 우유에 담가 30분 이내에 병원으로 간다.

	주의사항	• 빠진 치아의 뿌리 부분을 절대로 만지지 않는다. • 치아가 더럽다고 뿌리 부분을 문질러 닦지 않는다. • 포크같이 뾰족한 것을 입에 물고 있다가 찔렸을 경우에는 움직이거나 빼지 말아야 한다.
피부의 상처	긁히거나 까진 경우	① 상처 부위에 더러운 먼지나 흙이 묻어 있으면 흐르는 물이나 생리식염수로 깨끗이 씻어준다. ② 상처가 깊지 않은 경우 연고를 얇게 펴바르고 일회용 밴드나 거즈를 붙여준다. ③ 상처가 깊은 경우에는 깨끗한 거즈나 반창고로 상처 부위를 보호해주고 심할 경우 병원에 가서 치료를 받도록 한다.
	멍든 경우	① 냉찜질을 해 준다. ② 상처부위를 심장보다 높게 해 준다. ② 24시간 후에는 온찜질을 해 준다. ③ 심하게 멍들거나 변형이 보이면 병원에 가서 치료를 받도록 한다.
	베인 경우	• 칼이나 가위 등 날카로운 것에 베인 경우, 상처가 깊지 않은 때에는 생리식염수나 흐르는 물에 비누로 상처 부위를 씻어 주고 소독한 거즈로 덮어 지혈한다. ① 생리식염수나 흐르는 물에 비누로 상처부위를 씻어주고 소독한 가제로 덮어 지혈한다. ② 상처 부위를 소독하고 소독한 가제를 대고 붕대를 감는다. ③ 칼이나 가위 등에 손을 베였을 때는 출혈이 심할 수도 있으므로 상처를 소독한 후 깨끗한 거즈나 붕대를 대고 눌러 출혈을 멈추게 하며, 상처 부위를 심장보다 높게 해 준다.
	찢어진 경우	① 작은 상처는 물로 깨끗이 씻어내고 출혈이 멈출 때까지 깨끗한 천으로 감싸 누른다. ② 피가 멎으면 소독연고를 바르고 깨끗한 붕대나 일회용 붕대를 붙인다. ③ 상처가 깊거나 넓고, 벌어진 경우는 꿰매야 하므로 즉시 병원으로 간다.
	주의사항	• 상처 부위를 함부로 소독하지 않는다. • 포비돈 등은 얼굴에 바르지 않는다. • 깊게 베인 경우 병원에서 봉합수술을 받아야 하는 경우가 있으므로, 연고를 바르지 않는다. • 상처가 감염되었을 때 처치 방법 　- 소독약을 사용하여 상처를 차게 해 준다. 　- 오염된 상처가 작고 깊을 때에는 자기가 처치할 수 있더라도 의사의 치료를 받아야 한다. 　- 특히 파상풍 예방접종을 받지 않은 사람은 예방접종을 받아야 한다.

감전	처치방법	① 감전물체의 전원을 차단한다(이때, 전기와 접촉된 사람을 만져서는 안된다). － 전원 차단이 어려우면 막대나 고무장갑 등 비전도체를 이용하여 유아를 감전물체에서 분리시킨다. ② 119에 구급차를 요청한다. ③ 의식이 있는지 확인한다. ④ 의식이 있는 경우 유아의 몸을 담요 등으로 덮어 따뜻하게 하고 편안하게 눕힌다.
	전기에 의해 화상을 입은 경우	• 화상 부위 찾아내기 － 전기에 의한 화상 부위는 좁고 깊은 것이 특징이므로 유심히 살펴 찾아야 한다. － 부위를 찾은 경우 그 반대편까지 살펴보아 화상이 이어져 있는지 확인해 보아야 한다. • 화상 부위에 대한 처치는 열에 의한 화상 응급처치와 같다. － 화상(전류의 입구와 출구 부위) 입은 부위와 몸의 심부(깊숙한 곳)까지 충분히 차게 해 준다.
물에 빠졌을 때	의식이 있는 경우	① 젖은 옷은 벗김 ➡ ② 유아의 몸을 담요 등으로 덮어 체온을 유지함 ➡ ③ 옆으로 눕힘 ➡ ④ 119에 구급차를 요청함
	주의사항	• 물에 급하게 뛰어들기보다는 튜브나 막대기를 활용하여 유아를 건져낸다. • 배를 누른다거나 억지로 구토를 시키지 않는다. • 골절이나 척추손상이 의심되는 경우에는 함부로 옮기지 않는다.
토했을 때	처치방법	① 옷을 느슨하게 해 주고 옆으로 눕혀, 토사물에 의하여 기도가 막히지 않도록 한다. ② 원인에 따라서 적절한 체위를 해 줄 필요가 있다(뇌출혈일 때에는 상반신을 약간 높게 해주고, 머리를 높여줌). ③ 검지에 손수건을 말아 토사물을 닦아내고, 입 주위와 코 안의 토사물도 깨끗이 닦아낸다. ④ 의식이 있으면 시기를 보아 입가심을 해줘 환자가 불쾌감을 덜 느끼게 해준다. ⑤ 식사와의 관계, 발열, 복통과 설사, 두통, 의식과 호흡상태 등 구토 이외의 상태에도 주목하면서, 다른 증상의 유무를 잘 관찰한다. ⑥ 갈증을 호소할 때 얼음 조각을 입안에 넣어주면 환자의 기분이 안정을 찾게 된다. ⑦ 차게 해 줄 때 위 주위에 얼음주머니를 대면 기분이 안정될 수 있는데, 이 때 너무 차게 하지 말아야 한다. ⑧ 의사에게 토사물을 보존하여 보여주고, 토한 횟수와 모습도 보고한다.
뾰족한 것에 찔림	이물질에 찔린 경우	• 출혈은 비교적 적지만 상처가 깊으면 내출혈이 발생되며, 상처가 좁고 깊어서 소독하기 힘들기 때문에 세균 침입의 위험성이 높다. ① 이물질을 뽑아내고 생리식염수나 흐르는 물로 깨끗이 씻어준다. ② 깨끗한 천이나 소독한 거즈로 덮어 상처를 지혈한다.

	가시에 찔린 경우	① 소독한 핀셋이나 족집게로 가시를 빼낸다. ② 상처 주위를 살짝 눌러 피와 함께 세균을 짜낸다. ③ 생리식염수나 흐르는 물에 비누로 상처부위를 씻어준다. ④ 상처용 외용연고를 발라주거나, 소독한 가제를 대고 붕대를 감아준다.
	이물질이 박힌 경우	① 이물질이 압정이나 못 등의 금속성 물질인 경우에는 한두 차례 뽑는 것을 시도한다. ② 너무 깊게 박힌 경우 뽑아내려고 하지 말고 그대로 고정한다. ③ 이물질을 제거할 수 없는 경우에는 병원으로 가거나 119에 구급차를 요청한다.
	주의사항	• 나무나 가시 등 부서지기 쉬운 물질은 억지로 뽑아내지 않아야 한다. • 녹이 슨 못이나 압정에 찔린 경우 반드시 병원에 간다. • 깊게 박힌 것은 빼지 말고 바로 병원에 간다. • 큰 나무 조각 같은 것 등으로 팔이나 다리가 깊숙이 찔렸을 경우에는 빼지 말고 박힌 물체가 움직이지 않도록 수건 등으로 고정시킨 후 신속히 병원에 가야 한다. • 녹이 슨 못이나 압정에 찔린 경우 반드시 병원에 가서 파상풍 예방을 위한 추가접종의 필요성을 확인한다.
피가 날 때 (출혈)	상처부위가 작은 경우	• 직접 압박으로 대부분의 출혈은 멈출 수 있다. • 출혈을 멈추게 하기 위해 지압 지혈법, 압박 붕대법이 가장 보편적으로 사용된다. ① 일회용 장갑을 낀다. ② 소독한 거즈나 깨끗한 천으로 상처 부위를 완전히 덮고, 거즈에 손가락이나 손바닥을 대고 직접 압박한다. ③ 거즈가 피로 젖으면 거즈를 제거하지 않고 거즈를 덧대어 압박한다. ④ 상처에 댄 거즈 위에 붕대를 세게 감는다. ⑤ 상처부위를 심장보다 높은 위치에 유지한다.
	상처부위가 넓거나 출혈이 심한 경우	• 상처를 봉합할 필요가 있다고 생각되거나 돌이나 흙이 깊게 박혀 물로 씻는 정도로 쉽게 제거되지 않을 경우 전문가에게 치료를 받아야 2차 감염의 위험을 막을 수 있다. ① 출혈부위보다 심장에 가까운 쪽의 동맥을 강하게 압박한다. ② 피부 위에서 박동이 쉽게 감지되는 동맥을 안에 있는 뼈를 향해 강하고 정확하게 압박한다.
	드레싱 방법	① 처치자는 먼저 손을 씻는다. ② 상처부위를 모두 덮을 수 있을 만큼 크고 소독된 것을 사용하며, 소독 드레싱이 없다면 깨끗한 천을 사용한다. ③ 드레싱의 한쪽 끝을 잡고 직접 상처에 댄다. ④ 드레싱 위에 피가 배일 때에는 드레싱을 떼어내지 말고 그 위에 붕대를 맨다.

	주의사항	• 유아는 한 컵(100~200㎖) 이상 출혈하게 되면 생명이 위험해진다. - 출혈이 멈추지 않을 경우 쇼크의 증후가 있는지 관찰해야 한다(유아가 기운이 없고 어지러워하며 피부가 창백하고 차갑고 축축하게 변할 경우 쇼크에 대한 응급처치를 해야 함). • 상처나 드레싱 위에서 기침하거나 숨 쉬거나 말하지 않아야 한다. • 출혈부위를 심장보다 높게 하고 가능한 빨리 병원으로 이송한다. • 상처를 만지거나 상처에 닿는 부분의 드레싱은 손에 닿지 않도록 하여야 한다. • 충분한 압박을 주되 너무 세게 압박하면 혈액 공급이 이루어지지 않아 주변 세포의 괴사가 이루어질 수 있으므로 주의하도록 한다.

벌에
쏘였을 때
	처치방법	① 피부에 박힌 벌침은 딱딱한 종이나 신용카드로 살살 밀어서 제거한다.
		  - 집게나 손톱으로 벌침을 잡으면 독을 짜주는 효과가 있어 위험하다.
		② 생리식염수나 흐르는 물에 비눗물로 씻는다.
		③ 냉찜질을 한다.
		  - 붓기를 가라앉히고, 통증을 감소시키며, 독소 흡수를 늦출 수 있다.
		④ 알레르기 반응(숨 쉬기가 어렵고 몸이 붓고 어지러움 등)을 보이면 빨리 병원으로 간다.

	주의사항	일 벌의 경우 사람이 공격하지 않으면 먼저 공격하지 않는다고 알려져 있다. 다만, 말벌의 경우 사람의 움직임만으로도 자극을 받아 공격을 하는 특성을 가지고 있기 때문에 대처 방법이 다르다. **일벌의 경우** • 벌과 마주했을 때는 겁을 주면 공격적으로 변할 수 있으므로, 무조건 자세를 낮추고 움직임을 최소화해야 한다. • 벌을 쫓기 위한 행동으로 팔을 휘두르거나 뛰어가는 행동은 오히려 벌을 자극할 수 있기 때문에 자제해야 한다. **말벌의 경우** • **예방**: 어두운 색(특히 검정색, 머리카락)을 천적으로 생각하고 강한 공격성을 보이기 때문에 밝은 색상(특히 흰색)의 복장을 착용하는 것이 안전하다. • 자세를 낮추고 머리를 손으로 감싼 뒤 빠른 속도로 15~20m 이상 신속히 벗어나도록 한다.
독극물을 마셨을 때	주의사항	• 병원에 갈 때에는 유아가 삼킨 물질이나 그 용기를 가져간다. • 물질을 발견하지 못한 경우에는 구토물을 가져간다. • 유아가 삼킨 물질이 무엇인지 모를 때는 함부로 토하게 해서는 안 된다.

코피	처치방법	① 유아를 의자에 앉게 하고 고개를 약간 앞으로 숙이게 한다.
		  - **바람직한 응급처치 방법**: 코피가 목으로 흐르지 않도록 턱을 당기고 입으로 숨 쉬도록 한다.
		  - 머리를 뒤로 젖히면 피가 목으로 넘어가 위장, 폐로 들어갈 수 있어 위험하다.

		② 코뼈 바로 밑의 코 부분을 두 손가락으로 5~10분간 꼭 누른다. 　－ 가벼운 코피라면 콧방울을 쥐고 있는 것만으로도 멈추게 된다. ③ 코피가 나오는 쪽의 콧구멍에 거즈를 둥글게 말아 너무 깊지 않게 막은 　후 콧방울의 약간 위쪽을 손가락으로 압박하도록 한다. 　－ 틀어막은 가제는 자주 갈지 말고 피가 멈출 때까지 그대로 두며, 　　끝이 조금 밖으로 나오게 해 둔다. ④ 피가 잘 멈추지 않을 경우 콧부리가 시작되는 부분에 냉찜질을 한다. 　－ 콧잔등에서 양 눈 사이에 걸쳐 냉수를 적신 수건이나 얼음주머니로 　　차게 해줄 수 있다.
	주의사항	• 코피가 20분 이상 멈추지 않으면 빨리 병원으로 옮긴다. • 외상 때문에 코피가 나는 경우라면 지혈을 하지 않는다. • 코를 풀거나 코피를 삼키지 않도록 한다.
눈	눈에 모래나 먼지가 들어간 경우	• 눈에 모래나 먼지 등이 이물질이 들어간 경우, 눈물을 흘리게 하여 자 　연적으로 빠지게 하거나 이물질이 들어간 눈을 아래쪽으로 하고 생리 　식염수나 깨끗한 물을 눈에 흘려 씻어낸다. 　－ 눈물을 흘리게 하여 자연적으로 빠지게 한다(눈을 절대 비비지 않도록 　　한다). 　－ 이물질이 들어간 눈을 아래쪽으로 하여 생리식염수나 깨끗한 물을 　　눈에 흘려 씻어낸다. 　－ 세면대에 물을 받아 눈을 깜빡이도록 한다.
	눈을 부딪친 경우	• 공이나 단단한 물건에 직접 눈을 맞은 눈 타박상의 경우, 눈의 통증, 충혈, 　출혈, 골절 등 다양한 증상이 나타날 수 있다. • 냉찜질을 통해 부기를 줄여주되, 눈은 압박하지 않도록 한다. • 뿌옇게 보이거나 붉게 보이는 경우, 물체가 여러 개로 보이는 경우, 한 　쪽 부분만 보이는 증상시 안과를 방문한다. • 눈에 출혈이 있는 경우, 눈을 누르지 말고 압박되지 않도록 종이컵을 　눈 위에 엎어 대고 다친 눈을 보호하며(가급적 눈을 만지지 않음), 신속 　하게 병원으로 이송한다.
	눈을 찔린 경우	• 눈이 찔린 경우, 이물질을 제거하지 않고 양쪽 눈을 가리고 119 구급차를 　요청한다. ① 이물질을 제거하지 않는다. ② 찔린 눈을 종이컵이나 붕대로 도넛 모양을 만들어 보호한다. ③ 눈을 보호하면서 이물질이 움직이지 않도록 붕대를 감되, 양쪽 눈을 　가린다. ④ 119에 구급차를 요청한다.
	주의사항	• 눈에 이물질이 들어가거나 아플 때 유아들이 눈을 비비지 않도록 사전에 　교육한다. • 눈에 화학약품이 들어간 경우, 신속하게 흐르는 물에 20분 이상 눈을 　깜박거리며 씻어준 후 병원으로 이송하거나, 119에 전화하여 전문가의 　지시에 따라 처치한다.

MEMO

머리	피가 나는 경우	① 119에 구급차를 요청한다. ② 소독한 거즈로 상처부위를 덮는다. ③ 머리와 어깨를 약간 위로 올린 자세로 눕힌다. ④ 상처 주변을 약간 강하게 압박하여 지혈한다.
		• 출혈이 심할 경우 − 머리는 혈관이 많은 곳이기 때문에 작은 상처에도 피가 많이 흐를 때가 있다. − 피가 흐르는 부위를 확인하고 깨끗한 거즈나 가제를 사용하여 상처를 가볍게 압박하여 지혈시킨다. • 출혈은 없으나 안색이 나쁘고 기운이 없는 경우 − 머리를 부딪치고 난 후에 유아가 계속 기분이 좋지 않고 기운 없이 축 늘어져 있다면 즉시 병원으로 간다. 또한 멍해져 반응이 느린 경우에도 주의하여야 한다. • 의식 장애가 있는 경우, 어깨 밑에 베개를 넣어 머리를 뒤로 젖혀 호흡이 수월할 수 있도록 해 준다. • 오심, 구토 증세를 보이는 경우, 얼굴을 옆으로 돌려주고 턱을 앞으로 나오게 돌출시켜 준다. • 고열 발생 시 전문의에게 보여야 하며, 대기시간이 길어질 경우 목 주위, 겨드랑이 밑, 넓적다리를 얼음주머니로 차갑게 해 주는 것이 좋다. • 환자를 운반할 때에는 머리와 목이 움직이지 않도록 고정시킨다.
	혹이 생긴 경우	① 유아를 안정시킨다. ② 차가운 수건이나 냉찜질팩으로 냉찜질을 한다. ③ 병원으로 이송한다.
	즉시 병원에 이송해야 하는 경우	• 의식이 희미하거나 없는 경우 • 두통과 구토가 반복되는 경우 • 호흡이 이상하거나 하품이나 딸꾹질을 자주 하는 경우 • 손발의 동작이 이상하거나 좌우 눈동자의 크기가 다른 경우 • 귀나 코에서 혈액이나 맑은 액체가 흘러나오는 경우
	외부에 손상이 없는 경우	• 머리를 부딪친 후 평소와 다른 모습을 보이지 않는다면 몸을 되도록 안정시키며 상태를 지켜보아야 한다. − 유아의 머리에 경미한 상처만 있고 정상적으로 잘 놀면 상처난 부위를 소독한 후 반창고나 거즈를 붙이고 해당 유아의 보호자에게 알린다. • 그러나 시간이 지나서 증상이 나타나는 경우가 있으므로, 머리를 강하게 부딪친 때에는 가능한 안정을 시키고 상태를 관찰하도록 한다. • 하원 후에도 집에서도 지속적으로 관찰하도록 보호자에게 설명해 준다.
	주의사항	• 귀나 코에서 혈액이나 맑은 액체가 흘러나오면 막지 않는다. • 꼭 이동을 해야 하는 상황이 아니라면 유아를 함부로 움직이게 하지 않는다. • 머리에 상처가 난 경우에는 다른 부위보다 피가 많이 나므로 침착하게 행동한다.

물렸을 때	다른 유아에게 물린 경우	① 깨물고 있는 유아의 코를 잡아 스스로 놓게 만든다. ② 피가 나면 지혈한 후 생리식염수나 흐르는 물에 비누로 상처 부위를 씻는다. ③ 냉찜질한다.
	개나 고양이에게 물린 경우	• 개를 관찰하여 광견병 유무를 확인한다. ① 상처 부위를 흐르는 물에 씻는다. ② 소독한 거즈로 상처부위를 압박하여 지혈한다. ③ 병원으로 간다.

	뱀에 물린 경우	• 뱀에게 물린 경우 절대 음식이나 약물을 주지 말아야 한다.
		• 물린 부위에 얼음찜질은 하지 않는다.
		  ㅡ 독소를 비활성화시키지 못할 뿐만 아니라, 동상의 위험성에 의한 조직 괴사의 위험성이 높아진다.
		
		① 유아를 안전한 장소로 이동시키고, 옆으로 눕힌 후 진정시키면서 쇼크를 예방한다.
		② 상처부위를 생리식염수나 흐르는 물에 비누로 부드럽게 씻어준다.
		③ 독이 퍼지지 않도록 물린 부위의 5~10cm 위쪽을 5cm 이상 넓은 천으로 압박하거나 손가락 한 개가 드나들 수 있을 정도로 압박붕대로 묶어준다.
		  ㅡ 움직이면 독의 흡수가 촉진되므로, 이때 유아가 절대 움직이지 않도록 한다.
		④ 상처부위를 심장보다 낮게 하고 병원으로 이송한다.
		  ㅡ 심장보다 낮게 하여 독이 퍼지는 속도를 낮출 수 있다.

팔이나 다리	공통 응급처치 (RICE요법)	• 염좌, 골절, 탈구의 공통된 응급처치요령 ① (Rest) 안정취하기 : 일어나거나, 다친부위를 움직이지 않게 한다. ② (Ice) 냉찜질하기 : 찬 것을 부위에 대어주어 통증과 부종을 가라앉힌다. ③ (Compression) 압박하기 : 탄력붕대로 환부를 적당한 강도로 압박하여 고정한다. ④ (Elevation) 부상부위 높이기 : 다친 부위를 심장보다 높이면 부종을 예방하고 빨리 가라앉힌다. ⑤ 부목을 대어 병원으로 이송한다.
	염좌	• 관절 주위의 근육이나 인대가 찢어지거나 늘어난 상태(삐끗한 상태) • 증상 : 다친 부위가 아프고 멍이 들며 부어오름
	골절	• 뼈에 금이 가거나 부러진 상태이다. • 응급처치 ① 쇼크 증상이나 중요한 손상은 없는지 전신을 잘 관찰하면서, 옷을 느슨하게 해주어 호흡하기 편하게 한다. ② 골절부위 뿐만 아니라 부근 관절도 움직이지 않게 한다. ③ 탄력붕대로 지혈시킨다. ④ 부목 위에 천(수건) 등을 놓아 딱딱하지 않게 고정시킨다. 몸과 부목 사이에 간격이 있으면 적당한 것을 끼워 넣어 채운다.

	탈구	• 뼈가 관절에서 이탈했거나 분리된 상태 ① 탈구 부분이 움직이지 않는 편한 자세로 취해준다. ② 부목이 준비되기까지 차게 해주고, 부목을 대어 고정시킨다. 　－ 손목의 경우 손목에 부목을 댄 뒤, 부목부위를 삼각건이나 붕대로 　　두르고 목에 매달아 고정시킨다. ③ 병원 치료를 받아야 한다.
	피가 나지 않는 경우	① 부목을 사용하여 가볍게 붕대를 감는다. ② 부목이 없는 경우, 골판지나 잡지를 활용할 수 있다. ③ 부목으로 고정시킨 후 병원에 간다.
	피가 나는 경우	① 일회용 장갑을 사용한다. ② 상처부위를 생리식염수나 흐르는 물로 씻어낸다. ③ 상처부위를 소독한 거즈로 덮고 지혈한 뒤 압박붕대로 감는다. ④ 부목으로 고정시킨 후 병원으로 이송한다.
	주의사항	• 얼음찜질과 온찜질 　－ 아프고 부어오르는 것을 감소시켜 주므로 다친 후 1~2일 정도는 얼 　　음찜질, 그 이후에는 따뜻한 찜질을 하여 혈액 순환이 잘되게 해주 　　어야 한다. • 골절이나 탈구, 염좌가 의심되는 경우, 상처부위를 주무르거나 자세를 　함부로 바꾸지 말아야 한다. • 목이나 척추에 이상이 의심되는 경우에는 유아를 그대로 둔다. 높은 곳 　에서 떨어져 누워있는 경우 함부로 몸을 돌려 움직이게 해서는 안 되며, 　빨리 병원에 이송해야 하므로 119에 연락한다. • 의식이 없는 경우에는 119에 연락하고 가능한 한 빨리 병원으로 이송 　한다. • 부목이 없는 경우에는 부목 대용품(쿠션, 담요, 신문지, 잡지 등)을 활 　용한다. • 골절정도가 심한 경우, 응급 수술을 진행할 수 있으므로 물과 음료수를 　포함해 일체 금식해야 한다.
화상	가벼운 화상	① 환자를 안전한 곳으로 옮겨야 한다. ② 흐르는 차가운 물로 상처부위를 10~15분 정도 식혀 열기를 빼낸다 　(이때 수압을 세게 하면 물집이 찌부러지므로 주의해야 함). 　－ 보푸라기(보푸라기가 일면 상처에 붙어 감염을 유발하고, 떼어내기 　　어려우므로 유의)가 일지 않는 매끈한 면으로 된 천을 차가운 물에 　　적셔서 덮어준다. 　－ 머리, 얼굴, 몸 등 씻기가 곤란한 곳에는 얼음주머니를 이용하여 차게 　　한다. 　－ 상처부위가 넓으면 욕조에 차가운 물을 받아 담글 수 있으나, 물이 　　더워지지 않도록 얼음을 넣어 수온을 내리도록 한다(10℃가 적당). ③ 옷이 피부에 붙어 있을 경우 무리해서 옷을 떼지 말고 바로 위에서 　물을 흘려주면서 그대로 식힌다. 　－ 옷이 환부에 눌러 붙었을 때에는 가위로 그 부분을 남기고 잘라낼 　　수 있다.

		④ 환부에 청결한 가제나 소독된 거즈 등으로 화상부위를 되도록 넓게 덮어 감염을 예방한다.
		⑤ 상처에는 크림, 로션은 절대 금물이며, 바셀린 등의 연고도 바르지 않는 것이 좋다.
		⑥ 물집이 부풀어 오르는 화상일 경우 즉시 병원치료를 받도록 한다.
		- 천을 가볍게 대 물집이 눌려 터지지 않도록 주의하면서 붕대를 감고, 절대 물집을 일부러 터트리지 않아야 한다.
		- 환부 주위를 도넛형으로 높혀 붕대를 감는 것도 좋다.
		- 물집이 터진 경우, 소독된 거즈로 덮은 뒤 자주 갈아주어 감염에 유의한다.
		⑦ 심한 화상을 입었을 때에는 혈장이 많이 흘러나와 환자가 갈증을 느끼게 되므로 수분을 보충해 준다.
		- 환부는 계속 차게 해주고 화상을 입지 않은 부위는 차갑지 않도록 담요를 덮어 체온을 유지한다.
		⑧ 화상이 심하여 의식 잃은 경우
		- 호흡 여부 확인, 기도확보, 인공호흡을 실시한다.
		- 쇼크에 대한 처치: 몸이 지나치게 차거나 젖어 있을 때에는 모포 위에 눕힌 후, 쇼크 시 시행하는 응급처치 방법을 따른다.
	화학약품에 의한 화상	• 가루형태인 경우 가루를 털어내고 물로 세척해야 한다.
		• 응급처치자는 장갑을 끼거나 두꺼운 수건으로 손을 감아 약품에 2차 손상되지 않도록 주의해야 한다.
		• 약품이 옷에 묻었을 경우, 옷을 가위로 잘라내어 벗긴 후 차갑고 흐르는 물(샤워기나 호스)로 상처 부위의 화학 약품을 모두 씻어내야 한다.
		• 눈에 들어갔을 경우 손가락으로 눈꺼풀을 열어 낮은 수압의 흐르는 물로 곧바로 씻어내야 한다.
		- 눈 앞머리에서 눈꼬리 쪽으로 물을 흘려 다른 눈에 흘러 들어가지 않도록 유의해야 한다.
		• 열에 의한 화상의 경우와 같은 방법으로 응급처치할 수 있다.
		(유의점) 높은 수압은 약품을 조직 안으로 깊이 밀어 넣게 되므로 유의해야 하며, 화학 약품을 씻어낸 물로 인하여 2차 사고가 일어나지 않도록 적절한 곳에 빨리 폐기해야 한다.
	병원으로 즉시 가야하는 화상	• 화학약품이나 전기로 인한 화상, 열기를 코나 입으로 흡입한 화상
		• 화상 부위가 얼굴, 손, 발, 관절, 생식기관인 경우
		• 화상 부위가 넓은 경우
		• 화상에 의한 통증이 계속될 경우

🏠 출처 : 학교안전교육 7대 표준안(2023)

STOP 원인물질 제거	COOL 상처부위 식히기	CLEAN 상처부위 씻어내기	WRAP 상처부위 감싸기	CALL 119신고, 병원방문
• 옷에 불이 붙었다면 바닥에 구르며 불을 끈다. • 옷에 뜨거운 음식물이나 화학약품을 쏟았다면, 즉시 옷을 벗는다. • 금속장신구 등은 열전도율이 높으므로 즉시 제거한다. • 옷이 몸에 붙었다면, 억지로 제거하지 말고 병원에서 제거한다.	• 흐르는 수돗물에 10~15분 충분하게 열기를 식혀 상처가 깊어지는 것을 막도록 한다. • 상처에 자극을 줄 수 있으므로 상처부위에 얼음을 직접 대지 말아야 한다. • 저체온증이 발생할 수 있으므로 20분을 넘기지 말아야 한다.	• 차가운 물로 상처부위를 씻어낸다. • 감염의 위험이 있으니 민간요법을 사용하지 말아야 한다.	• 세균 감염 예방을 위해 깨끗하고 마른 수건으로 상처부위를 감싼다. • 화상부위보다 넓은 수건이나 천을 사용하고, 상처를 세게 조이지 않도록 한다. • 솜은 상처에 붙을 수 있으므로 사용하지 말아야 한다.	• 119에 신고하거나, 화상전문병원으로 도움을 요청한다. • 화상은 잘못 처치할 경우 흉터가 남을 수 있으므로 얼굴, 관절, 생식기부위, 넓은 범위의 화상일 경우 반드시 병원을 방문하는 것이 좋다.

UNIT 78　사회재난 – 감염병 등

1　학습목표

> 감염병을 예방하는 방법을 알고 실천한다.

2　누리과정 관련 요소

신체운동·건강	[건강하게 생활하기] 자신의 몸과 주변을 깨끗이 한다.
신체운동·건강	[건강하게 생활하기] 질병을 예방하는 방법을 알고 실천한다.

3 학습주제와 학습의 중점

학습주제	학습의 중점
1. 감염병에 대해 알아보기	• 감염병의 원인에 대해 알아본다. • 감염병의 종류와 증상에 대해 알아본다.
2. 감염병 예방수칙 알아보기	• 질병을 예방하는 방법을 알고 지킨다. • 공중위생을 지키기 위한 여러 가지 방법을 알고 생활에서 실천한다.

4 감염병

개념	• 인간 및 동물의 신체에 감염 물질이 유입되거나 발육·증식하여, 공중 보건에 위험이 될 수 있는 병을 말한다. • 감염병의 법적 정의(「감염병의 예방 및 관리에 관한 법률」)

구분	정의
제1급 감염병	생물테러감염병 또는 치명률이 높거나 집단 발생의 우려가 커서 발생 또는 유행 즉시 신고하여야 하고, 음압격리와 같은 높은 수준의 격리가 필요한 감염병
제2급 감염병	전파가능성을 고려하여 발생 또는 유행 시 24시간 이내에 신고하여야 하고, 격리가 필요한 감염병
제3급 감염병	그 발생을 계속 감시할 필요가 있어 발생 또는 유행 시 24시간 이내에 신고하여야 하는 감염병
제4급 감염병	제1급 감염병부터 제3급 감염병까지의 감염병 외에 유행 여부를 조사하기 위하여 표본감시 활동이 필요한 감염병
기생충 감염병	기생충에 감염되어 발생하는 감염병 중 질병관리청장이 고시하는 감염병
세계보건기구 감시대상 감염병	세계보건기구가 국제공중보건의 비상사태에 대비하기 위하여 감시대상으로 정한 질환으로서 질병관리청장이 고시하는 감염병
성매개 감염병	성 접촉을 통하여 전파되는 감염병 중 질병관리청장이 고시하는 감염병
인수공통 감염병	동물과 사람 간에 서로 전파되는 병원체에 의하여 발생되는 감염병 중 질병관리청장이 고시하는 감염병
의료관련 감염병	환자나 임산부 등이 의료행위를 적용받는 과정에서 발생한 감염병으로서 감시활동이 필요하여 질병관리청장이 고시하는 감염병

학교 조치사항	1단계 예방·대비	**[안전계획 수립]** • 학생 감염병 예방·관리 계획 수립 　- 학생 감염병 관리 조직 구성, 감염병 예방교육 실시 계획, 방역물품 　　비축 계획, 방역 실시계획, 일시적 관찰실 설치·운영 계획, 학사 운영· 　　관리 계획, 급식실/기숙사 관리 계획 등 **[사전 점검 및 안전교육]** • 교직원 비상 연락망 및 유관기관과의 연락망 점검·확인 　※ 유관기관 : 보건소, 시/군/구청 등 • 방역물품 확보 및 상태 점검 • 수동감시체계 운영 • 학생 예방접종 관리 　- 국가예방접종에 대한 접종 완료여부 확인과 미접종자 추가 접종 • 감염병 예방 및 대응 행동요령 교육

2단계 대응
학교 내
감염병 발생

단계	상황	시작 시점	종료 시점	후속조치
대응 제1단계	감염병 유증상자 존재	유증상자 발견	의료기관 진료 결 과 감염병 (의심) 환자 발생 확인	대응 제2단계
			감염병이 아닌 것 으로 확인	예방단계
대응 제2단계	의료기관으로부터 확인받은 감염병 (의심)환자 존재	의료기관 진료 결 과 감염병 (의심) 환자 발생 확인	추가 (의심)환자 발 생을 통해 유행 의 심 기준을 충족	대응 제3단계
			기존 (의심)환자가 완치되고 추가 (의 심)환자 미발생	예방단계
대응 제3단계	감염병 (의심)환 생 2명 이상 존재	추가 (의심)환자 발 생을 통해 유행 의 심 기준을 충족	기존의 모든 (의심) 환자가 완치되고 추가 (의심)환자 미 발생	복구단계

[대응 제1단계 : 학교 내 감염병 유증상자의 발견 및 확인]
• 예방·대비 단계의 [안전교육 및 사전 점검] 활동 강화
• 유증상자 발생 시 의료기관 진료 전 별도의 공간(일시적 관찰실)에 격리 및
　관찰 : 학교 내 전파 방지
• 보호자 연락 및 의료기관 진료 요청
　- 등교 중지가 필요한 감염병으로 확진된 경우 격리기간 동안 등교 중지
• 교실 환기 및 소독
[대응 제2단계 : 학교 내 감염병 유행 의심여부 확인]
• 보고 및 신고
　- 교육(지원)청, 관할 보건소장(신고가 필요한 법정 감염병인 경우) 등
• 능동감시 실시 : 추가 (의심)환자 파악

MEMO

		• 감염병 (의심)환자 발생 학급 관리
		  − 최대 잠복기 동안 추가 (의심)환자 발생 감시
		  − 감염병 증상 안내
		  − 마스크 착용 조치
		• 유행 의심 여부 확인
		  − 동일 학급 내 특정 감염병의 공통 증상을 호소하는 구성원이 비슷한 시기에 2명 이상 확인
		  − 최대 잠복기 이내 동일 학급의 구성원 또는 최초 (의심)환자와 접촉을 한 학내 구성원이 증상 호소
		• 추가 감염병 유증상자 발생 시 [대응 제1단계] 요령에 따라 조치
		[대응 제3단계 : 학교 내 유행 확산 차단]
		• 보고 및 신고
		  − 환자 발생 현황을 정기적으로 교육(지원)청에 보고
		  − 신고가 필요한 법정 감염병인 경우 관할 보건소장에게 신고
		• 능동감시 강화 : 전교생과 교직원 대상 능동감시 실시
		• 고위험군 파악 및 관리 : 보건학적 고위험군 및 사회적 취약계층
		• 밀접접촉자 파악 및 역학조사 요청
		• 학교 전체 시설 환기 및 소독
		• 전파 차단을 위한 별도 조치
		  − 유행 확산 정도에 따라 단축수업 및 자체 휴업 실시 등 검토·시행
		  − 출결 관리 및 수업 결손 대책 마련

	3단계
	후속 조치
		[유행종료 판단]
		• 유행종료 판단
		  − 학교 내 해당 감염병 (의심)환자가 모두 완치되고, 최대 잠복기까지 추가 (의심)환자 발생이 없는 경우
		  − 방역당국 역학조사 실시 결과 유행종료 판단이 내려진 경우
		• 유행종료 보고 : 발생 현황 및 조치 결과 교육(지원)청에 보고
		• 유행종료 선언(예방단계로 복귀) 및 학부모 통지
		[사후조치 실시]
		• 수업 결손 보충
		• 심리 지원 등의 학생 보호조치 실시

학생 행동요령	등교 전	• 발열 및 호흡기 증상(콧물 혹은 코막힘, 인후통, 기침 등)이 있는 경우 등교하지 않는다. − 교사에게 연락 후 가까운 의료기관에 방문해서 진료 및 검사를 받는다. • 학교에서 감염병 환자가 발생한 경우 등교시 마스크를 착용한다.
	등·하교 시	• 대중교통 등 많은 사람이 이용하는 시설에서는 마스크를 착용한다. • 감염병이 유행하는 시기에는 가급적 친구들과의 모임을 자제하고, 신체 접촉을 하지 않는다. • 등·하교 후에는 반드시 흐르는 물과 비누로 30초 이상 손을 씻는다.

	학교에서	• 발열 및 호흡기 증상(콧물 혹은 코막힘, 인후통, 기침 등)이 있는 경우 즉시 교사에게 알린다. • 감염병이 유행하는 시기에는 학교생활 중 마스크를 상시 착용하고, 가급적 친구들과 신체 접촉을 하지 않는다. • 수시로 손을 씻고(흐르는 물과 비누로 30초 이상), 씻지 않은 손으로 눈, 코, 입을 만지지 않는다. • 식당에서는 다른 사람과 최소 1m 이상 거리를 유지하고, 식사 중에는 대화를 자제한다.
	가정에서	• 발열 및 호흡기 증상(콧물 혹은 코막힘, 인후통, 기침 등)이 있는 경우 즉시 가까운 의료기관에 방문해서 진료 및 검사를 받는다. － 감염병에 걸린 것이 확인되면, 교사에게 연락 후 의료기관의 지침에 따른다(격리 등). • 하루에 3회 이상(회당 10분 이상) 주기적으로 환기한다. • 가족 중 고위험군(60세 이상, 기저질환자 등)이 있는 경우, 감염병이 유행하는 시기에는 집에서도 가급적 마스크를 착용하고, 고위험군과의 접촉을 최소화한다.
올바른 마스크 착용방법		• 얼굴 크기에 맞는 적당한 마스크를 선택하여 입과 코를 완전히 덮도록 얼굴에 잘 밀착해 착용한다. • 마스크 내부에 휴지나 수건 등을 덧대면 밀착력이 떨어져 차단 효과가 낮아지므로 주의해야 한다. • 마스크 자체가 오염되지 않도록 마스크를 만지기 전에 손을 깨끗이 씻는다. • 마스크를 잠시 벗어야 하면 오염되지 않도록 깨끗한 봉투에 보관하고, 마스크 안쪽 면이 외부로 노출되지 않도록 주의한다. • 환기가 어렵고 사람이 많은 시설에서 사용한 마스크는 교체한다. • 땀이나 물에 젖은 마스크는 세균번식의 우려가 있으므로 교체한다. • 마스크 착용으로 호흡곤란, 어지러움, 두통 등의 증상이 있는 경우 즉시 개별 공간 또는 야외 공간에서 마스크를 벗고 휴식을 취한 후 증상이 완화되면 다시 착용한다. • 마스크 사용 후에는 마스크 겉면에 손을 대지 않고, 귀에 거는 끈만 이용해 벗은 후 겉면을 안쪽으로 접어 끈으로 감고, 가능하면 소독제를 뿌린 후 종량제 봉투에 버린다.
감염병 예방을 위한 냉·난방기 사용 수칙		• 학교 시설 사용 전 또는 후에 출입문과 창문을 모두 열어둔 상태에서 송풍 등을 통해 최대 풍량으로 30분 이상 가동 : 냉난방기 내부 및 실내 오염물질 제거 • 수업 전, 쉬는 시간, 점심시간(1회 환기 시 겨울철 3분 이상, 여름철 10분 이상)마다 수시로 창문과 출입문을 동시에 개방하여 환기 • 냉·난방기, 공기청정기 바람 방향은 천장 또는 벽으로 향하게 하고, 바람의 세기는 가능하면 약하게 설정 • 화장실은 문을 닫고, 화장실 창문은 열린 상태로 유지 : 환기용 배기 팬이 설치되어 있는 경우 팬을 상시 가동하여 환기 • 필터 청소 또는 교체 시 마스크, 장갑 등 기본적인 보호장구 착용, 교체 완료 후 손 씻기 등 위생수칙 준수

MEMO

🏠 학교 내 감염병 발생 대응단계 구분

평상시 유치원 감염병 발생 단계	(그림)
예방 단계	• 상황: 유치원 내 감염병이 없거나 감기 혹은 단순한 설사 등 특이사항 없이 일반적인 상황을 유지하는 경우 • 내용: 감염병 환자 발생에 대비하여 대응체계 구축(조직구성, 계획수립) 및 예방 활동 수행 • 활동 ① 「유치원 감염병 예방·관리 계획」 수립 ② 「유치원 감염병 관리 조직」 구성 　　– 감염병 담당자: 감염병 예방과 대응을 위해 매뉴얼 대응방법 및 절차와 감염병 관련 지식 등을 평소에 잘 숙지한다. ③ 예방접종 관리 ④ 감염병 예방 교육 실시 ⑤ 수동 감시체계 운영: 평소에 유아를 관찰하여 감염병 (의심)환자를 발견하는 것 ⑥ 방역활동
대응 제1단계	• 상황: 감염병 유증상자가 있다. • 기간: 감염병 유증상자를 발견한 후부터 의료기관 확인을 통해 감염병 (의심)환자 발생 혹은 감염병이 아닌 것을 확인할 때까지 • 내용: 의료기관에 진료를 의뢰하여 결과 확인 후 감염병 (의심)환자 발생 여부 확인 • 활동: 감염병 유증상자를 발견한 경우 ① 감염병 증상 여부 확인 　　– 감염병을 의심할 수 있는 증상인지를 확인하고, 의료기관 진료 여부를 물어본다(유아가 잘 모를 경우 학부모에게 연락하여 확인함). ② 마스크 착용 필요 여부 확인 　　– 마스크 착용이 필요한 감염병을 진단받았거나 주증상이 기침, 두통, 발열, 발진, 인후통, 침샘비대인 경우, 감염병(의심)환자와 이동 담당 교사는 각 교실에 비치된 마스크를 착용한다. ③ 일시적 격리 필요성 판단 및 실시 　　– (감염병 담당자 혹은 담임교사가 판단) 전파 우려가 있는 감염병 유증상자를 유치원 내에서 발견한 경우 의료기관에 진료를 받으러 가기 전까지 별도의 공간(＊일시적 관찰실)에 격리하여 관찰함으로써 유치원 내 전파를 방지한다. ④ 감염병 (의심)환자 이동 수칙 확인 　　– 감염병 (의심)환자가 교내(원내)에서 혼자 이동하는 것을 원칙적으로 금지한다. 　　– 이동 시에는 담당교사가 동행하며 2m 정도의 거리를 유지한다.

＊일시적 관찰실
전파 우려가 있는 감염병 (의심)유아가 의료기관에 진료를 받으러 가기 전까지 격리하여 관찰하는 유치원 내 공간으로서 격리된 유아에 대한 낙인효과를 우려하여 '격리' 대신 '관찰'이라는 용어 사용을 권장한다.

MEMO

　　　　－ 담당교사는 담임교사를 권장(만약 임신부 등 감염병 고위험군인 경우 다른 교사로 대체)

　　　　－ 필요시 감염병 (의심)환자와 이동 담당 교사 모두 마스크를 착용한다.

　⑤ 보호자 연락 및 의료기관 진료 요청

　　　－ 진료 받은 유아: 보호자를 통해 진료 여부 및 결과를 확인

　　　－ 진료 받지 않은 유아: 보호자에게 의료기관에서 진료 받도록 안내한다. 이때 반드시 유아에게 「등원 중지 안내서」와 「진료확인서」를 배부한다.

　　　－ 학교의 장은 제7조에 따른 건강검사의 결과나 의사의 진단 결과 감염병에 감염되었거나 감염된 것으로 의심되거나 감염될 우려가 있는 학생 또는 교직원에 대하여 대통령령으로 정하는 바에 따라 등교를 중지시킬 수 있다[「학교보건법」 제8조(등교 중지) 제1항].

　⑥ 교실 환기 및 소독

　　　－ 환기나 소독이 필요하다고 판단하거나 감염병 담당자로부터 요청이 있는 경우

　　　－ **환기** 최소한 2~3시간 동안 창문 및 문을 열어 실시

　　　－ **소독** 「학교소독지침」에 따라 '임시소독'을 실시

　　　－ 감염병 유증상자가 속한 학급은 소독제를 이용하여 오염 가능성이 높은 물체표면을 닦는다.

　⑦ 위생수칙 교육

　　　－ 유아에게 위생수칙(손 씻기, 기침예절 등)과 해당 증상 발생 시 담임교사에게 알릴 것을 교육함

　⑧ 의료기관 진료 결과 확인 및 조치

　　　－ 등원중지가 필요한 감염병으로 확진된 경우 격리기간 동안 등원 중지를 실시한다(의사의 소견).

　　　　※ 감염병 (의심)환자 발생을 확인한 즉시 추가 (의심)환자 파악

　　　－ 등원중지가 필요한 감염병이 의심되는 경우, 확진 여부 확인 시까지 등원중지를 실시한다.

　　　－ 등원중지가 필요 없는 감염병의 확진 또는 의심인 경우, 정상이거나 비감염성 질환인 경우에는 유치원에 복귀한다.

대응 제2단계	• **상황**: 의료기관으로부터 확인 받은 감염병 (의심)환자가 있다. • **기간**: 유치원 내 감염병 (의심)환자 발생을 확인한 순간부터 추가 (의심)환자 발생 확인을 통해 유행 의심 기준을 충족하거나 기존 (의심)환자의 완치 및 추가 (의심)환자가 발생하지 않는 때까지 • **내용**: 감염병 (의심)환자의 추가 발생을 파악하여 유행 의심여부를 판단한다. • **활동** ① 보고 및 신고 　－ 감염병 (의심)환자 발생 사실을 원장과 교육(지원)청에 보고한다. 　－ 신고가 필요한 법정감염병인 경우 관할 보건소장에게 신고한다. ② 유치원 내 **능동감시 실시**: 유행이 의심되는 일정 기간 동안 증상 유무 묻기, 검사 등을 통해 감염병 (의심)환자를 적극적으로 파악하는 것이다. 　－ 능동감시 대상 학급은 결석, 조퇴, 지각한 유아의 사유를 확인하고, 학급 유아들의 증상 유무를 관찰하여 추가 (의심)환자 발생 여부를 파악한다. ③ 감염병 예방교육 실시

	④ 감염병 (의심)환자가 발생한 학급 관리
	  – 감염병의 종류를 고려하여 담임교사에게 예방교육, (의심)환자 발생 감시, 마스크 착용 등 필요한 조치를 요청
	⑤ 유행 의심 여부 확인
	⑥ 후속 조치
	  – 대응 제3단계로 격상 또는 예방 단계로 복귀

대응
제3단계
	• **상황**: 감염병 (의심)환자가 2명 이상 있다.
	• **기간**: 유행의심을 확인한 후부터~해당 감염병으로 인한 기존 (의심)환자가 모두 완치되고 최대 잠복기까지 추가 (의심)환자 발생이 없을 때까지
	• **내용**: 「유치원감염병관리조직」의 대응 활동을 통해 유행 확산을 방지한다.
	• 활동
	① 보고 및 신고
	② 「유치원감염병관리조직」의 활성화
	③ 능동감시 강화
	  – 보고체계
	    ▶ <유아가 (의심)환자인 경우> 유아 / 학부모 ➡ 담임교사 ➡ 감염병 담당자(발생감시 총괄) ➡ 원장
	    ▶ <교직원이 (의심)환자인 경우> 해당 교직원 ➡ 감염병 담당자(발생감시 총괄) ➡ 원장
	④ (의심)환자 관리
	  – 진료받도록 안내 ➡ 의사 소견에 따라 등원중지 여부 판단 ➡ 등원중지 유아 : 생활지도, 학부모 : 필요한 행정 조치 안내 ➡ (의심)환자와 주변 유아의 불안감을 해소하고 낙인효과가 발생하지 않도록 필요시 심리지원을 실시함
	⑤ **밀접접촉자 파악 및 관리** : 일반적으로 밀접접촉자는 보통 1~2미터 이내에 접촉한 경우로 정의하지만, 관리의 효율성을 위해 (의심)환자가 포함된 학급 전체로 정의한다.
	  – 최대 잠복기 동안 (의심)환자 발생을 감시
	  – 가정통신문 배부 및 보건교육(손 씻기, 마스크 사용, 기침 예절) 실시
	⑥ 고위험군의 파악 및 관리
	⑦ 감염병 예방교육
	⑧ 방역 활동
	⑨ 역학조사 요청 및 지원
	  – 교육(지원)청을 통하거나 직접 보건소에 역학조사를 요청 ➡ 역학조사 시 적극적으로 협조
	⑩ 전파 차단을 위한 별도 조치
	  – 원장이 학사일정 조정 및 각종 행사(단체 활동)의 제한 여부를 검토
	⑪ 출결관리
	  – 구비 서류를 확인하여 등원중지 학생에 대한 출석인정을 처리
	    ▶ **평상시**: 진료확인서, 의사소견서, 의사진단서, 처방전 중 1부

복구 단계	• **상황**: 유치원 내 유행 종결 및 복구 • **기간**: 기존 (의심)환자가 모두 완치되고 최대 잠복기까지 추가 (의심)환자 발생이 없을 때부터~사후조치가 완료될 때까지

- 활동
  ① 유행종료 판단과 보고
  ② 사후조치 실시: 심리지원
  ③ 유행종료 선언

등원 중지

① 감염병 여부 확인을 위한 진료 요청 및 안내서 배부
② 등원 중지 필요여부 및 기간 확인: 보호자와의 통화를 통해 진료 결과 확인
③ 등원 중지 안내
④ 등원 중지 해제: 등원 재개 시 진료확인서, 의사 소견서, 의사진단서, 처방전 중 1부

UNIT 79 재난으로 인한 휴업

- 시·도 교육청 ➡ 학교: 교육청이 휴업(휴교)·수업기간 단축을 명령하거나, 각급 학교에 휴업·수업시간 단축 검토를 요청
  ※ 휴업: 학교에 대하여 수업과 학생의 등교를 정지시키는 명령으로 교육기본법에 따라 학교의 장 또는 감독청이 내리며 학교의 행정 업무는 정상적으로 수행할 수 있다.
  ※ 휴교: 학교에 대하여 건물 관리 따위의 단순한 업무를 제외한 학교의 모든 기능을 정지시키는 명령으로 교육기본법에 따라 학교의 감독청이 내린다.

재난으로 인한 휴업 결정

- 학교
  ① 시·도교육청의 휴업명령 또는 등·하교시간조정 지시에 따르거나,
  ② 학교장이 자체적으로 판단하여 휴업, 등·하교시간 조정 가능

MEMO

※ 학교에서 임시휴업 또는 등·하교시간을 조정(수업 단축)하는 경우, 결정 즉시 교육지원청 또는 교육청에 보고하여야 함

※ 학교장은 학교여건과 공기질 예보 등을 고려하여 주의보 발령 시 등·하교시간 조정을 고려하고, 경보 발령시에는 등·하교시간조정(수업단축)을 적극 검토

※ 학교장은 임시휴업 또는 등·하교시간 조정 결정 시·도교육청 또는 교육지원청에 즉시 보고
 − 미세먼지·오존으로 인한 등·하교시간 조정 또는 임시휴업 시 초등돌봄교실(유치원 방과후과정 돌봄) 및 휴업대체프로그램 운영을 원칙으로 함

※ 단, ① 학부모, 대리인의 등·하교 동행 등 등·하교 안전 확보, ② 유치원·학교 내 안전 확보를 전제로 운영

| 학부모 안내 절차: 휴업 안내 방식 | • 기상이변 등이 예상되는 경우, 휴업일 2~3일 전 휴업 및 등·하교시간 조정 등의 가능성이 있음을 사전에 학부모에게 SMS문자 등의 방법으로 안내
 • 하교 이후 결정된 경우 SMS문자 등의 방법으로 학부모에게 즉시 안내 (하교 전 휴업 결정 시 학생에게 대면안내를 병행)
 • 돌봄교실 및 휴업대체프로그램 운영여부를 함께 안내
 • 등교일에 기상이 호전되어도 휴업결정에 변동이 없음을 함께 공지
 • 학부모가 충분히 인지할 수 있도록, 가급적 등교일 오전 6시 이전에 SMS문자 등의 방법으로 학부모에게 최종 안내하여 총 2회 이상 SMS 안내문자 발송(시·도교육청 휴업명령·휴교처분 시에도 동일) |

돌봄교실, 휴업대체 프로그램		

구분	대상	운영주체	세부사항
돌봄교실	돌봄교실 신청 학생	돌봄전담사 등 돌봄운영인력	사전에 계획한 돌봄프로그램 제공
휴업대체 프로그램	모든 학생(돌봄교실 미신청 학생 포함)	학교장·교사 주도	도서관, 컴퓨터실 등 학교 시설을 이용하여 학교 자체적으로 프로그램 제공(프로그램 내용은 학교재량)

※ 돌봄교실은 '초등돌봄교실' 외에 '유치원 방과후과정(돌봄)'도 의미함

[돌봄교실]
➡ 돌봄서비스 운영 전제조건
 − ① 등·하교안전 확보(학부모 또는 대리인 등·하교 동행), ② 학교내 안전 확보
➡ 등·하교 및 학교 안전 확보시, 맞벌이부부 자녀 등을 위하여 돌봄교실을 운영하고 휴업대체 프로그램은 학교여건에 맞춰 운영을 권장
 − 학교장은 재난을 대비하여, 휴업대체프로그램 참여 희망 학생을 학기초에 조사할 수 있음
  ※ 휴교처분을 받은 경우, 돌봄서비스 미운영

[휴업대체 프로그램]
➡ (정의) 미세먼지로 인한 등·하교시간 조정 또는 임시휴업 시 돌봄공백 방지를 위해 학교일과 내에 학생에게 제공되는 프로그램을 의미하며, 정규수업으로 인정되지 않음
➡ (운영방안) 프로그램 운영에 대한 구체적인 사항은 학생·학부모의 의견과 학교의 여건을 감안하여 학교에서 결정하고, 시·도교육(지원)청은 단위학교에서 미세먼지로 인한 단축수업, 휴업 및 휴업대체프로그램 등이 원활히 운영될 수 있도록 지원

VII 2019 개정 누리과정 – 신체운동 건강

1 목표 및 내용

거름이 tip

기존 누리과정은 능력과 습관을 기르는 것으로 기술하였다면, 개정 누리과정은 즐기고 생활을 하는 것으로 기술하고 있습니다. 5개의 세부 목표를 3개로 간략화하고, 내용 범주에 있어서도 신체 인식하기, 신체조절과 기본운동하기, 신체 활동에 참여하기를 모두 합하여 '신체활동 즐기기'로 기술했으며, '건강하게 생활하기'와 '안전하게 생활하기'는 그대로 유지되었습니다.

(1) 목표

3~5세 연령별 누리과정(2015) ▶	2019 개정 누리과정
기본 운동 능력과 건강하고 안전한 생활 습관을 기른다.	실내외에서 신체 활동을 즐기고, 건강하고 안전한 생활을 한다.
1. 감각 능력을 기르고, 자신의 신체를 긍정적으로 인식한다. 2. 신체를 조절하고 기본 운동 능력을 기른다. 3. 신체 활동에 즐겁게 참여한다. 4. 건강한 생활 습관을 기른다. 5. 안전한 생활 습관을 기른다.	1) 신체 활동에 즐겁게 참여한다. 2) 건강한 생활습관을 기른다. 3) 안전한 생활습관을 기른다.

(2) 내용범주와 내용

3~5세 연령별 누리과정(2015) ▶	2019 개정 누리과정
신체 인식하기	신체 활동 즐기기
신체 조절과 기본 운동하기	
신체 활동에 참여하기	
건강하게 생활하기	건강하게 생활하기
안전하게 생활하기	안전하게 생활하기

신체활동 즐기기	• 신체를 인식하고 움직인다. • 신체 움직임을 조절한다. • 기초적인 이동운동, 제자리 운동, 도구를 이용한 운동을 한다. • 실내외 신체 활동에 자발적으로 참여한다.

건강하게 생활하기	• 자신의 몸과 주변을 깨끗이 한다. • 몸에 좋은 음식에 관심을 가지고 바른 태도로 즐겁게 먹는다. • 하루 일과에서 적당한 휴식을 취한다. • 질병을 예방하는 방법을 알고 실천한다.
안전하게 생활하기	• 일상에서 안전하게 놀이하고 생활한다. • TV, 컴퓨터, 스마트폰 등을 바르게 사용한다. • 교통안전 규칙을 지킨다. • 안전사고, 화재, 재난, 학대, 유괴 등에 대처하는 방법을 경험한다.

거름이 tip

신체운동 · 건강 영역의 내용은 12개로 간략화 되었는데, 세부 내용을 삭제했다기보다는 기존 누리과정의 내용과 세부내용을 합하여 포괄적으로 기술했다고 볼 수 있습니다. 안전하게 생활하기에서는 안전에 대한 법적인 규정을 모두 담고자 하였으며, 유아들에게 가장 중요한 교통안전은 별도의 내용으로 기술하고 안전사고를 비롯한 나머지 내용은 포함하여 기술했습니다.

(3) 목표 및 내용범주 이해하기

신체운동 · 건강 영역의 목표 및 내용범주는 유아가 다양한 신체활동에 즐겁게 참여하고, 청결과 위생, 즐거운 식사, 적당한 휴식을 통해 건강한 생활습관을 기르며, 일상에서 안전하게 생활하는 방법을 배우고 실천하는 내용으로 구성된다.

3~5세 연령별 누리과정(2015)	▶ 2019 개정 누리과정
• '신체 인식하기' • '신체 조절과 기본 운동하기' • '신체 활동에 참여하기'	'신체 활동 즐기기'로 통합
배변이나 낮잠 등 유아의 일상생활과 관련된 내용	[총론, 누리과정의 운영] 교수 · 학습의 '바'항을 통해 하루 일과 전체에서 지원 : 개별 유아의 요구에 따라 휴식과 일상생활이 원활히 이루어지도록 한다.
'건강하게 생활하기'	+ 바른 태도로 즐겁게 음식을 먹는 내용
'안전하게 생활하기'	'유아 안전교육' 강조 : 관련 법령 및 지침에 제시한 내용을 최대한 반영하여 개정

신체활동 즐기기	유아가 스스로 신체를 움직이는 동안 자연스럽게 자신의 신체를 인식하고 조절하며, 실내외에서 다양한 신체 활동에 자발적으로 참여하면서 신체 활동을 즐기는 내용이다.
건강하게 생활하기	유아가 스스로 몸과 주변을 깨끗이 하고, 즐겁게 식사하며, 자신의 신체 리듬에 맞게 휴식을 취하고, 질병을 예방하는 다양한 방법을 실천하는 내용이다.
안전하게 생활하기	유아가 안전하게 놀이하고 생활하며, 자주 접하는 TV, 컴퓨터, 스마트폰을 바르게 사용하고, 안전하게 다닐 수 있도록 교통안전 규칙을 지키며, 안전사고, 화재, 재난, 학대, 유괴 등의 위험한 일이 발생하였을 때 도움을 요청하거나 대처할 수 있는 방법을 경험하는 내용이다.

2 내용범주의 이해 및 실제 – 신체활동 즐기기

(1) 2019 개정 누리과정 – 신체활동 즐기기

목표	신체 활동에 즐겁게 참여한다.	
내용	신체를 인식하고 움직인다.	
	유아가 자신의 신체에 관심을 가지며 신체 각 부분의 특성을 알고 다양하게 움직이는 내용이다.	
	신체 움직임을 조절한다.	
	• 유아가 몸을 움직이며 균형을 잡고, 몸이나 도구의 움직임을 다양하게 조절하는 내용이다. • 눈과 손을 협응하며 소근육 움직임을 조절하는 내용이다.	
	기초적인 이동운동, 제자리 운동, 도구를 이용한 운동을 한다.	
	유아가 한 곳에서 다른 곳으로 몸을 움직이는 걷기·달리기·뛰어넘기 등의 이동운동, 구부리기·뻗기·돌기 등의 제자리 운동, 공·줄·후프 등의 도구를 이용한 운동을 하는 내용이다.	
	실내외 신체 활동에 자발적으로 참여한다.	
	유아가 하루 일과에서 실내외의 다양한 신체 활동에 자발적으로 즐겁게 참여하는 내용이다.	
유아 경험의 실제	① 물놀이를 하기 전, 교사와 유아들이 함께 체조를 한다. 목을 오른쪽 왼쪽으로 번갈아 가며 돌리고, 어깨를 으쓱거리고, 허리에 손을 얹고 허리를 돌리고, 무릎을 구부렸다가 펴고, 손목과 발목을 돌린다. ② 유아들은 얼음땡 놀이를 하면서, 술래가 천천히 걸으면 천천히 걷고, 술래가 빠른 걸음으로 걸으면 빠른 걸음으로 달아난다. 그리고 술래에게 잡힐 듯하면 몸의 방향을 재빨리 바꿔 달아나기도 하고, "얼음!"하고 외치며 급히 멈춰 서서 즐겁게 웃는다. ③ 유아들이 후프 돌리기를 한다. 한 유아가 안정된 자세로 후프를 오랫동안 돌린다. 옆에서 지켜보던 다른 유아가 "나도 잘 돌려. 이것 봐." 하며 후프를 허리에 놓고 손으로 힘껏 돌린다. 후프가 돌아가는 동안 유아의 허리도 빠르게 움직인다. ④ 유아가 바깥 놀이터에서 친구들이 있는 쪽을 향해 "나랑 달리기 할 사람?"하고 큰 소리로 외친다. 이 소리를 듣고 같이 하고 싶은 유아들이 "나도.", "나도 같이 하자." 라고 말하며 달려와 달리기를 제안한 유아의 엄지손가락을 잡고 모여 선다.	

거름이 tip

③번의 사례는 '신체 움직임을 조절한다'와 '도구를 이용한 운동을 한다', '즐겁게 참여한다'의 내용이 연계되어 있습니다.

(2) 2015 누리과정 – 신체 인식하기

연령별 특성	유아기는 오감을 통해 사물을 직접적으로 탐색함으로써 감각 능력을 기르고, 자신의 신체를 움직여 보는 다양한 경험을 통해 자신의 신체 능력을 긍정적으로 인식할 수 있는 시기이다.	
	3세	감각기관이 발달함에 따라 주변의 대상·사물 및 환경의 감각적인 차이를 인식하고, 이를 활용할 수 있게 된다.
	4세	다양한 감각 자극의 차이를 구분하여 인식할 수 있다.
	5세	여러 가지 감각을 동시에 통합적으로 활용하여 사고할 수 있다.
지도 원리	• 신체의 여러 감각기관을 인식할 수 있도록 시각, 촉각, 청각, 미각, 후각 등 오감을 모두 활용할 수 있게 하는 데 초점을 둔다. • 다양한 움직임과 활동을 통해 자신의 신체 능력에 대해 자부심을 느끼게 하는 데 주안점을 둔다.	
환경구성	공통	유아가 흥미를 가지고 참여할 수 있도록 다양한 감각기관 활용 활동을 계획하고, 사전에 적절한 환경과 자료를 준비한다.
	3세	• 과학 영역에 작은 곤충에서 큰 동물까지 비교해 보도록 직접 또는 비디오나 사진, 그림책을 제시한다. • 음률 영역에는 다양한 장르의 음악을 들을 수 있고, 다양한 리듬악기나 유아 또는 교사가 직접 만든 악기, 소리를 녹음하여 들을 수 있는 녹음기 등을 비치하여 원할 때 언제나 활용할 수 있도록 한다. • 미술 영역에 다양한 내용의 미술 활동이 이루어지도록 여러 가지 모양과 색, 질감을 가진 종이류, 다양한 그리기 도구, 점토를 포함하여 쉽게 이용할 수 있는 기본 미술 영역 자료를 제시한다.
	4세	• 과학 영역에 자석, 현미경, 확대경, 기계류, 저울, 낙엽, 씨앗, 개미집, 조개껍질 등을 계절과 주제에 맞게 제시함으로써 오감을 충분히 활용하여 탐색할 수 있도록 지원한다. • 음률 영역에는 음악과 함께 몸을 마음대로 움직여 보고 노래를 부르며 여러 가지 악기를 자유롭게 만지고 경험해 보도록 리듬악기류와 유아들이 직접 만든 악기를 제시한다. • 미술 영역에 작품전시 및 감상활동을 할 수 있도록 공간을 제공한다.
	5세	• 과학 영역에는 동식물 기르기, 다양한 수집물 관찰하기, 기계와 부품 탐구하고 조립하기 등의 활동을 통해 감각능력을 더욱 세밀하게 발달시킬 수 있도록 한다. • 음률 영역에는 다양한 동작카드, 한삼, 탈, 스카프, 접이부채, 응원 반짝이 수술 등 동작활동 자료를 제시하고, 전신거울을 두어 스스로 자기가 표현하는 모습을 볼 수 있도록 한다. • 미술 영역에 풍부하고 다양한 재료를 유아가 보기 쉽게 분류하여 비치한다.

① 신체 인식하기 - 감각능력 기르고 활용하기

구분		지도중점
3세	감각적 차이를 경험한다.	• 주변의 대상·사물 및 환경 등의 감각적 차이를 인식하고, 점차 차이를 표현하도록 지원한다. • 오감 기능을 각각 활용하여 사물을 인식·구분해 보는 충분한 경험을 제공한다. 예 여러 가지 색깔로 번지는 물감 관찰하기(시각적 경험), 소리 상자나 악기 등을 이용해 여러 가지 소리 들어보기(청각적 경험) 등
	감각기관을 인식하고, 활용해본다.	• 주변 환경을 파악할 때 여러 가지 감각기관을 활용하도록 한다.
4세	감각적 차이를 구분한다.	• 다양한 감각 자극의 차이를 변별하여 주변 대상·사물·환경 특성의 차이를 구분하도록 한다. • 두 가지 이상의 감각 기관을 동시에 협응하여 활용하도록 한다. 예 구슬 꿰기 등
	여러 감각기관을 협응하여 활용한다.	• 감각적 경험을 다양한 방법(이야기, 그림, 신체표현 등)으로 표상하도록 활동을 계획한다.
5세	감각으로 대상이나 사물의 특성과 차이를 구분한다.	• 이전 시기에 발달된 감각 능력을 기초로, 보다 미세한 감각적 차이를 구분하도록 한다. • 여러 가지 감각을 동시에 통합적으로 활용함으로써 주변 사물의 특성과 차이를 이해하도록 한다. 예 빨간색의 따뜻한 공과 파란색의 차가운 공을 만져보며 차이 말해보기 등
	여러 감각기관을 협응하여 활용한다.	**[초등학교 교육과정 연계]** 다양하고 충분한 감각 경험을 통해 예술적 표현능력을 기르는데 중점을 둔다.

② 신체 인식하기 - 신체를 인식하고 움직이기

구분		지도중점
3세	신체 각 부분의 명칭을 알고, 움직임에 관심을 갖는다.	• 3·4·5세 공통 - 성공적인 움직임 경험을 통해 자신의 신체를 긍정적으로 인식하도록 한다. • 3세 - 자신의 움직임을 관찰·탐색·시도해 보는 경험을 통해 신체 각 부분의 명칭을 인식하도록 한다. 예 신체 부위를 가리키는 노래나 손유희, 간단한 놀이 등
	자신의 신체를 긍정적으로 인식하고 움직인다.	

	신체 각 부분의 특성을 이해하고 활용하여 움직인다.	• 3 · 4 · 5세 공통 – 성공적인 움직임 경험을 통해 자신의 신체를 긍정적으로 인식하도록 한다. • 4세 – 신체 각 부분을 스스로 움직임으로써 신체의 구조 · 기능을 이해하고, 이를 활용하도록 한다. 📵 팔과 다리를 이용하여 몸을 크게 혹은 작게 해보기 등 – 신체 움직임에 필요한 부위와 방법을 이해하고 활용하도록 한다.
4세	자신의 신체를 긍정적으로 인식하고 움직인다.	
5세	신체 각 부분의 특성을 이해하고 활용하여 움직인다.	• 3 · 4 · 5세 공통 – 성공적인 움직임 경험을 통해 자신의 신체를 긍정적으로 인식하도록 한다. • 5세 – 자신의 신체에 대해 보다 적극적으로 관심을 가지고 탐색함으로써 신체 각 부위의 명칭 · 기능 · 역할 등을 인식하도록 한다. – 다른 사람과 움직임의 유사점과 차이점을 구분해보는 경험을 제공한다. 📵 친구와 마주보며 거울놀이하기 등 **[초등학교 교육과정 연계]** 신체 각 부분에 대해 알아본 경험을 기초로 창의적으로 표현하도록 한다.
	자신의 신체를 긍정적으로 인식하고 움직인다.	

(3) 2015 누리과정 – 신체 조절과 기본운동하기

연령별 특성	유아기는 신체 조절 능력과 균형감이 향상되고, 기본 운동 능력이 발달하는 시기이며, 아직 신체 균형을 잡기 어려워하고 원하는 대로 신체를 조절하는 능력이 미숙하여 부딪치거나 넘어지는 경우가 많다.	
	3세	신체의 움직임 속도를 적절히 조절하지 못하므로, 빨리 달려 가속이 붙게 되면 멈추고자 하는 시점에서 적절하게 멈추기 어렵다.
	4세	점차 공간, 힘, 시간 등의 움직임 요소를 고려하여 자신의 행위를 조절하고 움직일 수 있으며, 다양한 크기나 빠르기의 이동 · 비이동 움직임을 시도한다.
	5세	상황에 맞추어 신체 움직임을 조절하기 위해 신체기관의 두 부분 이상을 협응하여 동작을 조절할 수 있다. 또한 소근육이나 눈과 손의 협응력의 발달을 기초로 이전보다 더욱 정교한 조작 활동을 할 수 있다.
지도 원리	• 다양한 움직임을 통해 신체를 조절하고 균형을 유지하며, 신체 각 부분의 움직임과 협응력을 증진하는 데 초점을 둔다. • 제자리에서의 몸 움직임과 함께 다양한 이동운동을 기초로 표현력과 창의적인 동작을 만들기 위한 기초능력을 배양하는 데 주안점을 둔다.	

MEMO

환경구성	3세	• 쌓기놀이 영역에 팔과 다리의 대근육을 사용하여 구성할 수 있는 적당히 큰 쌓기 블록을 제공한다. • 수・조작놀이 영역에는 조작놀이를 위해 5~10조각의 퍼즐류, 일상생활 훈련 자료, 작은 구슬을 숟가락으로 옮기기 등을 제시한다. • 운동놀이 영역에 미끄럼이나 경사가 완만하고 길이가 짧은 오름틀과 함께 소형 자전거 등 탈 것을 제공한다.
	4세	• 쌓기놀이 영역에 적당한 크기의 쌓기 블록과 함께 중간 정도 크기의 끼우기 블록도 함께 제공하고, 3세보다 블록과 소품의 종류를 다양하게 제시한다. • 수・조작놀이 영역에는 조작 활동을 위해 계절과 활동주제를 반영한 10~20 조각의 퍼즐, 작은 블록류, 끈・구슬 끼우기, 지퍼 올리기와 단추 끼우기 등의 일상생활 훈련 등 주로 소근육을 사용하는 자료들을 제시한다. • 운동놀이 영역에 미끄럼이나 오름틀은 신체 조건에 적합한 것을 제공하고, 평균대 걷기, 공굴리기, 고무줄뛰기 등 다양한 운동놀이 기구를 비치한다.
	5세	• 친구들과 협의하여 다소 복잡한 구조물을 만드는 것이 가능하므로 쌓기놀이 영역에 다양한 유형의 블록과 함께 유아들이 직접 제작한 소품 등을 제공한다. • 수・조작놀이 영역에는 개별적인 탐색을 즐기는 조작 활동을 위해 15~30 조각 정도의 퍼즐 맞추기, 바느질하기, 실뜨기, 직조 짜기 등을 제공한다. • 운동놀이 영역에 모험놀이를 비치하여 도전적인 놀이를 시도해 보도록 하고, 놀이기구를 다른 용도로 활용하는 아이디어를 내어 놀이할 수 있도록 구성한다.

① 신체 조절과 기본운동하기 - 신체 조절하기

구분		지도중점
3세	신체균형을 유지해 본다.	• 정지・이동 시 신체균형을 유지해 봄으로써 균형감을 경험하게 한다. • 움직임 요소(공간, 힘, 시간 등)를 인식하여 자신의 움직임을 조절해 보도록 한다. • 눈과 손을 협응하는 동작을 통해 소근육을 발달시키는 기초 경험을 제공한다.
	공간, 힘, 시간 등의 움직임 요소를 경험한다.	
	신체 각 부분의 움직임을 조절해 본다.	
	눈과 손을 협응하여 소근육을 조절해 본다.	
4세	다양한 자세와 움직임에서 신체균형을 유지한다.	• 다양한 자세와 움직임에서 신체균형을 유지하는 경험을 제공한다. • 움직임 요소(공간, 힘, 시간 등)를 활용하여 움직임을 만들어 보는 기회를 준다. • 시각 능력을 이용하여 자신이 의도한대로 소근육을 조절하여 목표 행동을 수행하는 경험을 제공한다.
	공간, 힘, 시간 등의 움직임 요소를 활용하여 움직인다.	
	신체 각 부분을 협응하여 움직임을 조절한다.	
	눈과 손을 협응하여 소근육을 조절해본다.	

5세	다양한 자세와 움직임에서 신체균형을 유지한다.	• 머리, 몸통, 다리, 팔 등의 근육을 조절하여 신체균형을 유지하면서 다양한 자세를 취할 수 있는 기회를 제공한다. • 동물·기구·타인 등의 움직임을 관찰하고 특징적인 움직임 요소를 파악하여 신체로 표현해보는 경험을 제공한다. • 신체 각 부위를 협응하여 동작을 조절하는 경험을 제공한다. • 도구를 통해 더 정교하게 조작해보는 경험을 제공한다. **[초등학교 교육과정 연계]** • 여러 신체 부위를 협응하여 조절하는 경험을 충분히 제공한다. • 도구를 활용하여 다양한 동작을 창의적으로 표현하는 기회를 제공한다.
	공간, 힘, 시간 등의 움직임 요소를 활용하여 움직인다.	
	신체 각 부분을 협응하여 움직임을 조절한다.	
	눈과 손을 협응하여 소근육을 조절해본다.	
	도구를 활용하여 여러 가지 조작운동을 한다.	

② 신체 조절과 기본운동하기 – 기본운동하기

구분		지도중점
3세	걷기, 달리기 등 이동운동을 한다.	• 다양한 상황에서 걷기, 달리기 등 기본 동작을 충분히 경험하도록 한다. • 몸을 움직일 때 바른 자세를 갖도록 지도한다. • 제자리에서 신체 균형을 유지하면서 다양한 자세·동작을 충분히 경험하도록 한다.
	제자리에서 몸을 움직여본다.	
4세	걷기, 달리기, 뛰기 등 다양한 이동 운동을 한다.	• 걷기, 달리기를 기본으로 다양한 이동운동을 경험하도록 한다. 예 앞·뒤·옆·지그재그로 달리기, 한발 뛰기, 두발 모아 뛰기, 뛰어 넘기 등 • 다양한 제자리 동작으로 균형감각 및 평형성 발달을 경험하도록 한다. 예 구부리기, 뻗기, 꼬기, 회전하기, 흔들기, 떨기 등 • 다양한 조건에 만족하는 자세·동작을 취해보도록 한다.
	제자리에서 몸을 다양하게 움직인다.	
5세	걷기, 달리기, 뛰기 등 다양한 이동 운동을 한다.	• 앞, 뒤, 좌, 우로 발 모양과 방향, 속도, 리듬을 달리하는 이동운동에서 움직임을 조절해 보도록 한다. 예 스키핑(skipping), 호핑(hopping), 갤러핑(galloping)등 • 역동적이고 다양한 움직임을 통해 표현력을 증진하도록 한다. • 유아의 상상에 따라 창의적으로 표현하는 기회를 제공한다. 예 팽이처럼 몸을 축으로 하여 돌기, 산들바람이나 강풍에 흔들리는 꽃 되어보기, 세탁기 속의 빨래가 되어 비틀어 보기 등 **[초등학교 교육과정 연계]** 다양한 기본운동을 통해 기초체력을 증진하고, 다양한 운동에 사용할 근육이 발달하도록 한다.
	제자리에서 몸을 다양하게 움직인다.	

(4) 2015 누리과정 – 신체 활동에 참여하기

연령별 특성		유아기는 개인 또는 집단으로 하는 다양한 신체 활동에 참여하면서 신체운동을 생활 속에서 즐기는 습관을 갖게 되는 시기이다.
	3세	규칙을 정하고 준수해보는 안전한 신체 활동 경험을 통해 자신감을 증진한다.
	4세	정한 규칙을 지키면서 친구와 협동하여 신체 활동을 함으로써 서로의 특성을 존중하는 태도를 기를 수 있다.
	5세	규칙의 의미를 알며 스스로 규칙을 정하여 지킬 수 있고, 친구들과 협동적인 놀이를 통해 다른 사람과의 차이를 자연스럽게 인식할 수 있다.
지도 원리		• 즐거운 신체 활동을 제공함으로써 유아가 자발적이고 지속적으로 신체 활동에 참여할 수 있도록 하는 데 초점을 둔다. • 다양한 능력을 가진 친구와 함께 신체 활동을 하면서 운동 능력에 차이가 있음을 알고 다양한 방법으로 활동할 수 있다는 것을 이해하도록 한다. • 바깥에서 자유롭게 움직임으로써 심신을 건강하게 하고 대근육 발달을 돕는 데 주안점을 둔다. • 기구를 이용한 신체 활동을 하면서, 기구를 탐색하고 활용하여 신체 협응력을 발달시키는 데 중점을 둔다.
환경구성	3세	• 운동놀이 영역에 미끄럼이나 오름틀의 경사가 완만하고 길이가 짧은 것을 제공하며 자전거 등 탈것은 소형으로 제공한다. • 모래·물놀이 영역에는 모래나 물을 그릇에 담기, 손으로 만지기, 모래모양 찍기 등을 할 수 있도록 다양한 종류의 그릇, 인형, 공 등을 준비한다. • 자연탐구 및 관찰 영역에 주변의 친숙한 동식물을 관찰하도록 하며, 식물은 토마토, 고추 등 성장 속도가 빠르고 열매가 맺히는 것을 기른다.
	4세	• 운동놀이 영역에 미끄럼이나 오름틀은 신체 조건에 적합한 것을 제공하고 평균대걷기, 공굴리기, 고무줄뛰기 등 다양한 운동놀이 기구를 비치한다. • 모래·물놀이 영역에는 물의 특성을 알아볼 수 있는 다양한 도구를 제공하고, 모래를 탐색하는 활동 이외에 소꿉놀이 도구, 인형, 자동차 모형, 자연물 등을 이용하여 여러 가지 놀이로 확장하도록 지원한다. • 자연탐구 및 관찰 영역에 씨를 뿌리거나 모종을 하여 꽃밭과 텃밭을 가꾸며 식물을 기르도록 하고, 동식물의 성장과정이나 변화를 그림으로 나타내도록 관찰기록 용지를 준비한다.
	5세	• 운동놀이 영역에 모험놀이를 비치하여 도전적인 놀이를 해보도록 하고, 놀이기구를 다른 용도로 활용하는 아이디어를 내어 놀이할 수 있도록 구성한다. • 모래·물놀이 영역에는 모래 삽, 수로용 플라스틱 관, 투명 호스 등을 제공하여 모래·물놀이가 확장되도록 지원한다. • 자연탐구 및 관찰 영역에 자기 몫을 정하여 꽃밭과 텃밭을 가꾸고, 자신이 기르는 동식물의 성장과정이나 변화를 그림이나 글로 기록할 수 있도록 관찰 기록용지를 준비한다.

MEMO

SESSION 03

① 신체 활동에 참여하기 - 자발적으로 신체 활동에 참여하기

구분		지도중점
3세	신체 활동에 자발적으로 참여한다.	• 자유롭게 뛰어 놀며 즐길 수 있는 기회를 통해 기초체력을 증진하고, 신체 활동의 즐거움을 만끽하도록 한다. • 유아가 자발적이고 적극적으로 참여하는 즐거운 분위기를 조성한다.
	다른 사람과 함께하는 신체 활동에 참여한다.	• 다른 사람과의 신체 활동 경험을 통해 기본적인 규칙을 준수해보도록 하고, 함께하는 신체 활동의 즐거움을 느끼도록 한다.
4세	신체 활동에 자발적이고 지속적으로 참여한다.	• 좋아하는 신체 활동에 자발적으로 참여함으로써 즐거움, 성취감, 자신감을 느끼고 만끽하도록 한다. • 다른 사람과 함께 하는 신체 활동을 통해 규칙을 지키면서 협동하는 경험을 제공한다. • 자신이 좋아하는 운동과 잘하는 신체 운동, 익숙하지 않거나 선호하지 않는 운동이 있음을 인식하도록 한다. • 자신과 다른 사람의 운동 능력에 차이가 있음을 인식하도록 한다.
	다른 사람과 함께하는 신체 활동에 참여한다.	
	자신과 다른 사람의 운동 능력의 차이에 관심을 갖는다.	
5세	신체 활동에 자발적이고 지속적으로 참여한다.	• 생소하고 새로운 신체 활동에도 호기심과 관심을 가지고 자발적으로 참여하도록 지지한다. • 발달에 적합한 활동을 규칙적으로 계획하고 실행함으로써 생활 속에서 자신만의 신체운동을 즐기는 습관을 형성하도록 한다. • 다른 사람과 함께 하는 신체 활동을 통해 다른 사람과 운동 능력의 차이가 있음을 인정하는 경험을 제공한다. • 수행한 과정을 구체적으로 칭찬하여 서로의 특성을 존중하는 태도를 형성하도록 한다. **[초등학교 교육과정 연계]** 움직임을 조절하는 것에 어려움을 느끼는 순간에도 자신감 있고 지속적으로 신체 활동에 참여할 수 있는 태도를 형성하도록 한다.
	다른 사람과 함께하는 신체 활동에 참여한다.	
	자신과 다른 사람의 운동 능력의 차이를 이해한다.	

② 신체 활동에 참여하기 - 바깥에서 신체 활동하기

구분		지도중점
3세/ 4세/ 5세	규칙적으로 바깥에서 신체 활동을 한다.	•3·4·5세 공통 - 바깥에서 마음껏 뛰어 놀고, 달리고, 탐색하고, 만지고, 쌓거나 파보며 심신의 스트레스를 자연스럽게 발산하도록 한다. - 자연의 신선한 공기를 마시고 햇빛을 받으며 자연의 아름다움을 느끼고, 환경 변화에 적응·대비할 수 있는 능력을 증진하도록 한다. - 실외에서도 동적·정적인 활동, 집단·개인 활동 등을 적절히 배치하고, 주제와 관련된 다양한 활동이 이루어지도록 계획·운영한다. •3세 - 유치원 주변을 규칙적으로 산책하며 바깥에서 신체 활동 경험 •4세 - 안전하고 넓은 바깥 공간에서 바람개비, 종이비행기 등 자유놀이 •5세 - 실외놀이터에 있는 다양한 모양의 놀이기구로 신체 활동 **[초등학교 교육과정 연계]** 악천후나 유아의 건강 이상 등 특별한 경우를 제외하고, 날씨나 기온 변화에 크게 구애받지 않고 매일 규칙적으로 바깥 놀이를 계획·운영한다.

③ 신체 활동에 참여하기 - 기구를 이용하여 신체 활동하기

구분		지도중점
3세	여러 가지 기구를 이용하여 신체 활동을 한다.	•작은 공, 풍선, 훌라후프, 스카프, 줄 등의 도구와 미끄럼틀, 그네, 유니바, 매트 등 다양한 놀이 기구를 여러 가지 방법으로 탐색하도록 한다. •도구와 기구 사용 시 정확성에 중점을 두기보다는 도구와 기구를 사용해보는 경험을 통해 물체와의 다양한 관계를 탐색하는 데 중점을 둔다. •도구와 기구를 스스로 안전하게 사용하기 어려우므로 안전한 환경을 조성하는 데 먼저 주안을 둔다.
4세	여러 가지 기구를 이용하여 신체 활동을 한다.	•다양한 도구와 기구를 활용하여 거리, 높이, 길이, 빠르기 등에 대한 감각 경험을 해봄으로써 조절 능력, 방어 대처 능력 등을 증진하도록 한다. •여러 가지 신체 활동 도구와 기구의 사용 방법을 사전에 충분히 탐색하도록 하여 신체 활동을 할 때 쉽게 실패하지 않고 즐길 수 있도록 한다.

5세	여러 가지 기구를 이용하여 신체 활동을 한다.	• 신체 활동에 다양한 도구와 기구를 적극적이고 창의적으로 이용하는 기회를 제공한다. • 도구와 기구를 사용하기 전 안전수칙에 대해 명확하게 지도하고, 안전하게 이용할 수 있는 방법을 의논하여 규칙을 만들어 지켜보는 경험을 제공한다. • 발달에 적합한 기구를 사용하되 개인차를 고려하여 난이도를 조절한다. **[초등학교 교육과정 연계]** 도구와 기구의 안전한 사용법을 충분히 숙지함으로써 신체 활동 시 일어날 수 있는 안전사고를 사전에 예측하고, 원인을 탐색하여 규칙을 정하는 활동으로 확장한다.

3 내용범주의 이해 및 실제 - 건강하게 생활하기

(1) 2019 개정 누리과정 - 건강하게 생활하기

목표	건강한 생활습관을 기른다.
내용	자신의 몸과 주변을 깨끗이 한다.
	유아가 손을 씻고 이를 닦는 등 몸을 깨끗이 하는 적절한 방법을 알고 실천하며, 자기 주변을 깨끗하게 정리정돈하는 내용이다.
	몸에 좋은 음식에 관심을 가지고 바른 태도로 즐겁게 먹는다.
	유아가 몸을 건강하게 하는 음식에 관심을 가지고, 음식을 소중히 여기며, 제자리에 앉아서 골고루 즐겁게 먹는 내용이다.
	하루 일과에서 적당한 휴식을 취한다.
	유아가 피곤하거나, 몸이 아프거나, 몸을 많이 움직여서 쉬고 싶을 때, 적절한 휴식을 취하는 내용이다.
	질병을 예방하는 방법을 알고 실천한다.
	유아가 질병의 위험으로부터 건강을 유지할 수 있는 다양한 생활 방식(몸을 청결히 하기, 날씨와 상황에 알맞은 옷 입기, 찬 음식 적당히 먹기, 정해진 시간에 자고 일어나기, 따뜻한 물 마시기 등)을 경험하는 내용이다.
유아 경험의 실제	① 시금치무침 요리 활동 중에, 교사는 유아가 데친 시금치를 맛보고 싶다고 하여 맛보게 한다. 유아들이 "맛있어?", "맛없지?", "난 시금치 안 좋아해. 안 먹을래."라고 말하며 인상을 찌푸린다. 교사가 "시금치에 양념 옷을 입혀 맛있게 변신시켜 줄까?" 하고 말한 후, 유아들에게 직접 깨소금, 참기름 등의 여러 양념을 넣고 손으로 무쳐 보게 한다. 유아들은 "우와! 좋은 냄새 난다.", "맛있겠다!", "저도 주세요."라고 말한다.

② 유아들은 바깥 놀이터에서 신나게 놀이한 후 교실로 돌아오자마자, "선생님, 정말 더워요. 에어컨 틀어주세요."라고 다급한 목소리로 요청한다. 교사는 "그래. 선풍기도 켜 놓을게. 그런데 땀을 많이 흘렸으니 얼굴이랑 팔을 씻는 것은 어떨까?"하며 에어컨과 선풍기를 켠다. 유아들은 얼굴과 팔, 손을 씻고 들어와 "이젠 좀 쉬자!"라고 말하며 교실 바닥에 앉기도, 눕기도 한다.

③ 유아 : 선생님, 나 감기에 걸렸어요.
교사 : 어떡하니, 많이 아파?
유아 : 네, 열도 났어요. 그래서 엄마가 따뜻한 물을 넣어 주셨어요.
교사 : 그렇구나. 따뜻한 물이 감기에 좋지. 오늘은 따뜻한 물을 자주 마셔봐. 감기가 금방 나을거야.

거름이 tip

②번 사례의 유아는 '몸과 주변을 깨끗이 하는 것'과, '하루 일과에서 적당한 휴식을 취한다', '질병을 예방하는 방법을 알고 실천한다'의 내용을 자연스럽게 경험하고 있음을 연계하여 읽을 수 있습니다.

(2) 2015 누리과정 – 건강하게 생활하기

		유아기는 질병에 대한 면역이나 저항력이 취약함은 물론 환경적인 변화에 대한 적응력도 성인에 비해 약하다.
연령별 특성	3세	자신의 몸을 넘어 주변까지 점차 청결의 개념을 확장해 가며, 배변습관 및 낮잠 등에 대한 지속적이고 반복적 지도가 필요하다.
	4세	깨끗하게 몸과 주변을 유지할 수 있는 습관을 형성할 수 있다.
	5세	청결과 영양 등의 의미를 알아 스스로 건강한 생활을 영위할 수 있는 생활태도 형성이 점차 가능해진다.
지도 원리		• 일과 중 유아의 건강 상태와 신체 리듬을 고려하여 규칙적인 생활을 하게 하는 데 주안점을 둔다. • 스스로 이 닦기, 손 씻기, 주변을 깨끗이 하기, 바른 식생활과 옷 입기 등의 기본생활습관을 실천하는 데 초점을 둔다.
환경구성	공통	• 개인 소지품을 정리할 수 있도록 사물함 및 옷장을 마련하고, 개인 칫솔과 양치컵을 위생적으로 보관할 수 있는 장치를 마련한다. • 휴식영역에 의자나 소파를 비치하고 쿠션이나 방석 등을 깔아주어 편안하게 구성하며, 조용한 음악을 들을 수 있도록 음악CD와 CD플레이어, 이어폰 등을 준비한다.
	3세	• 교실 내 영역에 맞게 표시를 하여 스스로 정리해볼 수 있도록 지원한다. • 낮잠실은 개별적인 공간을 확보하여 쾌적하게 수면을 취할 수 있는 환경으로 조성하고, 교실에서 낮잠을 자게 되더라도 위생적으로 수면할 수 있도록 지원한다. • 낮잠을 자지 않는 유아들도 조용하게 할 수 있는 개별 활동을 마련한다. • 화장실은 편안하고 위생적으로 관리하여 유아들이 즐거운 장소로 인식하도록 지원한다.

4 · 5세		• 교실 내 청소도구를 마련하여 깨끗한 환경을 스스로 유지할 수 있도록 지원한다. • 화장실 이용절차, 손 씻기 및 이 닦기 방법 등을 벽면에 부착하여 스스로 청결을 유지할 수 있는 습관을 들이도록 한다. • 휴식영역에서 개별적인 낮잠지도까지 가능하도록 한다.

① 건강하게 생활하기 – 몸과 주변을 깨끗이 하기

구분		지도중점
3세	손과 이를 깨끗이 하는 방법을 알고 실천한다.	• 자신의 신체를 항상 청결하게 유지하는 것에서부터 청결한 생활습관이 시작함을 인식하고 행동하도록 지도한다. • 스스로 손을 씻고, 이를 닦는 등 청결을 유지하는 방법을 구체적으로 지도한다.
	주변을 깨끗이 한다.	• 자신의 소지품과 생활공간을 깨끗하게 유지하도록 지도한다. • 불결한 상태를 인지할 때 주위 어른들에게 도움을 요청하도록 지도한다. • 스스로 놀잇감과 물건을 제자리에 정리할 수 있도록 발달 및 각 영역 특징을 고려하여 정리 표시를 한다.
4세	손과 이를 깨끗이 하는 방법을 알고 실천한다.	• 올바르게 손을 씻고 깨끗하게 이를 닦는 방법을 알고 실천하도록 지도한다. • 스스로 주변을 청결하게 유지하는 방법을 구체적으로 알려주고 반복적으로 실천하도록 한다. 예 놀잇감과 사용한 물건을 제자리에 정리하기, 쓰레기를 분류하여 휴지통에 버리기 등
	주변을 깨끗이 하는 습관을 기른다.	• 지나치게 청결한 상태를 강조하면 유아가 심리적으로 위축될 수 있으므로, 정리하는 시간을 충분히 제공함으로써 스스로 정리하는 습관을 들이는 데 중점을 둔다.
5세	스스로 몸을 깨끗이 하는 습관을 기른다.	• 깨끗하게 손 씻기, 효과적으로 이 닦기 방법 등을 중점적으로 지도하여 어른의 도움 없이 스스로 청결을 유지하도록 한다. • 생활 속에서 자발적으로 손을 씻고 이를 닦는 행위가 습관이 되도록 지속적이고 반복적으로 지도한다. • 콧물, 가래, 침 등의 체액을 위생적으로 처리하는 것이 습관화되도록 지도한다. • 청소도구 등을 교실 내에 비치하여 청결을 유지하는 것이 자연스럽게 습관화되도록 지도한다.
	주변을 깨끗이 하는 습관을 기른다.	**[초등학교 교육과정 연계]** 자신 및 주변의 청결을 위한 올바른 기본생활습관을 기르고 공동체 생활에 필요한 청결한 환경을 지속적으로 유지하도록 한다.

② **건강하게 생활하기 - 바른 식생활하기**

구분		지도중점
3세	음식을 골고루 먹는다.	• 유아의 식품 선호도는 음식을 먹어본 경험에 의해 형성되므로 다양한 음식을 즐겁게 먹어볼 수 있는 경험을 충분히 제공한다. • 건강에 좋은 음식과 나쁜 음식이 있음을 알고 관심을 가짐으로써 건강과 영양과의 관계에 대해 기초적으로 이해하도록 한다. • 식사 도구에 관심을 갖도록 다양하게 준비하고, 젓가락 사용 시도를 격려한다. • 식사 시 지켜야 할 기본적인 예절을 익히도록 지도한다. 예 식사 도중에 돌아다니지 않기, 음식을 꼭꼭 씹어 넘기기, 입에 넣은 상태로 말하지 않기, 입술을 붙이고 소리나지 않게 씹기 등
	몸에 좋은 음식에 관심을 갖는다.	
	바른 태도로 식사한다.	
4세	음식을 골고루 먹는다.	• 음식물에 포함된 영양소의 개념을 이해하기 시작함으로써 생활 속에서 신체건강을 유지하기 위해 필요한 음식을 알도록 지도한다. • 수저를 올바르게 사용하도록 지도하되 정확성에 중점을 두지 않도록 유의한다. • 자신이 먹을 만큼 적당량의 음식을 남기지 않고 골고루 먹는 습관을 갖도록 하되, 지나치게 강조할 경우 식사에 대한 거부감이 생길 수 있으므로 식사 시간은 즐거운 시간임을 느끼도록 한다.
	몸에 좋은 음식을 알아본다.	
	음식을 소중히 여기고 식사예절을 지킨다.	
5세	적당량의 음식을 골고루 먹는다.	• 편식하지 않고 골고루 먹을 뿐만 아니라 자신이 먹을 수 있는 음식의 양을 적절히 조절하도록 지도한다. • 음식물에 포함된 영양소가 우리 몸의 건강에 어떠한 영향을 미치는지 이해함으로써 스스로 몸에 좋은 음식을 선택하도록 한다. • 식품의 생산·공급·조리과정에 참여하는 많은 사람들의 노고를 이해하고, 남긴 음식의 처리나 그로 인한 경제적인 손실을 이해함으로써 음식을 남기지 않고 먹는 습관을 들이도록 지도한다. • 젓가락을 바르게 사용하도록 지도한다. **[초등학교 교육과정 연계]** 바른 식생활에 대한 기본생활습관을 형성하도록 한다.
	몸에 좋은 음식을 선택할 수 있다.	
	음식을 소중히 여기고 식사예절을 지킨다.	

③ 건강하게 생활하기 - 건강한 일상생활하기

구분		지도중점
3세	규칙적으로 잠을 자고, 적당한 휴식을 취한다.	• 3 · 4 · 5세 공통 – 활동에 적극적으로 참여하고, 활동 과정에서 느끼는 다양한 감정과 느낌을 적절한 방법으로 표현하도록 지원한다. • 3세 – 하루 일과 중 낮잠시간을 규칙적으로 계획하여 생리적인 피곤을 회복하고, 건강을 유지하도록 한다. – 낮잠 시 지켜야 할 약속을 정해 꾸준히 지도함으로써 편안하고 안전하게 낮잠을 잘 수 있도록 한다. – 활동에 몰입하면 용변의 욕구를 느끼면서도 화장실에 가지 못해 실수하는 경우가 생기므로 유아의 행동을 관찰하고, 수시로 화장실에 가야함을 알려준다.
	하루 일과에 즐겁게 참여한다.	
	스스로 화장실에서 배변한다.	

4세	규칙적으로 잠을 자고, 적당한 휴식을 취한다.	• 3 · 4 · 5세 공통
		– 활동에 적극적으로 참여하고, 활동 과정에서 느끼는 다양한 감정과 느낌을 적절한 방법으로 표현하도록 지원한다.
		• 4세
		– 유아를 유심히 관찰하여 피로 정도를 파악함으로써, 지나치게 피로한 상태일 경우 개별적인 요구를 고려하여 낮잠을 자도록 한다.
		– 생활에서 휴식의 중요성과 방법을 알고 실천하도록 한다.
		  예 조용히 책 읽기, 음악 듣기 등
		– 화장실 사용에 대한 올바른 절차와 방법을 알고 행동하도록 한다.
		  예 화장실을 사용한 후 물 내리기, (남아의 경우) 소변볼 때 바지를 천천히 적당히 내리기 등
		– 배설 후 스스로 뒤처리할 수 있도록 지도한다.

	하루 일과에 즐겁게 참여한다.	
	바른 배변습관을 가진다.	

5세	규칙적으로 잠을 자고, 적당한 휴식을 취한다.	• 3·4·5세 공통 　– 활동에 적극적으로 참여하고, 활동 과정에서 느끼는 다양한 감정과 느낌을 적절한 방법으로 표현하도록 지원한다. • 5세 　– 유아가 생리적인 피곤을 느낄 때 언어로 표현하도록 지도한다.
	하루 일과에 즐겁게 참여한다.	– 하루 일과를 예측할 수 있도록 운영함으로써 계획적이고 즐겁게 놀이에 참여하도록 지원한다. 　– 규칙적인 배변습관은 건강의 기본이 됨을 이해하고, 바른 식습관, 운동 등을 통해 규칙적인 배변습관을 갖도록 지도한다.
	규칙적인 배변습관을 가진다.	– 배변 실수를 하는 경우 수치심을 느끼지 않도록 독립된 공간에서 처리하고, 정서적으로 위축되지 않도록 배려한다. **[초등학교 교육과정 연계]** 정서적인 안정감을 갖고 공동체 생활을 즐겁게 영위할 수 있는 기본생활습관과 태도를 형성하도록 한다.

④ **건강하게 생활하기 – 질병 예방하기**

구분		지도중점
3세	질병의 위험을 알고 주의한다.	• 질병의 위험성과 예방하는 방법을 알고 행동하도록 지도한다. 　🔢 예방주사 맞기, 모기에 물리지 않도록 몸을 청결히 하기 등 • 스스로 외부 온도나 날씨에 알맞게 옷을 조절하여 입기 어려우므로 체온을 조절할 수 있도록 교사가 상황에 맞게 지도한다.
	날씨에 맞게 옷을 입는다.	• 질병 예방의 중요성과 내용 및 방법 등을 정기적으로 가정에 안내하고, 가정과 연계하여 함께 지도한다.
4세/ 5세	질병을 예방하는 방법을 알고 실천한다.	• 일상생활에서 일어나는 여러 상황 속에서 질병 예방 방법을 지키는 생활태도를 갖도록 지속적이고 반복적으로 지도한다. • 건강한 생활 습관에 관심을 가지고 실천하도록 한다. 　🔢 편식하지 않기, 몸과 주변을 청결히 하기, 정기적으로 건강검진 받기 등
	날씨와 상황에 알맞게 옷을 입는다.	• 날씨나 상황에 적절한 옷차림은 활동을 편리하게 하고, 건강 유지에 도움이 됨을 이해하도록 한다. **[초등학교 교육과정 연계]** 계절과 날씨를 고려하여 질병에 걸리지 않고 건강을 유지하는 방법을 알고 실천하는 생활태도 형성에 중점을 두어 지도한다.

MEMO

4 내용범주의 이해 및 실제 – 안전하게 생활하기

(1) 2019 개정 누리과정 – 안전하게 생활하기

목표	안전한 생활습관을 기른다.
내용	**일상에서 안전하게 놀이하고 생활한다.**
	유아가 일상에서 위험한 장소, 상황, 도구 등을 알고, 안전한 놀이 방법과 놀이 규칙을 지키며 놀이하고 생활하는 내용이다.
	TV, 컴퓨터, 스마트폰 등을 바르게 사용한다.
	유아가 일상에서 자주 접하는 TV, 컴퓨터, 스마트폰 등을 필요한 상황에서 적절하게 사용하며, 바른 자세로 이용하는 내용이다.
	교통안전 규칙을 지킨다.
	유아가 안전한 보행 및 도로 횡단, 교통기관의 안전한 이용 등 교통안전 규칙을 알고 실천하는 내용이다.
	안전사고, 화재, 재난, 학대, 유괴 등에 대처하는 방법을 경험한다.
	유아가 안전사고, 화재, 재난, 학대, 유괴 등의 위험에 처한 상황을 알고, 주변에 도움을 요청하는 방법을 배우며, 평소 훈련에 따라 대피하는 연습을 하는 등의 안전교육과 관련된 내용이다.
유아 경험의 실제	① 한 유아가 미끄럼틀을 내려오려고 한다. 다른 유아가 미끄럼틀 아래서 바라보다가 올라가려고 한다. 이때, 미끄럼틀을 타고 내려오던 유아가 "야, 비켜, 다쳐!"하고 큰 소리로 외친다. 이 모습을 지켜본 유아는 유아들에게 다가와 안전하게 미끄럼틀을 타기 위한 약속을 정하자고 제안한다. ② 유아가 색종이를 반으로 접어 한 면에는 모니터를 그리고, 다른 한 면에는 컴퓨터 자판 모양처럼 그린다. 다른 유아들에게 "나는 지금 컴퓨터로 공룡에 대하여 찾아보고 있어."하며 색종이 자판을 두드린다. 그리고 옆에 있던 친구에게 "같이 찾아볼래?"라고 말한다. ③ 3세 유아가 종이 벽돌을 이어 길을 만들고, 그 위에 교통 표지판과 자동차를 일렬로 놓는다. 만들어진 길을 바라보다 갑자기 팔이 움직이는 사람 모형 2개를 가져와 팔 한쪽을 반복적으로 들어올리고 내리며 "조심, 조심, 지나가요. 자동차들은 우리가 건너면 지나가세요."라고 흥얼거린다. ④ 화재경보기 소리와 함께 지진 대피 방송이 들리자, 유아들은 재빨리 책상 아래와 벽 쪽으로 대피한다. 지진이 잠시 멈췄다는 안내 방송 후 유아들은 교사의 안내에 따라 침착하면서도 신속하게 바깥으로 대피한다.

거름이 tip ★

④번 사례의 유아 경험은 '안전사고, 화재, 재난, 학대, 유괴 등에 대처하는 방법을 경험한다'의 내용과 자연스럽게 연계되어 있음을 알 수 있습니다.

(2) 2015 누리과정 – 안전하게 생활하기

연령별 특성		• 유아기는 주변의 사물이나 환경에 대한 호기심이나 탐구하려는 충동은 강한 반면, 아직 신체 기능의 미성숙으로 운동기능이 충분히 발달되어 있지 않고, 환경을 지각하는 능력이 부족하므로 항상 사고의 위험에 노출되어 있다. • 3~5세 유아 스스로 안전한 공간을 조성하고 확보하기 어려우므로 교사 및 주변 어른의 도움이 필요하다.
지도 원리		• 사전에 안전사고를 예방할 수 있도록 하는 것에 중점을 둔다. • 유아가 스스로 위험 상황을 인식하고 대처할 수 있도록 지속적인 교육과 훈련을 하는 것에 주안점을 둔다.
환경 구성	공통	• 활동의 특성 및 놀이 공간의 규모를 고려하여 적절한 인원을 배치하고, 실내·외 공간을 유아가 마음껏 활동할 수 있을 만큼 충분히 넓게 확보한다. • 유아들이 사용하는 놀잇감과 도구의 위험요소(날카로운 면, 부서진 장난감 등)를 매일 점검하고, 기구 및 도구 사용 시 안전한 사용법을 그림이나 글로 제시한다. • 시설·설비 안전 점검표를 활용하여 놀잇감, 놀이기구, 시설물 등의 안전 상태를 확인하는 등 안전점검을 주기적으로 실시하고 관리한다. • 재난 및 사고 발생 시 안전하게 대처하는 방법을 교실과 복도 벽면에 부착하여 일상생활 속에서 지도할 수 있도록 지원한다.

① 안전하게 생활하기 – 안전하게 놀이하기

구분		지도중점
3세	놀이기구나 놀잇감, 도구를 안전하게 사용한다.	• 놀잇감이나 도구를 사용하기 전에 안전사항을 인지하고 사용하도록 한다. • 일상생활에서 안전하게 놀이하도록 지속적이고 반복적으로 관찰하고 지도한다. • 유아 스스로 안전한 공간을 확보하기가 어려우므로 교사는 위험요인들이 미리 제거된 안전한 놀이 공간과 시설을 제공하는 데 초점을 둔다. • 전자 미디어의 바른 사용법을 알고 생활 속에서 지키도록 지도한다. 📖 시간을 정하여 사용하기, 바른 자세로 사용하기 등
	안전한 놀이장소를 안다.	
	TV, 인터넷, 통신기기 등을 바르게 사용한다.	
4세	놀이기구나 놀잇감, 도구를 안전하게 사용한다.	• 실내·외 놀이기구나 놀잇감, 도구의 안전한 사용규칙을 지킬 수 있도록 지속적이고 반복적으로 지도한다. • 실내·외에서 안전한 장소와 위험한 장소를 구분하여 일상생활에서 안전하게 놀이하도록 지속적이고 반복적으로 관찰하고 지도한다. • 생활 속에서 전자 미디어와 관련된 다양한 문제 상황 및 해결방법에 대해 알아보고 실천하도록 한다.
	안전한 장소를 알고 안전하게 놀이한다.	
	TV, 인터넷, 통신기기 등의 위해성을 알고, 바르게 사용한다.	

MEMO

5세	놀이기구나 놀잇감, 도구의 바른 사용법을 알고, 안전하게 사용한다.	• 실내·외 놀이기구나 놀잇감, 도구를 어떻게 사용해야 안전한지, 왜 그렇게 사용해야 하는지 등을 알도록 지도한다. • 위험한 장소와 그 이유에 대해 알아보고, 안전한 사용 규칙에 대해 의논하여 약속을 정하며, 이를 지켜서 놀이하는 경험을 제공한다.
	안전한 장소를 알고 안전하게 놀이한다.	• 전자 미디어의 순기능과 역기능에 대해 올바르게 이해하도록 한다. • 전자 미디어의 위해성 및 대안을 다른 사람들에게 알리며 스스로 조절할 수 있는 능력을 증진하도록 한다.
	TV, 인터넷, 통신기기 등의 위해성을 알고, 바르게 사용한다.	**[초등학교 교육과정 연계]** 일상생활에서 접하는 여러 상황에서의 위험 요인을 인지하여 안전하게 이용할 수 있는 방법을 정확하게 알고 행동하도록 지도한다.

② 안전하게 생활하기 - 교통안전 규칙 지키기

구분		지도중점
3세	교통안전 규칙을 안다.	• 등·하원길과 골목길 등에서의 안전 보행, 다양한 횡단보도에서의 안전 횡단에 대하여 지속적으로 지도한다. • 신호등의 빨간불과 녹색불이 뜻하는 바를 올바로 이해하고, 횡단 시 팔을 들어 건너는 습관을 들이도록 한다. • 승용차, 버스, 지하철 등 실생활에서 교통수단을 이용해본 경험을 통해 교통수단 안전수칙을 알아보고 안전하게 이용하도록 한다. • 자동차를 탈 때의 규칙을 구체적으로 지도한다. 예 안전하게 의자 뒤쪽에 앉기, 안전벨트 매기, 운전에 방해되지 않게 조용히 앉아 있기 등
	교통수단을 안전하게 이용한다.	
4세	교통안전 규칙을 알고 지킨다.	• 4·5세 공통 – 기본적인 교통 표지판의 모양과 의미에 대해 알아보고, 상황에 알맞게 지키도록 지도한다. • 4세 – 교통안전규칙을 알아보고 지키도록 지도한다. – 여러 가지 교통수단의 안전수칙을 알아보고, 안전하게 이용하도록 한다.
	교통수단을 안전하게 이용한다.	
5세	교통안전 규칙을 알고 지킨다.	• 4·5세 공통 – 기본적인 교통 표지판의 모양과 의미에 대해 알아보고, 상황에 알맞게 지키도록 지도한다. • 5세 – 교통안전규칙을 알아보고 경험함으로써 안전규칙을 왜 지켜야 하는지, 지키지 않을 경우 어떤 일이 생기는지 등에 대해 알아보고 지키도록 지도한다.

교통수단을 안전하게 이용한다.	– 여러 가지 교통수단을 안전하게 이용할 수 있는 방법에 대해 의논하여 문제점을 도출하고, 자율적으로 교통수단을 안전하게 이용하는 방법을 알고 지키도록 한다. **[초등학교 교육과정 연계]** 교통수단을 안전하게 이용해야 하는 이유와 방법을 알고 지속적으로 행동하도록 지도한다.

③ 안전하게 생활하기 – 비상 시 적절히 대처하기

구분		지도중점
3세	학대, 성폭력, 실종, 유괴 상황을 알고 도움을 요청한다.	• 학대, 성폭력, 실종, 유괴 상황은 누구에게나 벌어질 수 있음을 인지하여 만약의 경우 교사나 주변의 믿을 만한 성인에게 도움을 요청하는 방법을 알고 행동하도록 지도한다. • 단순한 지식을 전달하기보다 실제 상황에서 도움이 되는 방법으로 지도한다. ⑩ 상황극을 통해 연습하기 등
	재난 및 사고 등 비상 시 적절하게 대처하는 방법을 안다.	• 태풍, 홍수, 지진, 화재, 폭염 등 다양한 재난 및 사고 상황이 있음을 알고, 누구에게나 이런 상황이 벌어질 수 있음을 인지하도록 한다. • 재난 및 사고 대피훈련 시 놀라거나 당황하지 않도록 예정된 훈련시간과 대피 장소에 대해 사전에 자세히 안내한다.
4세	학대, 성폭력, 실종, 유괴 상황 시 도움을 요청하는 방법을 알고 행동한다.	• 4 · 5세 공통 – 학대, 성폭력, 실종, 유괴 등 다양한 위험한 상황을 인식하고, 적절하게 대처하는 방법을 알고 실천하도록 지도한다. – 다양한 사고 · 재난 유형과 상황에 대해 사회에서 보편적으로 가지고 있는 선입견이나 편견 혹은 교사의 주관적인 견해가 그대로 전달되어 왜곡된 개념이 고착되지 않도록 한다. – 실제 생활 속 발생하는 다양한 재난 및 사고 발생의 원인과 예방 방법을 인식하여 위급한 상황에서도 당황하지 않고 적절히 대처하도록 한다. • 4세 – 대피 훈련은 가까운 곳에서 먼 곳까지 대피 장소와 방법을 변경하여 정기적으로 실시하고, 상황에 따라 다양한 대피방법을 경험하도록 한다.
	재난 및 사고 등 비상 시 적절하게 대처하는 방법을 알고 행동한다.	

5세	학대, 성폭력, 실종, 유괴 상황 시 도움을 요청하는 방법을 알고 행동한다.	• 4 · 5세 공통 – 학대, 성폭력, 실종, 유괴 등 다양한 위험한 상황을 인식하고, 적절하게 대처하는 방법을 알고 실천하도록 지도한다. – 다양한 사고 · 재난 유형과 상황에 대해 사회에서 보편적으로 가지고 있는 선입견이나 편견 혹은 교사의 주관적인 견해가 그대로 전달되어 왜곡된 개념이 고착되지 않도록 한다. – 실제 생활 속 발생하는 다양한 재난 및 사고 발생의 원인과 예방 방법을 인식하여 위급한 상황에서도 당황하지 않고 적절히 대처하도록 한다.
	재난 및 사고 등 비상 시 적절하게 대처하는 방법을 알고 행동한다.	• 5세 – 왜 위험한 상황이 생기는지에 대해 영상물 홍보자료, 방송, 신문기사, 그림 자료, 동화 등 다양한 자료를 통해 생각해보도록 지원한다. **[초등학교 교육과정 연계]** 다양한 위험 상황에 대해 인지하고, 그에 따른 대처방법을 알고 행동할 수 있도록 지속적이고 반복적으로 지도한다.

5 신체운동 · 건강 영역의 통합적 이해

(1) 사례

> **"나 잘하죠?"**
>
> 바깥 놀이터에서 4세 반과 5세 반 유아들이 함께 놀이하고 있다. 유아들은 모래를 파 커다란 구덩이를 만들었다. 4세 은제는 모래 구덩이를 뛰어넘다가 모래 구덩이 속에 빠진다.
>
> 은제 : (모래 구덩이를 바라보며) 아, 이거 어려운데….
>
> 은제는 한쪽 다리를 크게 들어올려 모래 구덩이에서 위로 올라온다. 그러다 옆에서 소꿉놀이를 하던 수하의 얼굴에 모래가 튄다.
>
> 은제 : (수하의 표정을 살피며) 수하야, 미안해.
>
> 4세 수하는 얼굴을 찡그리더니 말없이 얼굴에 묻은 모래를 털어 낸다. 옆에 있던 5세 지원이가 말한다.
>
> 지원 : 음…. 나는 이거 할 수 있을 것 같은데…. 하얏!
>
> 지원이는 모래 구덩이를 가볍게 뛰어 넘는다. 지원이는 모래 구덩이의 가장 긴 거리를 뛰어넘고, 반대편에서 또다시 뛰어넘기를 반복한다. 지원이는 모래 구덩이 뛰어넘기를 성공할 때마다 웃는다.

지원이를 지켜보던 은제가 모래 구덩이 뛰어넘기를 다시 시도한다. 은제는 모래 구덩이 가장자리 끝을 뛰어넘었지만, 두 발로 서서 착지하지 못하고 넘어졌고, 두 손으로 바닥을 짚고 곧바로 일어난다. 그리고 손바닥과 무릎에 묻은 모래를 툭툭 털어낸다.

지원이와 은제의 모습을 보고 있던 4세 수하가 소꿉놀이를 멈추고 벌떡 일어난다. 그리고 금세 모래 구덩이를 풀쩍 뛰어 넘는다. 그리고 활짝 웃으며 말한다.

수하 : "나 잘하죠?"

(2) 5개 영역의 통합적 이해

① 신체운동 · 건강

신체활동 즐기기	• 신체를 인식하고 움직인다. 　− 유아는 모래 구덩이에서 올라올 때 다리를 넓게 벌려야 한다는 것을 안다. 　− 유아는 넘어졌을 때 손바닥과 무릎에 묻은 모래를 툭툭 털어낸다.
	• 신체 움직임을 조절한다. 　− 모래 구덩이를 뛰어넘을 때 자신의 팔과 다리, 허리 등의 움직임을 조절한다.
	• 기초적인 이동운동, 제자리 운동, 도구를 이용한 운동을 한다. 　− 유아들은 한 곳에서 다른 곳으로 점프하며 몸이 움직이는 방향과 공간에 대해 느끼며, 힘과 빠르기를 다르게 하여 몸을 이동한다.
	• 실내외 신체 활동에 자발적으로 참여한다. 　− 유아들은 스스로 모래 구덩이를 뛰어넘으며 신체 활동에 즐겁게 참여한다.
안전하게 생활하기	• 일상에서 안전하게 놀이하고 생활한다. 　− 유아들은 모래 구덩이의 크기와 너비를 살펴보고, 자신이 잘 뛰어넘는 방법에 대해 생각하며 놀이한다. 　− 모래가 튀어서 친구의 얼굴에 묻거나 눈에 들어가면 위험할 수 있다는 것을 알고 행동을 조심한다.

② 의사소통

듣기와 말하기	• 말이나 이야기를 관심 있게 듣는다. 　− 유아는 소꿉놀이를 하면서 친구들을 관심 있게 지켜본다.
	• 자신의 경험, 느낌, 생각을 말한다. 　− 유아는 교사에게 자신의 경험과 느낌, 생각을 말한다.

③ 사회관계

나를 알고 존중하기	• 나를 알고 소중히 여긴다. − 유아는 모래 구덩이 뛰어넘기를 성공하며 성취감과 만족감을 느낀다. − 유아는 모래 구덩이를 훌쩍 뛰어넘을 수 있는 자신의 능력을 알고, "나 잘하죠?"라고 말하며 자신을 가치 있는 존재로 느낀다.
더불어 생활하기	• 서로 다른 감정, 생각, 행동을 존중한다. − 유아는 활짝 웃으며 모래 구덩이를 훌쩍 뛰어넘은 기쁨을 표현한다. − 이와 달리 실패한 유아는 성공한 유아가 부럽고 한편으로 속상하지만 모래 구덩이 뛰어넘기를 다시 도전한다. − 유아는 친구의 얼굴에 모래가 튀었을 때, 친구의 찡그린 얼굴 표정을 보고 친구의 감정을 알아차렸고, 미안한 마음을 적절한 말로 상황에 맞게 표현한다. − 유아는 말없이 얼굴에 묻은 모래를 털어 내면서 친구의 실수를 이해해 준다.

④ 자연탐구

생활 속에서 탐구하기	• 일상에서 길이, 무게 등의 속성을 비교한다. − 유아들은 자신이 뛰어넘을 수 있는 모래 구덩이의 너비를 비교한 뒤 자신이 잘 뛰어넘을 수 있는 거리를 선택한다.

MEMO

거름이
누리과정 ① 신체운동·건강

초판인쇄 | 2024. 3. 25.　**초판발행** | 2024. 3. 29.　**편저자** | 하수혜

발행인 | 박 용　**발행처** | (주)박문각출판　**등록** | 2015년 4월 29일 제2015-000104호

주소 | 06654 서울특별시 서초구 효령로 283 서경 B/D　**팩스** | (02)584-2927

전화 | 교재 문의 (02) 6466-7202, 동영상 문의 (02) 6466-7201

저자와의
협의하에
인지생략

이 책의 무단 전재 또는 복제 행위는 저작권법 제136조에 의거, 5년 이하의 징역 또는 5,000만 원
이하의 벌금에 처하거나 이를 병과할 수 있습니다.

ISBN 979-11-6987-724-4 | 979-11-6987-913-2(SET)

정가 25,000원